学术中国文丛

大唐气象
制度、家庭与社会新论

张国刚　著

广东高等教育出版社
Guangdong Higher Education Press
·广州·

图书在版编目（CIP）数据

大唐气象：制度、家庭与社会新论. 张国刚著. —广州：
广东高等教育出版社，2020.11
（学术中国文丛/张江，王兆胜主编）
ISBN 978 - 7 - 5361 - 6644 - 8

Ⅰ. ①大⋯ Ⅱ. ①张⋯ Ⅲ. ①中国历史 - 研究 - 唐代
Ⅳ. ①K242.07

中国版本图书馆 CIP 数据核字（2019）第 296370 号

DATANG QIXIANG：ZHIDU、JIATING YU SHEHUI XINLUN

大唐气象：制度、家庭与社会新论

张国刚　著　　　　　　　　　　　　　版权所有　翻印必究

总 策 划　黄红丽
项目统筹　靳　辉　常泽平
责任编辑　靳　辉
特约编辑　杨向群
装帧设计　陈智慧
责任技编　吴练武　王丽珍
责任校对　刘翠霞
营销总监　姚永清

出版发行　广东高等教育出版社
　　　　　地址：广州市天河区林和西横路
　　　　　邮政编码：510500　电话：（020）87554153　87551436
　　　　　http://www.gdgjs.com.cn
印　　刷　广东鹏腾宇文化创新有限公司
开　　本　787 毫米×1 092 毫米　1/16
印　　张　26.75
字　　数　383 千
版　　次　2020 年 11 月第 1 版　2020 年 11 月第 1 次印刷
定　　价　88.00 元

"学术中国文丛"编委会

总　序

张　江

　　习近平总书记在哲学社会科学工作座谈会上的讲话指出，当代中国正经历着我国历史上最为广泛而深刻的社会变革，也正在进行着人类历史上最为宏大而独特的实践创新。这种前无古人的伟大实践，必将给理论创造、学术繁荣提供强大动力和广阔空间。这是一个需要理论而且一定能够产生理论的时代，这是一个需要思想而且一定能够产生思想的时代。

　　习近平总书记的重要论述是对思想理论发展规律的科学论断，也是对哲学社会科学工作者的殷切期望。当前中国处于近代以来最好的发展时期，世界处于百年未有之大变局，两者同步交织、相互激荡。一方面，当代中国比历史上任何时期都更接近中华民族伟大复兴的目标，比历史上任何时期都更有信心、有能力实现这个目标。另一方面，当代世界全球化潮流滚滚向前，逆全球化趋势暗流涌动，各种思潮相互激荡，各种文化相互交融，各种观念相互碰撞，多样性、差异性、复杂性、不确定性正在成为这个世界越来越突出的特征。

　　这样的时代条件，既为我们的哲学社会科学研究带来许多新问题和新挑战，也为思想理论的创新发展增添了强劲动能，开拓了宏阔空间。在这样的时代条件下，不断推进学科体系、学术体系、话语体系建设和创新，努力构建一个全方位、全领域、全要素的哲学社会科学体系，是坚持和发展中国特色社会主义的一项重要任务，也是当代哲学社会科学的重大使命。在中国特色社会主义进入新时代的今天，中国故事需要更好地被全世界所理解，中国经验需要更好地被现代社会科学所表达，中国学术也要更好地被世界学术界所倾听。让世界了解"学术中的中国""理论中的中国""哲学社会科学中的中国"，构建哲学社会科学的"中国学派"，恰逢其时，大有可为。

理论的生命力在于创新。创新是哲学社会科学发展的永恒主题，也是社会发展、实践深化、历史前进对哲学社会科学的必然要求。学术创新离不开两样东西：一是必须立足源自于本土经验的学术传统和时代问题，二是必须牢牢把握世界学术发展的趋势和潮流。学术创新更要有批判精神，这是马克思主义最可贵的精神品质。不管是对传统的理论、范畴、体系，还是外来的概念、话语、方法，都要有分析、有鉴别、有汲取、有批判，不要盲目崇拜，不可生搬硬套。尤其是面对西方话语霸权，不应该满足于向"为西方思想作注，为西方学术致敬"，更不应该"以西方的是非为是非，以西方的标准为标准"，必须立足于中华优秀传统文化，立足于中国特色社会主义建设的伟大实践，在世界视野中发现问题，在中国经验中思考问题，让思想理论更具中国特色、中国风格、中国气派。

"学术中国文丛"正是在这样的现实语境和文化背景产生的。丛书希望通过对中国学术传统的资源挖掘与价值再发现，在构建"学术中的中国"方面有所作为，有所贡献。我们坚信，中华民族伟大复兴必将推动知识建构范式的革命，必将带来中国学派的诞生。"学术中国文丛"的历史使命就是要形成具有中国特色、解决中国问题的知识体系，并为人类发展提供中国智慧与中国方案。

"学术中国文丛"的出版，总体而言，具有开拓补白之功，它走的是"文化积累"与"学术建设""学科建构"的路子，其理论价值与现实意义，主要体现在以下几个方面。

一是响应时代主题精神，契合国家文化战略。"学术中国文丛"关注一流专家学者，反映中华人民共和国成立以来国内学术研究最高成果，它的出版对推动中国当代学术文化的发展繁荣，加强中外学术对话，在世界学术体系传播中国声音，展现中国学派，提升中国学术的世界地位，推进中国文化"走出去"，具有重要意义。

二是承接优秀传统文化，增强民族文化自信。文丛植根于中华优秀传统文化，通过深入挖掘中华优秀传统文化蕴含的思想观念、人文精神、道德规范，按照新时代精神，去粗取精，去伪存真，赋予新的时代内涵，对推动中华优秀传统文化的创造性转化和创新性发展，增强民族文化自信具有重要意义。

三是加强学术积累传承，推进高校学科建设。文丛广泛覆盖文、史、哲、经等学科，通过荟萃不同学科学派的经典名作，全面展现中国现代学术体系发展过程，促进学术体系和话语体系创新，推进人才培育，催生学术经典，为各领域研究者提供基础性的经典范本。

总之，"学术中国文丛"的出版，是构建"理论中的中国""学术中的中国"的一部分。中华民族伟大复兴为构建中国学派提供了丰厚的实践土壤，也提供了空前的历史性机遇。"学术中国文丛"的出版，正是将中华优秀传统文化当代化以及进行创造性转化的实践，是增进文化自信的有益尝试。

"学术中国文丛"具有权威性、经典性、时代性、中国性等特点。

一是在作者选取上坚持权威性。为了保证丛书的品质，作者一律选取国内各领域的顶尖学者，并且是资历深、水平高、广受认可、影响力大的作者，做到多中选好、好中选优、优中选精，从根本上保证丛书的高标准和权威性。

二是在内容组织上强调经典性。文丛的遴选标准首要是重视学术含量、学术价值，以学术史的眼光、经典性的标准，采用自选或精选的方法来确定图书内容。入选内容应是均为作者的开山之作、奠基之作、经典之作，必须站得住、立得稳，能成为学术标杆，能经得住历史考验，具有相当的文化积累意义和学术传承价值，在国内外具有较大影响。

三是在写作旨趣上契合时代性。在选材上，文丛优先考虑体现时代精神、富有宏大格局、与国家经济社会发展密切相关的研究成果。

以学术为出发点，以文化为立足点，以中国价值为落脚点，自觉承担起举旗帜、聚民心、育新人、兴文化、立形象的使命任务。换言之，就是要自觉关注时代主题、回应社会热点、着眼于国家战略、融入世界发展大势，不是单纯为学术而学术。

四是在关注焦点上体现中国性。文丛坚持立足中国、聚焦中国，把中国成就和中国经验等重大问题的历史经验和理论阐释作为重中之重，特别是关注反映当代中国经济、社会发展现状趋势经验的具有中国特色的学术成果，以便讲好中国故事，反映中国成就，传播中国声音，分享中国经验，展示中国形象。

"学术中国文丛"，值得期待。

2020 年 6 月 8 日

张国刚　　清华大学人文学院历史学教授，教育部长江学者特聘教授。曾任清华大学历史系主任暨思想文化研究所所长，兼任中国唐史学会会长。曾为联邦德国洪堡学者，担任汉堡大学、柏林自由大学和特里尔大学客座研究员与教授多年。获教育部高等学校科研成果（人文社会科学）优秀著作一等奖、中华优秀出版物奖、中国好书奖、文津图书奖等。著有《唐代官制》《唐代藩镇研究》《唐代政治制度研究论集》《德国的汉学研究》《唐代家庭与社会》《资治通鉴与家国兴衰》《中西文化关系通史》《胡天汉月映西洋：丝路沧桑三千年》《资治通鉴启示录》《治术：周秦汉唐经世之道》等。

我的唐史研究是从政治史、制度史开始的，具体来说，就是唐代的藩镇、官制、兵制。这几项制度的变化是观察中古中国历史变化的重要论域。揭示制度的细节是一项基础工作，随着史料的发掘而愈益清晰；解释制度的变迁是另外一项重要工作，随着思考的深入而愈益精细。

　　从欧洲回来后，我开始进入唐代社会史研究领域，既是时风所系，也是拓展自己的研究视野。我是从家庭史与大众佛教信仰两个课题入手的。这一领域阅读的史料重心完全与此前不一样。但是，更精细地梳理墓志史料、更细致地研读敦煌吐鲁番文书资料、更全面地搜集《太平广记》等笔记文献，带来了新的研究愉悦。

　　从1980年发表第一篇论文算起，如今整整40年了。难免会对前贤往哲的治学旨趣有所探寻，这也构成了本书的另外一部分内容。

| 目 录 |

序　言

　　大唐气象，是中国历史上一道独特的风景线，倾倒了众多的研究者。但41年前，我报考研究生的时候，招收唐史研究生的导师并不多。直到20世纪80年代中叶，唐史研究才与其他人文社会学科一样进入了发展的快车道。尤其是20世纪90年代以来，随着新的研究者持续加入，唐史工作者队伍及其成果也不断增长，如今在中国古代史各断代史的研究中，中古史研究已经是蔚为大国了。

　　研究历史离不开史料。唐代历史资料比较完整，正史、典制史、类书、地志、诗文集、小说笔记、佛道文献，整理得还算齐备。更有出土资料，包括墓志铭和石刻题记、敦煌吐鲁番文书以及黑水城文书，也使唐史研究资料总有新发现的小惊喜。唐史学界有句老话，研究唐史，史料比下不足，比上有余，可以竭泽而渔，是能读完的。这是相对于晚近时代的无法统计的史料而言。史料能读完的好处是写文章心中有数，但要想在唐史研究中别开生面，独立创新，光有耙疏史料的汗水还不够，还需要深挖史料内涵的勤奋思考。

　　中国传统历史学最重视的是政治史，其次是典章制度。研究唐史的权威学者陈寅恪先生最出名的两本书——《唐代政治史述论稿》《隋唐制度渊源略论稿》就是这两个领域。只是陈先生的政治史与制度史，重点是揭示政治演变特征和制度渊源本末，于政治和制度事件本身则着力不多。制度史研究最需要的是下冷板凳的功夫。职官、选举、兵制、赋役，需要花费大量功夫阅读史料、辨别史料。只要喜欢读书，研究制度史是一件很快乐的事情，每一点新探索，都会带来收获的喜悦。

家庭史与社会史，首重事实的重建并加以描述。重建并且描述历史是历史学的本义。但中古时期的史料缺乏精准的数据以及细节的描写，因此笔记小说资料、敦煌吐鲁番文书以及石刻墓志文献，就显得异常重要。敦煌文书废旧纸张上留下的家长里短、吐鲁番文书中的户籍资料等，往往弥足珍贵。制度史、家庭史、社会史有着很宽广的内涵，实证性研究往往只能就研究者本人选择的课题进行发掘。收到本文集里的文章，制度史部分大多是我在 20 世纪八九十年代发表的论文，曾经收入《唐代政治制度研究论集》（台北文津出版社，1994）。家庭史和佛教社会史的文章则与我写过的《佛学与隋唐社会》（河北人民出版社，2002）、《唐代家庭与社会》（中华书局，2014）两本书相关。

大唐历史，波澜壮阔，对于研究者和学习者来说，它永远魅力无穷。今后我还将继续在这个领域读书研习，如有心得，也会写出来向同行朋友们求教。

张国刚

庚子春日序于北京清华园

唐代府兵渊源与番役

府兵制度是北朝隋唐时代实行的一种重要兵制，长期以来一直受到中外学者的重视，并已有了许多精深的研究成果。近年来这个课题的讨论趋于沉寂，但这并不意味着已无剩义可言。相反，过去争论的一些问题并没有得到解决，新出的一些文书材料也不能说都被很好地利用了。因此，仍有必要进行一些探索。本篇集中讨论两点：一是府兵制的渊源，二是唐贞观十年后折冲府兵服番役及有关的一些问题。

一　内府、 外府与府兵的渊源

在近两百年的府兵史上，唐前期是府兵制最完备的一个阶段。唐代府兵制，从理论上概括，有如下几个特点：第一，在组织上贯彻以卫统府的原则。中央十二卫众率府统领全国的军府，而军府又分散在全国九十多个州府。因此，府兵兼有中央禁卫军与地方驻军的双重特点。第二，府兵从民丁（有官品子弟）中征点，又与均田制相结合，耕战相兼，但是一经入军，一般要服数十年的兵役，具有义务征兵制和变相终身色役制的双重特点。第三，府兵的军府既是一级军事编制单位，又是一所提供兵源的军事训练学校。当然，这些特点并非一开始就全部具备，而是有一个长期的发展过程。

一般认为，府兵制的确立是在西魏大统年间宇文泰掌权时期，但具体以何者为标志则有不同看法。一种意见认为，宇文泰大统八年（542）初置六军，"此即府兵制正式形成的开始"①。另一种意见主张，从府兵整个组织建立来算，只能是在大统十六年（550）。② 还有的学者提出设府取兵是府兵制成立的标志。③ 以上观点虽异，但都认为西魏宇文泰创立的二十四军是府兵的起源。日本学者菊池英夫反对这一传统看法，认为那可能是唐朝人的想象，不是西魏原始史料的记载。他指出《玉海》卷一三七所引《后魏书》佚文云"（大统）十六年，籍民之有才力者为府兵"④ 是关于这个问题的最早记载，但这里的《后魏书》可能出于唐人张太素之手。而且，退一步说，即使它依据西魏的原始材料，这个"府"理解成"丞相府"，应该更有把握些。总之，菊池不同意把二十四军作为府兵制起源。⑤ 他还反对把乡兵看作府兵，认为府兵制与北朝盛行的一般州县民的征兵制有渊源。⑥

经验告诉我们，在研究历史上某一制度与前代历史事件的关系时，往往很难做出准确的判断。因为后来的典型制度与初期的制度萌芽往往大相径庭，如果仅仅就某一特征追溯，又可以追溯到很远。府兵制的情况正是这样。唐代完备的府兵制，在魏周无论如何是找不到的，若从府兵制的某一点而论，又可以上溯到很远，学术界关于府兵制的形成存在分歧意见，这是一个重要原因。我认为，府兵制形成过程大体可以分成三个阶段：西魏大统八年（542）至大统十六年（550）是府兵制的内府二十四军确立时期；大统十六年至北周建德元年（572）是府兵制的外府在整顿乡兵的基础上确立时期；建德以后至周隋之际是府兵扩充，外府也担任宿卫时期。在这里，关键是要研究府兵的内

---

① 谷霁光：《府兵制度考释》，上海人民出版社，1962，第13页注①、第27页。
② 唐长孺：《魏周府兵制度辨疑》，载《魏晋南北朝史论丛》，生活·读书·新知三联书店，1955，第266页。
③ 何兹全：《读〈府兵制度考释〉书后》，载《读史集》，上海人民出版社，1982，第363页。
④ 王应麟：《玉海》卷一三七《兵制二·魏六军、府兵》引《后魏书》，江苏古籍出版社、上海书店出版社，1987年影印本，第2559页。
⑤ 菊池英夫：《谷霁光著〈府兵制度考释〉》，载日本《东洋学报》1964年第2期。
⑥ 此据谷川道雄：《北朝末期的乡兵》，《东洋史研究》1961年第4期。菊池原文《北朝军制中的所谓乡兵》未见。

府与外府的先后形成及其地位轻重的变化。

府兵制的内、外府在唐代最为清楚，我们不妨从唐代倒叙开去。唐代府兵有内府、外府之分，内府即中郎将府，外府即折冲府。过去一般谈府兵只谈折冲府，不提内府。《玉海》卷一三八"唐十六卫"条云："大将军各一人，将军总三十人，属官一百八十八人，置宇分部，夹峙禁省，分领府兵。左右卫领六十府，余五十至四十。以三卫待资荫，总四千九百六十三人；以折冲储军伍，凡六百三十四府。而十六卫以总府卫之番上者，台省军卫，文武参掌。"① 这一段记载有不确切的地方，但作者认为三卫（内府）与折冲（外府）均为诸卫分领的府兵，则是确定无疑的。

《唐六典》卷二四"左右卫"条记云："左右卫大将军、将军之职，掌统领宫廷警卫之法令，以督其属之队仗，而总诸曹之职务。凡亲、勋、翊五中郎将府及折冲府所隶者，皆总制焉。"② "长史掌判诸曹、亲勋翊五府及武安、武成等五十府之事。"③ "录事参军掌印，及受诸曹、五府及外府百司所由之事以发付，勾检稽失。仓曹掌五府、外府之文官职员。""兵曹掌五府外府武官职员。"④ 这里的五府即五中郎将府，外府即折冲府。五府与外府对举，是为内府。《新唐书》卷四九《百官志四上》记"五府"之制云："亲卫之府一，曰亲府。勋卫之府二，一曰勋一府，二曰勋二府。翊卫之府二，一曰翊一府，二曰翊二府。凡五府。"⑤ 每府有中郎将一人，左右郎将各一人，平均定额兵士近一千人，其设官于兵曹参军之外，又有校尉五人、旅帅十人，队正副队正各二十人，与折冲府的设官和兵士定额基本相同（折冲府另有别将，乃后来增设）。折冲府兵因其所隶之卫不同而有雅称，如骁骑、豹骑、佽飞、旅贲等，总名为卫士。中郎将府兵士则分别称亲卫、勋卫、翊卫，总名为三卫。

① 《玉海》卷一三八《兵制三》，第 2560 页。
② 李林甫等：《唐六典》卷二四《诸卫》，陈仲夫点校，中华书局，2014，第 616 页。
③ 《唐六典》卷二四《诸卫》，第 617 页。
④ 《唐六典》卷二四《诸卫》，第 617–618 页。
⑤ 欧阳修等：《新唐书》卷四九《百官志四上》，中华书局，1975，第 1281 页。

其实，在唐武德年间，内府与外府在名称上曾是一致的，都称骠骑将军府、车骑将军府。据《新唐书》卷四九《百官志四上》载，唐初"亲卫、勋卫置骠骑将军、车骑将军，翊卫置车骑将军。武德七年（624）改骠骑将军为中郎将，车骑将军皆为郎将，分左右"①。同是在武德七年，外府亦"改骠骑将军府为统军府，车骑将军为别将，……贞观十年，改统军府曰折冲都尉，别将曰果毅都尉。"② 可见在武德七年以前的一段时间里，内外府名称完全相同，均置骠骑、车骑将军领之。但是府兵身份仍然不同，外府取六品以下官子弟及百姓，内府则取五品以上官子弟，二者正好相衔接。

唐代的内府三卫由势官子弟为之，入仕之路又艰，故呈衰落之势。但在隋代，内府的重要性却超过外府。《隋书》卷二八《百官志下》云：

> 左右卫又各统亲卫，置开府。（左勋卫开府，左翊一开府、二开府、三开府、四开府，及武卫、武候、领军、东宫领兵开府准此。）府置开府一人。有长史、司马、录事，及仓、兵等曹参军，法曹行参军，各一人，行参军，三人。又有仪同府。（武卫、武候、领军、东宫领兵仪同皆准此。）仪同已下，置员同开府，但无行参军员。诸府皆领军坊。每坊（东宫军坊准此）置坊主一人，佐二人。每乡团（东宫乡团准此）置团主一人，佐二人。③

这一段主要是讲亲卫（即内府兵士）置开府府和仪同府，附带提到两点，一是勋卫开府、翊卫开府——这也是内府兵士；二是武卫以下至东宫的领兵开府和领兵仪同——这才是外府兵士。值得注意的是，三卫开府及仪同府与外军一样都统军坊和乡团。以上是隋文帝时的制度，可见内府占主要地位。再看隋炀帝时的情况，《隋书》卷二八《百

---

① 《新唐书》卷四九《百官志四上》，第1282页。
② 《新唐书》卷四九《百官志四上》，第1288页。
③ 魏征等：《隋书》卷二八《百官志下》，中华书局，1973，第778页。

官志下》又写道：

> 鹰扬府每府置鹰扬郎将一人，正五品，副鹰扬郎将一人，从五品，各有司马及兵、仓两司。其府领亲、勋、武三侍，非翊卫府（左右卫改名），皆无三侍。鹰扬每府置越骑校尉二人，掌骑士，步兵校尉二人，领步兵，并正六品。外军鹰扬官并同。[①]

这里的鹰扬府是大业时军府的名称，以前称开府府、仪同府和骠骑府、车骑府，大业三年（607）统一改名鹰扬府，三卫（亲卫、勋卫、翊卫）改名三侍（亲侍、勋侍、武侍）。不难看出，这段话的重点是叙述由三侍组成的内府的建制，对于外府，只不过用"外军鹰扬官并同"带了一句，反映出内府在府兵制度中处于更重要的地位。

那么，隋唐时代的内府是如何形成的呢？在此之前的府兵是否有内府、外府之别呢？为此，我们必须追溯一下府兵制的建立过程。

如所周知，"府兵"或"军府"的名称，早在魏晋时代就比较普遍了。作为魏周时代的府兵制的特征，唐长孺先生指出了两条：第一，魏周府兵制有一个特殊的组织系统，即上柱国、十二大将军、二十四开府的统属关系。陈寅恪先生称之为军事单位之部落化。第二，魏周府兵乃禁军而非边防兵或地方军。这与过去的军府之兵大为不同。其实这个标准便是按照内府（内军）而作，魏周时代的二十四军就是隋唐内府的渊源[②]。

西魏立国之初，其主要兵力是尔朱天光和贺拔岳率从入关的六镇军人。还在魏孝武帝入关以前，宇文泰已将这些军队分为十二军，由十二将统领之。《周书》卷二《文帝纪下》：大统三年（537）八月，"太祖率李弼、独孤信、梁御、赵贵、于谨、若干惠、怡峰、刘亮、王德、侯莫陈崇、李远、达奚武等十二将东伐，至潼关。"[③]《周书》卷

---

① 《隋书》卷二八《百官志下》，第 800 页。
② 唐长孺：《魏周府兵制度辨疑》，载《魏晋南北朝史论丛》，第 258 页。
③ 令狐德棻等：《周书》卷二《文帝纪下》，中华书局，1971，第 23 页。

一七《刘亮传》亦称："太祖置十二军，简诸将以将之。"① 宇文泰以关西大行台的名义统领十二军。大统八年"初置六军"②，意味着行台之军改成了天子禁军。但直到八年以后，六柱国、十二大将军、二十四开府的组织系统才确立。这就是《北史》卷六十传末那段关于早期府兵制材料所叙述的情况。

二十四军所统领的兵士具有浓厚的鲜卑贵族子弟兵色彩。其任务是"十五日上则门栏陛戟，警昼巡夜，十五日下则教旗习战。无他赋役。"③ 隋唐时代三卫也是贵族子弟出身，充任宿卫，与此有相似之处。二十四军的组织系统保持了一个相当长的时期。如恭帝三年（556）"今二十四军宜举贤良堪治民者，军列九人"④。保定四年（564），宇文护征二十四军及左右厢散隶秦陇巴蜀之兵共三十万人伐齐⑤。特别值得注意的是，建德三年（574）正月，"享二十四军督将以下，试以军旅之法，纵酒尽欢"⑥。由此可见，第一，二十四军具有超出其他军队的地位；第二，二十四军的人数不会太多，还不包括广募关陇豪右以后组成的外军，否则享二十四军督将以下便不可能。这年十二月，"改诸军军士并为侍官"⑦，应该也只指二十四军番上兵士。

二十四军的废止，当在以卫统府之后。唐长孺先生曾推测可能在杀宇文护之后，这个推测是很有道理的。原因有三：第一，宇文泰、宇文护以丞相府代中外府统二十四军充宿卫，是以外朝制宫禁的制度。周武帝建德元年（572）杀宇文护、罢中外府后，又有"改置宿卫官员"⑧ 的记事。第二，建德三年正月以后不再有关于二十四军的记载，这年年底的纪事只是说："大会卫官及军人以上，赐钱帛各有差。"⑨

---

① 《周书》卷十七《刘亮传》，第284页。
② 李延寿：《北史》卷五《魏本纪》，中华书局，1974，第178页。
③ 《北史》卷六十《王谦传》附论，第2155页。
④ 《周书》卷三《孝闵帝纪》，第49页。
⑤ 《周书》卷十一《晋荡公护传》，第174页。
⑥ 《周书》卷五《武帝纪上》，第83页。
⑦ 《周书》卷五《武帝纪上》，第86页。
⑧ 《周书》卷五《武帝上》，第81页。
⑨ 《周书》卷五《武帝上》，第86页。

第三，又据《北史》卷三〇《卢辩传》："（建德）四年又改置宿卫官员，其司武、司卫之类，皆后所增改。"[1] 我们推测，建德元年那次改置宿卫官，也许是增置司武、司卫，建德四年这次改置当即是确立以卫统府制。《金石萃编》卷六一唐苗神客《乙速孤神庆碑》有"周右武候右六府骠骑将军"[2] 等语，时在灭齐后（建德四年至六年，即575—577）。西安郊区曾出土一方隋人墓志，足以证明周隋时代内府渊源关系。《隋大都督左亲卫车骑将军吕武墓志》："建德之初……令入勋冑，迁右侍，承御二上士……大象之末，周道沧丧……任右亲卫帅都督，功绩有彰，俄迁大都督……（开皇三年）侯正仪同。四年，褒绩赏劳，转车骑将军，领左卫右一开府右仪同兵。十年，复授左亲卫骠骑府内车骑将军。"[3] 墓主吕武在周武帝时以勋冑迁右侍；杨坚秉政时，为右亲卫帅都督；隋立，为仪同，为亲卫车骑将军。其历官经历足以说明，隋初的内府系直接从北周右侍（三卫前身）发展而来。

以上是内府的渊源情况，下面谈谈外府。在内府（二十四军）改由"卫"直接统领时，外府还有一段发展过程。

乡兵与府兵有直接关系。菊池英夫批评乡兵即府兵说有一定的道理，但是认为乡兵完全脱离府兵也是缺乏根据的，导致这种看法的原因之一乃是用唐人的府兵制标准来看待早期府兵制的形成。前面提到了唐长孺先生提出的内府府兵的形成标志，外府的形成标志则不完全如此。我认为，外府形成标志第一看它是否具有与二十四军（内府）同样的领兵建制，第二看它是否改由卫府统率。

乡兵在魏周时期是比较普遍的，而且由地方豪强势力控制，由于他们普遍在州县任职，所以乡兵很容易纳于地方武装系统，并为封建国家所利用。《周书》卷四四《泉企传》介绍泉企及元礼、仲遵父子的事迹云："孝昌初……寻除上洛郡守。及萧宝寅反，遣其党郭子恢袭

---

① 《北史》卷三〇《卢辩传》，第1101页。

② 王昶辑：《金石萃编》卷六一《乙速孤神庆碑》，载《石刻史料新编》，台北新文丰出版公司，1982，第1037页。

③ 中国科学院考古研究所编著《西安郊区隋唐墓：中国田野考古报告集》，科学出版社，1966，第93-103页。

据潼关。企率乡兵三千人据之，连战数日，子弟死者二十许人，遂大破子恢。"又"乃除洛州刺史，当州都督，未几，帝西迁，齐神武率众至潼关，企遣其子元礼督乡里五千人，北出大谷以御之"①。其后北齐杜窟据洛州，泉企之子元礼、仲遵"潜与豪右结托，信宿之间，遂率乡人袭州城，斩窟，传首长安。朝廷嘉之，拜卫将军、车骑大将军，世袭洛州刺史，从太祖战于沙苑，为流矢所中，遂卒"②。于是"复以仲遵为洛州刺史，仲遵宿称干略，为乡里所归。及为本州，颇得嘉誉"③。大统九年（543），宇文泰东征，仲遵受命随于谨进攻柏谷坞。大统十五年"仲遵率乡兵从开府杨忠讨之"④。泉企父子为上洛郡丰阳人，相继任上洛郡守、洛州刺史。当时洛州实际上为东魏北齐所有，泉企父子身份是郡守、刺史、都督，实际上率领乡兵跟随宇文氏转战各地。

　　大统九年广募关陇豪右以增军旅，其意义在于公开大规模地收编改组豪强控制的武装。其后又有大统十二年"初选当州首望，统领乡兵"⑤，十四年"置当州乡帅……领乡兵"⑥。具体事例如韦瑱"以望族兼领乡兵，加帅都督"⑦，柳敏"加帅都督，领本乡兵"⑧，郭彦"统领乡兵，除帅都督"⑨。这样由朝廷选任统帅，并按照都督、大都督、帅都督等名号加以组织起来"以增军旅"⑩，便使乡兵成为中央控制的一支军队。这便是《玉海》引《后魏书》所云"（大统）十六年，籍民之有才力者为府兵"⑪这句话的历史背景。《周书》卷三三《王悦传》记王悦率乡兵转战各地，"魏废帝二年，征还本任。属改行台为中外府，尚书员废，以仪同领兵还乡里。……其长子康，恃悦旧望，遂自

① 《周书》卷四四《泉企传》，第786页。
② 《周书》卷四四《泉企附元礼传》，第787－788页。
③④ 《周书》卷四四《泉企附仲遵传》，第788页。
⑤ 《周书》卷三七《郭彦传》，第666页；《北史》卷七〇《郭彦传》，第2421页。
⑥ 《周书》卷二三《苏绰附椿传》，第395－396页；《北史》卷六三《苏绰附椿传》，第2250页。
⑦ 《周书》卷三九《韦瑱传》，第694页。
⑧ 《周书》卷三二《柳敏传》，第560－561页。
⑨ 《周书》卷三七《郭彦传》，第666页。
⑩ 《周书》卷二《文帝下》，第28页。
⑪ 《玉海》卷一三七《兵制二·魏六军、府兵》引《后魏书》，第2559页。

骄纵。所部军人，将有婚礼，康乃非理凌辱。军人诉之，悦及康并坐除名，仍配流远防"①。王悦以仪同领兵还乡里，其长子凌辱所部乡兵，军人竟能通过诉讼获胜。这就说明纳入府兵组织（仪同等称号）的乡兵已改变了过去对豪强的强烈隶属关系，而成为封建国家控制的武装力量的一部分。但是直到周代，这种乡兵尽管是用府兵编制组织的，是否上统于中央卫府，还没有直接的证明材料。据《周书》卷三〇《于翼传》，翼建德时出为豫州总管，特敕其"仪同以下官爵，承制先授后闻"②。这条材料说明，一般情况下仪同等官是可能由地方总管选授的。传拓的《隋开府仪同三司龙山公墓志》称："周朝受（授）大都督、龙山公，选补仪同，领乡团五百人守隘三峡。"③ 这位统领乡团五百人的龙山公，不知是否由所在总管府选授仪同的。不管如何，即使由总管府统领的府兵，也不见得不在名义上隶属于中央诸卫府。唐代府兵制也是如此。

不管北周时乡团是否直接统属于中央卫府，至少在隋初已由中央诸卫统领了。前面引述过的《隋书》卷二八《百官志下》关于内外府的记载可为铁证。此外，开皇六年（586）的龙藏寺碑阴和碑侧题名也提供了一条绝妙的材料：

> 骠骑将军、开府仪同三司、领恒州左十七府兵、东燕县开国侯高子玉。
> 上仪同三司、邵州蒲源县开国伯副、领右十八开府李平。
> 上仪同三司、恒州右十七开府、安德县开国公石元。
> 使持节、骠骑将军、仪同三司、恒州左十七开府永固公刘达。
> 仪同三司、恒州右十七开府副、怀仁县开国伯曹明。④

---

① 《周书》卷三三《王悦传》，第580页。
② 《周书》卷三〇《于翼传》，第526页。
③ 转引自谷霁光：《府兵制度考释》，第54页。
④ 《龙藏寺碑并阴侧》，载陆增祥撰《八琼室金石补正》卷二四，文物出版社，1985，第151页。又见《金石萃编》卷三八，载《石刻史料新编》，台北新文丰出版公司，1982，第1037－1044页。

《常山贞石志》跋云："隋志，左右卫各统亲卫、置开府，府置开府一人。据此列衔，则隋初外州府兵，亦以开府统之，如左右卫之制矣。"① 又《隋书》卷五八《许善心传》称："左卫大将军宇文述每旦借本部兵数十人，以供私役，常半日而罢。"② "善心以为述于仗卫之所抽兵私役，虽不满日，阙于宿卫，与常役所部，情状乃殊。又兵多下番，散还本府，分道追至，不谋同辞。"③ 此事在大业初，由此可见，外府兵士（由"分道追至"可知）也是充宿卫的。再结合《隋书》卷二八《百官志》关于内外府的记载，我们有理由认为，至迟在隋初，诸州府兵（即外府外军）也按内府的建制，统属于中央诸卫，而且有些还赴首都宿卫。

综上所述，可知隋唐时代的府兵有两种渊源：一种是二十四军统领系统，其后发展成内府内军；另一种是乡兵等州兵系统，后来发展成外府外军。他们在周隋之际先后由中央诸卫统领。明确了府兵制的这两种渊源，我们就可以对早期府兵制材料看似矛盾的一些记载和20世纪五六十年代史学界长期争议的一些问题做出合理的解释了。

《玉海》卷一三八引《邺侯家传》云："初置府兵，皆于六户中等以上家有三丁者选材力一人，免其身租庸调，郡守农隙教试阅，兵仗衣驮牛驴及糗粮旨蓄六家共备。抚养训导，有如子弟。"④ 而《北史》卷六十传末则说："自相督率，不编户贯。都十二大将军。十五日上则门栏陛戟，警昼巡夜；十五日下则教旗习战，无他赋役。每兵唯办弓刀一具，月简阅之，甲槊戈弩，并资官给。"⑤ 这两段记述府兵制的主要史料，差别竟如此之大！于是一部分学者根据"自相督率，不编户贯"来说明早期的府兵是兵农分离；另一部分学者则抓住"郡守农隙教试阅"，认为是兵农合一。有的学者根据"十五日上则门栏陛戟，警昼巡夜，十五日下则教旗习战"，认为府兵每月两番；另一部分学者则

① 沈涛：《常山贞石志》卷三，载《石刻史料新编》，台北新文丰出版公司，1982，第13214页。
② 《隋书》卷五八《许善心传》，第1427页。
③ 《隋书》卷五八《许善心传》，第1428页。
④ 《玉海》卷一三八《兵制三·唐关内置府、十道置府》引李繁《邺侯家传》，第2569页。
⑤ 《北史》卷六〇《传论》，第2155页。

认为"八丁兵""十二丁兵"与府兵制有关。如此等等。如果我们从内府与外府的角度分析，这些争议都可迎刃而解。

原来，《北史》所言只是内府二十四军的情况。内府兵士最初由六镇鲜卑军人组成，当然是兵农分离，两番宿卫。而《邺侯家传》主要是谈外府的情况。外府兵士来源于乡兵和其他州郡民丁，当然是兵农合一，并有可能与八丁兵、十二丁兵有关。西魏大统年间籍帐中就有"六丁兵"一役。若说八丁兵、十二丁兵、六丁兵即是府兵也许未可，但是可以肯定府兵的番役显然是以这普遍的力役制度为基础的。这里值得提出的是，由于内府制在唐代的衰落，也由于李泌议复府兵时主要着眼点是边军屯驻而不是番上宿卫，所以他记述府兵主要讲外府的情形是不足为怪的。

二 折冲府时代府兵的番役问题

如所周知，府兵制的黄金时代是唐代，确切地说，是唐太宗贞观十年（636）改军府为折冲府后的一段时间。这时府兵的组织与各项制度都比较完备。这一时期府兵的主要任务是什么？军府兵士是如何服役的？各地折冲府与当地政府究竟存在一种什么关系？这些问题都需要重新探究。如果不能弄清这些问题，那么，要想真切地了解府兵制的实际运作，分析其历史意义及有关的历史问题，便无从谈起。

一般认为，府兵的主要任务是宿卫与征行。通过对兵募制的研究，我们知道唐代前期征镇军队的主体是兵募，府兵并不担负主要的征行任务[1]。府兵的主要任务是到中央去宿卫，这是有史料根据的。但是，在西域出土文书中也发现了另外一种情况，即府兵兵士大量地在州镇服役，而并不番上宿卫。这就向我们提示了这样一种可能性：唐代也许有主要承担中央宿卫和只在地方服役的两种性质的府兵。

关于西州蒲昌府府兵的活动情况，日本学者日比野丈夫和菊池英

---

[1] 参见本书《关于唐代兵募制度的几个问题》一文。

夫先后做过精湛的研究①。蒲昌府兵士在地方上的役事主要是在镇戍、烽堠上番，见日比野四号文书（宁十一号）、日比野四六号文书（宁九号）等。也有的充当游奕、守捉，见日比野二一号文书（桥三号）、日比野七号文书等。还有的充当修筑、守固、营造事务。蒲昌府兵未见有上中央宿卫的事。王梵志诗有两处提到"府兵"。一首云："天下恶官职，不过是府兵。四面有贼动，当日即须行。有缘重相见，业薄即隔生。逢贼被打杀，五品无人诤。"② 另一首："十六作夫役，二十充府兵。碛里向西走，衣甲困须擎。白日趁食地，每夜悉知更。铁钵淹干饭，同伙共分诤。长头饥欲死，肚似破穷坑。遣儿我受苦，慈母不须生。"③ 两首诗状极府兵服役、征战之苦，但均不言及府兵宿卫事。

吐鲁番出土文书《唐永隆元年（680）军团牒为记注所属卫士征镇样人及勋官签府诸色事》也提到卫士在地方承担的任务，除侍丁残疾、孝假外，一是参与征镇，如庭州镇有二人，安西镇有六人。二是出使、守卫，如送波斯四人，捉道二人。三是本州服务，主要是在州授（守）囚，有七人④。总之卫士的这类活动是大量的、频繁的，并且与卫士、侍官等名称毫不相干。像府兵这类分番上下的役事，唐朝人称之为"番役"。《新唐书·兵志》云："府兵之法寝坏，番役更代，多不以时。"⑤ 这个"番役"泛指府兵宿卫与征防。张九龄《开元十一年南郊赦》："其单贫卫士，番镇久次，令州府长官简择灼然者放免番役"⑥，此处"番役"系指卫士在镇戍的服役（所谓"番镇久次"）。蒲昌府文书日比野十二号⑦有"春种是时，番役又到"之语，表明番役是全年都存在的任务，与府兵农闲时在地方整训不同。兹根据有关文书材料，

---

① 日比野丈夫：《唐代蒲昌府文书の研究》《新获蒲昌府文书研究》，日本《东方学报》第 33、42 册；菊池英夫：《从西域出土文书看唐玄宗时府兵的运用（上、下）》，日本《东洋学报》第 52 卷第 3、4 期。

② 王梵志：《王梵志诗校辑》卷二《天下恶官职之一》，张锡厚校辑，中华书局，1983，第 41 页。

③ 《王梵志诗校辑》卷五《你道生胜死》，第 157－158 页。

④ 武汉大学历史系等编《吐鲁番出土文书》第六册，文物出版社，1985，第 546－558 页。

⑤ 《新唐书》卷五〇《兵志》，第 1326 页。

⑥ 宋敏求编《唐大诏令集》卷六八《开元十一年南郊赦》，中华书局，2008，第 380 页。

⑦ 日比野丈夫：《新获唐蒲昌府文书》，日本《东方学报》第 42 册。

将唐代府兵在地方上服番役的种种情况考索如下。

（一）番役时限。府兵番役一般按月派遣，故又称月番。如蒲昌府文书日比野新十八号记卫士"郭才感辞"："感去年十一月番当悬泉烽长探"。新二十六号又有"郭才感妻辞"："月番当悬泉"。宁乐美术馆第三一号文书："谷峰一月番□□上"①。辽宁档案馆藏四号文书："至来月游奕，牒府速发遣"②。从这里可以看出，月番是上一个月派定的。派役机构不是折冲府，否则不会称"牒府速发遣"，应是西州军政当局。

（二）番役的分派。折冲府发遣府兵服番役，一般下达到团，军府的"团"是番役分派的基本单位。日比野十九号文书："（前略）上件仁轨终服，胡麻泉烽准旧例故上者。（中略）当时下团发遣并检领。"日比野十八号文书："任从解退。牒/准状牒团。召得上件/依追到府。已勒索/由李季才替/蒲昌府件状（下略）。"③不仅分派番役以团为单位，府兵的其他活动也以团为单位进行。如吐鲁番出土文书《武周天山府下张父团帖为新兵造幕事》提到"当团新兵佰壹拾玖人，合造幕壹拾壹口"④。同类文书还有《武周天山府下张父团帖为出军合请饭米人事》《武周天山府下张父师团帖为追虞候赴州事》等等⑤。此外，我们在文书中还见到"校尉曲丘团""校尉裴达团"等字样⑥。这些材料表明府兵日常管理与征役活动，均以团为单位进行，番役分派也不例外。

（三）府兵的番役，可以雇人相代——尽管法令原则上不允许，实际上却是公行不讳。从吐鲁番文书《唐显庆三年（658）西州范欢进雇人上烽契》可以大体推知，交河府卫士范欢进用银钱七文雇前庭府卫士白熹欢代役十五天，如有"逋、留"、官府罪责，范欢进概不负

① 《唐代蒲昌府文书の研究》，第297页；《新获唐蒲昌府文书》，第377、295页。
② 荣新江：《辽宁省档案馆所藏蒲昌府文书》，《历史档案》1982年第4期。
③ 《唐代蒲昌府文书の研究》，第290页。
④ 武汉大学历史系等编《吐鲁番出土文书》第九册，文物出版社，1990，第5页。
⑤ 《吐鲁番出土文书》第九册，第9-10页。
⑥ 《吐鲁番出土文书》第六册，第557、559页。

责①。此处"逋"，盖指"逋逃"，"留"当指"留役"。关于卫士被留役的情况，吐鲁番文书《武周牒为请处分前庭府请折留卫士事》（武周新字改回）载：

暖　者　便

讫具折留人姓名□□其日来□得前庭府主帅刘行感状，称上件人兼丁厚暖，已勒留正月重上。其月肆日具状上州讫者。又检案内上件人去□□□日

（后略）②

这件文书的大意是说，"上件人"由于是"兼丁厚暖"（"兼丁"相对单丁而言，"厚暖"相对"单寒"而言），被军府主帅（队副以上皆为主帅）勒留继续上正月番。《新唐书·兵志》在谈到府兵制破坏时说"番役更代多不以时，卫士稍稍亡匿"③，这里番役指府兵番上宿卫服役。而折留在地方服番役的卫士，也完全可以说是"番役更代多不以时"。前举范欢进雇白熹欢上烽契提到"逋留官罪"④，说明服役卫士逋逃亡匿也同样是存在的。《武周兵曹牒为申报前庭等府逃兵名事》进一步印证了这一点，该文书中不到镇的逃兵至少涉及前庭、蒲昌、岸头等府⑤。

（四）府兵中有白丁服役。蒲昌府文书日比野二五号文书（宁一、二七缀合）有白丁东方平由蒲昌府分派番役。又据日比野《新获蒲昌府文书》一文介绍的第九件文书中"准团依白丁例驱使"一句，可知白丁服番役还不在少数，并已相沿成例。"准团"云云，则说明白丁赴番也是由"团"（校尉为长）分派的，与卫士番役相同。吐鲁番文书中也有类似情况。《唐永隆元年（680）军团牒为记注所属卫士征镇样

① 武汉大学历史系等编《吐鲁番出土文书》第五册，文物出版社，1983，第142页。
② 武汉大学历史系等编《吐鲁番出土文书》第七册，文物出版社，1986，第45页。
③ 《新唐书》卷五〇《兵志》，第1326页。
④ 《吐鲁番出土文书》第五册，第142页。
⑤ 《吐鲁番出土文书》第七册，第58页。

人及勋官签符诸色事》由十三件残片连接而成，所记兵士有名者（包括仅有一字）四十四人，其余可以推知的尚有十八人。

根据与其他文书对勘考索，可知永隆牒中至少有翟姚子、范寅贞、张欢海为白丁，从而证明这份有关"记注所属卫士征镇样人及勋官签符诸色事"的名单中，除卫士外还有白丁。为什么白丁要受军府统领，分派番役？目前只能解释为他们是被雇代役，或为替役。范寅贞本人为白丁，其家另有老父一人、卫士一人。卫士也许是其兄弟，范氏是否代本家这位兄弟服役因而置名永隆军团牒中，目前无法断定。白丁由军府分派番役，还是一个有待仔细探究的问题。

（五）卫士番役如何计算。文献材料中只有卫士番上宿卫的分番规定，在地方上服番役也应原则上依照此制。学术界过去曾发生过如何为卫士番上算番的争论。其致歧原因之一是史籍关于卫士算番的记载本来就不一致。

《新唐书·兵志》云：

> 凡当宿卫者番上，兵部以远近给番，五百里为五番，千里七番，一千五百里八番，二千里十番，外为十二番，皆一月上。若简留直卫者，五百里为七番，千里八番，二千里十番，外为十二番，亦月上。[1]

日本学者布目潮沨先生认为以上规定是贞观十年（636）以后折冲府的番上制度，而《唐六典》卷五《尚书兵部》对卫士番上规定则是以开元十年（722）的令文为基础的，亦即认为二者反映卫士番上规定的时代不同。唐长孺先生则认为六典规定为正确。六典的卫士番上规定是这样的：

> 百里内五番，五百里外七番，一千里外八番，各一月上，两

---

① 《新唐书》卷五十《兵志》，第 1326 页。

千里外九番，倍其月上，若征行之镇守者，免番而遣之。①

这里"百里内五番"显然有脱误，否则从百里外到五百里内便没有番数的规定，而华、同、岐、虢、蒲等距上都长安都在百里之上五百里之内②。仁井田陞《唐令拾遗》疑"百里"上脱一"五"字③，广池本《唐六典》则疑"百里内"应作"百里外"，都是为了解决上述问题。唐长孺先生《唐书兵志笺正》卷一引据仁井田陞"日本军防令第八条卫士给番之制与六典同"，以证兵志之误。④ 其实，只要将《唐六典》脱字补上，《兵志》给番之制与《唐六典》之制便无大的差别，见表1。

表1　《兵志》与《唐六典》关于番上规定的对比

番数	兵志里数	六典里数	每年番次	宿卫时间	往返里程	路途时间	每年合计服役天数
5	500 里内	500 里内	2.4 次	72 天	2 400 里	48 天	120 天
7	1 000 里内	500 里外	1.7 次	51 天	3 400 里	68 天	119 天
8	1 500 里内	1 000 里外	1.5 次	45 天	4 500 里	90 天	135 天
10	2 000 里内		1.2 次	36 天	4 800 里	96 天	132 天
12	2 000 里外		1 次	30 天	5 000 里	100 天	130 天
9		2 000 里外	1.33 次	40 天	3 500 里*	67 天	107 天

*注："二千里外九番，倍其月上"，意即两番只要一番路，以 3 500 里计里程，则 1.33 番约 67 天。

根据以上推算可知，府兵番上负担，一般每年约一百二十天，上下不超过百分之十，约半个月。也就是每年服役在三个半月到四个半月之间。这项负担大约比一般白丁稍重。唐代白丁负担一般有租、庸、

---

① 《唐六典》卷五《尚书兵部》，第 156 页。
② 距长安，华州为 180 里，同州 250 里，岐州 310 里，蒲州 320 里，见《元和郡县图志》，中华书局校点本，1983。卷二《关内道二》"华州"条，第 34 页；"同州"条，第 36 页；"凤翔府"条，第 40 页。卷十二《河东道一》"河中府"条，第 325 页。
③ 仁井田陞：《唐令拾遗》，栗劲等编译，长春出版社，1989，第 282 页。
④ 唐长孺：《唐书兵志笺正》卷一，科学出版社，1957，第 23 页。

调、杂徭。据开元二十五（737）年令，丁男每岁正役不过二十日，留役者十五日免调，三十日租调俱免，通正役不过五十日①，这里没有差科杂役一项。又据《白氏六帖事类集》卷二二《征役第七》：

> 正丁充夫四十日免役，七十日并免租，百日以上课役俱免。

尽管对这一段史料，诸家有种种不同理解，但是"百里以上课役俱免"则清楚地说明，丁男服役一百日以上，大体即可免除赋役负担，这与一个卫士的负担大体相当或稍轻。

（六）府兵番役的粮食供给。传统看法一般认为粮食均由卫士自备。如《新唐书·兵志》说："麦饭九斗，米二斗，皆自备，并其介胄、戎具藏于库。有所征行，则视其入而出给之。"②谷霁光先生《府兵制度考释》详细地讨论了府兵自备衣粮问题③，认为府兵服役"番期内无论是单番或并番，封建国家不给予补助，只有身粮或私粮由官府照收存数发给，官奴婢则发给公粮"④。其实谷先生此处对六典理解有误。《唐六典》卷三《尚书户部》：

> 卫士防人已上，征行若在镇及番还……并给身粮；诸官奴婢，皆给公粮。⑤

谷先生在注文中认为此处区分身粮与公粮，"身粮即私粮，府兵每番自备麦饭九斗、米二斗，交纳之后，由官府发给食券，到役兑换"⑥。这种理解是不正确的。按身粮是相对于家口粮而言，并不能理解为自备之私粮，唐代团结兵"日给一身粮及酱菜"，而官健则给家口粮⑦。

---

① 杜佑：《通典》卷六《赋税下》，中华书局，1988，第109-110页。
② 《新唐书》卷五〇《兵志》，第1325页。
③ 谷霁光：《府兵制度考释》，第192-207页。
④ 谷霁光：《府兵制度考释》，第195页。
⑤ 《唐六典》卷三《尚书户部》，第84页。
⑥ 谷霁光：《府兵制度考释》，第195页注④。
⑦ 王溥：《唐会要》卷七八《诸使杂录上》，上海古籍出版社，2008，第1702页。

府兵服役及番还给身粮，也就是给本人口粮的意思，这是相对于上文
"给两口粮""给五口粮""四口粮"① 的情况而言的，这一段给粮规定
前有一句起语："凡在京诸司官人及诸色人应给仓食者，皆给贮米"②。
卫士就在这"诸色人"中，是由官仓给粮的。这种身粮，大约就是
《新唐书》卷一二五《苏瓌传》所说的府兵"月赐"③ 吧。

出土文书也反映了府兵番役时给粮的情况，日比野新十四号文书
提到来月上番府兵点检其衣粮器仗问题，可惜下文缺失了。吐鲁番文
书《武周佐王某牒为前庭等府申送上番卫士姓名事》于残存的十余名
卫士姓名之后又有（武周新字改回）：

天山府

牒件检如前谨牒

□□肆月贰日　　佐王

前庭等府肆月上

者，准例牒屯伍处

粮，牒仓准给讫

等不到，牒府

□□示叁日

（后　残）④

此文书虽有残缺，但是仍可判断出，前庭天山等兵肆月番役应由
服役地点附近的粮仓供给食粮。

综上所述，我们通过西域出土文书，探讨了府兵在地方上服役的
问题，包括番役的种类、分派（雇人代役、留役、替役等）、算番和上
番给粮等方面的问题，由此可知，卫士在地方上服番役也与番上京师
宿卫一样，有一套完整的制度规定。至此，人们不禁要问，为什么西

---

①② 《唐六典》卷三《尚书户部》，第 84 页。

③ 《新唐书》卷一二五《苏瓌传》，第 4397 页。

④ 《吐鲁番出土文书》第七册，第 47-48 页。

域军府的府兵有如此繁杂的番役任务？他们究竟是否充番上宿卫之役呢？弄清军府与地方政府州县的关系，是正确回答这些问题的关键。

唐代军府与州府的关系，过去的研究也曾有所涉及。谷霁光先生的《府兵制度考释》曾专列一条谈折冲府与州刺史的关系①，他指出："折冲府不受地方官的管辖，折冲府长官亦不得干预地方行政，这是无可争辩的。……然而折冲府分布在各地，必然要和地方官署发生许多联系，因而地方官府对折冲府负有一定的职责。"② "地方长官——主要指州刺史——对于折冲府负有的职责，经常有四个方面，一发兵，二练兵，三查阅军备，四点兵。"③ 一般说来，这种理解是不成问题的，是有材料根据的。但是，并非所有的折冲府与州府之间的关系皆如此，有的折冲府却直接隶属于州。《唐律疏议》卷二二《斗讼律》"监临官司殴统属"条："其有府及镇、戍隶州者，亦为统属之限。"④ 这里的府就是军府，可见有的军府隶属于州是见诸法律的。《金石萃编》卷七一《兖州都督于知微碑》："改授绛州刺史，州管军府，户多雕散"⑤，可见绛州亦管军府。开元时，张守珪"再转幽州良社府果毅……时卢齐卿为幽州刺史，深礼遇之，常共榻而坐，谓曰：足下数年外必节幽、凉，为国之良将，方以子孙相托，岂得以僚属常礼相期耶"⑥。卢齐卿认为张守珪将来前程远大，故不以僚属常礼对待之，正好说明良社府果毅于幽州刺史为属僚，《新唐书·卢承庆附齐卿传》就说："拜幽州刺史，而张守珪隶果毅"⑦。以上材料都说明，唐代确实有一部分折冲府隶属于所在州府。我怀疑西州的蒲昌、岸头等府也属于这种情况，他们隶属于西州，而不须上番宿卫。当然，在名义上所有折冲府都隶属于中央诸卫。如蒲昌府文书就显示它归属于左玉钤卫。有意思的是开元二年（714）（蒲昌府文书有纪年者均系开元二年）中央并没有玉

① 谷霁光：《府兵制度考释》，第 158-165 页。
②③ 谷霁光：《府兵制度考释》，第 163 页。
④ 刘俊文：《唐律疏议笺解》卷二二《斗讼律》，中华书局，1996，第 1522 页。
⑤ 《金石萃编》卷七一《兖州都督于知微碑》，载《石刻史料新编》，第 1222 页。
⑥ 刘昫等：《旧唐书》卷一〇三《张守珪传》，中华书局，1975，第 3193 页。
⑦ 《新唐书》卷一〇六《卢承庆附齐卿传》，第 4048 页。

钤卫，光宅元年（684）改左右领军卫为左右玉钤卫后，神龙元年（705）复辟时，已恢复了左右领军卫的名称。开元二年蒲昌府文书中仍称统属于玉钤卫，说明其时"府"与"卫"之间并没有密切关系（包括文书往来的关系），蒲昌府只是隶属于西州都督府，在当地服番役。

军府不上中央宿卫，而在当地服番役，当然不限于西州属下诸府。过去长期争议的"河北之地，人多壮勇"[1]，故"不置府兵番上，以备两蕃"[2] 的问题，现在看来，不是豁然而解了吗？对于河北"不置府兵番上"的问题，岑仲勉先生认为河北诸州如果多置军府，府兵赴京师番上，当地就会缺乏兵源[3]。谷霁光先生考证说"不"字当为"又"之讹，"不置府兵番上"作"又置府兵番上"，番上的含义不限于宿卫，而是备两蕃[4]。这两种说法都嫌牵强。岑仲勉先生按字面理解原文，认为河北不置军府，但是河北地区从唐初即有军府这已是无可怀疑的事实。谷霁光先生认为"不"字当改，尤为无据。实际上我们只须把《邺侯家传》这句话中的"番上"连上读作"玄宗时奚、契丹两番强盛，数寇河北，诸州不置府兵番上，以备两蕃"，就完全可以理解。很明显，"不置府兵番上"的目的就是"以备两蕃"[5]。这说明河北地区的军府至少在一个时期是不上番宿卫而在当地守备的。唐代的西北与东北是边疆地区的两大主战场，西州的情况与河北很相似，因此我们见到出土文书中关于府兵在当地服番役的记载，同样也证明了这些军府是不番上宿卫的。唐代南方军府较少。据敦煌写本《唐开元水部式》第39—40 行："扬州扬子津斗门二所，宜于所管三府兵及轻疾内量差，分番守当，随须开闭"[6]。据《新唐书·地理五》，扬州有

---

① 《玉海》卷一三八《兵制三·唐府兵、符契、折冲府、十二军》引苏冕《会要》，第2566 页。
② 《玉海》卷一三八《兵制三·唐关内置府、十道置府》引李繁《邺侯家传》，第2570 页。
③ 岑仲勉：《府兵制度研究》，上海人民出版社，1957，第60 页。
④ 谷霁光：《府兵制度考释》，第264 – 265 页。
⑤ 唐长孺：《唐书兵志笺正》卷一，疑此处应作"置府兵，不番上"，其认为河北府兵不番上宿卫与本文一致，第10 页。
⑥ 开元年间《水部式》，载罗振玉编《鸣沙石室佚书正续编》，北京图书馆出版社，2004，第253 页。

府四：江平、新林、方山、邗江①，是扬州的府兵在当地津门守当。这当然不是扬州府兵所服番役的唯一内容，邗江府兵就曾出征打仗。但江南府兵上番宿卫之事则是罕见的。这也可以作为以上论述的旁证。

唐代府兵制研究中有一个至今不得其解的问题即军府的分布问题。菊池英夫曾撰文提出一个看法，认为隋唐时期军府的分布与总管府领兵有关②。这是一个具有想象力的看法，但还不能成为定案。以理揆之，唐初统一战争后有几十万军队需要安置，实际上见诸史乘的除在长安龙首原安置了三万人以外，其余军队很可能或解散或就地设置军府。从整个军府布置来说，宿卫的任务是主要的，依据谷霁光先生对诸道军府数排列的名次如表 2 所示③。

表 2　诸道年府数量

道名	关内	河东	河南	河北	陇右	山南	剑南	淮南	岭南	江南	合计
军府数	288	164	74	46	37	14	13	10	6	5	657
占比/%	43.84	24.96	11.26	7.00	5.63	2.13	1.98	1.52	0.91	0.76	100

这里诸道府数是按照谷霁光先生的计算方法算出来的，吐鲁番文书中仍有几个府名为谷氏所未见，如《唐诸府卫士配官马驮文书》就有大池府、归政府、秦城府、三畤府、育善府、大候府、□道府、正平府、大顺府、怀旧府④，其为诸家考证所未及者至少有三畤府、大池府和育善府⑤。但不管如何，各道军府的比重关系不会发生大的变化。依表 2 可知，关内、河东、河南三道军府最多，其次是河北和陇右。关内、河南是两京宿卫之地，其中河南军府稍少，武后时特于郑、汴、许、汝、卫等州加置特种军府三府，盖因武后长期住于东都，需加强

① 《新唐书》卷四一《地理五》，第 1052 页。
② 菊池英夫：《关于唐代折冲府分布问题的解释》，日本《东洋史研究》1968 年第 2 期。
③ 谷霁光：《府兵制度考释》，第 154 页。
④ 吐鲁番出土文书》第六册，第 42–43 页。
⑤ 按京兆武功县有三畤原，三畤府或在此。剑南雅州百丈县有大池水，大池府或在此。又京兆有长道府，同州有崇道府，不知文书中□道府是否即此二府之一。育善府不详。

宿卫的缘故。单以关内道为例，京兆、同华、凤翔、鄜、宁、邠、蒲、陇等州距上都均在五百里内，少数在五百以上一千里内，个别在一千里外。即以设府的京兆、同华、凤翔、鄜、宁、邠而论，七州府置府二二八，以每府千人计，五百里内五番，二二八府月番达 45 600 人；其余十三州六十军府以七番计，月番约 8 580 人，合计关内道上番人数，每月即达 54 180 人。加上河南道、河东道的宿卫兵，其数目已属可观。开元十三年张说建议点募矿骑 12 万充宿卫，分为两番，每番亦不过 6 万人。无须精确地推算即可知，关内、河南、河东道的府兵充当番上之役是绰绰有余的，这就预示了一种可能，即不仅河北道不置府兵番上，陇右道的府兵——如西州蒲昌等府——也是可以不番上的，尤其是在边疆战事紧张的情况下。

根据对出土文书和文献资料的上述分析，我们可以大胆地推断：唐代不仅在西北，而且在东北、江南，折冲府的主要任务并不是到中央宿卫，而是地方服役。唐初军府分布图告诉我们，关内、河南、河东道府兵充当宿卫已有余裕，因此，河北、陇右、江南等地的府兵很可能仅仅是为了边疆警备事务或地方治安而设置的。

唐代仅在地方服役的军府，一般隶属于当地的州或都督府，虽然名义上它们仍然归中央诸卫统领，但其役事的分派则完全由州或都督府派定。有关这方面的一些规定，幸赖西域出土文书得以考索其大概。总之，如果以上的论证不误，那么，我们过去对唐代府兵实际作用的认识和对一些西域出土文书的解释，就有重新考虑的必要。

唐代健儿制度考

健儿制在唐前期往往与兵募制相提并论，健儿又是唐后期最主要的兵员。然而中外学者很少有专文对此制做系统论述。其中最主要的原因可能在于资料的贫乏。开元以前的健儿只有一条资料，开元以后的几条健儿资料大多是皇帝制书中提及的。其中最主要的便是开元十六年诏和二十五年敕。健儿制度在唐代有一个变化发展的过程，大体说来，在安史之乱以前，健儿主要是分番服役。安史之乱以后，健儿终生在军队服役，但到边远之地防秋、防冬者，仍然有一定的番代年限（如三年）。由此就必然带来健儿退役及家属待遇等方面的一系列问题。其中的有关制度规定一直影响到宋代的雇佣职业兵。

一　早期的健儿

健儿制始于何时，诸家观点不一。日本滨口重国教授认为始于开元七至八年（719—720）之交[1]。日本西村元佑教授也说："健儿最初是在开元八年充当幽州经略军，后来逐渐普及。"[2] 而唐长孺先生在早

---

[1]　滨口重国：《从府兵制到新兵制》，载《秦汉隋唐史研究》上卷，东京大学出版社，1966，第41–49页。

[2]　西村元佑：《通过唐代敦煌差科簿看唐代均田制时代的徭役制度——以大谷探险队携来的敦煌和吐鲁番古文书为参考史料》，《中国经济史研究——均田篇》，同朋舍，1977；中译文见《敦煌学译文集》，甘肃人民出版社，1985，第1123页。

年的一篇兵志论文中则提到健儿的普遍召募是开元二年（714）至开元十年（722）之间①。"健儿"一词出现甚早。宋人吴曾《能改斋漫录》卷二《事始》引"世说"关于祖逖故事云："东晋时，军卒已有健儿之称。"② 庄季裕《鸡肋篇》卷上也提到："'健儿'之语，见于《晋史·段灼》，《梁史·陈伯之传》。"③ 但《三国志》卷五五《甘宁传》谓甘宁"能厚养健儿，健儿亦乐为用命"④，卷五六《吕范传》也有"（吕）范亲客健儿"⑤ 之语，说明早在汉末三国时代已有健儿之称。但上述"健儿"都不是像府兵那样具有特定的制度内容，而只是对勇健兵卒形容性的统称。这种用法在唐代也有，如《旧唐书》卷六九《薛万彻传》记万彻武勇过人，自称"大健儿"⑥，时在武德贞观之际。王智兴诗句："三十年来老健儿，刚被郎官遣作诗。"⑦ 老健儿，犹言老兵。王智兴，文宗时曾任徐州节度使。

　　至少在中宗时的诏书中已正式出现健儿名称。景龙四年（710）五月十四日《命吕休璟北伐制》提到金山道行军大总管吕休璟等"领渤海、北庭、碎叶等汉兵及骁勇健儿五万骑"，前军大使突骑施守忠"领蕃汉部落兵健儿二十五万骑"，朔方道行军大总管张仁愿等"收蕃汉兵募健儿，武用绝群、飞骑、城傍等十五万骑"，赤水军大使凉州都督司马逸客等"领当军及当界蕃汉兵募健儿七万骑"⑧，是健儿且有蕃汉之分。这里的健儿人数如此之多，说明它的出现应该还有一段更长的历程。但在武德、贞观以至高宗、武后时的文献里都没有见到"健儿"字样，应因当时边疆军镇尚比较少的缘故。

　　《唐六典》卷五"兵部郎中"条有一段文字在谈及府兵卫士的情况后接下来说：

---

① 唐长孺：《唐代军事制度之演变》，《武汉大学学报》1948 年第 1 期。
② 吴曾：《能改斋漫录》卷二《事始》，上海古籍出版社，1979，第 32 页。
③ 庄绰：《鸡肋篇》卷上，中华书局，1983，第 4 页。
④ 陈寿：《三国志》卷五五《甘宁传》，中华书局，1982，第 1294 页。
⑤ 《三国志》卷五六《吕范传》，第 1309 页。
⑥ 《旧唐书》卷六九《薛万彻传》，2519 页。
⑦ 李昉等：《太平广记》卷二〇〇《武臣有文·王智兴》，中华书局，1961，第 1506 页。
⑧ 《唐大诏令集》卷一三〇《命吕休璟北伐制》，第 705 页。

凡左右金吾卫有角手，诸卫有弩手，左右羽林军有飞骑及左右万骑、矿骑，天下诸军有健儿，皆定其籍之多少，与其番之上下，每季上中书门下。①

此文不仅表明健儿在军镇服役，所谓"天下诸军有健儿"，更重要的是将健儿与角手、弩手、飞骑、万骑相提并论，为我们了解它的内容，提供了一个很好的线索。角手、弩手是唐代军队中的特种兵，当然不只金吾卫和其他诸卫有，地方军队亦置。飞骑、万骑为北衙禁军的精锐。《新唐书·兵志》记录取飞骑的标准是："其法，取户二等以上，长六尺阔壮者，试弓马四次上，翘关举五，负米五斛行三十步者。"② 这个标准主要是着眼于武艺，除"取户二等以上"这一条值得怀疑外，其余几条，我认为很可能与健儿的拣取标准相同。有一条旁证是，玄宗曾下敕"于关内及河东纳资飞骑并诸人中间，召取健儿三五万人，赴陇右防捍"③。

关于早期健儿兵的具体制度，《唐六典》卷五"健儿"注文云：

旧健儿在军，皆有年限，更往来，颇为劳弊。开元二十五年敕，以为天下无虞，宜与人休息，自今已后，诸军镇量闲剧利害，置兵防健儿，于诸色征行人及客户中召募，取丁壮情愿充健儿长住边军者。每年加常例给赐，兼给永年优复。其家口情愿同去者，听至军州各给田地屋宅。人赖其利，中外获安，是后州郡之间永无征发之役矣。④

根据这段文字，开元二十五年（737）以前，"健儿在军，皆有年限，更往来，颇为劳弊"。此后，健儿变成长住边军者，"州郡之间永

①④ 《唐六典》卷五《尚书兵部》，第 156 – 157 页。
② 《新唐书》卷五〇《兵志》，第 1331 页。
③ 《唐大诏令集》卷一〇七《遣荣王琬往陇右巡按处置敕》，第 554 页。

无征发之役矣"。由此可以说明，过去分番往来的健儿，也是从州郡征发的。如开元八年八月诏："仍敕幽州刺史郡宠于幽、易两州选二万灼然骁勇者充幽州经略军健儿。"① 说明此处的健儿是拣选而成的。当然这并不意味着传统看法健儿来自召募毫无根据。但其时所谓召募，大约与兵募之"募"同样，名曰募取，实为征发②。这是由唐代户籍管理制度等因素决定的。

早期的健儿与兵募既然都来自州郡征发，那么其区别何在呢？我认为主要区别之一是健儿要灼然骁勇者，凡涉及健儿的资料几乎都十分强调这一点，它意味着健儿在边军担负更重要艰巨的任务，有着更长的番役年限。它区别于兵募的另一个重要特征是健儿分番上下。分番上下的意义在于健儿下番休役以后，其身份仍是健儿，不像兵募、丁防，还乡休役后即为普通农民，除非下次又征发为兵。这一特点可以称之为健儿的身份性。前面分说的角手、弩手、飞骑、万骑也都是有身份性的。关于健儿分番的问题，开元十六年（728）十二月有诏称："使健儿长镇，何以克堪，可分为五番，每一年放一番洗沐，远取先年人为第一番，周而复始，每五年共酬勋五转。"③ 据此可知，此前的健儿还没有具体的番休规定，《唐六典》所谓"皆有年限，更往来"④ 的健儿是自开元十六年以后始有的。诏书既然说"使健儿长镇，何以克堪"，说明这批健儿已在边军服役相当长时间了，最后一番放回的至少得再住五年。开元二十年四月又有一则诏书："其天下诸州镇兵募及健儿等，或年月已久，颇亦辛勤，或老疾尫羸，或单弱贫窭，或亲老孤独，至阙晨昏，言念于斯，深用矜叹。宜委节度使及军州检择，有如此色，一切放还。咸宜精审，以称朕意。"⑤ 从时间上推算，此诏距开元十六年五年左右，朝廷要放归最后一番老弱健儿。但是，总的

① 王钦若等编纂《册府元龟》卷一二四《帝王部·修武备》，周勋初等校订，凤凰出版社，2006，第1358页。
② 参看本书《关于唐代兵募制度的几个问题》一文。
③ 《册府元龟》卷一三五《帝王部·愍征役》，第1494页。
④ 《唐六典》卷五《尚书兵部》，第156页。
⑤ 《册府元龟》卷一三五《帝王部·愍征役》，第1494-1495页。

来说，边防军中健儿的比重是不断增加的，开元二十三年，《籍田赦书》就强调："诸军征行人，并令州县存恤，其行人有父母年七十已上者，委本道采访使检责取实，牒报本军。即放还本贯，军司据阙数募取健儿充替。"① 两年以后，即开元二十五年，就提出了召募健儿长住边军者的措施，如前引《唐六典》卷五所记的那样。

值得注意的是，过去人们都认为开元二十五年（737）以后，雇用职业兵的健儿代替了更番往来的健儿，其实，这一看法大有重新考虑的必要。我们可以先从李繁的记载谈起。《玉海》卷一三八引李繁《邺侯家传》把开元二十五年新召的健儿称为"长征健儿"②。"长征"意为长期征行，其实《唐六典》和《册府元龟》都不是这个意思。"六典"作"健儿长住边军者"③，"册府"作"健儿长任边军者"④。且看五月份的诏书原文：

> 宜令中书门下与诸道节度使各量军镇，闲剧审利害，计兵防健儿等作定额，委节度使放诸色征行人内及客户中，召募取丁壮，情愿充健儿长任边军者。每岁加于常例，给田地屋宅，务加优恤，便得存济。每年逐季，本使具数报中书门下，至年终一时录奏。⑤

细审诏书全文，从家口同去和给田地屋宅等内容看，作"健儿长住边军者"或"健儿长任边军者"都较长征健儿一词为胜。关于这些长住边军的健儿，有三个问题应予澄清。

（1）开元二十五年召募的健儿长住边军者，只是依军镇闲剧、利害而置的骨干分子，不是全部的边兵，而这些军镇也只限于碛西路远处。开元二十六年（738）七月册皇太子赦可以为证："至如碛西之人，路途遥远，往复劳弊，颇异诸军，其中愿长住者已别有处分。"⑥ 这末

---

① 董诰等编《全唐文》卷二八七《籍田赦书》，中华书局，1983，第2918页。

② 《玉海》卷一三八《兵制三·唐关内置府、十道置府》引李繁《邺侯家传》，第2570页。

③ 《唐六典》卷五《尚书兵部》，第157页。

④⑤ 《册府元龟》卷一二四《帝王部·修武备》，第1358页。

⑥ 《册府元龟》卷八五《帝王部·赦宥四》，第945页。

一句"已别有处分"就是指去年（开元二十五年）召取长住边军的健儿一事。开元二十五年以后有关百姓征镇的事例仍所在多有。如天宝八载（749）闰六月丁卯大赦制称："其军镇兵，非切要可均减者，宜令本镇节度使与所司商量处置奏闻。其百姓有频镇经成者，已后差点之次，不在此限。"① 直到安史之乱爆发，边军中还有大量兵募。

（2）这些长住边军的健儿，免却了往来更代的劳弊，但是，他们在边军也并不是长役无番，而是有番休的。天宝十载敦煌差科籍中有王孝璋之"弟孝祥载二十五，上柱国子，豆卢军健儿"。王氏兄弟列入"一百五拾五人见在"的下上户内，说明这位豆卢军健儿此时正休役在家，并被列入差科籍中。天宝时《敦煌郡行客王修智卖胡奴市券公验》中，有"保人健儿王奉祥""保人健儿高千丈"②。这些在民间事务中出现的健儿也可能不在前方，正休役于家。

（3）这时的健儿长住边军者，还不都是雇佣职业兵，那是安史之乱以后的事。既然诏书中还明确提到"给田地屋宅"，他们在边镇多半还是要务农的。吐鲁番出土文书有：

（前　　　缺）

□远　军　界

□五十亩种豆，一十二田　检校健儿焦思顺

□三亩种豆，廿亩种麦，检校健儿成公洪福

□用□水浇灌

□军界

□为。蓿蓿、地伍亩，近屯

□都罗两烽，共伍亩

□烽铺近屯，即侵屯

（后　　　缺）③

---

① 《册府元龟》卷八六《帝王部·赦宥五》，第953页。

② 池田温：《中国古代籍帐研究》，龚泽铣译，中华书局，1984，第490页。

③ 黄文弼：《吐鲁番考古记》，中国科学出版社，1954，第41页。

以上是两位检校屯田的健儿，此外还有在家受田的健儿。如《流沙遗珍》卷四有：

（前　　缺）

行人□□□儿雷承福，计当贰阡文，捌伯文酬。

行人焦嘉会马价，斋法（押）①

这里出现的"健儿雷承福"，又见于大谷文书开元二十九年（741）西州高昌县给田簿中：

（前　　略）

一段壹亩部田，城西五里屯头渠，南渠西赵仕义　南渠此荒

一段壹亩部田　城西七里白地渠　南渠西道　　南贾如北

串佑

"昌"已上雷承福充"泰"

（后　　略）②

健儿雷承福在西州高昌县授田，说明他仍没有脱离农业生产，时在开元二十九年。以上三点说明，开元末至天宝中的健儿与安史之乱以后的官健仍然是大不一样的。

二　长行官健

安史之乱以后，健儿制发生了很大的变化。大历十二年（777）五月定制："其（原误作"具"）兵士量险隘召募，谓之健儿，给春冬衣，并家口粮。"③健儿在唐朝后期更多地称为官健。《资治通鉴》曰：

---

① 金祖同辑《流沙遗珍》，载黄永武《敦煌丛刊初集》第五册，台北新文丰出版公司，1985，第256页。
② 周藤吉之：《敦煌学译文集》，甘肃人民出版社，1985，第240页。
③ 《唐会要》卷七八《诸使杂录上》，第1702页。

"又定诸州兵，皆有常数，其召募给家粮，春冬衣者，谓之官健。"① 胡三省解释说："兵农既分，县官费衣粮以养军，谓之官健，犹言官所养健儿也。"② 官健又称长行官健，据《削夺王承宗官爵诏》云："其长行官健归顺者，当与优厚褒赏。"③ 又《平李锜德音》："如受戮之中，有长行官健，勿给粮赐，优给其家。"④ 长行官健亦简称"长行""长行兵士"。宪宗讨刘辟时《招谕剑南诸州诏》："长行归顺者，并与叙录，仍加赏给。"⑤ 杜牧《上李司徒相公论用兵书》云："（泽潞卢从史）养义儿三千人……表请起复，亦只义儿与之唱和，其余大将王翼元、乌重胤、第五钊等及长行兵士并不同心。"⑥ 敦煌文书《归义军上都进奏院状》提到贺正专使一行人于押衙、兵马使、十将之外，又有长行十三人。长住边军或长任边军是为了解决途远往来番休之弊，但仍上下番。而"长行官健"则与此不同。唐人有"长行旨""长行使""长行（坊）马"等词语，建中四年（783）六月中书门下两省状称："应送诸司文状，检勘节限中考文状等，并是每年长行之事。"⑦ 可见"长行"有长期施行、年年不变之意。长行官健，当即是可以在军中长期服征行之役的官健。以长行名士兵，宋代仍然如此。

长行官健制度，与安史之乱以前的健儿制相比，有以下几个方面的差别。

从召募方面来看，早期健儿的召募实际离不开拣选，因为从原则上说，其时丁壮皆著于乡里户籍，予一定的赐物即须从军。开元二十五年以后，在碛西边远军州，置长住边军的健儿，乃从诸色征行人及客户中召募。客户得以入军，这与宇文融检户后客户地位得到合法承认有关。健儿的召募对象由此扩大。安史之乱爆发后，"丁口转死，非

---

① 司马光：《资治通鉴》卷二二五，大历十二年五月，中华书局，1992，第7245页。
② 《资治通鉴》卷二二四，大历三年末注，第7206页。
③ 《唐大诏令集》卷一一九《削夺王承宗官爵诏》，第630页。
④ 《唐大诏令集》卷一二四《平李锜德音》，第636页。
⑤ 《唐大诏令集》卷一一八《招谕剑南诸州诏》，第622页。
⑥ 杜牧：《樊川文集》卷十一《上李司徒相公论用兵书》，上海古籍出版社，1978，第165页。
⑦ 《唐会要》卷五四《中书省》，第1089页。

旧名矣，田亩移换，非旧额矣"①，健儿的召募对象进一步扩大。独孤及《送广陵许户曹充召募判官赴淮南序》："上将分职，慎选乃僚，以许公有持斧旧名，断犀余地。故授以戎政，俾发卒于东。夫三河之人豪，全齐之人武，荆吴之人悍，藉其余勇，可以尽敌。信以致之，系公是赖。"② 独孤及《送韦评事赴河南召募毕还京序》："燕齐少年，韩魏劲卒，召募如景（影）附，赴敌如焱驰，自春至于是月，受命栩橛之下，凡万八千计。"③ 李翰《淮南节度行军司马厅壁记》说："淮南之众，有吴楚锐士，燕韩劲卒，奇材剑客，猿臂虬须，以恩抚之则顺。"④ 这些材料充分说明了其时藩镇官健来源之复杂。因此，除了藩镇战争时期的强制征发外，平时官健召募，其自愿成分当比较多。

召募内涵的这种变化，与官健性质的变化有关，即长行官健具有浓厚的职业雇佣兵色彩。如前所述，早期的健儿是番休往还，孙逖《授萧诚太子左赞善大夫仍前幽州节度驱使制》提到恒州司马萧某，"顷从戎幕，尝募征夫……仍专检校管内诸军新召长远往来健儿事"⑤。所谓"长远往来健儿"，形象地说明了健儿番休上下的特点。安史之乱以后的长行官健是长役无番，不论闲剧，常年都在军中服役。大历三年（768）淮南将张万福统官健杀叛将康自劝立功，节度使韦元甫将厚赏将士，万福说："官健常虚费衣粮，无所事，今方立小功，不足过赏，请用三分之一。"⑥ 这就道出了官健平时无所事亦在军中领受衣粮的情况。

唐后期官健裁减十分困难，正好与唐前期健儿大量逃亡相反。敦煌文书《唐开元二十一年（733）西州高昌县为申斛嘉琰望过所状》

① 《旧唐书》卷一一八《杨炎传》，第 3420 页。
② 《全唐文》卷三八七《送广陵许户曹充召募判官赴淮南序》，第 3930 页。
③ 《全唐文》卷三八八《送韦评事赴河南召募毕还京序》，第 3945 页。
④ 《重校正唐文粹》卷七三《淮南节度行军司马厅壁记》，载《四部丛刊》，商务印书馆，1936，影印本，第 492 页；《全唐文》卷四三〇，第 4281 页。
⑤ 《全唐文》卷三〇九《授萧诚太子左赞善大夫仍前幽州节度驱使制》，第 3141 页。据《新唐书·文艺传》推算，孙逖撰此制当在开元、天宝之际，参见《新唐书》卷二〇二《文艺中》，第 5760 页。
⑥ 《资治通鉴》卷二二四，大历三年末注，第 7206 页。

提到鞠嘉琰一行人等"实不是诸军州逃（即逃）兵募健儿等色者"①。开元二十三年（735）《籍田赦书》中又提到"逃兵健儿……合取籍人充替，自资装送军"②的话，说明其时健儿逃亡严重。唐代后期虽说也有健儿逃亡之事，但是，朝廷或地方要裁减他们却十分不易，有时甚至招致极为严重的后果。建中初，洪经纶在河北销兵，"自此人坚叛心"③。长庆初，朝廷限诸道兵士十人中一人逃死，招致兵士怨恨，"由是复失河朔"④。

健儿的军籍由中央控制，各地不得擅自招募，这在早期便是如此。据《唐六典》卷五："皆定其籍之多少与其番之上下，每季上中书门下。"⑤ 大历十年（775）又有诏："诸道军甲，每年秋末冬首一申，春夏不须申。其官健逃亡，非承正制敕，不得辄召募。"⑥《唐大诏令集》卷一〇七《禁诸道将士逃入诸军诏》《禁诸道将校逃亡诏》都是类似的意思，声明"其额内官健有逃死者，不需更填"⑦。中央控制各地官健军额的旨意，一些割据跋扈藩镇在名义上亦得遵从，洪经纶在河北的裁军行动就是一个很好的例子。

长行官健之外，又有非长行官健。非长行官健是临时用兵所招的官健。如会昌四年（844）元月十八日《平潞州德音》："用兵已来，刘稹所招收团练、官健，放归营生。"⑧ 这里的官健当为临时官健。又《旧唐书》卷一六四《李绛传》："出为兴元尹，山南西道节度使。（大和）三年冬，南蛮寇西蜀，诏征赴援，绛于本道募兵千人赴蜀，及中路，蛮军已退，所募皆还。兴元兵额素定，募卒悉令罢归。"⑨ 李绛新

① 转见王仲荦：《试释吐鲁番出土的几件有关过所的唐代文书》，《文物》1975年第7期，收入沙知、孔祥星编《敦煌吐鲁番文书研究》，甘肃人民出版社，1984，第153页。
② 《全唐文》卷二八七《籍田赦书》，第2918页。
③ 《旧唐书》卷一二七《洪经纶传》，第3579页。
④ 《旧唐书》卷一七二《萧俛传》，第4478页。参见杨西云：《唐长庆销兵评议》，《社会科学战线》1985年第3期。
⑤ 《唐六典》卷五《尚书兵部》，第157页。
⑥ 《唐会要》卷七二《军杂录》，第1540页。
⑦ 《唐大诏令集》卷一〇七《禁诸道将士逃入诸军诏》，第554页。
⑧ 《唐大诏令集》卷一二五，武宗《平潞州德音》，第672页。
⑨ 《旧唐书》卷一六四《李绛传》，第4291页。

募的一千兵士受本道军额的限制，必须散罢，也只能是临时官健，与定额内的长行官健有异。上述两例都从反面说明长行官健是不能放散的；非长行官健即临时召募者，事解即放散。

十分有意思的是，唐后期，朝廷一方面控制诸道军队员额；另一方面，诸道军队不敷调用时，又公然在额外招召兵员，而朝廷却不予过问。这个问题的关键是衣粮费用由谁出的问题。如前所述，大历十二年（777）核定了诸州兵员（当然以后个别的还有调整），过两年以后，到建中元年（780）又核定了诸道养兵费用——这是在实行两税法时派到各地的黜陟使主持确定的。以后，各地的军费便从留使留州中开支，若有加征兵马，便从诸道诸州上供度支钱物中支给。朝廷为了保证各地的上供钱物不被扩大的军员消耗掉，所以就极力控制地方上扩军。但是，地方军队除了当地镇戍外，还有边疆的戍守（防秋、防冬）任务，兵力不够，朝廷又不批准增加新的员额，只好额外增加兵员，其费用既无处开支，便由本道本州方圆支用，所以我们看到唐后期藩镇军队颇有一些"黑户口"。如李商隐《为荥阳公论安南行营将士月粮状》提到当道定额将士仅 1 500 人，其中西原防遏 1 000 人，邕管行营 300 人，界内桥津、镇戍守卫又抽用殆尽，连城池仓库守御也无人可调，至于安南行营将士 500 人，更"皆是敕额外人"[1]，乃是由于其"粮料不经申破，留州自备"[2]。

还有田悦的例子也很说明问题。建中元年黜陟使洪经纶去河北定两税，在核定诸道兵额时，下符罢魏博官卒 4 万人。"悦即奉命，因大集将士，以好言激之曰：'而等籍军中久，仰缣廪养父母妻子，今罢去，何恃而生？'众大哭。悦乃悉出家赀给之，各令还部，自此，魏人德悦。"[3] 田悦奉洪经纶之命罢卒四万，却又"悉出家赀给之，各令还部"。可见这四万名在朝廷定额之外的军士是魏博本道解决衣粮的。当然魏博其实并不上供，但定税之日，仍是按当道军费等开支确定三分比例的，裁罢的四万军士，朝廷不在当道军费开支中予以扣除，田悦却通过自筹经费而把他们留下来。这与李商隐提到的桂管敕额外兵士衣粮皆由本道自备的情况是一致的。

总之，上述分析告诉我们一个事实，即唐代对官健的数额控制手段前后有所变化。两税法以前，唐政府主要是限制诸道擅自召补官健。如大历七年（772）下诏官健逃亡不得辄召补；大历十二年定诸州兵；建中元年派使定天下两税，同时核定各道的兵士定额，以便划分出各地留州、送使、上供的份额。从此以后，诸道兵士数额便基本上通过对资粮的限定确定下来。

敕额内长行官健的减员和补充大体有三种方式。一是战死者由家属递补，如《平潞州德音》云："其行营将士阵殁者，先已有敕，便令子弟填替。"① 咸通七年（865）七月《平徐州制》说："应阵殁将士，有父兄子弟愿从军者，便令本道填替。"② 类似的诏书在文宗以前还很少见。二是老弱减退，官收衣粮，但享有一定的优待。如肃宗上元二年（761）正月诏："诸军兵健应在行营，有羸老疾病不任战阵者，令委节度使速拣择放还。"③《贞元元年南郊大赦天下制》也说："诸道有解退官健，州府长吏，切务安存，仍量以空闲地给付，免其差役，任其营生。"④ 穆宗长庆元年（821），又有浙东奏："准诏，停老弱官健收衣粮"⑤。三是裁员削兵，安史之乱后曾有一次削兵，如郭子仪曾带头裁减本道军士。建中初有洪经纶在魏博裁减军卒四万，长庆初萧俛等密诏天下军士十人中限一人逃死。这些裁军行动在骄藩叛镇都引起了严重的后果，但是，也不可否定，安史之乱以后，南方藩镇一再压缩兵额，被裁减的官健也不在少数。

平定骄藩后，对原有长行官健，政府鼓励其退役。《诛李希烈后厚宥淮西将士并授陈仙奇节度诏》："其本额将士之中，有不乐在军，愿

① 《唐大诏令集》卷一二五《平潞州德音》第 672 页。
② 《唐大诏令集》卷一二五《平徐州制》，第 673 页。
③ 《唐大诏令集》卷八四《以春令减降囚徒德音》，第 481 页。
④ 《唐大诏令集》卷六九《贞元元年南郊大赦天下制》，第 386 页。
⑤ 《册府元龟》卷四八四《邦计部·经费》，第 5491 页。

归农业者，委刺史量给逃死户田宅，并借贷种粮，优复终身，使之存济。"① 退役官健，不仅给田宅，贷种粮，而且优复终身。以如此优厚的条件鼓励官健退役，也从侧面说明定额官健的裁员是比较困难的。

三　健儿的待遇与家口粮问题

早期的健儿，除优免租庸赋役、给予赐物以外，史籍没有见到有什么特别的待遇。开元二十五年诏提到对健儿长住边军者采取三点优待措施：一是加常例给赐，二是兼给永年优复，三是家口同去者给田地屋宅②。唐代宗时作品《夏侯阳算经》卷中"计给粮"一题中提到兵士每人给绢二匹，一日给米二升，五日给盐二升。另有酒每人三升，酱五人二升，醋七人三升③。以上不知是否可算作"加常例给赐"④。兵士既然可获永年优复，说明他已不担负其他赋役。前举大谷文书等材料中开元二十九年（741）健儿雷承福受田之例，也许说明健儿的家口同去给田之事。

安史之乱以后，长行官健作为终身雇佣职业兵，他本人的生活待遇、家口的生活来源，以及伤残或退役后的生活保障等都必须有相应的制度规定。它们也构成了唐后期官养健儿的重要特征，并直接影响到北宋时代的军队给养制度。长行官健的待遇可以分成春冬衣赐、食粮及家口粮等。

先讨论春冬衣赐。敦煌文书伯二九四二号《唐永泰元年（765）—大历元年（766）河西巡抚使判集》有"豆卢军健儿卅七人春赐请加""甘州欠年支粮及少冬装""甘州兵徒冬装肃州及瓜州并诉无物支给"等条，提到春赐、冬装等问题。"赐"与"装"似还不一样，该判集"豆卢军兵徒共三十九人无赐"条云："沙州兵健，军合支持，既欲优怜，复称无物。空申文牒，徒事往来。不可因循，终须与夺。使司有

---

① 《唐大诏令集》卷一二一《诛李希烈后厚宥淮西将士并授陈仙奇节度诏》，第481页。
②④ 《唐六典》卷五《尚书兵部》，第157页。
③ 《算经十书》下册，钱宝琮校点，中华书局，1963，第579 – 581页。

布，准状支充。如至冬装，任自回易。"这里提到豆卢军兵徒无赐，使司以布支充，冬装则"任自回易"。冬装一般是皮裘毡装。判集"甘州兵健冬装，肃州及瓜州并诉无物支给"条云："时属霜寒，切须衣服……今请回易皮裘"①。

官健的春冬衣赐是多少？《旧唐书》卷一七〇《裴度传》云："幽州朱克融执留赐春衣使杨文端，奏称衣段疏薄，又奏今岁三军春衣不足，拟与度支请给一季春衣，约三十万端匹。"② 穆宗问计于宰相裴度，裴度请与一诏称："所言三军春衣，自是本道常事。比来朝廷或有事赐与，皆缘征发，须是优恩，若寻常则无此例。我固不惜三二十万端定，只是事体不可独与范阳。"③ 据此可知春冬衣赐平常皆本道供给，朝廷征发时方由度支赐与，这与下面将提到的食出界粮颇相同。另外，朱克融所称春衣不足，三十万端匹（布绢），范阳兵力不超过十万人，是每个兵士平均一季春衣为三端匹（布或绢）。相比早期健儿每人年支仅两匹绢的情况，已增加了一半。

兵士受衣赐时，应具领取人姓名。同上判集有："建康（军名）、尚书（指副使杨志烈）割留氎三百段，称给付将士，不具人姓名。分给缁布，不具人名。既无节约，悬称用尽，事涉瓜李，法在根寻。准状牒建康，并牒重芳兰，切推问给赏事。"④ 据此，给付将士衣赐不具受领人姓名，就有事涉瓜李之嫌。

官健的米粮供给，有"全支"与"量支"之别。上判集有"头卢军请西巡远探健儿全石粮""甘州兵健月粮，请加全支"的判文，后一判文云："艰难之际，转输未通。彼又乏粮，将何全给，量支或可延命，顿饱或虑伤神。增气犹得充虚，减粮何须悬诉。使司只办如此，军郡别任运为，不可胶柱调弦，事资相时而动。"⑤ 这里说的是特殊情

---

① 敦煌遗书 P. 2942 号《唐永泰元年（765）—大历元年（766）河西巡抚使判集》，载唐耕耦、陆宏基编著《敦煌社会经济文献真迹释录》第二辑，书目文献出版社，1986，第 620–632 页。

② 《旧唐书》卷一七〇《裴度传》，第 4428 页。

③ 《旧唐书》卷一七〇《裴度传》，第 4429 页。

④ "重芳兰"，或谓可能是"董芳兰"（人名）之误。

⑤ 敦煌遗书 P. 2942 号《唐永泰元年（765）—大历元年（766）河西巡抚使判集》，载《敦煌社会经济文献真迹释录》第二辑，第 620–632 页。

况下（如转运不通）量支"月粮"。"全石粮"或"全支"月粮，究竟是多少？尚不得而知。就本人身粮而论，可能仍为年支七石二斗。

长行官健战死或致残，其本人或家口享受一定的优待。对战死官健，元和初《平刘辟诏》云："其家口等并委本军优赏，五年不停衣粮"①。《平李锜德音》云："如受戮（被李锜杀戮）之中，有长行官健，勿停粮赐，优给其家。"② 若官军阵亡将士，《平吴元济诏》云："其家口等委本军优赏，仍五年不停衣粮"③。《破淄青李师道德音》又说官军阵亡将士"仍令本军优常其家，三年不停衣粮"④。长庆二年（822）八月《破汴州李·敕》也规定对阵亡将士，除本军优赏其家外，仍三年不停衣粮⑤。太和二年（828）五月《平李同捷德音》与此亦同，武宗《平潞州德音》、懿宗《平徐州制》如前所述，规定阵亡将士，父兄子弟可优先填替，"如无子弟，三年不停衣粮"⑥。对战斗致残官健，《平吴元济诏》云："其将士有因战阵伤损尤甚，以致残废者，各委本军厚致优恤，仍勿停衣粮。"⑦《破淄青李师道德音》《破汴州李·敕》都说因战斗致残者，"仍勿停解。"⑧《破李同捷德音》则说："其有因中矢石，遂至残废者，各委本军厚加存养，仍给衣粮，终身勿绝。"⑨《平潞州德音》《平徐州制》都有类似的规定⑩，可见唐后期战斗致残官健，应由本军供养终身，实际执行情况如何，当又作别论。

在役官健的家口粮问题，是大历十二年五月规定中就有的。"给家口粮"为官健的本义，有的学者对此提出怀疑⑪，因此有必要加以考辨。

---

① 《唐大诏令集》卷一二四《平刘辟诏》，第665页。
② 《唐大诏令集》卷一二四《平李锜德音》，第666页。
③⑦ 《唐大诏令集》卷一二四《平吴元济诏》，第666页。
④ 《唐大诏令集》卷一二四《破淄青李师道德音》，第667页。
⑤ 《唐大诏令集》卷一二四《破汴州李·敕》，第668页。
⑥ 《唐大诏令集》卷一二五《平李同捷德音》《平潞州德音》《平徐州制》，第670、672-673页。
⑧ 《唐大诏令集》卷一二四《破淄青李师道德音》《破汴州李·敕》，第667-668页。
⑨ 《唐大诏令集》卷一二五《破李同捷德音》，第670页。
⑩ 《唐大诏令集》卷一二五《平潞州德音》《平徐州制》，第672-674页。
⑪ 见方积六：《关于唐代团结兵的探讨》，载《文史》第二十五辑，中华书局，1986，第105页。

官健既然成为雇佣兵，而不是义务兵，官健的雇佣待遇就不可能是身粮，而必须能养家糊口。这一点不仅可以理揆之，也有史实证明。建中初，洪经纶符罢魏博军卒四万，田悦激其兵士曰："而等籍军中久，仰缘廪养父母妻子，今罢去，何恃而生？"① 又贞元初，陆贽《重原宥淮西将士诏》称"将士衣赐节料并家口粮等，一切并准旧例，以时给付，不得停减。"② 以上都明确提到家口粮不得停减。

官健的家口，可以随军赴镇，但官健执行任务有久暂长短之别，一般只有长期的征镇方有家口相随。如陆贽《令诸道募灵武镇守人诏》："宜令诸道节度观察使各于本管诸色人中募能赴灵武镇守者，取其情愿，重设赏科，仍须精选骁雄，薄闲武艺，便以本道诸色钱物给付，仍优厚装束，发赴上都，每道各据所管州县多少，通计每州所募多不得过五十人，少不减三十人，若欲将家口相随，便给资粮同发遣。"③ 又瀛州刺史刘澭"请以所部西捍陇塞，拔其所部兵一千五百人，男女万余口直趋京师，在道无一人犯令者"④。后唐长兴三年（932）八月孟知祥得蜀地后，"得东兵无虑三万，恐朝廷征还，表请其妻子"。十月明宗遣使往成都，任孟知祥署剑南节度使刺史以下官，"唯不遣戍兵妻子，然其兵亦不复征也"⑤。上述材料都说明晚唐五代，官健家口随军，其口粮当然亦随军给付。但官健家口老小多少各不相同，其口粮究竟如何给付？即是按人头给付，还是不管人口多少，均按一定的数量给付？据《唐六典》卷三"仓部郎中员外郎"条："凡在京诸司官人及诸色人，应给仓食者，皆给贮米，本司据见在供养。九品以上给白米，流外长上者，外别给两口粮，诸牧尉给五口粮，牧长四口粮（两口准丁、余准中男给）。"⑥ 流外长上等人的口粮是按本人之外另给两口、四口、五口粮的标准给付的。唐后期长行官健及其

① 《新唐书》卷二一〇《田承嗣附悦传》，第5927页。
② 《唐大诏令集》卷一二二《重原宥淮西将士诏》，第650页。
③ 《全唐文》卷四六三《令诸道募灵武镇守人诏》，第4737页。
④ 《旧唐书》卷一四三《刘怦附澭传》，第3901页。
⑤ 《资治通鉴》卷二七八，长兴三年十月，第9077页。
⑥ 《唐六典》卷三《尚书户部》，第84页。

家口粮的给付很可能也是以本人为分配单位，在官健本人的年支七石二斗之外，另给若干口粮作为供养家口之用。应该指出，由于唐后期军费开支地方化，官健的收入并不单单是定额衣粮，赏赐是官健极为重要的一项收入来源。赏赐军士，历代皆有，但像唐代这样广泛而又重要，还是罕见的①。

官健家属还享有包括差科减免、拨给死绝户田地充永业、贷与种粮等优待。前举陆贽《令诸道募灵武镇守人诏》，在"若欲将家口相随，便给资粮同发遣"之后又云："如有户贯在州者，蠲免本户差科。"② 宝历元年（825）四月册尊号赦中也提到："京畿百姓，多属诸军诸使，或户内一人在军，其父子兄弟皆不受府县差役。"③ 这也许是不正常的情况。长庆元年（821）正月赦文："应诸道管内百姓，或因水旱兵荒，流离死绝。见在桑产，如无近亲承佃，委本道观察使于官健中取无庄田有人丁者，据多少给付，便与公验，任充永业。不得令有力职掌人妄为请射，其官健仍借种粮，放三年租税。"④ 这表明，逃死户桑田，优先取官健家属营种，贷借种粮，还放三年租税。

根据以上分析，我们可以认为，唐后期长行官健确实已经成为一个寄生阶层。不管他们前身是破产农民还是无业游民，一旦成为长行官健，便组成一个具有特殊利益的军人阶层。正是这些人在其领袖人物——藩镇将校领导下，成为左右藩镇政局的力量。关于这个问题，我们在研究唐藩镇割据的社会基础时已反复论述过，于此不复赘言。

---

① 参见张国刚：《唐代藩镇研究（增订版）》，中国人民大学出版社，2009，第十一章《唐代藩镇使府辟署制度》，第 144 页；第十三章《唐代藩镇进奉试析》，第 159－167 页。
② 《全唐文》卷四六三《令诸道募灵武镇守人诏》，第 4737 页上。
③ 《册府元龟》卷九十《帝王部·赦宥九》，第 998 页。
④ 《唐会要》卷八五《逃户》，第 1856 页。

关于唐代兵募制度的几个问题

兵募制是唐代重要军事制度之一。学术界对它的研究比较晚，在相当长的时间里，人们都认为唐前期的兵制只有府兵一种，始作俑者是李繁的《邺侯家传》。宋朝人的两部重要史籍《新唐书》《资治通鉴》，凡于《旧唐书》云"兵募"之处，皆改为兵，以致不能与其他来源的兵员相区别，这也易使后人迷惑不清。

1930 年，日本著名史学家滨口重国教授在《从府兵制到新兵制》一文中还没有把兵募确立为独立的一种制度[1]。十年以后，玉井是博教授发表《唐代防丁考》一文，第一次确认兵募是军镇中的非常备兵员（健儿是常备兵），在必须增加兵力时，方从诸州富户中募取，并按一定年限交替[2]。20 世纪 50 年代中期，菊池英夫教授的研究使人们对兵募制度的认识更加全面深入[3]。近年来，我国学者也开始撰文论述这一问题[4]。兵募制作为既不同于前期的府兵制也不同于后期的募兵制的一种独立兵制，已为学界比较一致地确认了。但是关于兵募制度内容的一些细节还有些若明若暗之处。本文将在前人研究的基础上，对兵募

---

[1] 滨口重国：《从府兵制到新兵制》，载《秦汉隋唐史研究》上卷，日本东京大学出版会，1966，第 41－49 页。
[2] 玉井是博：《唐代防丁考》，载《中国社会经济史研究》，日本岩波书店，1942。
[3] 菊池英夫：《唐代的兵募》，《史学杂志》1955 年第 12 期。
[4] 唐耕耦：《唐代前期的兵募》，《历史研究》1981 年第 4 期；孙继民：《从吐鲁番文书所见的行军制度》，武汉大学硕士学位论文，1984。

的集兵方式、服役情况和兵募资粮等方面的问题做一粗浅的探讨，对兵募的性质与特点也做一些分析，至于兵募制与健儿、团结等兵制的关系，将另文论述。

一　兵募的集兵方式

兵募的对象是一般民丁，这在《唐六典》卷五"兵部郎中"条写得十分清楚："凡天下诸州差兵募，取户殷丁多，人材骁勇，选前资官、勋官部分强明堪统摄者，节级权补主帅以领之。其义征者，别为行伍，不入募人之营。"[①] 从民丁中调集兵募，要经过中央、州、县、乡里等各级政权机构。

发兵命令由中央发出。唐代凡发兵十人以上，"并须铜鱼、敕书勘同，始合差发"[②]。铜鱼是发兵凭证："铜鱼符，所以起军旅，易守长。两京留守、若诸州诸军折冲府、诸处捉兵镇守之所，及宫总监，皆给铜鱼符。"又有木契之制："木契所以重镇守，慎出纳。车驾巡幸，皇太子监国，有兵马受处分者，为木契。若王公以下，两京留守，及诸州有兵马受处分，并行军所及领兵五百人以上、马五百匹以上征讨，亦各给木契，其在内在外及行用法式，并准鱼符。"[③] 与铜鱼、木契相并而行的还有发兵敕书。敕书上盖"皇帝之玺"："诸下铜兽符[④]发郡国兵，用皇帝之玺。"[⑤] 皇帝之玺是"天子八宝"之一。铜鱼符、木契是发兵信物，敕书则规定了有关发兵的具体内容。敕书和铜鱼符的左半部封在同一函套中，用门下省印封口，使者持此赴各地集兵，各州府用鱼符的右半部与之勘合后，方才发兵。

金祖同《流沙遗珍》收有一份反映兵募差遣的判文："奉敕，西州管内差兵一千二百人。准敕唯取白丁、杂任，不言当州三卫。今奉金

---

① 《唐六典》卷五《尚书兵部》，第157页。
② 《唐律疏议笺解》卷十六《擅兴律·擅发兵》，第1162页。
③ 《唐六典》卷八《门下省》，第253页。
④ "铜兽符"本作铜虎符，唐人避讳改"虎"为"兽"，后又改"兽"为"鱼"。
⑤ 《唐六典》卷八《门下省》，第252页。

牙军牒，其三卫一色，在敕虽复无文，军中异常要藉，若其不去，定阙挠事。今若依牒差去，便是乖于敕文；若其固执不差，阙挠罪当极法。二途得失，若为折衷？仰子鸿笔，决比狐疑。"① 这份判文大意是，西州接到差兵 1 200 人的任务，但敕文的要求（"唯取白丁、杂任，不言当州三卫"），与用兵单位（"金牙军"）的要求（"三卫一色""军中异常要籍"）不相同。这说明发兵敕文是直接下到州司的，其内容当包括发兵数量、差遣对象和服役地点。据公式令："应给（右）鱼符及传符，皆长官执，长官无，次官执。"② 州司长官为刺史，刺史一般带"使持节某州诸军事"，故诸州兵募的差遣工作当由刺史负责。《旧唐书》卷九八《李元纮传》："父道广，则天时为汴州刺史。时属突厥及契丹寇陷河北，兼发河南诸州兵募，百姓骚扰，道广宽猛折衷，称为善政，存心慰抚，汴州独不逃散。"③ 据此可知，李元纮为汴州刺史时，即负责本州兵募的发遣工作。

各州的兵募差发任务还进一步分派到县，故史书上有时笼统地称"州县发遣百姓充兵"④，"委使人与州县相知拣（点）"⑤。各县可能由县尉负责兵募拣点工作。张说《常州刺史平君神道碑》云："徙雍州新丰县尉，卢少儒引为检点判官。差卒选校，小大推允，休议登闻。"⑥ 碑主平贞睿，卒于先天元年（712），时年八十，其任新丰尉，当在高武之世。这个检点判官，疑是为兵募检点而置。因为府兵将官自队副以上，皆正式职官，无需临时由县尉"选校"，唯兵募乃"节级权补主帅以领之"⑦。

诸县又将兵募差遣工作分摊到属下各乡。唐代乡无长官，唯五里各有里正一人，里正便直接负责兵募差点事务。敦煌遗书伯希和二九七九号（P. 2979）反映了里正差遣兵募的情况：

---

① 此据唐长孺：《唐西州差兵文书跋》，载《敦煌吐鲁番文书初探》，武汉大学出版社，1983，第 439 页。
② 《唐律疏议笺解》卷一六《擅兴律·应给发兵符不给》，第 1170 页。
③ 《旧唐书》卷九八《李元纮传》，第 3073 页。
④ 《全唐文》卷一五八《陈破百济军事表》，第 1622 页；《旧唐书》卷八四《刘仁轨传》，第 2793 页。
⑤ 《唐大诏令集》卷一〇二《求猛士诏》，第 520 页。
⑥ 《全唐文》卷二二九《常州刺史平君神道碑》，第 2322 – 2322 页。
⑦ 《唐六典》卷五《尚书兵部》，第 157 页。

初，里正朱本据户通齐舜着幽州行，舜负恨至京，诣台讼朱本隐强取弱，并或乞敛乡村。台使推研，追摄颇至，再三索上，为作此由。牒使曰：此县破县，人是疲人，一役差科，群口已议，是何里正，能作过非。如前定行之时，所由简送之日，其人非长大不可，非久行不堪。在朱本所差，与敕文相合。类皆壮健，悉是老行。简中之初，十得其四，余所不送，例皆尩羸，不病不贫，即伤即□，荐役者准敕不取，交贫者于法亦原。其中唯吕万一人，稍似强壮，不入过薄，为向陇州，且非高勋，又异取限。如齐舜所讼，更有何非！或云遍历乡村，乞诸百姓，昨亦令人访问，兼且追众推研，总无所凭，浑是虚说。至如州县发役，人间难务，免者即无响无声，著者即称冤称讼。此摇动在乎群小，政令何关有司。众证既虚，朱本何罪！昨缘此事，追摄亦勤，廿许人数旬劳顿，农不复理，身不得宁，悉是职司，敢不衔恤，具牒上御史台推事使。[①]

以上是开元二十四年（736）岐州郿县县尉《判集》中的一则，内容是说里正朱本差齐舜往幽州服役，齐舜不服，到长安御史台告朱本隐强取弱之罪，朝廷为此派御史台官员充推事使进行调查，郿县县尉具公文辩白事实真相，认为朱本无罪。

这条材料过去研究兵募者似还未见加以引用。有人误认为是防丁，若是"防丁"，则不应称"幽州行"。行人，又称征行人，一般指参加行军的兵士。这也不是府兵，因为府兵并不由里正差发。因此，民丁参加行军者，非兵募莫属。我们从这则判文中可以得到关于兵募的一些新认识。

---

① 池田温：《中国古代籍帐研究》，第 374 页。录文参考薄小莹、马小红：《唐开元廿四年岐州郿县县尉判集（敦煌文书 P. 2979）研究——兼论唐代勾征制》，载《敦煌吐鲁番文献研究论集》，中华书局，1982，第 616 – 617 页。

兵募的点充直接由里正负责。杜甫《兵车行》"去时里正与裹头"①，可与此相印证。"初，里正朱本据户通齐舜着幽州行"，"户通"之义未闻。北朝户籍制度有"九品相通"②"九品混通"③的说法，此"户通"疑为户等通籍之意。"六典"规定兵募必须"取户殷丁多，人材骁勇"者，当然必须据全部户等通籍来选取。齐舜告朱本"隐强取弱"，县尉辩白所取"类皆壮健"，说明"户殷丁多，人材骁勇"的拣取标准在原则上是不得违背的。此外还有一些具体要求，如强调"非久行不堪"，"悉是老行"。"久行""老行"当是指有多次征行经历者。久征惯战的人，势必也是"高勋"，所以判文说吕万"且非高勋，又异取限"。天宝中杨国忠发兵募征云南，也是"专取高勋"，这一点与防丁轮流服役大为不同，亦可作"幽州行"为兵募征行的一条旁证。

里正差点兵募，有所谓"过簿"，从文意推求，当指乡里所造发遣兵募的名单，故云"唯吕万一人……不入过簿"。吐鲁番阿斯塔那二二五号墓出土文书记康万善简充马军，请求以子处琮替行，牒文云："处（琮）今随牒过，请裁。"④所谓"随牒过"，当是指被登入简点名单（"过簿"），请县司审裁之意。唐代吏部选官的名单要过门下审覆，称为"过官"，乡里选兵募的名单交县审定，自可称为"过簿"。《唐六典》卷三〇"京畿及天下诸县令"条，称县令之职，掌"中丁多少，贫富强弱……过貌形状及差科簿，皆亲自注定，务均齐焉"⑤。这是说一般丁口形貌要"过"县令，以便注成定簿。拣点兵募由乡里初步拟定的名单，当亦要由县主管官员过目审定，这就是"过簿"名称的来历。

判文的另一段话也进一步证明了乡里选送的兵募名单并不是最后定本，必须由县审定。如谓"简中之初，十得其四，余所不送，例皆

---

① 曹寅等：《全唐诗》卷二一六《兵车行》，中华书局，1960，第2254页。
② 徐坚等辑：《初学记》卷二七《宝器部》，中华书局，1962，第658页。
③ 魏收：《魏书》卷四上《世祖纪上》，中华书局，1974，第86页；卷一一〇《食货志》，第2852页。
④ 本件及下文所引部分吐鲁番出土文书，多承武汉大学历史系孙继民提供，谨致深切的谢意。
⑤ 《唐六典》卷三〇《三府都护州县官吏》，第753页。

尪羸"，大约即指朱本初简送县的兵募人选，已占该里成年白丁的四成，其余未选送的都是不合格的贫弱者。文书还生动地透露了基层发遣兵募的艰难，"州县发役，人间难务，免者即无响无声，著者即称冤称讼"，是世间最难办的事情。

发遣兵募严禁冒名相代。《唐律疏议》卷一六《擅兴律》云："诸征人冒名相代者，徒二年；同居亲属代者，减二等。"州县及乡里主管人员也要受罚："若部内有冒名相代者，里正笞五十，一人加一等；县内一人，典笞三十，二人加一等；州随所管县多少，通计为罪，各罪止徒二年（佐职以上，节级为坐）。主司知情，与冒名者同罪。"[1] 但是出土文书材料表明，有两种情况下的替代，不算违法。一是同居亲属相代预为申请者。如阿斯塔那二二五号墓所出《武周久视二年（701）沙州敦煌县悬泉乡上柱国康万善牒为以男赴代役事》："牒，万善今简充马军，拟迎送使。万善为先带患，疲弱不胜驱使，又复年老。今有男处琮，少年壮仕，又便弓马，望将替。"[2] 康万善父子相代之事是否获准，不得而知，但预为申请当不为罪。另一种情况是兵募中途患病，可以替行。如阿斯塔那三十五号墓文书《唐西州高昌县下太平乡符为检兵孙海藏患状事》，记孙海藏因病"见留西州交河县"，"高通达辞称……情愿替行者"[3]。以上两种替行都不属"冒名相代"之列，但在实际上富者规免和雇人代役之事，仍然是不鲜见的。

二　兵募的服役情况

兵募以州为单位组成"行军"，开赴服役地点。上举《唐西州高昌县下太平乡符为检兵孙海藏患状事》记孙海藏"差参加波斯道行军"，

① 《唐律疏议笺解》卷十六《擅兴律·征人冒名相代》，第 1176 页。
② 阿斯塔那二二五号墓所出《武周久视二年（701）沙州敦煌县悬泉乡上柱国康万善牒为以男赴代役事》，载《吐鲁番出土文书》第七册，第 230 页。
③ 阿斯塔那三十五号墓文书《唐西州高昌县下太平乡符为检兵孙海藏患状事》，载《吐鲁番出土文书》第七册，第 394 页。

因病"蒙营司放留"①。兵募在前线立功受勋，也是以州为单位统计，见西域出土李慈艺告身、张君义告身等②。据开元九年（721）关于令州郡牒本贯放归兵募丁防的诏书有"宜令今年团日勘责，同行火队，的知实死，即与破除"③ 等语，说明在行军之下，兵募仍按队、火编组。

兵募的服役方式，除后勤工作外，一般可分为征（行）、镇（防）两种情况。吐鲁番阿斯塔那五〇一号墓有两件较完整的名籍，分别定名为《唐高宗某年西州高昌县贾致奴等征镇及诸色人等名籍》《唐高宗某年西州高昌县左君定等征镇及诸色人等名籍》，其中就有"庭州镇""安西镇"和"金山道行""救援龟兹""八百人数行""疏勒道行""昆丘道行""狼子城行""金牙道行"等兵募服役的记载④。

在户口籍帐中也有兵募征镇的材料。如《唐开元四年（716）西州柳中县高宁乡籍》有阴婆记一户，丈夫翟祀君，白丁，二十八年前即垂拱二年（686）"疏勒道行没落"⑤。《唐天宝年间（742—756）交河郡蒲昌县（？）籍》有康文册，四十岁，白丁，服役于本郡天山军镇⑥。另一份交河郡籍有某人之弟知非，年三十四，勋官上柱国（此为高勋），也在本郡天山军镇服役⑦。

兵募出征或镇守，一般有以下几种情况：

（1）直接为某次军事行动而出击。如咸亨三年（672）正月，"发梁益等一十八州兵募五千三百人，遣右卫副率梁积寿往姚州击叛蛮"⑧。这种情况下，战事一结束兵募即可遣散还乡。如李靖破突厥，太宗征

---

① 阿斯塔那三十五号墓文书《唐西州高昌县下太平乡符为检兵孙海藏患状事》，载《吐鲁番出土文书》第七册，第 395 页。

② 参见大庭修：《唐告身的古文书学的研究》，载《敦煌吐鲁番社会经济资料》下，京都法藏馆，1960 年。

③ 《册府元龟》卷六三《帝王部·发号令二》，第 675 页。

④ 见黄惠贤：《从西州高昌县征镇名籍看垂拱年间西域政局之变化》，载《敦煌吐鲁番文书初探》，第 396–397 页。

⑤ 池田温：《中国古代籍帐研究》，第 247 页。

⑥ 池田温：《中国古代籍帐研究》，第 259 页。

⑦ 池田温：《中国古代籍帐研究》，第 260 页。

⑧ 《旧唐书》卷五《高宗下》，第 96 页。

高丽，主力兵士战还即罢散，服役时间不长，又易建功勋。

（2）战争结束后，不立即遣还，而是由行军转为留镇，这在李渊起兵时已出现过。如义宁元年（617）李渊父子入长安不久，李建成、李世民为左右元帅往窥东都，不能得手，旋师而还，"留行军总管史万宝、盛彦师镇宜阳，吕绍宗、任瓌镇新安"①。当时这种留镇为时还不长，高宗以后，行军留镇变成长戍久镇，如高宗时征百济，唯遣作一年装束的兵募便一再留役。像这样大军撤走后留下一部充镇守军，是边疆军镇的一个重要起源②。

（3）直接发遣兵募充镇军。如《旧唐书》卷九一《张柬之传》："旧例每岁差兵募五百人往姚州镇守。"③ 开元、天宝时边疆统领的军镇就有不少并非行军留镇，而是为加强边疆防务直接设立的，如张仁愿在黄河北岸设置的东、中、西三受降城等。防秋是兵募直接充镇守军的主要形式之一。它一般是指每年秋季派兵镇守要塞，以防西北少数民族兵马侵犯。开元十一年（723）曾诏"自今已后，更不得取同、华兵防秋"④。天宝五载（746），浑瑊十一岁随父释之防秋⑤。防秋也并不是秋往春还，唐玄宗《展诸军士防秋年限诏》就提到要诸军防秋将士在"载满合替"后"并延留一载"⑥。

这里便涉及兵募的服役年限问题。临时为某次军事行动派遣的兵募，事罢即归，自然没有固定的年限。但留镇的兵募，特别是直接赴镇防之役的兵募，就必须有年限规定。唐玄宗《练兵诏》说："比来缘边镇军，每年更代，兵不识将，将不识兵，岂惟缘路疲人，盖是以卒与敌。"⑦ 每年更代，是服役期限为一年。《旧唐书》卷八四《刘仁轨

---

① 温大雅：《大唐创业起居注》卷三，上海古籍出版社，1983，第 46 页。
② 菊池英夫：《节度使制度确立以前"军"制度的发展》（一、二），《东洋学报》1962 年第 4 期、1963 年第 1 期。
③ 《旧唐书》卷九一《张柬之传》，第 2939 页。
④ 《唐会要》卷七八《诸使杂录上》，第 1701 页。
⑤ 《新唐书》卷一五五《浑瑊传》，第 4891 页；《旧唐书》卷一三四《浑瑊传》，第 3703 页。
⑥ 《全唐文》卷三三《展诸军士防秋年限诏》，第 370 页。
⑦ 《全唐文》卷二六《练兵诏》，第 302－303 页。

传》云："旧留镇五年，尚得支济。"① 可见那时已有留镇五年的兵募。张九龄撰开元二十三年（735）《敕四镇节度王斛斯书》云："（苏禄犯边），朕已敕河西节度使牛仙客，令河西于诸军州及在近诸军简练骁健五千人，并十八年应替兵募五千四百八十人，即相续发遣"②。开元十八年（730）应替兵募距二十三年已五年整，还要继续遣往行军。开元五年（717）《镇兵以四年为限诏》又提道："碛西诸镇，道阻且长，数有替易，难于烦扰，其镇兵宜以四年为限，散支州县，务取富户丁多。"其余"诸军镇兵，近日递加年限者，各依旧以三年二年为限，仍并不得延留"③。据此可知，即使在同一时期，兵募服役年限也因地因事而异，碛西路远处，年限稍长，其余军镇稍短；因战事需要，留镇时间便长，否则便短。

兵募长期留镇，甚至"壮龄应募，华首未归"④。兵士们最常见的反抗方式便是逃亡，严重的兵募逃亡在皇帝的诏书中屡见不鲜，材料不胜引据。但还有另外一种情况也值得重视，那就是许多留镇兵士在当地落籍，甚至娶妻生子，成为"兵客"。先看大谷文书二八三九号的记载：

> 洪闰乡　　燉煌乡
> 合当乡折冲果毅别奏典傔及兵士已上
> 牒　被责当乡有前件等色娶妻妾者，并
> 仰通送者，谨依检括，当乡元
> 无此色人，娶妻妾可显，谨牒。
> 长安四年二月廿日　里正王定牒
> 燉煌乡里正董　靖⑤

---

① 《旧唐书》卷八四《刘仁轨传》，第 2794 页。
② 《全唐文》卷二八六《敕四镇节度王斛斯书》，第 2899 页。
③④ 《唐大诏令集》卷一〇七《镇兵以四年为限诏》，第 553 页。
⑤ 池田温：《中国古代籍帐研究》，第 345 页。

这份文书的大意是说，当局正在查问有没有兵士和府兵将官在当地娶妻妾之事，里正们牒报说没有。它从反面说明从征兵士有在当地久镇不归、娶妻妾落户的情况①。吐鲁番文书也有类似记载。如《唐贞观十七年（643）符为娶妻妾事》：

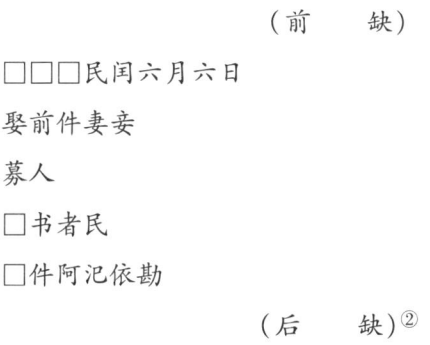

（前　　缺）

□□□民闰六月六日

娶前件妻妾

募人

□书者民

□件阿氾依勘

（后　　缺)②

这份文书残缺太甚，颇怀疑反映了募人在当地娶妻妾事③。吐鲁番文书中还有一些客作之人流入西州在当地落籍的记录，亦可作为旁证④。

正史中也能找到相佐证的材料。《旧唐书》卷一四五《刘全谅传》："怀州武陟人也。父客奴，由征行家于幽州之昌平。"⑤ 刘客奴可能是在怀州武陟原籍应征入伍，服役幽州时，落籍于昌平县的，也许是在那里娶妻生下了刘全谅。这些因征行留镇的人，落籍于当地，在西域出土文书中被称作"行客"，与土著"百姓"对称，见有邻馆四〇号文书《俱六守捉状上》⑥。此类军人行客，又称"兵客"，如伯希和三三四八号文书纸背《唐天宝六载（747）十二月河西豆卢军军仓

① 菊池英夫：《从西域出土文书看唐玄宗时府兵制的运用》（上），《东洋学报》1969 年第 3 期，第 28 页。该文仅视此为府兵，恐不尽然。
② 《吐鲁番出土文书》第七册，第 35 页。
③ 同在阿斯塔那二〇九号墓所出还有几份反映婚姻纠纷的文书，见《吐鲁番出土文书》第七册，第37－41页。
④ 阿斯塔那五〇九号墓蒋化明辩辞，见《吐鲁番出土文书》第九册，第 61－63 页。
⑤ 《旧唐书》卷一四五《刘全谅传》，第 3938 页。
⑥ 藤枝晃：《长行马文书》，《墨美》第 60 号。

收纳籴粟麦牒》（第七件，共十件）有"兵客曹庭训牒"，第八件作"行客曹庭训"[1]。

三　兵募的行赐与资粮

从民丁中拣选兵募，如何装备成军？《唐六典》卷五《兵部郎中》云："凡军行器物，皆于当州分给之，如不足则自备，贫富必以均焉。"[2] 可见兵募是在本州出发前武装起来的。"军行器物"应该包括全军武器装备和个人配备的军用物资两方面。《神机制敌太白阴经》卷四关于行军"器械"和"军装"的记载[3]，为我们提供了可供参考的材料。

开元十四年（726）六月诏云："至于兵募，尤令存，去给行赐，还给程粮，以此优矜，不合辛苦。如闻比来兵募年满者，皆食不充腹，衣不蔽形，驮募（幕）什物，散落略尽，既不能致，便流浪不归，丁壮减耗，实由于此。"[4] 所谓"驮幕什物"，当指上举《军装》篇中列举的锅、幕、刀、锥之类（以驴马驮载）。此外，又提到"行赐"与"程粮"问题。"行赐"——顾名思义，应是兵募出发前给的官赐。前引《展诸军士防秋年限诏》提到延留一载的兵士"仍准式给赐，式外更加赐物两段"[5]。"准式给赐"的具体内容究竟指什么？《唐宋白孔六帖》卷五七引"衣赐式"提供了部分线索："兵部式，给赐者用所在官库，绢布相兼。其军每年得赐者，不在别给时服限，其赐每年随庸调预支。诸应有知发军处，所司与兵部计会，量支当年庸调及租并脚价留本州充兵赐"。这一段话可以分成"每年得赐"和"知发军处"给赐两部分内容[6]，前者指兵士服役期间的给赐，后者应该即是"去给

---

① 池田温：《中国古代籍帐研究》，第 471 页，参见姜伯勤：《敦煌新疆文书所记的唐代"行客"》，国家文物局古文献研究室编《出土文献研究续集》，文物出版社，1989，第 284 - 285 页。
② 《唐六典》卷五《尚书兵部》，第 157 页。
③ 李筌：《神机制敌太白阴经》卷四，载《丛书集成初编》，商务印书馆，1937，第 96 - 103 页。
④ 《册府元龟》卷一三五《帝王部·愍征役》，第 1494 页。
⑤ 《全唐文》卷三三《展诸军士防秋年限诏》，第 370 页。
⑥ 此处参考了前揭孙继民文。

行赐"的内容。

先说"行赐"。《白孔六帖》引"衣赐式"的那句话："诸应有知发军处，所司与兵部计会，量支当年庸调及租并脚价，留本州充兵赐"，规定了兵募行赐的来源是本州租庸调收入和脚价收入。开元二十三年（735）敕河西牛仙客发兵募救援四镇王斛斯，并说："所缘兵募行赐，则令所由支遣，已别敕牛仙客讫。"[1] 可见河西兵募行赐即由"知发军处"河西供给。吐鲁番文书中有这样一份材料：

（前　　缺）

　　加减未知定数，去

　　审勘见行兵，应请赐物

　　具显姓名申者，依检至今

　　宜速上，故牒。

　　贞观十九年八月廿一□□

　　府

　　兵曹参军

（后　　缺）[2]

这份拟题为《唐贞观十九年（645）安西都护府下军府牒为速报应请赐物见行兵姓名事》的文书，留下了兵募发遣时领请赐物的记录，并且表明给赐时应具报受领人的姓名，这与唐代其他请给领受制度是相同的。

"知发军处"若缺乏官物充赐，又有向私家"借便资装"的做法。吐鲁番出土文书有："（前略）斩啜猖狂，蚁居玄塞，拥数千之戎卒，劳万乘之徒师。奉敕伊、西二州，占募强兵五百，官赐未期至日，私家借便资装。"下文的大意是说一个叫凭虚的富人"藏帛万余"，竟然

---

① 《全唐文》卷二八六《敕四镇节度王斛斯书》，第 2899 页。
② 《吐鲁番出土文书》第六册，第 6 页。

不愿出借，"罪非轻小"①。说明当州大户若拒绝"借便资装"，被视为犯罪行为。贞观十八年（644），太宗征辽有安州人彭惠通"请出布帛五千段，以资征人"②，可见大户资助征人，是早已有之的事。吐鲁番文书还有"西域道征人赵丑胡于同行人左憧熹边贷取帛练叁匹"③的记载，所货练是要还的，显然与"如不足，则自备，贫富必以均焉"④大异其趣。唐代兵募于官赐外，还有携私财从军的，赵丑胡所借练也许属于私财。私财与行赐不同，行赐的主要用途是兵募出发前的资装，如上举文书"官赐未期至日，私家借便资装"就反映了这一点，刘仁轨所谓"往在海西，见百姓人人投募，争欲征行，乃有不用官物，请自办衣粮，投名义征"⑤，也证明了这一点。至于兵募行赐的具体数量，不得而知，疑与预定服役期限有关。镇守百济兵募说："发家来日，唯遣作一年装束，自从离家，已经二年。"⑥所以，这些兵募"衣裳单露，不堪度冬"⑦。"作一年装束"是指让兵募用官赐制备一年衣装的意思。

　　兵募在赴役途中的给养，由沿途州县负责。《旧唐书》卷一〇三《郭虔瓘传》称："乃奏请募关中兵一万人往安西讨击，皆给公乘，兼供熟食。敕许之。"⑧唐代"度支式"提到这笔资粮的开支问题："供军道次，州郡库无物者，每年支庸调及租并脚价，并纳本州。如当州不足，以余州应入庸调便配重裘挟纩。"⑨

　　关于兵募在军镇服役的衣赐待遇问题，当然由所在军府供给，其内容大体包括食粮、赐物和时服三项。食粮是按月计算给付的。《唐开元十九年（731）正月西州岸头府到来符目》有"仓曹符，为兵募健

---

① 《吐鲁番出土文书》第八册，文物出版社，1987，第 492 - 493 页。

② 《册府元龟》卷四八五《邦计部·输财》，第 5503 页。

③ 《吐鲁番出土文书》第六册，第 412 页。

④ 《唐六典》卷五《尚书兵部》，第 157 页。

⑤ 《旧唐书》卷八四《刘仁轨传》，第 2793 页。

⑥⑦ 《旧唐书》卷八四《刘仁轨传》，第 2794 页。

⑧ 《旧唐书》卷一〇三《郭虔瓘传》，第 3188 页。

⑨ 白居易、孔传：《唐宋白孔六帖》卷五七《军资粮》引"衣赐式"，美国哈佛大学哈佛燕京图书馆藏明嘉靖本。

儿范仙晖等二月粮事"① 的记事。其标准当如李筌所记是日二升、月六斗、年七石二斗②。时服当指春冬衣，前引"衣赐式"云："兵部式，给赐者用所在官库，绢布相兼。其军每年得赐者，不在别给时服限。其赐每年随庸调预支。"③ 这一段话还有一些不明之处，但有两点是清楚的：第一，用所在官库支付给赐，绢与布搭配给付；第二，除每年给赐外，还有时服。李筌记行军所需军资是"军士一年一人支绢布一十二匹"④。这恐怕不能看作是每个兵士的赐物收入，也许包括其他军费开支在内（如军功赏赐、时服等），也许是指长行官健等所享受的待遇。总之，兵募的待遇不会有如此之高。有一条材料提供的数据可供我们参考，《唐会要》卷八九《疏凿利人》建中元年（780）四月条记京兆尹严郢反对宰相杨炎于丰州置屯田的决定说：

> 臣不敢远引他事，请以内园植稻明之。其秦地膏腴，田称第一，其内园丁皆京兆人，于当处营田，月一替，其易可见。然每人月给钱八千，粮食在外，内园丁犹傲募不占，奏令府司集事，计一丁一岁当钱九百六十，米七斛二斗，计所傲丁三百，每岁合给钱二万八千八百贯，米二千一百六十斛，不知岁终收获几何！臣计所得，不补所费。况二千余里，发人出塞屯田，一岁方替，其粮谷从太原转饷漕运，价值至多。又每岁人须给钱六百三十，米七斛二斗，私出资费，数又倍之，据其所收，必不登本；而关辅之民，不免流散，是虚扰畿甸，而无益军储，与天宝以期屯田事殊。⑤

这里提到两个数字，一是傲募内园丁置稻的开支，二是杨炎丰州屯田的开支。丰州屯田的开支很清楚，每人每岁给钱六百三十文，米

---

① 池田温：《中国古代籍帐研究》，《唐开元十九年（731）正月西州岸头府到来符目》，第362页。
② 《神机制敌太白阴经》卷五《人粮马料篇》，第120页。
③ 《唐宋白孔六帖》卷五七《军资粮》引"衣赐式"，美国哈佛大学哈佛燕京图书馆藏明嘉靖本。
④ 《神机制敌太白阴经》卷五《军资篇》，第123页。
⑤ 《唐会要》卷八九《疏凿利人》，第1922页。

七斛二斗，这个待遇并不高，所以严郢说："私出资费，数又倍之。"成问题的是内园丁的待遇。若"每人月给钱八千，粮食在外"，一丁一岁绝不是"当钱九百六十"（另有米七斛二斗为粮食）；若一丁一岁当钱九百六十、三百丁一岁也决不会给钱二万八千八百贯（米二千一百六十斛则相合）。我怀疑问题出在"月给钱八千"上，这个数目相当于开元时五、六品京官的月俸，显然过高，"八千"可能是"八十（文）"之误，如此则每丁一岁当钱恰是九百六十文，这与下文丰州屯田岁给六百三十文的数字接近。上面这段材料选入《全唐文》卷三七二时，选取了《唐会要》中的一段话为标题——《奏五城旧屯兵募仓储等数疏》①。为什么称屯田者为兵募？只能解释为他们是兵募屯田者②。据此我们大致可以推测其时兵募月赐（除粮食外）为钱五十至八十文，一年当钱不超过一贯。当然，钱只是计算方法，实际给付的仍可能是实物。大谷文书《唐开元十三年（725）西州等兵赐状》即以绢帛之类支付③。按《新唐书·食货志》关于开元时"海内富实……绢一匹钱二百"④ 的价格推算，兵募一年得赐当为三五匹绢。延留一年时可再加绢两匹⑤。兵募放还，另给资粮，一般从本军屯田收入中开支⑥，或由"所在州县分而给之"⑦。

四　兵募的性质

募民充兵，这是自古而然的事，至少在汉代就有了。魏晋以来盛

---

① 《全唐文》卷三七二《奏五城旧屯兵募仓储等数疏》，第3781页；《唐会要》卷八九《疏凿利人》，第1922页。
② 刘仁轨领兵募镇百济时，"既须镇压，又置屯田，事藉兵士，同心同德。"见《旧唐书》卷八四《刘仁轨传》，第2794页。
③ 池田温：《中国古代籍帐研究》，第353页。
④ 《新唐书》卷五一《食货志》，第1346页。
⑤ 《全唐文》卷三三《展诸军王防秋年限诏》，第370页。
⑥ 刘仁轨请："留旧兵，渐令收获，办具资粮，节级遣还。"见《资治通鉴》卷二〇一，麟德元年十月，第6342页。
⑦ 《唐六典》卷五《尚书兵部》，第157页。参见杨德炳：《关于唐代对患病兵士的处理与程粮等问题的初步探索》，收入《敦煌吐鲁番文书初探》，第493－497页。

行世兵制，但在士家、兵户、府户之外，仍然不乏募民为兵之举。如北魏时有"在州戍兵，每岁交代"①，孝文帝时有"岁谷不登，齐民饥馑，……北州戍卒一千余人，还者皆给路粮"②。每岁番代，还给程粮，岂非与唐代兵募、防丁相似？《旧唐书》卷五四《窦建德传》："大业七年募人讨高丽，本郡选勇敢尤异者以充小帅，遂补建德为二百人长。"③ 这与唐代兵募由本州郡节级权补主帅也是一脉相承的关系。又，《八琼室金石补正》卷二八《龙门成都募人造像记》有："蜀郡成都县募人□□□□子赟□□与□□□□□□母兄弟回，□□早还相见，造观音像一躯……大业十二年四月廿五日"④。这件题记反映了隋末成都募人北征，久镇思亲，在龙门造像，祈求早日还乡与家人相见。同书卷三一《崔怀俭题记》："大唐永隆二年正月廿四日，恒州房山县人崔怀俭，在军之日，愿造观世音佛一区。"⑤ 这也是军人在军造像题记，与隋代募人题记相同。总之，我们有理由认为兵募制度不见得是从唐代开始的。但是，兵募一词却始于唐代。武德初年，李渊的诏书中还只是将募人与义士对举，义士指太原元从兵，募人又称募士，指起兵以后入伍者。贞观、永徽时编定的《唐律疏议》也没有使用"兵募"一词，只是说："征人，谓非卫士，临时募行者。"⑥ 大概《旧唐书·刘仁轨传》中所载刘在麟德元年（664）关于百济镇守兵募的奏疏⑦，是史籍中兵募一词的较早记录。唐代兵募具有名为召募、实为强征的性质。玉井是博直截了当地认为兵募是征兵制，菊池英夫同意玉井的意见，并指出唐人的所谓"募"与"差（遣）"往往是同义语。这是很正确的。怎样来解释这种情况？关键在如何理解"兵募"的"募"。这里的所谓"募"，可以归纳出如下两点内容：第一，给应募者一定的赐物。第二，并不在差科簿中预为编定，也不会从社会上广为召募。

---

① 《魏书》卷四四《薛虎子传》，第 998 页。
② 《魏书》卷十六《河南王曜附孙平原传》，第 396 页。
③ 《旧唐书》卷五四《窦建德传》，第 2235 页。
④ 《龙门成都募人造像记》，载《八琼室金石补正》卷二八，第 181 页。
⑤ 《崔怀俭题记》，载《八琼室金石补正》卷三一，第 208 页。
⑥ 《唐律疏议笺解》卷十六《擅兴律·拣点卫士征人不平》，第 1173 页。
⑦ 《旧唐书》卷八四《刘仁轨传》，第 2793–2794 页。

赐物既相当于募值又不同于募值，但毕竟与防丁等"不请官赐"① 不同，也与一般差派的徭役（包括防丁之役）可以在差科簿中预为编制不同，甚至还与"卫士各立名簿，具三年已来征防若差遣……若有差行上番，折冲府据簿而发之"② 的府兵也不相同。这就是《唐律疏议》以"临时募行者"来指称兵募的原因所在。只是由于官赐既不足以吸引人们当兵，严格的户籍管理制度也不允许脱离州县在社会上广为召募游散人口，因此就决定了兵募只能通过州县乡里在管内丁壮中征召。

兵募废止于何时？日野开三郎认为在开元二十五年（737）③，并没有举出证据，盖因这一年玄宗下诏募取长征健儿。但这年召募的健儿长住边军者主要限于碛西路途遥远的边镇，并没有罢遣一切兵募。《旧唐书》卷一〇七《靖恭太子琬传》："（天宝）十四年（755）十一月，安禄山反于范阳，其月制以琬为征讨元帅，高仙芝为副，令仙芝征河陇兵募屯于陕郡以御之。"④ 菊池英夫认为这是关于兵募的最后记载。河陇兵募后来还有活动，《旧唐书》卷一九六上《吐蕃传上》："及还，而安禄山已窃据洛阳，以河陇兵募令哥舒翰为将，屯潼关。"⑤ 时在天宝十四载（755）十二月，高仙芝兵败被杀之后⑥。前举《唐会要》卷八九《疏凿利人》有建中元年（780）四月"京兆尹严郢……乃奏五城旧屯及兵募仓储等数"⑦ 之语，这恐怕才是我们在史籍中看到关于兵募的最后记载。

然而，这丝毫不表明此后便没有名为召募、实乃差遣的"募兵"。如元和元年（806）六月十三日敕云："单身百姓，父年七十以上，及无父，其母年六十以上，并不得差征镇。"⑧ 咸通十年（869）十月

---

① 《唐开元二十四年岐州郿县县尉判集》第二十八条"许资助防丁"，载北京大学编《敦煌吐鲁番文献研究论集》，中华书局，1982，第617页。
② 《唐六典》卷五《尚书兵部》，第156页。
③ 日野开三郎：《东洋史论集》卷一，东京三一书房，1980，第225页。
④ 《旧唐书》卷一〇七《靖恭太子琬传》，第3262页。
⑤ 《旧唐书》卷一九六上《吐蕃传上》，第5236页。
⑥ 《旧唐书》卷九《玄宗下》，第230页。
⑦ 《唐会要》卷八九《疏凿利人》，第1922页。
⑧ 《唐会要》卷七二《军杂录》，第1541页。

《平徐州制云》："应募征行，已从犒赏，还乡休役，务令优容。应诸道差赴行营将士，其中本非旧额官健，因缘征讨，召募差行者，回戈了后，如有不愿食粮，听从其便，亦准前项，除两税外，放三年杂役。"[①] 显然，这些差从征镇和临时召募的兵士，虽无兵募之名，却有兵募之实。

综上所述，兵募制度既不始于唐，也不曾在安史之乱后销声匿迹，而是在其他名目下长期存在。究其原因，乃在于兵募制自有它显著的优点。这种优点可以概括为以下三条：一是兵费低。兵募寓兵于农，有事出征为兵，无事还乡为民，无养兵千日之费，而可收一朝攻取之效，这是它最大的优点。二是无将帅握兵之重，不易形成军阀势力。武则天时，徐敬业与唐宗室先后举兵，皆临时纠集乌合之众，故顷刻失败，这与唐后期一些藩镇拥兵坐大不可同日而语。三是战略应变能力强，尤其适应于短期快速攻击型战略。这种战略，要求兵士能增即增，要减可减，无胶着之战，无久留之兵，府兵、兵募正能发挥其作用。唐初统一战争，太宗及高宗初年的东征西战，即受惠于这种兵制。但是，兵募制度也有它不可克服的弱点。例如在边疆局势成僵持状态时，必须集结重兵驻守，战事飘忽不定，征镇兵士很难按期番代。因而兵农合一的制度势必崩溃，长征久镇的健儿制势必代之而兴。这就是从武则天以后到唐玄宗时兵制变化的历史背景。

兵募制的瓦解还有更深一层的原因，那就是土地制度的变化。唐代前期实行均田制，均田制的基本精神之一，在于保证农民有一块可耕之地，封建政府的赋税徭役制度都是依据这一前提制定的。兵募虽有一定的官赐，但基本上与府兵一样，是无偿服役，兵士本人的部分装备费及家属的生活费，就全依仗着自己拥有一块耕地。一旦均田制遭到破坏，兵士丧失了维持自身及家庭生活的土地，再加上久戍不归等原因，兵募制便与府兵制一样走到了尽头。于是，开元二十五年（737）召募长征健儿时，曾以拨给家属田地屋宅为条件；大历十二年

---

① 《唐大诏令集》卷一二五《平徐州制云》，第674页。

（777）整顿州兵时，曾规定给官健以家口粮。这都是顺理成章的事情。

雇佣兵（官健）制本身也有弊病，而且正好是兵募的反面，它除了耗资巨大，将帅有握兵之重外，还有战略应变能力差的弱点。当需要临时调集众多兵力应付某种特殊战争时，定额官健往往不敷支用，就必须另外调发兵马，在古代往往只有从民间募取丁壮充任。这就是为什么安史之乱以后，临时募行的兵士仍然不能完全断绝的原因。只不过，由于社会经济条件的变化（如土地制度和与之相联系的赋役制度的变化），和军事政治形势的变化，这种性质的兵制已经从唐前期军事舞台上的主角地位退到了配角地位罢了。

唐代防丁制度考述

20 世纪 60 年代，日本学者滨口重国在其名著《从府兵制到新兵制》中最早提到防丁问题，认为防丁是在镇戍服役的强制性的募兵[1]。十几年后，玉井是博教授在其著作《唐代防丁考》中对滨口的看法提出了异议[2]。他认为尽管史籍上"兵募丁防"连称，但二者性质不同：丁防，又称防丁，是义务征兵，不是募兵。玉井是博教授着重对兵募进行了探讨，而关于防丁，反而说得不多。最近大陆学者也有论述涉及防丁者，然语焉不详[3]。本文拟通过对出土文书和文献资料的分析，对防丁制度略作考述，以求教于方家。

一 防丁的身份与性质

防丁或丁防，在某种意义上，与其说是一种"兵"，不如说是一种"役"。由于防丁是去边疆防守的，所以往往"征防"连称。王梵志诗云："佐使非台补，任官州县上。未是好出身，丁儿避征防。"[4] "征"指兵募之征，"防"指防丁之役。滨口、玉井以及其他日本学者都有一

---

① 滨口重国：《从府兵制到新兵制》，载《秦汉隋唐史研究》上卷，东京大学出版社，1966，第 41－49 页。
② 玉井是博：《唐代防丁考》，载《中国社会经济史研究》，日本岩波书店，1942。
③ 如张泽咸：《唐五代赋役史草》第五章第一节，中华书局，1986，第 408－413 页。
④ 《王梵志诗校辑》卷二《昨使非台补》，第 25 页。

个一致的看法，即认为防丁是在防人不足的情况下出现的在镇戍服役的兵。这个论点并没有直接的材料证明，是通过下面的推论得出的，即唐前期有军镇和镇戍两个系统的边防机构，军镇的兵是健儿——如豆卢军有健儿，那么在镇戍服役的便只是防丁。这里实际涉及两个问题：一是防丁与防人的关系问题，二是防丁是否只限于在镇戍服役的问题。镇戍的兵士称为防人没有问题，《唐律疏议》中就讲得很清楚①。《新唐书·百官志四下》也说："每防人五百人为上镇""五十人为上戍"②。问题是防人是否一定都由府兵充当。据《唐六典》，唐前期"凡上镇二十，中镇九十，下镇一百三十五；上戍十一，中戍八十六，下戍二百四十五"③。《新唐书·百官志四下》按"防人五百人为上镇，三百人为中镇，不及者（按中镇的 60%，即 160 人计算）为下镇；50 人为上戍，30 人为中戍，不及（按 18 人计算）为下戍"④。尽管这些镇戍及其兵数未必都是如此刻板，是每番在镇戍服役的防人仍然大约应有 69140 人，约占唐代 60 万府兵的 12% 左右。每个府兵服役时以 120 天，一年合约三番计算⑤，是约有 35% 的府兵即约 20 多万人在镇戍服役。加上长安的卫士，这样能抽调征行的府兵便十分有限了。因此，我们有理由认为，在镇戍服役的防人从一开始就不全是府兵，还有其他来源，其中就包括防丁。

那么，是不是说防丁只限于在镇戍服役呢？恐怕也未必这样。军镇的固定设置，唐初已有之。在军镇服役的兵士，不光是健儿，还有兵募。例如，张柬之就说："旧例，每岁差兵募五百人往姚州镇守。"⑥"延载（694—695）中司马成琛奏请于泸南置镇七所，遣蜀兵防守"⑦。

---

① 《唐律疏议》卷十六《擅兴律》"在军所及在镇戍私放征防人还"条，第 308－310 页；"镇戍应遣番代而违限不遣"条，页 312；卷二六《杂律》"丁匠在役及防人在防"条，第 484 页。
② 《新唐书》卷四九《百官志四下》，第 1320 页。
③ 《唐六典》卷五《尚书兵部》，第 162 页；《旧唐书》卷四三《职官志二》，第 1836 页；《新唐书》卷四九《百官志四下》，第 1320 页。
④ 《新唐书》卷四九《百官志四下》，第 1320 页。
⑤ 参见本书《唐代府兵渊源与番役》一文。
⑥ 《旧唐书》卷九一《张柬之传》，第 2939 页。
⑦ 《旧唐书》卷九一《张柬之传》，第 2942 页。

这些充当镇守、防守的兵士就是兵募或丁防。其实，我们只要承认防丁在镇戍服役，就不能排除他们也在军镇服役。因为开元天宝时代镇戍与军镇的区别，已经不是前者固定设置，后者为行军临时所置，而是出现了这二者的混一①。镇戍官与府兵官一样，成了军队低级武官的称号，节度使统领军镇体制代替了过去的都督镇戍体制。天宝十载（751）正月南郊大赦云："且京兆府及三辅三郡，百役殷繁，自今已后，应差防丁屯丁，宜令所由支出别郡"②。说明在镇戍制已彻底衰落的天宝晚年，仍有大批防丁（差及京兆三府，可见数量不少）在边镇服役。

这里还涉及防丁与兵募等一般征行人的区别。兵募笔者已有专文论述③。玉井强调说，防丁区别于兵募的，在于兵募是募，防丁是征。这一点是有道理的。但我们还应看到，兵募后来实际上也成了征点勒遣，所以这个区别至少在开元天宝时代已不明显，开元时的诏书往往兵募丁防连称，如开元九年十月诏："诸道兵募丁防，年满应还……自今已后，每有兵募丁防放归，令州军具存亡夹名牒本贯。"④ 开元二十年玄宗北巡潞州飞龙宫，"曲赦潞州，给复三年，兵募丁防悉放"⑤。兵募丁防有时合称"兵防"⑥，又与健儿合称"兵防健儿"⑦。这两则诏书说的都是兵募差遣、放归和放免的问题，而及于防丁，说明他们在这些问题上确实有相似之处。但兵募与防丁最大的不同点在于，他们在性质上有差别，即兵募是地道的兵，他的任务是征行；防丁则实为役，他的任务是防守。这绝不是说征行者不需防守，防守者不参加战斗，而是说征调兵募与防丁的目的本来就不同，因此所谓"行人"是

---

① 菊池英夫：《节度使建立以前"军"的发展》（一、二），《东洋学报》1962 年第 2 期；1963 年第 1 期。
② 《册府元龟》卷八六《帝王部·赦宥五》，第 945 页。
③ 参见本书《关于唐代兵募制度的几个问题》一文。
④ 《册府元龟》卷六三《帝王部·发号令二》，第 675 页。
⑤ 《册府元龟》卷八五《帝王部·赦宥四》，第 941 页。
⑥ 仪凤二年十一月制："征科赋役，差点兵防，无钱则贫弱先行，行货则富强获免。"见《唐大诏令集》卷八二《申理冤屈制》，第 472 页。
⑦ 《唐六典》卷五《尚书兵部》，第 157 页。

不包括防丁的。如《唐大诏令集》卷七十四张九龄《籍田赦书》称："行人及丁防有身亡"①，可知丁防在行人之外。行人又称征行人，由兵募、健儿和卫士构成。丁防有时与屯丁并列，如前举天宝十年南郊赦文有"应差防丁、屯丁，宜令所由支出别郡"②。二者作为带有军事色彩的役，具有一致性。

防丁之役，前代已有。魏周时代有六丁兵、八丁兵、十二丁兵。隋初依北周制度，"役丁为十二番"③。可见十二丁兵即将役丁分十二番，分番赴役。这种制度很可能与防丁有渊源关系④。丁役称"兵"、称"卒"，在唐代也不鲜见。如《资治通鉴》卷一百九十三贞观四年六月，"发卒修洛阳宫，以备巡幸"⑤。《新唐书·狄仁杰传》："帝幸汾阳宫，为知顿使。并州长史李冲玄以道出妬女祠，俗言盛服过者，致风雷之变，更发卒数万改驰道。"⑥ 此外还有所谓河卒、门卒的叫法。谓唐代防丁为力役的最有力的佐证莫过于《新唐书·食货志》，云："中书令李林甫以租庸、丁防、和籴、春彩、税草无定法，岁为旨符，遣使一告，费纸五十余万。条目既多，覆问逾年，乃与采访、朝集使议革之。为长行旨，以授朝集使及送旨符使，岁有所支，进画，附驿以达，每州不过二纸。"⑦ 这里提到丁防与租庸、和籴、税草等，将每岁颁下的"旨符"改为"长行旨"的情况，更充分地说明，丁防（防丁）是中央派定下的一种役事，与租庸、税草一样下达到各州。这一特点是兵募等所绝对没有的。

二　防丁的征遣及在役任务

根据上引《新唐书·食货志》的材料，可知防丁之役是由中央政

---

① 《唐大诏令集》卷七四《籍田赦书》，第 415 页。
② 《册府元龟》卷八六《帝王部·赦宥五》，第 945 页。
③ 《隋书》卷二四《食货志》，第 680 页。
④ 周一良：《魏晋南北朝史札记》"丁兵与兵力"条，中华书局，1985，第 445 – 448 页。
⑤ 《资治通鉴》卷一九三，贞观四年六月，第 6079 页。
⑥ 《新唐书》卷一一五《狄仁杰传》，第 4208 页。
⑦ 《新唐书》卷五一《食货志一》，第 1345 – 1346 页。

府与租庸、和籴、春彩、税草等一起派定下来的。开元二十四年以前，
中央政府每年要颁发一次旨符，把来年的征发情况下达到州县。开元
二十四年以后，由于李林甫的建议，改为长行旨，即确定丁防等名额
之后，在一个长时期内不再变动。《新唐书·食货志》又提到："江南
户口多，而无征防之役。"① "先是州县无防人者，籍十八以上中男及
残疾以守城门及仓库门，谓之门夫。番上不至者，闲月督课，为钱百
七十，忙月二百。至是以门夫资课给州县官。"② 州县没有"防人"
（这一句也说明防人不都是府兵），由中男及残疾人担当守城门及仓库
门的任务——这也正是防丁的任务（详后）——不能番上服役者，闲
月督课一百七，忙月二百。由此类推，防丁不服役者，是否也要督课
呢？考虑到丁防被列入长行旨，与租庸、税草等一起下达州县的情况，
这种可能性并不是没有，只是防丁一役，甚为繁重，以钱代役在当时
是行不通的。

我们这里着重讨论防丁服役时的差点情况。

敦煌遗书伯希和二九七九号（P.2979）《唐开元二十四年（736）
岐州郿县县尉判集》第三十条判文《岐阳郎光隐匿防丁高元牒问》云：

> 高元，郿县百姓，岐阳寄田，其计素奸，其身难管。昨以身
> 着丁防，款有告身，往取更不报来，遣追因即逃避。至如郎光郎
> 隐，不知何色何人，既纠合朋徒，指麾村野，横捉里正殴打，转
> 将高元隐藏。若此朋凶，何成州县！且见去年孙象，今日刘诚，
> 皆是庸愚，起此大患，寔由下人易为扇动，狂狡迭为英雄，若小
> 不遂惩，必大而难挫。是事利国，当亦利人。其高元请送其身，
> 郎隐乞推其党。③

---

① 《新唐书》卷五三《食货志三》，第1366页。
② 《新唐书》卷五五《食货志五》，第1399页。
③ 见刘复：《敦煌掇琐》，池田温：《中国古代籍帐研究》，此据北京大学编《敦煌吐鲁番文献研究论集》
　　中的录文，第618—619页。

第三十一条判文《岐山吕珣隐匿防丁王仵牒问》又云：

> 人之云凶，不必待乱，但倚强作暴，恃力作欺，外捍州县之权，居为逋逸之薮。此则虐不可纵，患不可容。如岐山吕珣，不知何者，家藏逃户，无数其人。昨缘一户防丁，久匿其舍，有伯叔往以追括，执文书信足有凭。而吕珣逆而捍之，诅以为贼。以物（拘?）以缚，不异虏掠其人，将匿将携，更以协迁其党。同奸之辈，所识者半是鄙人。傥合之朋，与彼者咸非家属。今弃长官，咸动旁邑。众寮寀声勾畿，则有此（左犭右肖）人，潜黩明训，不知其故，敢乞图之。其若干鹘子及王阿仵等，实望公缚送来，无纵吕珣跋扈。具状牒岐山县。①

以上这两条长达数百字的判文，说的都是邻县（岐山县与岐阳县）豪强隐匿郿县防丁的事，它生动地反映了基层政权差点防丁的具体情形。

首先，防丁的差遣直接由里正负责。这从高元被差着丁防时，郎光等"横捉里正殴打"一句中可以窥知。据判文之语气应是要求岐阳县将高元送还，并推究郎光郎隐之罪。

其次，防丁逃匿，亲属可能要负一定的连带责任。故第三十一条判文提到防丁王仵逃匿后，郿县差王某的伯叔执官府文书前往"追括"。《册府元龟》卷六三《帝王部》"发号令"开元九年十月诏书中提到防丁年满未还，本贯"仍有差科，亲邻受弊"②的情况，可以与此相发明。

第三，官府与豪强争夺丁壮的斗争十分激烈，补充印证了文献中关于农民"依托强豪，以为私属"③的记载。文书中提到被隐匿的人"咸非家属"，透露出豪强隐匿人口可能打着亲戚家属的名义。又豪强

---

① 《敦煌吐鲁番文献研究论集》录文，第619页。
② 《册府元龟》卷六三《帝王部·发号令二》，第675页。
③ 《全唐文》卷四六五《均节赋税恤百姓六条》，第4759页。

们都招隐他县防丁，这说明防丁的差法主要是以县为单位进行，可能最后会总于州。正因为如此，所以防丁多逃避至邻县隐匿，本县便莫能奈何。王作的叔伯手持本县官府文书去岐山县追括时，岐山的豪强吕氏可以毫不理会。

第四，有勋官告身者，可能不服防丁之役。如高元"身着丁防"后，"款有告身，往取更不报来，遣追因即逃避"。这里的告身当是勋官告身，因为职事官是不会被里正之类的人差点的。高元伪称有告身，官司让其取来验证，他却趁机逃匿，说明勋官一般情况下可能不服防丁之役。这一点与兵募也不相同，兵募有时是专取高勋的①。

防丁征集后，也是按队、火编制开拔到防戍之所。开元九年（721）十月诏："如闻诸道兵募、丁防，年满应还，或征役处分，及在路死者，不得所由牒报本贯，无凭破除，仍有差科，亲邻受弊。宜令今年团日，勘责同行火队，的知实死，即与破除，自今已后，每有兵募丁防放归，令州军具存亡夹名牒本贯。"② 这是说防丁等年满应还，由于留役或身死，没有报知本贯，仍被列入当地的差科名单上。因此下诏在该年团伍训练期间，检查一下同行的火队中，有确实已死的，即与除名。并要求今后防丁等还归之日，州军应附上存亡名单，牒报本贯。从这则诏书中，还可以看出防丁是有服役年限的，故称"年满应还"。

吐鲁番文书有题为《唐申勘防人残文书》一份："（前缺）申勘当故防人吴来□□讫申上事。（后缺）"③ 据《唐六典》载，诸镇"兵曹掌防人名帐，戎器管钥，差点及土木兴造之事"④。文书反映的防人申上之事当属兵曹所管。《唐律疏议》卷一六《擅兴律》引唐《军防令》云："防人在防，守固之外，唯得修理军器、城隍、公廨、屋宇。各量防人多少，于当处侧近给空闲地，逐水陆所宜，斟酌营种，并杂蔬菜，

---

① 参见本书《关于唐代兵募制度的几个问题》一文。
② 《册府元龟》卷六三《帝王部·发号令二》，第 675 页。
③ 《吐鲁番出土文书》第六册，第 10 页。
④ 《唐六典》卷三〇《三府督护州县官吏》，第 756 页。

以充粮贮及充防人等食。"又说："此非正役，不责全功，自须苦乐均平，量力驱使。"① 说明防人于"守固"的正规役事外，还有修理与种植任务。这里说的虽然是防人的情况，但防丁作为防人的一种，其在镇戍与在军镇的任务当与之相同。

正常情况下，防丁的服役年限应为一年。根据是：第一，唐代的役事一般是按年派定的，前举李林甫建议将防丁等一年一编制改为长行旨，就反映了这一点。第二，防丁的资助是按一夫一年来计算的，这一点下面将谈到。《擅兴律》又称："依〈军防令〉，防人番代，皆十月一日交代。"② 前举那份《州军牒本贯放归兵募丁防诏》恰好也是开元九年十月发出的，并有"兵募丁防，年满应还，或征役处分，及在路死者"③ 云云。这说明防丁在正常情况下也应和其他防人一样在十月交番，但是防丁留役的情况很多，诏书中的"或征役处分"就包括延长在镇服役的情况。

三　防丁的资助与衣粮供给

防丁之役对于普通农家是一项十分沉重的负担，因而逃避者甚众。对防丁的资助就是为缓解这种负担而出现的一项特殊措施。开元二十四年郿县县尉判集的另两条判文反映了资助防丁的情况。

《许资助防丁》第二十八条云：

> 初，防丁竟诉，衣资不充，合得亲怜（邻）借助，当为准法无例，长官不令。又更下状，云虽无所凭，旧俗如此，况某等往日并资前人，今及身行，即无后继，非唯取恨而去，亦恐不办更逃。以故遂其所言，取济官役。判署曰："频遭凶年，人不堪命。今幸小稔，俗犹困穷。更属征差，何以供办。既闻顷年防者，必

---

① 《唐律疏议笺解》卷十六《擅兴律·遣番代违限》，第 1206 – 1207 页。
② 《唐律疏议笺解》卷十六《擅兴律·遣番代违限》，第 1207 页。
③ 《全唐文》卷二八《令州军牒本贯放归兵募丁防诏》，第 323 页。

扰亲邻。或一室使办单衣，或数人共出裕服。此乃无中相恤，岂谓有而济赖！昨者长官见说，资助及彼资丁，皆叹人穷，不堪其事。几欲判停此助，申减资钱。不奈旧例先成，众口难抑。以为防丁一役，不请官赐，只是转相资助，众以相怜。若或判停，交破旧法，已差者即须逃走，未差者不免只承。以是至再至三，惟忧惟虑，事不获已，借救于人，即非新规，实是旧例。亦望百姓等，体察至公之意，自开救恤之门，一则仁义大行，二固风俗淳古，天时亦因此而泰，水旱则何田（由）以兴。是事行之于人，益之以政，百姓何患乎辛苦，一境何忧乎不宁。勋忝守下司，敢忘百姓，实由事不得已，理不合违，亦望众人，无以为憾。其应办衣资等户，衣服［新］者取精，故者其次，唯不得破烂，及乎垢恶。仍限续得续纳，无后无先，皆就此衔，押付官典，至今月廿日大限令毕。辄违此约，或有严科。恐未遍知，因以告谕。仍牓示。"①

这条判文的内容是说，防丁们诉称办下起衣装，要求亲邻借助。但法令并没有这个规定，长官不同意。防丁们认为他们当初资助过别人，现在轮到自己却得不到资助，恐怕会由于办不起衣装而逃亡。于是这位名勋的县尉判定仍由亲邻资助，并规定了资助户送交衣资的期限。下面一则判文提到某资助户出资借助的具体情况。

《判问宋智咆悖》第二十九条云：

初，资助防丁，议而后举，不是专擅，不涉私求，因人之辞，遂其遗俗，务济公役，或慰远心。有宋智，众口之凶，惟下之蠹，资其亲近，独越他人，且妄指麾，是以留问。判曰："百姓彫残，强人侵食。今发丁防，其弊公私。昨以借便衣资，长官不许，中得众人引诉，再三方可。如宋智合门，尽为老吏，吞削田地，其数甚多。昨乃兼一户人，共一毡装，助其贫防，不着百钱。乃投

① 《敦煌吐鲁番文献研究论集》录文，第617－618页。

此状来，且欲沮议。既善言不率，亦法语不恭，怒气高于县官，指麾似于长吏。忝为职守，谁复许然。宋智帖狱留问，毡装别求人助。"①

这是说富豪宋智被举为应办衣资户，所出不到百钱，又投状反对，被拘留下狱。从这两则珍贵的材料中，我们可以对防丁借办衣装的情况获得比较具体的认识。

判文第二十八条明确提到"防丁一役，不请官赐，只是转相资助，众以相怜"，说明防丁是不能从官府得到赐物的，弥补了正史的缺载。这一点与兵募大为不同。兵募"去给行赐，还给程粮"②。其原因当为兵募是募取的兵，防丁乃征发的役，后者有义务性质。据文书内容亲邻相助似乎是当地的习惯行为，并没有法令规定，所以"长者不许"，后因被差防丁再三诉请，加上无力置装者逃亡之虞，方才获许。然据《唐大诏令集》卷七十四《籍田赦书》云："诸州应发防丁，去本贯一千里已上，比来除正课之外，给一丁充资，多不齐办，宜更量与资助。"③ 这份赦文发于开元二十三年，比郿县判集还早一年，已提到资丁和"更量与资助"的情况，说明乡邻"助其贫防"还是较为普遍的。赦书说"给一丁充资"外"更量与资助"，文书中说"资助及彼资丁"，是"资丁"即"给一丁充资"的意思。那么，何谓"给一丁充资"呢？《鸣沙石室佚书》载"唐开元水部式"称："将役年及正役年，课役兼准屯丁例，每夫一年各帖一丁，其丁取免杂徭人家道稍殷有者，人出二千五百文资助。"④ 我们前面已提到防丁与屯丁的情况相同，据此亦可推知，防丁当亦准屯丁例，每夫一年给一丁资助，简称"资丁"，该丁取免杂徭人，家道殷有者，出钱二千五百文。文书中的宋智"合门尽为老吏"，当不服杂徭，又"吞削田地，其数甚多"，当属于"家道殷有者"，但他资助毡装，"不着百钱"，离二千五百文相

---

① 《敦煌吐鲁番文献研究论集》录文，第 618 页。
② 《册府元龟》卷一三五《帝王部·慰征役》，第 1494 页。
③ 《唐大诏令集》卷七四《籍田赦书》，第 415 页。
④ 开元《水部式》，载罗振玉：《鸣沙石室佚书正续编》，北京图书馆出版社，2004，第 256 页。

距甚远，所以县司将他下狱。开元二十三年的敕书指出"给一丁充资"外，因"多不济办，宜更量与资助"，可是开元二十四年眉县的实际情况是，"应办衣资户"连沿袭已久的"资丁"也并不愿出。县司虽然把宋智下狱，却也不能强迫他出资，只得"毡装别求人助"。这也是颇为耐人寻味的。

判文第二十八条又提到"或一室使办单衣，或数人共出袷服"，"其应办衣资等户，衣服（新）者取精，故者其次，唯不得破烂，及乎垢恶"。判文第二十九又有"兼一户人，共一毡装，助其贫防"，"毡装别求人助"等语。这些材料说明，所谓资丁、资助，乃是指置办衣装。袷服，即夹衣。《文选》潘安仁（岳）"秋兴赋"注"袷衣"云："袷，衣无絮也。"[1] 当为春秋凉爽时所服。毡装当指用皮毛制作的御寒衣服，据《新唐书·兵志》，府兵即自备毡帽毡装[2]。这样单衣、袷衣、毡装便构成了防丁一年四季所穿的衣服，亦相当于唐代兵士所享有的春冬衣赐（春衣、冬衣）。文书还告诉我们，资助防丁，"不涉私求"，其应办资装户直接将衣资送到指定的官衙，"押付官典"，然后发放给防丁。

衣资既如是，防丁的食粮又如何负担呢？

《唐六典》卷三"仓部郎中、员外郎"条："卫士、防人已上，征行若在镇及番还，并在外诸监、关津番官土人任者，若尉、史，并给身粮。"[3] 仁井田陞《唐令拾遗》据此复原的《军防令》亦云："卫士、防人以上，征行若在镇，并给身粮。"[4] 因此作为防人之一的防丁，其在镇服役期间及番还之日，也应是享有官府供给的食粮的。这一点也可以从唐代官府工匠服役期间一般也有衣粮供给得到印证。日本《养老令》"军防令"云："凡防丁向防，各赍私粮，自津发日，随给公粮。"[5] 是否唐代防丁在赴番途中也要自带粮食，或者也算在所获得的

---

① 皮日休："晓入清和尚袷衣，夏阴初合掩双扉。"（《全唐诗》卷六一三《夏首病愈因招鲁望》，第7076 页）是说夏初病愈，早晨还穿着袷衣。
② 《新唐书》卷五〇《兵志》，第 1325 页。
③ 《唐六典》卷三《尚书户部》，第 84 页。
④ 仁井田陞：《唐令拾遗》，第 302 页。
⑤ 黑板胜美：《令集解》，东京吉川弘文馆，1985。

资助中？目前还没有坚实的证据。

防人在镇戍有营田屯种的任务。前引《唐律疏议》卷一六《擅兴律》即说："各量防人多少，于当处侧近给空闲地，逐水陆所宜，斟酌营种，并杂蔬菜，以充粮贮及防人等食。"[①] 敦煌吐鲁番文书中有许多有关西北军镇的材料，如《唐开元十年（722）伊吾军牒》云："（前缺）田水纵有者，去烽州，廿□□土，每烽烽子只有三人两人，人属警固，近烽不敢不营，里数既遥，营种不济。状上者。曹判：近烽者即勒营种，去地远者不可施功。当牒上支度使讫。至开十（按即开元十年）闰五月廿四日被支度营田使留后司五月十八日牒，称伊吾军牒，报（缺）多无田水（缺），有（缺），人力不（缺），遂非（缺）。"[②] 这件文书反映的开元年间伊吾军营田的烽子，虽然还无法确定是否防丁，但防丁、防人在守固之外亦事屯种的情况当与此相同。

这条材料还说明边军的屯种是一种因地因时制宜的措施，包括防丁在内的边防人员的粮食并不能完全指望屯田自给。另一件吐鲁番出土的文书可对此更进一步证明。1972 年吐鲁番阿斯塔那第二三〇号墓出土有下件文书：

1. 交州［都督府］
2. 料（?）。请委［交］府便配以南诸州［税米征收］，不得
3. 粮外受纳（? 物）递送入东都。其钦［州］安海、［玉山］
4. 非所管，路程稍近，遣与桂府及钦州相知
5. 准防人须粮支配使充，其破用、见在数，与计
6. 帐，同申所司。[③]

这份文书因破残已甚，详细内容不太清楚，是否为防人食粮事还有疑问，但有一点很清楚，钦州安海、玉山两县防人需粮，也是由路

---

① 《唐律疏议笺解》卷十六《擅兴律·遣番代违限》，第 1207 页。

② 《新疆出土文物》，第 60 页；池田温：《中国古代籍帐研究》，第 350 页。

③ 此据许福谦《吐鲁番出土的两份唐代法制文书略释》的录文，见北京大学编《敦煌吐鲁番文献研究论集》第二辑，北京大学出版社，1983，第 557 页。

程稍近的交州府供给的，这当因为两县"不生菽粟，又无丝绵"①，无法营种。后来安海、玉山二县改属交府，大约也与此有关。

四　小结

综上所述可知，防丁（或称丁防）其实是一种与兵事活动有关的一种力役，与服兵役的军士有所不同。唐代还有屯丁、桥丁、船丁等役事项目，其性质当与防丁同。开元二十四年李林甫建议实行的长行旨条中，就有包括防丁在内的各类赋役项目。

根据伯希和二九七九号（P. 2979）文书唐开元二十四年岐州眉县判文，可以考察到防丁征遣及资助的有关规定。防丁的差遣，以县为单位，集中到州，基层则由里正负责。为缓解防丁沉重的负担，民间有资助贫防的传统，并且为官府所认可，甚至见于皇帝的诏书中。据敦煌出土文书"水部式"等关于屯丁资助的记载，大约每帖一丁，资助二千五百文②。

防丁不仅在镇戍服役，也在军镇服役，他们的任务主要是在后方守固，烽堠警备，并因地制宜进行屯种，粮食不足由官府在就近州府的租税中支给。防丁服役一般一年，每岁十月交待，但留役之事是常有的。安史之乱以后，唐代整个赋役制度与军事制度都发生了很大的变化，以钱代役和雇佣兵制盛行，建立在力役制基础上的防丁制度自然也因之而瓦解了。代宗大历年间诏征诸道兵马防秋，全部都是官健——雇佣职业兵③。

---

① 《元和郡县图志》卷三八《岭南道》"陆州"条，中华书局，1983，第962页。

② 开元《水部式》，载《鸣沙石室佚书正续编》，第256页。

③ 《旧唐书》卷一一《代宗纪》，第305页。关于唐代官健，参见本书《唐代健儿制度考》一文。

唐代的神策军

在唐代中后期的政治史上，神策军与藩镇都是影响至巨的重要因素。而神策军又起源于藩镇。

天宝十三年（754），根据陇右节度使哥舒翰的建议，在前年所收黄河九曲之地设洮阳郡（治今甘肃临潭县），内置神策军，以成如璆为太守，兼神策军使。安史之乱起，唐廷命令河陇兵东赴救援。成如璆派遣兵马使卫伯玉率领神策军千余人前往，称为神策行营。

神策行营参加了郭子仪等九节度使围相州之役。乾元二年（759）三月，唐军败绩，卫伯玉收兵与观军容使鱼朝恩退保陕州。这时，神策军临洮故地沦陷于吐蕃，于是卫伯玉率领的这支行营兵就被称为神策军。上元元年（760）八月，卫伯玉奉调入朝，神策军便由陕州节度使兼领，实际掌握在宦官鱼朝恩手中。广德元年（763），吐蕃入长安，代宗出奔陕州，"朝恩举在陕兵与神策军迎扈，悉号神策军"①。长安收复后，"朝恩以所统军归于禁中"②。从此以后，神策军逐渐成为唐后期政治舞台中一股举足轻重的力量③。

本文将从制度史的角度讨论神策军的四个问题：

（1）神策军的组织系统。

---

① 《新唐书》卷五〇《兵志》，第 1332 页。
② 《唐会要》卷七二《京城诸军》，第 1533 页。
③ 参见齐勇锋：《说神策军》，《陕西师范大学学报》1983 年第 2 期。

（2）神策军的外镇兵和行营。

（3）神策军的扩充和待遇。

（4）神策军的任务和作用。

一　关于神策军的组织系统

神策军从一支边疆行营兵发展到禁军，在组织上当然也与唐代所有其他的禁卫军一样，由左右对置的两支平行军队组成，号称左右神策军；设立了将军、大将军一类职官。关于神策军在组织制度上的这一飞跃，史籍上有左右厢与左右军的区别，学术界也有些不同的看法。

那么神策军什么时候开始分左右厢、左右军呢？左右厢与左右军究竟有何区别呢？

一般意见如《辞海》，其"神策军"条认为德宗贞元时分神策军为左右厢[1]。有人提出质疑，认为代宗永泰年间已经分厢[2]。根据是《新唐书·兵志》的一句话："永泰元年（765），吐蕃复入寇，朝恩又以神策军屯苑中，自是寝盛，分为左右厢。"[3] 唐长孺先生认为这一段记载不可靠，辩之说："代宗时神策兵马使但一员，朝恩死以都虞候刘希暹升，希暹诛以王驾鹤代将，建中初，以白志贞为使，安得有分两厢之事。"认为"神策之分左右厢，乃在德宗时"[4]。

唐先生的辨析无疑是有根据的。如《册府元龟》卷六二六《环卫部·总序》云："至德宗朝，分神策为左右厢，令内宦窦文场、王希迁分知两厢兵马。"[5]《唐会要》卷七二《京城诸军》更明确指出："兴元克复，（李）晟出镇凤翔，始分神策为左右厢，令内宦窦文场、王希迁分知两厢兵马。"[6]《资治通鉴》卷二三一和《旧唐书·德宗纪》都把

---

① 《辞海》，上海辞书出版社，1990，第1790页。

② 董咸明：《"神策军"释义三问》，《辞书研究》1985年第2期。

③ 《新唐书》卷五〇《兵志》，第1332页。

④ 唐长孺：《唐书兵志笺正》卷三，中华书局，2011，第107页。

⑤ 《册府元龟》卷六二六《环卫部·总序》，第7240页。

⑥ 《唐会要》卷七二《京城诸军》，第1533页。

此事系于兴元元年（784）十月①。然而，奇怪的是，大历时李晟曾被任命为"右神策都将"②。这件事在《新唐书》卷一五四《李晟传》和《资治通鉴》卷二二六大历十四年十月中的记载均是一致的，即都作"右神策都将"③。岂不是说德宗以前神策军已经分为左右了吗？这又如何解释呢？

原来唐代"军"的内部一般都是分左右厢的。"李靖兵法"兵马下营，有左右厢子总管营④；《神机制敌太白阴经》卷六《阵图》篇载各种布阵教练图，兵马皆分左右厢，有左右厢兵马使等职⑤。这里的"厢"是"军"下面的编制单位。可以这样说，只要是"军"，其下必有左右厢。如果说，当初卫伯玉以行营兵马使带兵时，他手下的神策军还没有分厢的话，那么后来由于神策故地失陷，他领下的部队获得了神策军的番号，必然也和其他"军"一样，可以有左右厢的编制。实际上是不是分为左右厢，以及每厢有多少将（左一将，左二将……），这还要看"军"的兵力而定。既然《兵志》明确说"自是寝盛，分为左右厢"⑥，证明代宗时（不见得是永泰元年）神策军的兵力大有扩充，像其他"军"一样，下分左右厢是完全可能的。因此，李晟的"右神策都将"严格地说只是神策军下的右都将（如兴元元年（784）有神策右兵马使李卞即是）。这时的神策军仍然只有一个"军"，只有一个军使。大历初年鱼朝恩的头衔是"观军容宣慰处置使，仍兼知处置神策军兵马事……等使"⑦，后来先后历经刘希暹、王驾鹤，到德宗即位后改由白志贞为神策军使⑧。建中时，泾师兵变，白志贞被罢免。谁来接任神策军使呢？原来这个职务实际上被废除了。《旧唐

---

① 《资治通鉴》卷二三一，兴元元年十月，第 7445 页；《旧唐书》卷十二《德宗上》，第 346 页。
② 《旧唐书》卷一三三《李晟传》，第 3662 页。
③ 《新唐书》卷一五四《李晟传》，第 4864 页；《资治通鉴》卷二二六，大历十四年十月，第 7271 页。
④ 李靖：《卫公兵法辑本》卷中《部伍营陈》，中华书局，1985，第 28 页。
⑤ 李筌：《神机制敌太白阴经》卷六《阵图》，中华书局，1985，第 142－144 页。
⑥ 《新唐书》卷五〇《兵志》，第 1332 页。
⑦ 《全唐文》卷四一二《授鱼朝恩国子监制》，第 4222 页。
⑧ 《旧唐书》卷一八四《鱼朝恩附刘希暹传》，第 4765 页；《资治通鉴》卷二二五，大历十四年六月，第 7263 页。

书·德宗纪》兴元元年十月下记："令宦官窦文场、王希迁监左右神策军都知兵马使。"① 也就是说，德宗在白志贞之后，再也没有任命神策军使，而是任命两名宦官监领神策军原来下隶的左右两厢。这就是兴元元年（784）分神策军为左右厢的意义。换句话说，这时左右厢神策军已经是两支平行的军队，而不是原来的一个军下的左右翼了。当然这只是临时的名号，两年后，即德宗贞元二年（786），"改神策左、右厢为左、右神策军"②，《资治通鉴》这里的措辞取自《唐会要》卷七二《京城诸军》，是极为准确的：原来是一个神策军的左右厢（虽然在白志贞后便不设军使，两厢并列），现在变成左右神策军了。借用唐人常用的"军额"的说法，原来神策军只是一个军额，现在变成两个军额了。毫无疑问，这是神策军组织队伍扩大的标志。现在，既然左神策军和右神策军都是独立的"军"，那么它们各自的属下必然也都会有自己的左右厢的。如高骈曾任右神策军右厢兵马使，不难理解，右神策军下还另有左厢兵马使。

神策军分为左右厢和左右军的原委既明，我们且来看看他们的职官系统。

神策军作为中央禁卫军，自然有着和六军诸卫一样的职事官系统；同时，由于它是由藩镇边军发展而来，又有一套类似于藩镇军将职级和幕府的使府官系统。前一系统是形式，后一系统才真正反映神策军的实际运作。

先谈职事官系统。

根据《新唐书》卷四九《百官志四上》"左右神策军"条，这一系统的职官有："大将军各一人，正二品；统军各二人，正三品；将军各四人，从三品。掌卫兵及内外八镇兵。"③ 这一段记载有些错误，即神策统军应为从二品，而不是正三品；神策大将军是正三品而不是正二品。笔者已有另文讨论①。

　　将军之外，神策军作为正规的禁军，还有"长史以下，员数如龙武军"②的职事官。这就是"长史、录事参军事、仓曹参军事、兵曹参军事、胄曹参军事各一人，司阶各二人，中候各三人，司戈、执戟各五人，长上各十人"③。按照六军十二卫的武官制度，诸曹参军事，谓之"卫佐"④，正八品下阶。其中仓曹掌本军文官勋考、俸禄、食料等后勤事务；兵曹掌宿卫番第名数；胄曹掌兵械与公廨修缮；录事参军事勾检稽失；长史则总领诸曹，小事得专达，每岁秋，赞大将军考课。此外，司阶、中候、司戈、执戟，谓之"四色官"，乃武则天天授二年（691）始于诸卫创置⑤。又有长上十人，号为"卫官"，供宿卫仪仗之用。

　　以上只是比照六军诸卫职官所做的论述，他们实际在神策军中的情况已经无由确知了。但是有一点是可以确定的，德宗贞元时设置的上述职官，纯粹是一种摆设。其目的首先是为了提高神策军的地位，使其成为名正言顺的禁卫军，最终摆脱边疆行营兵和临时调入禁中靖难的影子；其次还在于为罢镇的高级武官安排一些尊崇而无实权的职位。贞元十四年初设神策军统军时诏称："左右神策军特为亲近，宜署统军，以崇禁卫，其品秩俸禄料一事以上，同六军统军例。"⑥而这些统军将军的增设，又不过是因为"诸道大将有功劳者，将擢掌禁兵，故增其官员以待之"⑦罢了。总之，以崇禁卫，以奖有功，便是左右神策军职事官的实际作用。

　　但是，如果神策军大将军或将军加号"知军事"，则还有部分职权，可以管理本军军事行政及宿卫事务。《资治通鉴》卷二四〇元和十

---

① 张国刚：《〈新唐书·百官志〉关于禁卫军的几点错误记载》，《古籍整理出版情况简报》1985 年第 145 期。
② 《新唐书》卷四九《百官志四上》，第 1291 页。
③ 《新唐书》卷四九《百官志四上》，第 1290 页。
④ 《通典》卷二八《武官上》，第 784 页。
⑤ 以上并见《新唐书》卷四九《百官志四上》，第 1280－1281 页。
⑥ 《唐会要》卷七二《京城诸军》，第 1534 页。
⑦ 《唐会要》卷七二《京城诸军》，第 1532 页。

二年十一月辛丑条记李祐为"神武将军、知军事"，胡注云："唐制：诸卫将军、大将军、上将军，类加以名号而不掌兵；知军事则掌兵矣。"① 据《新唐书·柏良器传》："入为左神策军大将军、知军事，图形凌烟阁。募材勇以代士卒市贩者，中尉窦文场恶之。坐友人阑入，换右领军卫。自是军政皆中官专之"②。这个事例说明，贞元八年（792）以前，大将军知军事名义上还是神策军的统帅，有权主持军政，整顿兵员。窦文场只能借故把柏良器调离，史称"自是军政皆中官专之"，神策军的武职事官完全无权过问本军事务了。

再看使府官系统。

这一系统的职官据《新唐书·百官志》的记载是："护军中尉各一人，中护军各一人，判官各三人，都勾判官各二人，勾覆官各一人，表奏官各一人，支计官各一人，孔目官各二人，驱使官各二人。"③ 他们都属于使府文职人员。现略述如下。

护军中尉的全称是"监勾当左右神策军护军中尉"，贞元十一年（795）由左右神策军监军改名而来。"监勾当"之"监"，即监军之意，因为中尉在名义上亦相当于藩镇的监军或六军辟仗使；勾当乃唐人熟语，有总管、掌管之意④。因此，监勾当左右神策军不仅仅是神策军的监军，而且还是神策军的统帅，是一个名义上和实质上的最高长官。

中尉之下又有副中尉，或称护军副使。如《金石萃编》卷一○七中《梁守谦功德铭》的作者杨承和的署衔是"右神策军护军中尉副使兼右街功德副使"⑤，《八琼室金石补正》卷七二收有左神策军护军中

---

① 《资治通鉴》卷二四○，元和十二年十一月并引胡注，第7746页。
② 《新唐书》卷一三六《柏良器传》，第4596页。此事发生在贞元八年（792），当时还没有设神策军中尉，此处"中尉窦文场"应是监军窦文场。参《资治通鉴》卷二三四，贞元八年十二月，第7539页。
③ 《新唐书》卷四九《百官志四上》第1291页。
④ 李商隐说"须假同兵马使职、依前知古州事，兼专勾当都蒙营务"，见《全唐文》卷七七八《为荥阳公桂州署防御官等官牒》，第8127页。又《唐会要》卷七一《州县改置下》："顷者成德军于市北十里筑城……置都知管勾当"，第1497页。
⑤ 《金石萃编》卷一○七《梁守谦功德铭》，载《石刻史料新编》，台北新丰文文出版公司，1982，第1810页。

尉副使兼左街功德副使刘某的夫人杨氏的一方墓志①。《册府》云：
"其后两中尉皆分领左右街功德使，后又有知神策军兵马使、左右神策
军护军中尉副使。"② 可见中尉副使的设置较晚些。中尉去任，时或以
副仗继之。如"左神策中尉窦文场致仕，以副使杨志廉代之"③，"以
右神策中尉副使孙荣义为中尉"④。

关于《新唐书·百官志》记神策军中护军一事⑤，乃是左右神威
军中护军之误，左右神威军并入神策军后，是否他们也一并保留下来，
已无从得知。

神策军判官以下职官相当于唐代藩镇使府的幕职人员。《唐会要》
卷七二《京城诸军》载会昌五年七月敕："左右神策军定额官各十员：
判官三员，勾覆官、支计官、表奏官各一员，孔目官二员、驱使官二
员。"⑥ 此处比《新唐书·百官志》的记载⑦少都勾判官二人。孰是孰
非，或者两者皆对只是前后增减不同，目前都没有坚实的证据。在一
员勾覆官之上另置两员都勾判官，似难以理解。"新志"这一记载的史
源何在不清楚，但从其这方面的记载谬误百出看，委实难以令人尽信。
而据《唐会要》记载，神策军的幕职至少元和二年（807）已经定额
为十员⑧，所引又是正式诏书，当属可信。

神策军十员定额官的职掌可以比照藩镇的幕职推知。判官掌判钱
粮兵马案；勾覆官掌核覆勾检；支计官掌支度出给；表奏官掌文书奏
表，犹藩镇掌书记之任；孔目官掌使府细务；驱使官供派遣驱使。这
些事务本应该由长史、录事参军事和诸曹参军事担任，却像唐代其他
职官的发展趋势一样，为使职所攘夺。与神策中尉和副中尉由宦官担
任不同，这些幕职当以吏人为之，上引会昌五年（845）诏书还提道：
"左右神策军定额官各十人……改转止于中下州司马，并不拟登朝

---

① 《八琼室金石补正》卷七二《唐左神策军护军中尉副使刘公故夫人宏农县君杨氏墓志铭》，载《石刻
　史料新编》，第 5149 页。
② 《册府元龟》卷六六五《内臣部·总序》，第 7665 页。
③ 《资治通鉴》卷二三六，贞元十七年九月，第 7598 页。
④ 《资治通鉴》卷二三六，贞元十九年六月，第 7601 页。
⑤⑦　《新唐书》卷四九《百官志四上》，第 1291 页。
⑥⑧　《唐会要》卷七二《京城诸军》，第 1536 页。

官……其十员官，如官满及用阙，本军与奏，仍由中书门下依资拟注官判以下员。"① 既然他们可以出职为中下州司马，自然不会是宦官。

文职幕府人员外，神策军军将也大体同于藩镇军职。有神策军虞候、都虞候。如《旧唐书》卷一八二《高骈传》："父承明，神策虞候"，骈本人曾任"神策都虞候"②。文宗时有神策都虞候豆卢著诬告宋申锡谋立漳王③。有神策兵马使、神策押衙。如德宗兴元元年（784），曾派神策右兵马使李卜往谕李怀光④。高骈曾任右神策军右厢兵马使兼押衙⑤。《樊川文集》卷二十有《右神策军押衙检校太子宾客尚汉美等叙勋制》⑥。贞元三年（787）李泌曾把滞留长安的胡客编入神策军，"王子、使者为散兵马使或押牙，余皆为卒"⑦。

兵马使之下又有神策将（正将）、副将和散将、散副将等，相当于藩镇中十将这一级。如贞元三年九月派戍陇州的有神策将石季章、神策副将苏太平⑧。西安郊区出土一方墓志叫《故神策军同正将……李府君墓志铭并序》⑨。《邠志》中有"神策散将魏茫者，朔方子弟，武艺冠绝"⑩。《金石萃编》卷一一三中《大唐故中大夫行内侍省内给事员外置同正员上柱国赐绯鱼袋王公墓志铭》记道："右神策军散副将、云麾将军试殿中监奉天定难随驾南朝元从功臣讳臣端"⑪。总之，神策军将职级与藩镇军将职级几乎是完全相同的。比照起来，散兵马使、散将、散副将，当为没有正授朝廷官职的不领兵的军将。

---

① 《唐会要》卷七二《京城诸军》，第 1536 页。

② 《旧唐书》卷一八二《高骈传》，第 4703 页。

③ 《资治通鉴》卷二四四，太和五年二月，第 7875 页。

④ 《资治通鉴》卷三三〇，兴元元年二月，第 7406 页。

⑤ 《樊川文集》卷二〇《高骈除祭酒兼侍御史依前充职右神策军兵马使制》，第 296 页。

⑥ 《樊川文集》卷二〇《右神策军押衙检校太子宾客尚汉美等叙勋制》，第 297 页。

⑦ 《资治通鉴》卷二三二，贞元三年六月，第 7493 页。

⑧ 《资治通鉴》卷二三三，贞元三年九月，第 7501 页。

⑨ 中国科学院考古研究所编著《西安郊区隋唐墓：中国田野考古报告集》，科学出版社，1986 年，第 103 页。

⑩ 《资治通鉴》卷二三四，贞元九年二月，第 7540 页。

⑪ 《金石萃编》卷一一三《大唐故中大夫行内侍省内给事员外置同正员上柱国赐绯鱼袋王公墓志铭》，载《石刻史料新编》，第 2049 页。

二 关于神策军的外镇兵与行营

唐代神策军不同于六军诸卫的最突出的特点在于，它不仅是一支禁卫军，而且更是一支由中央控制的边防军和野战军。《新唐书·百官志》说左右神策军"掌卫兵及内外八镇兵"①。这里的内外镇兵就是指神策军在京西北地区的城镇。

关于神策军的外镇兵，记载比较混乱。胡三省虽然在《通鉴》注中两次提及，实际上他也没有完全搞清。《资治通鉴》卷二三七元和二年四月注引宋白《续通典》云："左神策京西北八镇，普润镇、崇信城、定平镇、□□□、归化城、定远城、永安城、邠阳县也。右神策五镇，奉天镇、麟游镇、良原镇、庆州镇、怀远城也。"② 又同书卷二四一元和十五年十月癸未记吐蕃来寇，"梁守谦为左右神策京西北行营都监，将兵四千人，并发八镇全军救之"，胡注又曰："左右神策分屯近畿，凡八镇，长武、兴平、好畤、普闰、邠阳、良原、定平、奉天也。宋白所记与此稍异。"③ 这后一条材料胡氏未言采自何书，当必有据。但是胡三省把"并发八镇全军救之"的八镇理解为神策军镇却是一个错误。实际上这里的"八镇"乃指西北地区的八个藩镇④。

元和末年抵御吐蕃来犯一事，许多史书均有记载，而以《旧唐书》卷一九六下《吐蕃下》记载最清楚。在"命右军中尉梁守谦充左右神策京西京北行营都监，统神策兵四千人，并发八镇全军往救援"后，又记道："邠州（节度使）李光颜复以全师而至，戎人惧而退"，"夏州节度使李祐自领兵赴长泽镇，灵武节度使李听自领兵赴长乐州，并奉诏讨吐蕃也"⑤。这些就是"并发八镇全军往救援"的注脚⑥。也就

---

① 《新唐书》卷四九《百官志四上》，第1291页。
② 《资治通鉴》卷二三七，元和二年四月，第7639页。
③ 《资治通鉴》卷二四一，元和十五年十月，第7784页。
④ 西北地区的八个藩镇在元和时是凤翔、邠宁、泾原、鄜坊、灵盐、夏绥、振武、天德。
⑤ 《旧唐书》卷一九六下《吐蕃下》，第5263页。
⑥ 穆宗即位时曾诏赏赐京西京北及镇武天德八道节度都防御使下及神策十二镇将士。这里的八道就是八镇。

是说，"并发八镇全军往救援"的意思是让西北藩镇发全军救援梁守谦带领的神策行营（实际上这时朝廷正采取外交手段与吐蕃议和，出兵不过是虚张声势而已）。其实，皇帝的诏书对神策军的外镇数目记载得清清楚楚：《册府元龟》记穆宗即位时大赏"神策一十二镇将士"①。此"十二镇"或为十三之讹，但是在《唐大诏令集》卷二《穆宗即位赦文》中也是"十二"②。这与梁守谦那次出兵正好是在同一年。

胡注八镇虽然搞错了，但是他列举的八个神策军镇的名字却是对的。如果仔细推敲一下，便可以看出，这八镇都在近畿：长武城在邠州，兴平、好畤、奉天在京兆府，普润在岐州，郃阳在同州，良原在泾州，定平在邠州和宁州交界处。而十三镇中定远城和怀远城在灵、盐州境内。归化城当也在缘边之地。即十三镇中包括了畿辅以外地区的军镇。也许这就是《新唐书·百官志》左右神策军"掌卫兵及内外八镇兵"③ 中的"内外"二字的含义吧！这里的"八镇"如果是指驻扎在京西北八个藩镇内的神策军，还可以说得过去，但如果像胡三省那样指八个神策军镇的话，则仍然是错误的。因为既然畿辅内已有八镇，畿辅内外加起来甚至超过了十三镇——除去两条胡注中重合的五镇和不明的一镇外，还有十五个名字不同的军镇呐。

神策军外镇军的数目不一致除了确实有因时而异的增减外，一个重要的原因是神策军在京西北有两种驻军形式：一种是长期驻扎的城镇，犹如藩镇的外镇军；另一种是非长驻的军事据点，大多情况下是为了某一具体军事行动而设置的，称为神策行营。

我们先来看几个较为长期的神策军镇。

（1）长武城：长武城位于邠州宜禄县。至少在德宗贞元年间已经是神策军镇。《旧唐书》卷一六二《韩全义传》："少从禁军，事窦文场。及文场为中尉，用全义为帐中偏将，典禁兵在长武城。"④ 窦文场

① 《册府元龟》卷八一《帝王部·庆赐三》，第 885 页。按"宋白曰"中十三镇正好有一镇的名字空缺，有镇名的也只有十二的。
② 《唐大诏令集》卷二《穆宗即位赦文》，第 12 页。
③ 《新唐书》卷四九《百官志四上》，第 1291 页。
④ 《旧唐书》卷一六二《韩全义传》，第 4247 页。

从贞元二年（786）为左军监军，十一年为中尉，十七年致仕，是长武城其时属左军。韩全义之后，高崇文继其任。他曾率神策军五千人从长武城直奔西川征刘辟①。元和初，高霞寓"代崇文为长武城使，封感义郡王"②。此后关于长武城使的记载有元和十年（815）杜叔良③、太和七年（833）朱叔夜、开成四年（839）苻澈④。直到咸通年间，还有高骈戍守长武城。《新唐书·高骈传》："南平郡王崇文孙也。家世禁卫，……后历右神策都虞候。党项叛，率禁兵万人戍长武"⑤。由于党项的侵叛，长武城的神策军已增至一万人，而且这时的军使属于右神策军。胡注八镇中有长武城。

（2）良原镇：《唐会要》卷七二《京城诸军》："（元和）三年正月诏，普润镇兵马使隶左神策军，良原镇兵马使隶右神策军"⑥。良原县属泾州，兴元元年（784）因没于吐蕃而废，李元谅贞元四年（788）加陇右节度支度营田观察等使，移镇良原，遂复置之，并把它建成了一个出色的军事据点⑦。李元谅贞元九年卒，其节度使被废，属下兵马由部将阿史那叙统领，无所归属。元和元年（806），诏以灵台、良原、崇信三镇隶陇右经略使刘澭，二年十二月刘卒，三年正月良原镇遂隶右神策，直至唐末未变。《新唐书·周宝传》："会昌时，选方镇才校入宿卫，与高骈皆隶右神策军，历良原镇使"⑧。胡注八镇、十三镇均有良原镇。

（3）普润镇：其情况与良原镇类似。贞元中，刘澭自河北率兵千人赴京西防秋，十年二月被朝廷命为秦州刺史，陇右经略军使，治普润县，并以普润军为名⑨。元和元年加号保义军节度使。刘卒，保义军

---

① 《新唐书》卷一七〇《高崇文传》，第 5161 - 5162 页。
② 《新唐书》卷一四一《高霞寓传》，第 4661 页。
③ 《旧唐书》卷十五《宪宗纪下》，第 453 页。
④ 《旧唐书》卷十七下《文宗纪下》，第 552、578 页。
⑤ 《新唐书》卷二二四下《高骈传》，第 6391 页。
⑥ 《唐会要》卷七二《京城诸军》，第 1535 页。
⑦ 《旧唐书》卷一四四《李元谅传》，第 3918 页。
⑧ 《新唐书》卷一八六《周宝传》，第 5415 页。
⑨ 《旧唐书》卷十三《德宗纪下》，第 378 页。

废，所统兵号普润兵马使，元和三年正月，与良原镇一起隶属神策军。元和八年以神策军普润兵马使苏光荣为泾原节度使①。胡注八镇、十三镇均有普润镇。

（4）定平镇：定平为宁州属县。贞元中，浑瑊节制邠宁，遣兵马使李朝寀将兵戍定平。贞元十五年十二月，浑瑊死，"朝寀请以其众隶神策军。诏许之"②。但是《新唐书·地理志》"宁州定平县"条说："元和三年复来属，四年隶左神策军。"③ 这说明元和三年以前还有一次变化。按《旧唐书》卷一四《宪宗上》记元和三年三月"以定平镇兵马使朱士明为四镇北庭泾原等州节度使"④。也许是朱士明调离后，该镇短期脱离神策军，次年即又复属神策。胡注八镇、十三镇中均有定平镇。

（5）奉天镇：京兆府有奉天县。《新唐书·阳惠元传》："从田神功、李忠臣浮海入青州。诏以兵隶神策，为京西兵马使，镇奉天。"⑤德宗建中初，阳惠元曾领神策行营兵三千自奉天出征。顺宗时，王叔文等以老将范希朝为神策行营节度使，治所就在奉天⑥。唐末乾符中，有镇州博野军，宿卫京师，屯于奉天⑦。所谓镇州博野军，乃穆宗时李寰属下的博野神策行营，西归后就一直在奉天屯驻。胡注八镇、十三镇中均有此镇。

以上是几个较为固定的神策军镇的例子。它们成为神策军镇分三种不同的情况。一是像长武城那样，从一开始就属于神策军。二是像良原镇、普润镇、奉天镇那样，原是西北或河北镇军，因为防秋或者是故地陷落而屯驻京西北，先后被收编进神策军系统。三是像定平镇那样，本是边军，主将请求隶属神策军，从而成为神策军镇。上述这些神策军镇具有略同于藩镇的地位。在唐后期诸镇镇使或称都知兵马

---

① 《旧唐书》卷十五《宪宗纪下》，第447页。
② 《资治通鉴》卷二三六，第7595页。
③ 《新唐书》卷三七《地理志》，第969页。
④ 《旧唐书》卷十四《宪宗纪上》，第425页。
⑤ 《新唐书》卷一五六《阳惠元传》，第4899页。
⑥ 《旧唐书》卷一五一《范希朝传》，第4059页。
⑦ 《旧五代史》卷一三二《李茂贞传》，第1737页。

使，常常出任西北藩镇的节度使。

京西京北地区还有许多神策军的临时军镇或规模较小的屯兵据点。就手边的史料可以列举的有：

华原镇。《册府元龟》卷一三一中《帝王部·延赏二》：元和九年（814）八月，"以左神策军、华原镇遏兵马使兼御史大夫康志宁为检校左散骑常侍，兼左龙武军将军知军事。"① 华原镇当在京兆府华原县。

盩厔镇。《全唐文》卷七三六沈亚之《盩厔县丞厅壁记》："盩厔道巴汉三蜀，……神策亦屯兵角居，俱称护甸。"②《资治通鉴》卷二四五太和九年（835）十一月："（李训）将奔凤翔，为盩厔镇遏使宋楚所擒。"③ 盩厔在凤翔府。

同官镇。《金石萃编》卷一一三中《大唐故中大夫行内侍省内给事员外置同正员上柱国赐绯鱼袋王公墓志铭》："迁左神策军宴设使，……拜同官镇监军，地居畿甸，镇压要冲，路接塞垣，命之监理。"④

富平镇。《金石萃编》卷一〇七《唐故忠武军监军使赠云麾将军左监门卫将军朱公神道碑》："嗣子富平镇监军、朝议郎内侍省掖庭局监作上柱国士俛。"⑤

郿城镇、宥州镇。《新唐书·李栖筠附吉甫传》："吉甫始奏复宥州，乃治经略军，以隶绥银道。取郿城神策屯兵九千实之。"⑥ 是郿城本有神策军屯驻，此时又移师宥州。

咸阳镇。《新唐书·薛存诚传》："神策军与咸阳尉袁儋不平，诬奏之。"⑦ 此处神策军即在咸阳县的神策军镇，故《旧唐书·薛存诚传》作"咸阳县尉袁儋与军镇相竞"⑧。

① 《册府元龟》卷一三一《帝王部·延赏二》，第 1439 页。
② 《全唐文》卷七三六《盩厔县丞厅壁记》，第 7600 页。
③ 《资治通鉴》卷二四五，太和九年十一月，第 7916 页。
④ 《金石萃编》卷一一三《大唐故中大夫行内侍省内给事员外置同正员上柱国赐绯鱼袋王公墓志铭》，《石刻史料新编》，第 2049 页。
⑤ 《金石萃编》卷一〇七《唐故忠武军监军使赠云麾将军左监门卫将军朱公神道碑》，载《石刻史料新编》，第 1809 页。
⑥ 《新唐书》卷一四六《李栖筠附吉甫传》，第 4742－4743 页。
⑦ 《新唐书》卷一六二《薛存诚传》，第 5002 页。
⑧ 《旧唐书》卷一五三《薛存诚传》，第 4089 页。

醴泉镇。《权德舆文集》卷四四《中书门下贺醴泉县获白鹿表》："醴泉县镇遏使康志宁，于建陵柏城外得一白鹿者"[1]。康志宁元和年间曾为神策军华原镇遏兵马使。

襄乐镇。《金石萃编》卷六六《董府君经幢》："故右神策军襄乐防秋同正将"[2]。襄乐县属泾州。

蓝田镇、渭桥镇等。《唐会要》卷七二《京城诸军》"神策军"条："（贞元）六年八月，铸蓝田、渭桥等镇遏使印凡二十三颗"[3]。这条材料列在神策军记事下，可见蓝田、渭桥等镇遏使皆属神策军。

此外，确知有神策军屯驻过的州县还有盐州[4]，夏州[5]，绛州[6]，京兆府的武功、好畤，凤翔府的麟游、扶风、天兴，泾州的灵台，等等[7]。由上述情况看来，要想全部指出神策军究竟在京西京北有多少屯驻据点，并不是一件容易的事。

关于神策军外镇的领导体制问题，宰相李绛曾有一段专门言论，《李相国论事集》卷六《论京西京北两神策镇遏军事》记有其事[8]。《通鉴》卷二三九元和七年（812）末略曰：

"京西、京北皆有神策镇兵。始，置之欲以备御吐蕃，使与节度使掎角相应也。今则鲜衣美食，坐耗县官。每有寇至，节度使邀与俱进，则云申取中尉处分。比其得报，虏去远矣。纵有果锐之将，闻命奔赴，节度使无刑戮以制之，相视如平交，左右前却，莫肯用命，何所益乎！请据所在之地，士马及衣粮器械皆割隶当道节度使，使号令齐一，如臂之使指，则军威大振，虏不敢寇矣。"上曰："朕不知旧事如此，当亟行之。"既而，神策军骄恣日

① 权德舆：《权德舆文集》卷四四《中书门下贺醴泉县获白鹿表》。
② 《金石萃编》卷六六《董府君经幢》，载《石刻史料新编》，第 1135 页。
③ 《唐会要》卷七二《京城诸军》，第 1534 页。
④ 《资治通鉴》卷二三六，贞元十九年闰十月，第 7603 页。
⑤ 《资治通鉴》卷二三二，贞元三年六月，第 7492 页。
⑥ 《册府元龟》卷六九四《牧守部·武功二》，第 8283 页。
⑦ 《新唐书》卷五十《兵志》，第 1332 页；卷 207《鱼朝恩传》，第 5866 页。
⑧ 李绛：《李相国论事集》卷六《论京西京北两神策镇遏军事》，中华书局，1985，第 45-46 页。

久，不乐隶节度使，竟为宦官所沮而止。①

李绛的这番话是元和七年说的。当时神策军镇不受所在节度使的指挥，而直接听神策中尉处分，从而严重影响到边疆的战事。不过，这是元和以后的情况，而在此前，则有神策行营节度使一职，可以直接指挥京西北的神策外镇兵马。

京西京北神策行营节度使一般两员，多数情况下由夏州节度使兼左神策军行营节度使，凤翔节度使兼右神策军行营节度使。先是贞元三年（787）韩潭出任夏绥节度使，属下有朔方、河东所割属的兵士三千，神策军兵士五千②。这种情况下，神策军是否听从韩潭指挥，还是一个问号。贞元十四年，左神策行营节度使韩全义从长武城移镇夏州，兼夏绥节度使，这是该节度使兼左神策行营之始。德宗初年，李晟以神策军将出任凤翔节度使，已兼右神策军行营节度使衔。其后，贞元三年，邢君牙为之，仍兼右神策行营节度使。邢卒，张敬则继之，仍袭该职。边疆藩镇兼任神策军行营节度使，神策外镇就必须听从其指挥号令，不至出现"缘是禁卫将士，无惧节度之心，进退前却，号令不及"③的情况。

但是，这一体制由于顺宗、宪宗时的政治斗争而发生了变化。先是永贞元年（805）五月，王叔文等任命老将范希朝为左右神策京西诸城镇行营节度使，韩泰为行军司马。韩泰是王叔文的心腹。这一任命的目的在于谋夺宦官兵权，宦官察觉后，密令神策军将"无以兵属人"④。可见正常情况下，京西北神策军节度使是有实权的。王叔文的改革失败后，范希朝元和元年三月被罢为右金吾将军。夏州节度使在永贞元年李演代韩全义时，已经不带神策行营节度使衔⑤。元和二年七月，李鄘为凤翔陇右节度使时，又下掉了右神策行营节度使的名号。

① 《资治通鉴》卷二三九，元和七年末，第7698页。
② 《资治通鉴》卷二三二，贞元三年六月，第7492页。
③ 《李相国论事集》卷六《论京西京北两神策镇遏军事》，第46页。
④ 《资治通鉴》卷二三六，永贞元年六月，第7617页。
⑤ 《旧唐书》卷十四《宪宗纪上》，第416页。

旧史多誉此举为李鄘不愿受制于宦官①。实际上未必如此简单。它实际上是宦官废除京西北神策行营节度使的一个组成部分。这以后的情况就正如李绛元和七年所抱怨的，神策军镇不隶属于边军节度使是如何弊病丛生。

总之，从贞元二年（786）以宦官领左右两厢兵，到贞元十四年排挤掉神策将军知军事，贞元十九年设左右中尉，元和初罢京西北神策行营节度使，便可以看出，宦官对神策军的控制是如何一步步加强的。

三　关于神策军的扩充和待遇

关于神策军的兵籍管理，《新唐书·兵志》有以下几句话："自德宗幸梁还，以神策兵有劳，皆号'兴元元从奉天定难功臣'，恕死罪。中书、御史府、兵部乃不能岁比其籍，京兆又不敢总举名实。三辅人假比于军，一牒至十数。长安奸人多寓占两军，身不宿卫，以钱代行，谓之纳课户……京兆尹杨于请置挟名敕，五丁许二丁居军"②。这段记载告诉我们：第一，神策军从德宗贞元时开始，已经成为一支特权队伍，宰相机关、监察机构和军事行政机关"兵部"都不能掌握、管理其兵籍。第二，长安及京畿地区，有不少人寓籍军中，实际上并不在神策军里服役。这说明神策军由于其特殊地位，颇有吸引力。而神策军方面，由于"纳钱代课"有利可图，所以也听之任之。这是说招募的方式在实际上有很多弊病，但也说明应募参加神策军的在当时一定很是踊跃。

除了招募外，神策军最主要的扩充方式，有以下三种：

一是收编藩镇行营兵。其特点是所收编部队由于失去了领地或者由于原来的统帅去世，孤立无所依属，结果被编入神策军中。这些被收编的军队初期以安史之乱时东行的河西、陇右、四镇北庭行营兵为

---

① 《旧唐书》卷一五七《李鄘传》，第 4148 页。

② 《新唐书》卷五十《兵志》，第 1334 页。

主，后来大多是河北地区脱离骄藩的偏军孤旅，也有一些是纯粹的西北边军，要求归属神策军的。上述这些收编的部队几乎都是充当神策外镇军，绝少带入禁中的。

二是改编其他禁卫军。先后被改编或部分被改编的禁卫军有羽林军："贞元、元和分羽林卫为左右神策军，以使卫从"①；天威军："（元和）八年（813），废天威军，以其骑士分属左右神策卫"②。而天威军最早"本号殿前射生左右厢，贞元二年（786）九月改殿前左右射生军，三年四月改为左右神威军"③。元和三年将左右神威军改为天威军，进而并入神策军。这些由禁军改编的神策将士，仍然充当宿卫，绝少调去京西北充当神策外镇兵。

三是选拔藩镇的才勇军校。宋代禁军来源之一是从地方厢军中抽调武艺高强、身强力壮之士。唐代没有那么普遍，更没有形成制度，但是从藩镇中选拔人才充实神策军，却也是提高禁军战斗力的一个措施。史称"会昌时，选方镇才校入宿卫"，天平军将周宝因此而得隶神策军④。其实这种事绝不止会昌时才有。凤翔骁将杨晟，因为"节度使李昌符畏其勇"，而投靠到了神策军⑤。特别是在神策军初期有尚可孤、侯仲庄、郝廷玉等一大批优秀将领被各种方式选拔到神策军中。名将李晟也是由于泾原节度使的推荐，而被代宗任为神策都将⑥。

选拔精兵猛将的同时，神策军也不时淘汰老兵弱卒。赵璘《因话录》卷四记："元和十五年，淮南裨将谭可则，因防边为吐蕃所掠。……在蕃六年。及归，诣阙自陈，敕付神策军前驱使。未及进用，为军中沙汰，因配在浙东，止得散将而已，竟无官。"⑦ 谭可则诣阙称功，被照顾到神策军中。不想还没有等到升迁，就碰到沙汰老弱，分

① 《旧唐书》卷一八四《宦官传》，第4777页。
② 《唐会要》卷七二《京城诸军》，第1535页。
③ 《旧唐书》卷四四《职官三》，第1905页。
④ 《新唐书》卷一八六《周宝传》，第5415页。
⑤ 《新唐书》卷一八六《杨晟传》，第5430页。
⑥ 分别见《旧唐书》卷一四四《尚可孤传》，第3911页；《新唐书》卷一三六《侯仲庄传》，第4595页；《旧唐书》卷一五二《郝廷玉传》，第4068页；卷一三三《李晟传》，第3662页。
⑦ 赵璘：《因话录》卷三，上海古籍出版社，1979，第96–97页。

配到浙东去做了散将。这透露出神策军为了保持战斗力而实行裁汰老弱的制度。裁减下来的兵士却被分配到南方藩镇。宋代强干弱枝的手法，竟然渊源于唐代的神策军制度。

关于神策军的衣粮待遇，以建中时两税法为界有很大的变化。

《旧唐书》卷一三三《李晟传》："时神策军以旧例给赐厚于诸军。"① 事在兴元元年（784）。为此激起了李怀光朔方军的很大不满，引发了一场变乱。那么这个"旧例"是从什么时候开始的呢？我怀疑始于代宗时。大历四年（769）宰相元载为了麻痹鱼朝恩，待以京兆府的好畤，凤翔府的麟游、普润三县隶神策；次年又增拨兴平、武功、扶风、天兴四县，"朝恩利其土地，自封殖"②。由于代宗时仍然继承了安史之乱以来原则上各地军赋自筹的政策，所以给地多，就意味着供军经费多。比如其时，朝廷还让泾原道遥领远在河南的郑州、颖州，原因是泾原节度使"屡诉本镇荒残，无以赡军"③。神策军既然多得到这么多关中沃县，其军费也自然较正常情况为充足。德宗即位后实行两税法，采取了去多补少的办法。西北地区的藩镇，大多仰给度支，而东南藩镇则更多地上供中央。神策军的经费当然也由中央供给，其过去的优厚待遇自然不会落下，所以有"旧例给赐厚于诸军"的事情。

文宗开成元年度支奏："每年供诸司并畿内诸镇军粮等计粟麦一百六十余万石，约以钱九十六万六千余贯籴之。"④ 既然德宗以后神策军粮赐由度支供给，那么这里面当然有一部分是给神策军的。

神策军也从事营田。代宗《答鱼朝恩献苑内白鹿白兔手诏》曾提到："卿及将士等，务切军储，克勤农亩，上元眷祐，爰获祯符。"⑤ 是德宗以前有神策军营田。太和四年（830）六月，左右神策军奏："当军于凤翔扶风县营田采造，宝鸡县采造，斜谷、南山、吴山、宝

① 《旧唐书》卷一三三《李晟传》，第 3664 页。
② 《新唐书》卷二○七《鱼朝恩传》，第 5866 页。
③ 《资治通鉴》卷二二四，大历五年四月，第 7214 页。
④ 《册府元龟》卷四八四《邦计部·经费》，第 5790 页。
⑤ 《全唐文》卷四六《答鱼朝恩献苑内白鹿白兔手诏》，第 513 页。

鸡、扶风营田共四所，各请铸印。"① 是两税法后，神策军仍然有许多营田，以供军粮。这些营田是由军士屯种，还是招募百姓营种呢？我们看看元稹《同州奏均田状》中的介绍："当州供左神策郇阳镇军田粟二千石。右，自置军镇日，伏准敕令，取百姓蒿荒田地一百顷，给充军田，并缘田地零碎，军司佃用不得，遂令县司每亩出粟二斗。其粟并是一县百姓税上加配，偏当重敛，事实不均，臣今已于七县应税地上量事配率，自此亦冀均平。"② 这条材料说明，神策军的军田竟然是以承包的形式转给当地政府管理，自己只得田租。

良原神策军的情况与郇阳镇的情况有所不同。《新唐书·高郢传》记高郢任华州刺史后做了这样一件事：华州镇国军使骆元光引兵戍良原，"元光卒，军入神策，而州仍岁饷其粮，民困输人，累刺史惮不敢白，郢奏罢之"③。良原镇在泾州，军入神策，已经与华州脱离了关系，当然华州不该继续供粮。该镇军粮必定依靠度支。

综上所述，我们可以推知神策军的军粮有度支供给、自己营田、所在州县提供和坐收田租等不同情况。

四　关于神策军的任务和作用

关于神策军的任务及其所发挥的作用，应该放到唐代中后期整个政治军事形势的发展中去考察和评价。

作为一支赴难中原的边军，神策军在安史之乱期间活跃着的众多内援边军中，如李嗣业率领的四镇伊西北庭行营、侯希逸等率领的河北平卢军、郭子仪率领的朔方军、李光弼领导的河东军等，并不是特别突出的。但是为什么独有陇右节度使下的这支行营兵发展成声势最大的禁军呢？这里面既有偶然性，也有必然性。

首先是唐代政治、军事形势的变化要求在首都长安建立一支强大

① 《册府元龟》卷六一《帝王部·立制度二》，第678页。
② 元稹：《元稹集》卷三八《同州奏均田状》，中华书局，1982，第437页。
③ 《新唐书》卷一六五《高郢传》，第5073页。

的卫戍力量。早在高仙芝、哥舒翰统兵镇潼关时，长安后方的虚弱就充分暴露出来。杨国忠招了几千监牧小儿在苑中操练，以防不测。潼关失守，玄宗只有流亡四川。肃宗即位于灵武，"唯倚朔方军为根本"①。但一旦朔方军到前线去迎敌，后方就感到兵力空虚。如房琯失败后，肃宗命王思礼收拾残部守武功。贼将安守忠和李归仁、安泰清来战，思礼不能敌，退守扶风。敌兵进至大和关，距肃宗驻跸的凤翔仅五十里。城中官员都争相把自己的孩子送出城外躲避，肃宗派御史记下这些官员的名字，才被制止。于是朝廷只得命郭子仪调"朔方之众击之而退"②。

其次，神策军能够在这种时候被推出来，而不是朔方军，完全是因为它当时正好控制在宦官手里。我曾经在分析肃宗和代宗之际的政治军事形势时，讨论过朝廷对平叛诸将的猜忌以及宦官与郭子仪等朔方军领袖的矛盾③。既然朝廷不可能十分信任朔方军，而神策军在当时是边疆行营兵马中势力最小最不起眼的一支，由于相州之役的失败，与观军容使宦官鱼朝恩共同退保陕州，成为宦官直接控制的军队。神策故地失陷，这支千把人的队伍继承了神策军的名号，很可能这也是鱼朝恩的意图。他把卫伯玉挤走后，正好利用了神策军这个"军额"，在遏制叛军的西进中，把聚集于陕州的多支部队纳入自己的麾下④。事实证明鱼朝恩是成功的。当仆固怀恩派其子仆固玚和大将姚良来攻时，"朝恩遣李忠诚讨玚，以霍文场监之；王景岑讨良，王希迁监之。败玚于万泉，生擒良。高晖等引吐蕃入寇，遣刘德信讨斩之，故朝恩因麾下数克获，窃以自高。"⑤由于神策军在鱼朝恩指挥下，确实遏制了叛将，其地位不断提高。战争结束后，各地兵马或置于内地藩镇，或屯驻于京西京北，只有神策军因为是宦官统帅的，所以跟鱼朝恩一起带

① 《旧唐书》卷一二〇《郭子仪传》，第3451页；《新唐书》卷一三七《郭子仪传》，第4600页。
② 《旧唐书》卷一一〇《王思礼传》，第3312页。
③ 参见张国刚：《唐代藩镇研究》第三章《肃代之际的政治军事形势与藩镇割据局面形成的关系》，第46–53页。
④ 参见《资治通鉴》卷二二二，上元二年二月，第7106页。
⑤ 《新唐书》卷二〇七《鱼朝恩传》，第5863页。

入禁中，从而为它发展成禁军铺平了道路。

代宗时，神策军的发展已经很快，但毕竟还是禁军中的一支。德宗初年力图平抑骄藩叛镇。由于神策军本来就是一支藩镇军，所以德宗朝它自然而然地一再充当野战军外出征战，史称："是时，神策兵虽处内，而多以禅将将兵征伐，往往有功。"① 主要的例子如：李晟领神策兵四千抵御寇掠西川的吐蕃；神策军使张巨济将禁兵二千讨泾州叛将；神策将曲環与宣武节度使刘洽大破淄青李纳于徐州；李晟领神策行营兵从李怀光讨河北；尚可孤领神策兵三千讨李希烈；阳惠元领神策行营兵东征叛镇；刘德信带神策团练兵出征河南。以上这些出征都在德宗初年。兴元克复后，德宗接受泾师之乱、变生肘腋的教训，便大力发展和扶植神策军，并且确定由宦官统率的制度。

神策军作为京西京北地区最大的边防军和唐代中央直接控制的对付骄藩叛镇的唯一的野战军，在德宗以后仍然发挥了重要作用。

德宗以后，虽然内地藩镇仍然派兵到京西北去"防秋"，但是已经不太重要了。西北藩镇自身的防卫逐渐占主要地位②。而屯驻京畿内外的神策军镇，与各地的藩镇军"犄角相应"，共同担负了保卫京师及其附近地区的安全责任。如贞元三年（787），"吐蕃帅羌浑之众寇陇州，连营数十里"③，唐遣神策军将石季章成武功，决胜军使唐良臣成百里城。"吐蕃之众复至，围陇州，刺史韩清沔与神策副将苏太平夜出兵击却之"④。又如，贞元八年，"吐蕃寇灵州，陷水口支渠，败营田。诏河东振武救之，遣神策六军二千人戍定远、怀远城，吐蕃乃退"⑤。

德宗以后，神策军作为朝廷直接指挥的野战部队，出征作战的例子也不胜枚举。如元和四年（809）讨成德王承宗，朝廷派吐突承璀统率左右神策军及诸道藩镇行营出征⑥。咸通二年（861）十二月，安南

---

① 《新唐书》卷五十《兵志》，第 1332 页。
② 长庆元年"正月，灵武节度使李听奏请于淮南、忠武、武宁等道防秋兵中，取三千人衣赐月粮，赐当道自召募兵一千五百人马骁勇者，以备边。"《唐会要》卷七二《马》，第 1545 页。于此可见一斑。
③④ 《资治通鉴》卷二三三，贞元三年九月，第 7501 页。
⑤ 《资治通鉴》卷二三四，贞元八年四月，第 7530－7531 页。
⑥ 《资治通鉴》卷二三八，元和四年十月，第 7666－7667 页。

府遭寇，"遣神策将军康承训率禁军并江西、湖南之兵赴援"[1]。五年，南诏寇隽州，"诏发右神策兵五千及诸道兵戍之"[2]。

当然，从数量上看，唐代出征军队的主体还是藩镇军，神策军的意义在于，它代表了皇帝的军队，朝廷的势力，虽说有时"不过为声援而已"[3]，有与没有却是大不一样的。神策军实际上构成了一支制约地方藩镇的威慑力量。唐代后期的官方统计，全国军队八十到一百万人。一般藩镇有兵三两万人，少的一万人左右，多的号称十万人。而神策军的兵力多达十五万，任何藩镇都无法与之匹敌。圆仁《入唐求法巡礼行记》卷四："左右神策军者，天子护军也，每年有十万军。自古君王频有臣叛之难，乃置此军以来，无人敢夺国位。"[4] 此话虽有不确处，但是神策军的强大，巩固了唐朝中央的地位则是毫无疑问的。元和以后，京西北地区的个别叛乱很快便被扑灭。长安及其附近的强大武装，奠定了关中的军事地位，所以黄巢以前，没有哪一个藩镇敢于举兵向阙。德宗以后的藩镇叛乱主要的表现在擅立者请求朝廷赐予旌节和骄兵逐帅这两个问题上，类似于旨在推翻唐朝的安史之乱和朱泚、李希烈称帝的事件，再也不复存在了。

---

① 《唐会要》卷九八《林邑国》，第 2077 页。
② 《资治通鉴》卷二五〇，咸通五年正月，第 8108 页。
③ 脱脱等：《宋史》卷四四二《尹源传》，中华书局，1985，第 13084 页。
④ 圆仁：《入唐求法巡礼行记》卷四，顾承甫、何泉达点校，上海古籍出版社，1986，第 183 页。

唐代的蕃部与蕃兵

陈寅恪先生曾在《论唐代之蕃将与府兵》一文中指出：有唐一代之武功，"其关系至深且巨，与李唐一代三百年相始终者"①，乃蕃将。蕃兵与蕃将不可分，是唐代军事制度的一个特殊组成部分，也是唐代民族关系上的一个重要问题。唐代"蕃"的范围是什么？蕃兵的组织形式与一般军队有什么不同？唐朝中央是怎样贯彻对蕃部的统治，征发蕃兵？唐代蕃兵的具体作用又表现在哪些方面？唐代蕃兵制度在民族关系史上有何意义？这都是本文要探讨的问题。

一　蕃部与蕃兵

蕃兵，顾名思义是蕃族人组成的兵，古人"蕃"的含义很宽泛，可以指汉族以外的所有少数民族。但是，唐朝人对"蕃"倒有一个大体的范围界定。圣历三年（700）三月六日敕称：

> 东至高丽国，南至真腊国，西至波斯、吐蕃及坚昆都督府，北至契丹、突厥、靺鞨，并为入蕃，以外为绝域。②

---

① 陈寅恪：《论唐代之蕃将与府兵》，载《金明馆丛稿初编》，生活·读书·新知三联书店，2001，第 309 页。
② 《唐会要》卷一〇〇《杂录》，第 2136 页。

这段话在《新唐书·西域传》"赞"中是:"东至高丽,南至真腊,西至波斯、吐蕃、坚昆,北至突厥、契丹、靺鞨,谓之八蕃,其外谓之绝域。"① 究竟是"入蕃",还是"八蕃"? 似乎以"入蕃"为胜。入蕃指出使而言,入蕃与入绝域相对,以区别出使的远近。八蕃意为八个蕃部,似较牵强。不管如何,它大体为我们划定了唐朝关于蕃的地域范围。蕃者,藩也。《诗·大雅》就有"四国于蕃"之句②。"入蕃"地域的限定,大致反映了这个地域范围内的蕃部和蕃国,与唐朝中央政府之间有着较为密切的关系。

唐朝前期,国力强盛,周边的蕃国部落都在唐朝的势力控制范围内,一般置羁縻府州管理之。如贞观四年(630)破东突厥,擒颉利可汗,为了安置内迁的突厥部众,"自幽州至灵州置顺、祐、化、长四州都督府,又分颉利之地六州,左置定襄都督府,右置云中都督府,以统其部众"③。高宗显庆二年(657)破西突厥贺鲁,乃"分其种落置昆陵、濛池二都护府。其所役属诸国,皆分置州府,西尽于波斯,并隶安西都护府"④。其他缘边蕃部也大都"即其部落列置州县,其大者为都督府,以其首领为都督刺史,皆得世袭"⑤。现据《新唐书·地理七下》,将唐代八百五十六个羁縻府州的分布和统领情况列表⑥,见下页表1。

---

① 《新唐书》卷二二一下《西域下》"赞",第 6264 页。
② 程俊英、蒋见元:《诗经注析》,中华书局,1991,第 889 页。
③ 《旧唐书》卷一九四上《突厥上》,第 5163 页。
④ 《旧唐书》卷一九四下《突厥下》,第 5187 页。
⑤ 《新唐书》卷四三下《地理七下》,第 1119 页。
⑥ 《新唐书》卷四三下《地理七下》,第 1119 – 1146 页。

表 1　唐前期 856 个羁縻府州分布表

道名	蕃族部落	府州数	分属都督府、都护府
关内道	突厥、回纥、党项、吐谷浑	119	夏灵盐庆州，安北单于
河北道	突厥、奚、契丹、靺鞨、降胡	60	幽州都督府，安东都护
陇右道	突厥、回纥、党项、吐谷浑、龟兹、于阗、焉耆、疏勒、河西内属诸胡、西域十六国	249	分隶凉秦临三州都督府和洮州，北庭、安西都护府；部分不知隶属
剑南道	羌族、蛮族	261	松茂巂雅黎戎姚泸八州
江南道	蛮族	51	黔州都督府
岭南道	蛮族	92	桂邕峰州，安南都护
不详	党项	24	

羁縻与正州相对。根据具体情况的不同，有将羁縻州升为正州，也有正州降为羁縻州的。前者的例子如思唐州，"开元二十四（736）年为羁縻州，建中元年（780）为正州"①。后者的例子如，"初，牂、琰、庄、充、应、矩六州皆为下州，开元中降牂、琰、庄为羁縻，天宝三载又降充、硬、矩为羁縻"②。

这种升降反映了该蕃部地区的经济、社会发展水平及其与唐朝中央政府之间的关系的变化。同为羁縻府州，它们各自与唐朝中央政府联系的密切程度仍然有很大的差异。概括说来，大体有隶属关系、半隶属的附庸关系和名义上的附属关系三种。

具有隶属关系的蕃部，是指那些内附或内徙的少数民族部落，或谓"降户"③。除前举太宗破东突厥于漠南，置顺、祐、化、长四州

---

① 《新唐书》卷四三上《地理七上》，第 1108 页。
② 《新唐书》卷四三下《地理七下》，第 1143 页。
③ 《旧唐书》卷一九四上《突厥上》，第 5168 页。

外，又有党项酋长细步封赖"举部内附"①，因置轨州，以步赖为刺史。"其后诸姓酋长相次率部落皆来内属，请同编户"②。朝廷设崛、奉、岩、远四州以处之，各拜其首领为刺史③。又如高宗时，徙吐谷浑诺曷钵的部众于灵州安置，为置安乐州，以诺曷钵为刺史④。毫无疑问，这些"请同编户"的蕃部与唐朝的关系最为密切，对唐朝中央的义务也较多些。

具有半隶属的附庸关系的蕃部，一般是那些表面上虽然接受唐朝的封号，但在实际上其内部另有一套独立制度的蕃族王国。突厥、南诏、契丹和回纥在其强盛时均是如此。吐蕃在相当长的时期内也是如此。渤海虽然号称与唐朝"车书本一家"⑤，但是其内部职官设置也俨然一个独立国家。这些蕃部与蕃国，虽然时而从属于唐朝，但是依附关系不如前举内迁部落那么强烈。

还有一种名义上的附属关系，主要适用于那些地理上距唐朝较远，用今天的地理概念来说，属于外国的地区。他们在当时——至少在一段时期内对唐朝有名义上的隶属关系，有些蕃国对唐朝有朝贡关系。如波斯都督府（以波斯国疾陵城置），月支都督府（以吐火罗叶护阿缓城置）及其所领二十五州，条支都督府（以诃达罗文国伏宝瑟颠城置）及其所领九州，大汗都督府（以嚈哒部落活路城置）及其所领十五州等。

从唐朝的眼光来看，以上关系深浅不同的羁縻府州，都有提供军队、帮助朝廷打仗的义务。《唐会要》曾记各个蕃族的兵力云：契丹有胜兵四万三千人，分为八部；奚有胜兵三万，分为五部；回纥胜兵五万人，口十万；昆弥国有胜兵数万人；白狗羌胜兵一千；曹国胜兵千余人；拔也古胜兵一万，口六万；真腊战象五千头⑥。《册府元龟》也

①②③ 《旧唐书》卷一九八《西戎传》，第 5291 页。
④ 《新唐书》卷二二一上《西域上》，第 6227 页。
⑤ 《全唐诗》卷五八三《送渤海王子归本国》，第 6756 页。
⑥ 《唐会要》卷九六《契丹》，第 2033 页；卷九六《奚》，第 2036 页；卷九八《回纥》，第 2067 页；卷九八《昆弥国》，第 2075 页；卷九八《白狗羌》，第 2078 页；卷九八《曹国》，第 2079 页；卷九八《拔也古国》，第 2080 页；卷九八《真腊国》，第 2077 页。

提到牂牁有"胜兵数万，于是列其地为牂州"；兖州蛮（牂牁之别部）有"胜兵二万，列其地为兖州"①。唐朝方面掌握的这些数字是否准确，不得而知，但是应该说反映了这些蕃部兵力的大致规模。

二　蕃兵的组织形式

由于经济生活方式的不同和社会发展形态的相对落后，蕃族的社会组织形式一般以部落或部落联盟为主，全体成年男子皆可为兵。这就直接影响和决定了蕃兵的组织主要以部落兵的形式出现。如契丹胜兵四万三千，分为八部；奚胜兵三万，分为五部等。即使是内附蕃部，只要其部落组织未打散，仍然是兵民合一的部落兵。

关于蕃兵是部落兵，可以从陈先生文中所引《新唐书·诸夷蕃将传》及《旧唐书·西戎传》中的吐谷浑、高昌传中的有关记载予以间接的说明②。我们在《唐大诏令集》卷一三〇《移蔚州横野军于代郡制》文中更能找到直接的证据。

玄宗这一制书发布于开元四年（716）。这年突厥默啜可汗被杀，拔曳固、回纥、同罗、霫、仆固五部降唐，唐朝把他们安置在大武军（即大同军，在今山西朔县东北）北③，并封五部首领颉质略等为都督，充横野军（在今代县）、大武军讨击大使：

拔曳固都督颉质略领马骑三千，充横野军讨击大使；

同罗都督毗伽末啜领马骑二千，充横野军前军讨击大使；

霫都督比言领马骑二千人，充横野军后军讨击大使；

回纥都督夷健吉利发马骑一千人，充大武军左军讨击大使；

---

① 《册府元龟》卷九七七《外臣部·降附》，第 11311 页。
② 陈寅恪：《论唐代之蕃将与府兵》，载《金明馆丛稿初编》，第 297－299 页。
③ 《资治通鉴》卷二二一，开元四年六月，第 6719 页。

仆固都督曳勒哥领马骑八百，充大武军右军讨击大使。①

玄宗制文令他们"作捍云代，指清沙漠"。又说：

> 其五都督讨击大使，各量给赐物一百匹，领本部落蕃兵，令天兵军（在令山西太原）节度。其兵有事应须讨逐探候，量宜追集，无事并放在部落营生。②

这里明确称"部落蕃兵"。各蕃兵主帅既是本族部落主，又是唐朝羁縻府州的都督，同时还率领蕃兵充当边军讨击大使的军职。其兵有战事则"量宜追集"，无战事"并放散部落营生"，充分反映了蕃兵"兵牧合一"的部落兵特点。

部落兵是蕃兵的主要组织形式。史籍上也有称为兵募、健儿这些类似汉兵形式的蕃兵。

例如景龙四年（710）《命吕休璟北伐制》中就提到前军大使突骑施忠"领蕃汉部落兵健儿二十五万骑"，朔方道行军正副大总管张仁愿、鲁受信等"将蕃汉兵募健儿、武用绝群飞骑、城旁等十五万骑"，赤水军大使凉州都督司马逸客等"领当军及当界蕃汉兵募健儿七万骑"，丰安军大使灵州都督甄灿等"领蕃汉兵马六万骑"③。这里突骑施忠所领蕃汉部落兵健儿可以勉强理解为蕃部落兵与汉兵健儿，但是张仁愿以下所将蕃汉兵募健儿，因未提部落兵，则此处的兵募健儿似包括蕃兵在内。

根据西域发现的《唐景云二年张君义告身》，记"碛西诸军兵募"从神龙元年十月至景龙三年十月共四周年内服役获告身的蕃族兵士有，龟兹白野那、玄州屈去住、慎州李噎塞等九人，夷宾州莫失、同州绀耳思简等六人，含州安神庆，依州曹饭陁，鲁州康□，契州康丑胡，

①② 《全唐文》卷二一《移蔚州横野军于代郡制》，第251页。
③ 《唐大诏令集》卷一三〇《命吕休璟北伐制》，第705页。

波斯沙钵那等人①。这些蕃兵是如何加入碛西镇军的，无法得知。但他们以个人身份与汉兵同时受勋，勋告开头又明言他们是兵募，这就排除了他们是作为部落兵在边疆服役的。可能性只有两种：一是少数蕃族人流落至碛西，应征编入军中，如波斯沙钵床嫦当为如此；二是从内附蕃胡中召募而来，唐制，诸国蕃胡内附，"附贯经二年已上者，……若有征行，令自备鞍马，过三十日已上者，免当年输羊"②。

史籍上也有府兵组织形式的蕃兵。《新唐书·地理一》"关内道延州"条："有府七：敦化、延川、宁戎、因城、塞门、延安、金明。又，仪凤中。吐谷浑部落自凉州内附，置二府于金明西境，曰羌部落，曰阁门"③。是在吐谷浑内附部落置两个军府。据同书《地理七下》，关内道有吐谷浑州二，即宁朔州和浑州，其中浑州是"仪凤中自凉州内附者，处于金明西境置"，隶延州都督府④。陇右道有吐谷浑州一，隶凉州都督府⑤。我们推测，浑州就是羌部落和阁门二军府依傍之州。至凉州之阁门州，可能在仪凤中吐谷浑内附后已名存实亡，也有可能一部分吐谷浑人尚留在该处。延州金明府之阁门府，系由凉州之阁门州而来，当无疑问。

更有甚者，根据《资治通鉴》卷二〇〇龙朔元年（661）六月条："癸未，以吐火罗、嚈哒、罽宾、波斯等十六国，置都府八、州七十六、县一百一十、军府一百二十六，并隶安西都护府。"⑥ 在唐代鞭长莫及的西域地区，竟然也设置了一百多个军府！如何能按照唐折冲府的各项制度来规范、训练蕃兵？这不能不令人疑窦丛生。我们推测，正像许多羁縻府州是一种形式化的建制一样，西域的军府也不过是一种形式，但它反映了那些设立羁縻府州的部落和蕃国在形式上对唐朝的某种附属关系，以及在原则上向唐朝中央提供军队的义务。

---

① 参见朱雷：《跋敦煌所出"唐景云二年张君义告身"》，《中国古代史论丛》1982年第三辑。
② 《唐六典》卷三《尚书户部》"户部郎中、员外郎"条并注，第77页。
③ 《新唐书》卷三七《地理一》"关内道延州"条，第971页。
④ 《新唐书》卷四三下《地理七下》，第1125页。
⑤ 《新唐书》卷四三下《地理七下》，第1134页。
⑥ 《资治通鉴》卷二〇〇，龙朔元年六月，第6324－6325页。

唐代的边军，大曰军、曰城、曰镇，小曰守捉。蕃兵也有纳入这种军镇组织形式的。如《金石萃编》卷一○七中《唐故开府仪同三司鸡田州刺史御史中丞赠太保李公墓碑》：贺跃之贞观初率其部落诣灵武，请求内属，被任命为鸡田州刺史，充定塞军使①；同卷《大唐故朔方灵盐等军州节度副大使尚书左仆射李公神道碑铭》作定塞兵马使②。又如契丹主松漠郡王被任为静析军经略大使③。开元十年（722），曾于黑水靺鞨内置黑水军④。会昌时赐回纥嗢没斯部为归义军⑤。显而易见，这种情况下的蕃兵部落组织是不会被打散的。还有些蕃兵没有独立的军号，只是被编入边军的一部分，或授予游弈使、讨击使等军职。如太和时奚的首领为檀、蓟两州游弈兵马使⑥。圣历二年（699），论弓仁以所部七千帐来降，神龙三年（707）为朔方军前锋游弈使⑦。

综上所述，唐代的蕃兵除了一部分可能以个人身份参加边军外，主要是以部落兵的形式存在的。虽然他们有时被冠以"军府""军"种种名号，但是部落组织并没有打散。他们在被唐朝中央调集作战时，其部落队伍是独立行动的。如贞观时破薛延陀，"又遣右领军卫大将军执失思力领突厥兵，代州都督薛万彻、营州都督张俭，各统所部兵，分道并进。又令右骁卫大将军契苾何力领凉州及胡兵同入，以为声援"⑧。这里的汉兵由汉将领之，蕃兵由蕃将领之。永徽二年（651），苏定方统蕃汉兵出征西突厥贺鲁，实际上苏氏所领只是汉族骑兵和步兵，蕃兵则由阿史那弥射统率⑨。

唐制规定，蕃族部落"凡内附后所生子，即同百姓，不得为蕃户

---

① 《金石萃编》卷一○七《唐故开府仪同三司鸡田州刺史御史中丞赠太保李公墓碑》，载《石刻史料新编》，第1817页。
② 《金石萃编》卷一○七《大唐故朔方灵盐等军州节度副大使尚书左仆射李公神道碑铭》，载《石刻史料新编》，第1801页。
③ 《唐会要》卷九六《契丹》，第2034页。
④ 《唐会要》卷九六《靺鞨》，第2041页。
⑤ 《全唐文》卷七○○《停归义军敕书》，第7189页。
⑥ 《唐会要》卷九六《奚》，第2037页。
⑦ 《全唐文》卷二二七《拔川郡王碑》，第2297页。
⑧ 《册府元龟》卷九九一《外臣部·征讨第四》，第11404页。
⑨ 《册府元龟》卷九七三《外臣部·助国攻讨》，第11265页。

也"①。那么，蕃兵的场合又如何呢？蕃兵所生子是否仍为蕃兵呢？让我们从一个个案来做一番考察。

《金石萃编》卷九三中《大唐故左武卫大将军赠太子宾客白公神道碑铭》：

> 公诞自□□，□于干戈……镇在疆场，同其蕃部，寻为宁朔州刺史兼部落主……（开元中）每有讨伐，命公先锋……一自捍边，卅余载。②

白道生以部落主领蕃兵，在边陲捍御三十多年。其子白元光，《新唐书》卷一三六有传，记云：

> 白元光，字元光，其先突厥人。父道生，历宁朔州刺史。元光初隶本军，补节度先锋。安禄山反，诏徙朔方兵东讨，元光领所部结义营，长驱从光弼出土门。累迁太子詹事，封南阳郡王，为两都游弈使。长安平，率兵清宫，进击余寇，身被数创，肃宗躬为敷药。转卫尉卿，兼朔方先锋。史思明攻河阳，光弼召主骑军。其后历灵武留后，定远城使。贞元二年卒。赠越州都督。③

这段话有以下几点值得注意：第一，叙白元光籍贯，只说其先是突厥人，并未直接说他是突厥人。而《新唐书·诸夷蕃将传》凡本人直接从蕃户来投者，概称某族人。如执失思力，"突厥酋长也"④；黑齿常之，"百济西部人"⑤；李谨行，"靺鞨人"⑥。由此可见，白元光的父亲为蕃族人，他本人作为内附的第二代，已不称突厥人，应属于

---

① 《唐六典》卷三《尚书户部》，第 77 页。
② 《金石萃编》卷九三《大唐故左武卫大将军赠太子宾客白公神道碑铭》，载《石刻史料新编》，第 1559 页。
③ 《新唐书》卷一三六《白元光传》，第 4594 页。
④ 《新唐书》卷一一〇《诸夷蕃将传》，第 4116 页。
⑤ 《新唐书》卷一一〇《诸夷蕃将传》，第 4121 页。
⑥ 《新唐书》卷一一〇《诸夷蕃将传》，第 4122 页。

"百姓"。第二，安禄山反，"元光领所部结义营，长驱从光弼出土门"。"所部结义营"是什么性质的军队？莫能详知。但按一般惯例，有可能是其父留下的军队。这些军队不称蕃部、蕃兵、部落兵，而称为"义营"，是否表明他们在性质上也有所变化？即经过一代人的变迁（白道生内附捍边三十多年），新成长的一代人应该是白元光的同龄人。这些人组成的军队不再以部落为单位，只称作"（结）义营"。第三，其后，白元光曾转卫尉卿，兼朔方先锋，又被李光弼召去主其骑兵，往后又更数职。可以看出，白元光已经彻底脱离了与所部兵的联系。也就是说，白道生当年的部落兵很可能已经失去了部落组织，转化成唐代朔方军官健的一部分。事实证明，唐代朔方军中（河北藩镇同样如此），有许多蕃族血统的兵士，他们当中不少人应属于蕃兵的第二代、第三代。

总之，通过白道生、白元光父子的事迹，我们推测一些内附的蕃族部落，当他们在第二代由蕃户变成百姓时，这些蕃兵的性质也发生了变化，即成为普通官军。

三 蕃兵的征发

蕃兵的征发，当视蕃部与唐朝的关系而定。《唐六典》卷八"符宝郎"条记：天子八宝，其中之一为"天子信宝，发蕃国兵则用之"①。是皇帝专门有一方印玺，用于发蕃国之兵。

至于内附的蕃族部落，则与编民一样有应募征行的义务。《唐六典》卷三"户部郎中"条云：

> 凡诸国蕃胡内附者，亦定为九等。四等已上为上户，七等已上为次户，八等已下为下户。上户丁税银钱十文，次户五文，下户免之。附贯经二年已上者，上户丁输羊二口，次户一口，下户

---

① 《唐六典》卷八《门下省》第252页。

| 104 | 大唐气象：制度、家庭与社会新论 |

三户共一口。（原注：无羊之处，准白羊估，折纳轻货。若有征行，令自备鞍马。过三十日已上者，免当年输羊。）①

又云：

凡岭南诸州税米者，上户一石二斗，次户八斗，下户六斗。若夷獠之户，皆从半输轻税。诸州高丽百济应差征镇者，并令免课役。②

以上是关于蕃户按户等课税和在征行时得以减免的规定，具体适应对象是内附蕃胡、南方的獠和内迁的高丽、百济部民。《旧唐书·地理志》记岭南道及桂、邕、容等地兵赋时，也都说："轻税本镇以自给"③。所谓轻税也许就是对应于"六典"的"若夷獠之户，皆从半输轻税"④之意。总之，我们论定内附蕃户必须交一定的赋税，旨在说明，他们既有纳税义务，也应该会有兵役义务。而当他们被调发从军时，应该是有减免的。

唐代内附蕃族大部分被安置在边陲地区，由边疆的军州管押，从而成为边军的重要来源。如高丽、百济部民，在太宗、高宗征辽时内迁，被安排在边州。《唐六典》卷五"兵部郎中"条云："秦成岷渭河兰六州，有高丽羌兵"⑤。原注云："皆令当州上佐一人专知统押，每年两度教练，使知部伍，如有警急，即令赴援。诸州城傍子弟，亦常令教习，每年秋集本军，春则放散。"⑥ 当然如前所引，这些蕃兵"应差征镇者"，是"并令免课役"⑦的。又如玄宗时回纥之一部在独龙州，"其都督亲属及部落征战有功者，并自碛北移居甘州界。故天宝末取骁壮以充赤水军骑士"⑧。

---

① ② ④ ⑦　　《唐六典》卷三《尚书户部》第 77 页。
③　《旧唐书》卷三八《地理一》，第 1389 页。《通典》卷一七二《序目下》注，第 4483 页。
⑤⑥　《唐六典》卷五《尚书兵部》，第 157 页。
⑧　《唐会要》卷九八《回纥》，第 2067 页。

以上两例都是从蕃部中抽取壮勇充州军边兵。内附蕃族作为一支独立的军队隶属于边疆节度使的例子以沙陀军最为典型。元和三年（808），沙陀来投，振武节度使范希朝将他们安置在盐州，置阴山府，设都督及兵马使，"籍以捍虏"①。后来范希朝徙镇河东，特招沙陀军相从，"乃料其劲骑千二百，号沙陀军，置军使，而处余众于定襄川"②。于是，沙陀军便成为既迁居内地，而其部落组织却始终不曾打散的一支特殊的蕃兵。这不能不说，这是他们在唐末五代得到发展，能够参与中原皇位角逐的一个重要原因。

开元九年（721）诏称："诸道军城，例管夷落。"③ 安史之乱后，边疆的节度使多带押蕃落使衔，据《唐方镇年表》等书的记载：

> 振武节度使乾元元年（758）带押蕃落使；
>
> 夏绥节度使贞元三年（787）带押蕃落使，大中八年（854）带安抚平夏党项使；
>
> 河东节度使长庆元年（821）带押北上诸蕃落使；
>
> 卢龙节度使开元二十八年（740）带押奚契丹两蕃落使；
>
> 归义军节度使大中七年（853）大中七年（853）带押蕃落等使；
>
> 西川节度使贞元十一年（795）带押近界诸蛮西山八国云南安抚等使；
>
> 秦成防御使大中七年（853）带押蕃落副使，咸通五年（864）升为正使；
>
> 淄青节度使永泰元年（765）押新罗渤海两蕃等使。④

---

① ② 《新唐书》卷二一八《沙陀传》，第 6155 页。
③ 《册府元龟》卷九九二《外臣部·备御五》，第 11489 页。
④ 分别见吴廷燮：《唐方镇年表》卷一《振武》，第 161 页；《夏绥》，第 108、118 页；卷四《河东》，第 424 页；卷八《平卢》，第 1282 页；卷五《归义》，第 714 页；《旧唐书》卷二十上《昭宗纪》，第 768 页；《唐方镇年表》卷六《剑南西川》，第 971 页；卷八《天雄》，第 1208、1210 页；卷三《平卢》，第 332 页。

上述使职，大都是在唐初边疆都护府下的羁縻府州制衰退、节度使体制兴起后设立的。它们与本文前面的羁縻府州表大体分别说明了唐朝前后两个时期蕃族部落的主要归属情况。

总之，唐朝政府设置押蕃落使兼有防范、管理和利用蕃兵的多种意图。在可能和需要的情况下，诸道有权征发蕃人入伍，有的还故意保留了蕃族的部落组织，使其成为边军常备军的一部分。

蕃兵在唐代中央指挥的军事行动中担负着重要的任务，发挥了不可忽视的作用。《册府元龟》卷九七三《外臣部·助国讨伐》序言说他们："或出师于经纶之始，或致骑于讨伐之际。或邻壤之乱资之驱除，狂寇之法亟往戡定。或奏牍以明诚款，或应募而效忠顺。或馕馈之师旅，或乡道乎国邑。至有席和亲之势，赴中原之难，奋发义勇，廊庙氛侵者焉。"[1] 这一段话大体写明了唐代蕃兵在三个重要方面的作用。

第一，在李唐创业中的作用。如史大奈率领的西突厥部落，李谨行父突地稽所统的靺鞨部落等。这就是"或出师于经纶之始，或致骑于讨伐之际"。

第二，在讨伐叛乱蕃族中的作用。如玄宗《征越嶲诏》提道："发戎、泸、夔、巴、梁、凤等州羌兵三万人、马二千匹，并旧屯兵士赴州讨击。"[2] 又如玄宗《讨康待宾等敕》云："朕今发陇右诸军马骑掩其南，征河东九姓马骑袭其北，三城士卒截其后，六郡骁雄击其前。"[3] 这就是"或邻壤之乱资之驱除，狂寇之法亟往戡定"。

第三，在中原大乱时期协助唐中央平定天下的作用。最突出的是借回纥兵平定安史之乱。颜真卿《天下放生池碑铭》提到安史之乱时说："得回纥、奚、霫、契丹、大食、盾蛮之属，扶服万里，决命而争先。"[4] 这就是"席和亲之势，赴中原之难"。

---

① 《册府元龟》卷九七三《外臣部·助国讨伐》，第 11260 页。
② 《全唐文》卷二七《征越嶲诏》，第 307 页。
③ 《全唐文》卷三四《讨康待宾等敕》，第 379 页。
④ 《全唐文》卷三三九《天下放生池碑铭》，第 3434 页。

陈寅恪先生曾经总结说："蕃将之所以被视为重要者，在其部落之组织及骑射之技术。"① 由于这些特点，蕃兵在具体战役中还有如下几个方面的特殊作用。

（1）充当先锋军。蕃兵战斗力极强，在行军中多充当先锋部队。如太宗征辽，命营州都督张俭为行军总管，"领诸蕃骑卒，为六军前锋"②。贞观（627—649）中，为讨南方獠族叛乱，曾"诏令盎率部落二万为诸军先锋"③。又如宪宗时讨成德王承宗，沙陀军将"（朱邪）执宜以军七百为前锋。王承宗众数万伏木刀沟，与执宜遇，飞矢雨集。执宜提军横贯贼阵鏖斗，李光颜等乘之，斩首万级"④。

（2）充当突击队。西北蕃族部落是游牧民族，善骑射，在战斗中以骑兵发起突然袭击，往往能冲垮敌军阵脚，获得胜利。李德裕曾说："马上驰突，是戎虏所长；攻城围守，戎虏所短。"⑤ 又说："回鹘马军，难于支敌。"⑥ 以安史之乱中的战斗为例：至德二载（757）九月，广平王与回纥叶护等领兵规复长安，阵于香积寺北澧水之东，"贼伏精骑于陈东，欲袭官军之后，侦者知之，朔方左厢兵马使仆固怀恩引回纥就击之，翦灭殆尽，贼由是气索。李嗣业又与回纥出贼陈后，与大军夹击……贼遂大溃"⑦。十月，郭子仪等又与叛军遭遇于陕州城西之新店，"贼依山而陈，子仪等初与之战，不利，贼逐之下山。回纥自南山袭其背，于黄埃中发十余矢，贼惊顾曰：'回纥至矣！'遂溃"⑧。可见蕃兵在关键时刻发挥了突击队的作用，挽回了战局。

（3）充当游弈兵。蕃兵生长于边陲，熟悉边塞情况，因而在边镇军中，往往充当游弈兵，以探候敌情，巡守边疆。如吐蕃论弓仁圣历二年（699）以所统吐谷浑七千帐来降。景龙二年（708）唐廷任命他为"朔方军前锋游弈使，戍诺真水为逻卫。自是突厥不敢渡山畋牧，

① 陈寅恪：《论唐代之蕃将与府兵》，载《金明馆丛稿初编》，第301页。
② 《旧唐书》卷八三《张俭传》，第2776页。
③ 《旧唐书》卷一〇九《冯盎传》，第3288页。
④ 《新唐书》卷二一八《沙陀传》，第6155页。
⑤⑥ 《全唐文》卷七〇五《条疏太原以北边备事宜状》，第7238页。
⑦ 《资治通鉴》卷二二〇，至德二载九月，第7033－7034页。
⑧ 《资治通鉴》卷二二〇，至德二载十月，第7040页。

朔方尤复寇掠，减镇兵数万人"①。胡三省注《通鉴》此段云："游弈使，领游兵以巡弈者也。……杜佑曰：游弈，于军中选骁勇谙山川、泉井者充，日夕逻候于亭障之外，捉生问事。其副使、子将，并久军行人，取善骑射人。"② 此等条件，自以蕃兵见长。开元时给奚族五部落赐物，"其中取二万段，先给征行游弈兵及百姓"③。文宗太和五年（831）曾任命奚族首领索抵为左卫将军同正，充檀蓟两州游弈兵马使④。

（4）充实藩镇军。唐代蕃镇的部分军队由蕃族组成，如前举沙陀军为河东节度使军队之一部。高骈在岭南时曾称："今则训练蕃兵，指挥汉将，铁衣十万，甲马五千。"⑤ 甚至内地如李锜在浙西，其亲军也有蕃落营，它是李锜收养胡、奚等散配江南者组成的军队⑥。李翰《裴将军昊射虎图赞》称裴昊为龙苑军使，以"捍蓟之北门"⑦，胡人"愿充麾下者五百余人"⑧，是龙苑军中至少有五百余胡人充兵。会昌年间，回纥吐没斯"首率蕃兵，归诚向阙"⑨，唐朝赐名李思忠，以其兵为归义军，其后李思忠宿卫中央，归义军解散。李德裕《停归义军敕书》申明诸道军镇选择蕃人充马军的道理说："况闻诸道军镇，皆置马军，选择蕃浑，尤不易得。缘此将健，久工骑射，颇出常伦，列于牙旗，足壮戎阃。宜分诸道节度使团练收管，便给本道衣粮，稍加安存，务令得所。"⑩ 可见，蕃兵的"工于骑射"是唐朝边镇重视任用蕃兵的主要原因。

蕃兵的任用及其效果，与唐代民族政策和国势盛衰颇有关系。唐朝政治比较清明，国势隆盛，蕃兵就较好地得到任用。反之，政治黑暗，边疆贪残，国力衰弱，唐朝政府无力控制全国政局，往往也无力驾驭蕃兵。唐初至玄宗朝，国势蒸蒸日上，陈寅恪先生文中所说的蕃

①② 《资治通鉴》卷二〇九，景龙二年三月，第6621页。
③ 《全唐文》卷二九《赐奚契丹等绢绵诏》，第327页。
④ 《唐会要》卷九六《奚》，第2037页。
⑤ 《全唐文》卷八〇三《回云南牒》，第8430页。
⑥ 《资治通鉴》卷二三六，贞元十七年六月并胡注，第7597页。
⑦⑧ 《全唐文》卷四三一《裴将军昊射虎图赞》，第4388页。
⑨⑩ 《全唐文》卷七〇〇《停归义军敕书》，第7189页。

将蕃兵的重要性，举证都在这一时期内。安史之乱起，唐朝元气大伤，回纥出师，唐朝付出了沉重的代价，诸如肃宗嫁女、德宗受辱、洛阳剽掠、馈赠巨额绢帛和忍受马绢差价等等。如此征调的蕃兵，简直与玄宗时命回纥为边军讨击大使不可同日而语。又如沙陀军，从元和以来即归附边镇，长期隶属河东节度使，元和时讨镇州王承宗、淮西吴元济，长庆初讨成德朱克融，开成时讨回鹘，会昌时讨泽潞，大中初抵御吐蕃，皆参与其事，果立战功。黄巢起义以后，中原鼎沸，唐朝统治分崩离析，沙陀军遂称雄于北边，唐朝中央无可奈何，李克用终于以河东为基地，建立了后唐政权。

但是，如果从另外一个角度来看，不管蕃兵运用的方法和后果如何，这一事情本身却是唐代民族关系发展的标志。因为，无论是在汉代或明代，都不曾像唐代这样大量地、长期地、不太疑忌地运用蕃兵作战。这与唐代整个社会风貌、较为开放的社会和较为开明的民族政策，是完全一致的。蕃汉将士的并肩作战，加强了汉族与蕃族之间的团结与合作，减少了民族之间的隔阂，促进了各族之间的文化交流和民族融合，这对于中华民族的发展和中国历史的进步，都是有积极意义的。

论唐代的分家析产

中国历史上的宗族结构，五服内外是亲疏关系的一个分水岭。五服之内的亲属关系都可以称为"家"。这样的"家"有三个大的同心圆：父、己、子构成同心圆的最核心结构，是为核心直系家庭；上下推及祖、孙，旁及堂兄弟，是同心圆的第二层次，若同居，是为四世或五世同堂的家庭；同心圆的最后一圈从曾祖到玄孙，若同居，是为九代之"家"，比如唐代的张公艺和江州义门陈氏，这样的"家"只是特例①。出了五服制度，不再保持亲属关系，但仍然属于同宗。所谓分家就绝大多数情况而言是指五服之内的家庭成员析财异居，他们分家后虽然不再是一个家庭，但是仍然可以被称为"家族"。

以上只是从原则上来讨论。就实际情况而论，数世同居的家庭毕竟只是理想状态，唐代家庭的析分大都发生在第一同心圆范畴内，因此，父、己、子三代是否同居，乃是唐代家庭结构问题的关键。换句话说，父母在，成年兄弟结婚生子后是否分家，乃是决定唐代家庭结构的主要因素。

从家庭生活实际来观察，成年兄弟结婚之后仍然在一起生活，最大的变数来自两个方面：一个是成年兄弟有了自己的经济收入或者比

---

① 江州陈氏义门从唐朝大和年间起至宋代嘉祐七年（1062）奉旨分家，同居十余代，已经超过五服的范畴，此事当为特例。而且这种情况的家庭恐怕已经失却其本义，而类似于一个共产的生产合作社。参见江州义门陈氏家谱，见费成康主编《中国的家族法规》，上海社会科学院出版社，1998，第238页。

较独立的劳动能力，不再完全倚赖于父母，从而产生离心倾向；另一个是兄弟结婚后，在家庭引进了非血缘关系的成员，这个成员只是与婚姻当事人有休戚与共的亲缘关系，与其他家庭成员反而处在一种竞争关系，比如姒娣之间就是最难相处的关系，媳妇进门后儿子最亲密的人是老婆，从而使从小受父母庇护的儿子与父母产生了距离，尤其会使婆婆难过，于是婆媳之间形成了一种竞争关系，也很难处。这些现实因素还导致家庭成员在生产组织和经济效益最大化上受到挑战。总之，兄弟成婚后维持大家庭有相当难度，分家析产成为家庭发展周期上的一个现实的自然趋势。传统的家庭伦理提倡容忍和克制，强调尊卑上下有序，这种伦理要求在《唐律》中也有反映，那就是规定父母在子孙不得分家。

法律与现实之间的矛盾怎么解决呢？我曾经撰文揭示唐朝家庭的复合型结构特征。之所以出现这样的家庭结构，重要原因之一乃是为应上述情况而生。于是，同籍与异财被分割开来，家和户的内容也发生了悖离，从而使唐朝人的分家也有了不同的特殊意义①。

一　分家的意义——法律与现实的考察

不管人们如何定义家庭的概念，都无法否定，家庭是在婚姻前提下、以血亲或者姻亲关系为基础的、同居共爨的生活单元，是人类社会的基本细胞或者说是最基本的社会组织②。在家庭的这些构成要素中，婚姻前提下的血亲或姻亲关系是基础，同居共财的生活单元是实质，而作为社会组织，其外显形式表现为户籍。虽然有些家庭并不同

---

① 国内学者关于唐代分家问题的研究，主要论文有：冻国栋：《读姚崇〈遗令〉论唐代"财产预分与家族形态"》，载朱雷主编《唐代的历史与社会》，武汉大学出版社，1997；邢铁：《唐代家产继承方式述略》，《河北师范大学学报》2003 年第 3 期；邢铁：《宋代家庭研究》，上海人民出版社，2005。然本文所讨论的角度和重点均有所不同。关于日本学者仁井田陞、滋贺秀三、中田薰等的研究成果，下文有具体讨论。

② 如《中国大百科全书·民族卷》给家庭下的定义是："建立在婚姻和血缘基础上的社会组织，构成人类最基本的社会生活内容之一。"中国大百科全书出版社，1986，第 197 页。

时具备这三种要素，也可以看成是它的变态形式①。在诸种要素之中，财产的共有关系乃是家庭最本质的关系。"同居共爨"的真正意义，主要是看家庭成员在财产上是否有统一的收支方式，而不仅仅是指他们在形式上是否有统一的居住空间。特别是在中古时代二元制家庭结构中，判断那些具有血缘或亲缘关系的人们是否构成一个家庭，关键是看他们是否共财，而非同籍。但是，户籍的独立获得毕竟是一个新家庭的社会组织职能完善的标志，也是一个家庭拥有独立社会责任和义务的标志，例如成为独立的赋税徭役征收单位之类。于是，我们所谓的家庭析分虽然首先是指财产的析分，但是也不能忽视独立户籍的获得。下面我们结合唐代的法律来分析这个问题。

（一）别籍与异财

如上所述，完整意义上的分家，应该包括获得独立的户籍（别籍）和获得独立的财产会计（异财）两个内容。《唐律疏议》卷十二《户婚律》"子孙别籍异财"条云："诸祖父母、父母在，而子孙别籍、异财者，徒三年。""若祖父母、父母令别籍及以子孙妄继人后者，徒二年。"疏议云："若祖父母、父母处分，令子孙别籍及以子孙妄继人后者，得徒二年，子孙不坐。但云'别籍'，不云'令其异财'，令异财者，明其无罪"。这条法律说明，一个家庭若不改变户籍的登记形式（别籍），祖父母、父母做主为子孙分割家产，即"同籍异财"是合法的。因此，父母主持下的"同籍异财"，是常见的家产析分方式。别籍是一种政治上和行政上的权利获得，异财是一种经济上和财政上的权利获得。别籍说明析分的小家庭得到官府的承认；异财说明析分的小家庭创造的财富再也不需要汇入大家庭之中，小家庭成为独立的经济核算单元。可见异财的决定是一个家庭的家长自己就可以做出的；别籍的操作并不由家长自己决定，家长决定了还要被判刑。别籍是一种公权力，异财则属于私权力。异财可以做得很隐蔽，别籍则必须是很

---

① 有收养关系的家庭是拟制的血亲关系；因为求学、经商或者出仕而不能同居共爨的家庭，其实是财产共有的。诸如此类。

公开的行为。正是基于这些因素，唐代的法令是严格限制百姓别籍异居的，违者被处以徒刑；但是又不立法处分同籍而实际异财的家庭。正是这种法律上的运作空间，使得实际分而名义上不分的家庭析分现象在唐代层出不穷，从而出现各种"二元式"家庭结构①。

《户婚律》"相冒合户"条还规定："诸相冒合户者，徒二年……即于法应别立户而不听别，应合户而不听合者，主司杖一百"；疏议曰："应别，谓父母终亡，服纪已阕，兄弟欲别者"。由此规定可见，只要父母尊长去世，而且居丧期已过，每一个兄弟都有权向官府提出别籍的要求，分立户头。这说明只要父母尊长亡故，兄弟或者媳妇中间，只要有人要求另过，分家就是一种不可阻挡的合法行为。所以我们前面说维持五服之内第二和第三个同心圆的家族成员同居是很困难的事。

根据这样两种法律，分家就有了民间和官方的二重意义。从民间来说，异财就已经是分家；从官方来说，只有别籍才承认是分家。在敦煌文献中甚至还出现了强令与尊亲合贯的事情，说明国家对于父母在而别籍的禁止是非常严厉的。② 国家默认财产上的分家，而拒绝户籍上的分家，于是分家的行为被从经济关系和政治（行政管理）关系两个层面割裂了。

这样官方和民间两种分家行为的过渡关系，在唐代户籍中的三状注记中有所表露。所谓三状注记，是指该户籍的户主往后逆推三代户主，但是不包括居丧期间分开的临时户主。如前所述，唐代一般老百姓在父亲去世后，因为没有了法律的障碍，兄弟分家后每人都成为小家庭的新户主。但是，在居丧期间和正式分开之前的两年中（唐律规定，丧服期内不得分家），户籍上的户主就是长兄，其他兄弟都留在此

---

① 关于唐代家庭的二元结构，参见拙作：《唐代家庭形态的复合型特征》，《历史研究》2005 年第 4 期。

② 敦煌所出《唐开元十年（722）沙洲敦煌县玄泉乡籍》有"开元七年籍后被其年十二月十三日符从尊亲合贯附"等字样。池田温解释说：合贯"即将籍贯合并为一"。参见池田温：《中国古代籍帐研究》，中华书局，1984，第 233 页。

户贯下①。而在实际上，这些兄弟未必只是在父母去世那一天才分家，也许早就已经异财分爨了。父亲生前也不过是名义上的户主，但死后连这个名义也不可能，于是长兄成为过渡时期的户主。分家也就从过去的"异财"发展到"异籍"的阶段。

（二）家长的权力

家庭的分与合，不仅要服从国家的权力，而且也是家长的权力领域。

"家长"一词早在先秦的诸子的著作中就已出现②。唐朝法令一般称为尊长，但尊长是一个复数，包括父母祖父母，而家长则只有一人，一般就是户主，唐玄宗开元二十五年（737）令："诸户主皆以家长为之。"③ 这里的家长与户主的分别，其实就是作为对于家庭的两种定位的分别，家长是作为一个血缘婚姻单元的首长，户主是作为一个社会基层组织的首长。法律认为，他们应该是同一个人。

关于家长的权力，日本学者仁井田陞认为有三个方面，即：申告户口；输纳租税，不得荒芜田畴；家人犯罪时连坐④。此外，王玉波等也对此有专门的讨论⑤。高明士总结诸家观点，提出唐朝法律规定的家长或户主的责任是：祭祀祖先；教养子孙；申告户口；输纳租税；主婚权与责任；家人共犯而独坐家长的责任⑥。以上这些讨论都没有涉及家长对于家庭财产的处理权问题⑦。

一般印象认为家长是家庭事务的主宰，包括财产的处置在内。日

---

① 北原薰：《唐代敦煌籍的三状注记所见兄弟之间的析户和合户》，载《中岛敏先生古稀记念论集》上卷，东京汲古书院，1980，第125－155页，此处见第136页。

② 如《商君书·垦令》："大夫家长不建缮则农事不伤。"蒋礼鸿：《商君书锥指》，中华书局，1986，第8页。《墨子·天志上》："恶有处家而得罪于家长而可为也？"吴毓江：《墨子校注》卷七《天志上》，孙启治点校，中华书局，2006，第293页。

③ 《通典》卷七《食货七·丁中》，第155页。

④ 仁井田陞：《中国身份法史》，东京大学出版会，2001，第417－421页。

⑤ 王玉波：《中国家长制家庭制度史》，天津社会科学院出版社，1989，第250页。

⑥ 高明士：《唐律中的家长责任》，《唐代身份法制研究——以唐代名例律为中心》，台北五南图书出版公司，2003，第40页。

⑦ 张中秋认为家长的权利首先就表现在财产上。见张中秋：《唐代经济民事法律述论》，法律出版社，2002，第220页。

本学者则有比较分歧的意见。究竟是家族共产，还是家长独自拥有财产权，仁井田陞（包括中田薰）与滋贺秀三各有不同看法。仁井田陞和中田薰都从父家长权威去解释父亲的财产处理权，中田还另外加了父亲的教令权的概念①。滋贺秀三与之不同，他强调从社会学意义上说，家庭成员共同拥有全部家庭财产，或者对如何处置家庭财产具有发言权，但是，从法律意义上说，只有男性长辈家长拥有独立地处置家庭财产的权力。滋贺秀三特别强调作为家长的父辈在处理财产文书上的签字权。只要父亲签字而无须儿子连署，这说明财产属于父亲所有②。此外，从家庭负债的角度说，儿子负债只有在父亲默许的情况下才可以成为家庭的债务，而父亲的债务，儿子却必须无条件偿还③。尽管父亲可以随心所欲地决定是否分家以及给自己预留多少养老份额，但是却无法改变诸子财产均分这样的事实。即使有父亲的遗嘱，在分配财产上也不能随意破坏诸子均分的原则。滋贺秀三解释说，由于中国人有父子一体的观念，认为家庭的传承表现为祖先和子孙的连续关系，家庭的生命就是通过男性子孙的血脉延续来完成的，财产继承只是这个传续过程的一个方面④。

从法律的原理层面说，滋贺秀三的分析可以说是相当深刻的。它是剥离了各色具体情形后所进行的纯粹的理论分析。但是缺陷也正在于此，这个理论既缺乏历史感又缺乏现实性，历史上中国家庭的财产关系并不完全符合这个原理。就本文要讨论的唐代的情况来说，滋贺秀三所举的那些例子几乎都是不适合的，我们在敦煌借贷和债务文书中就发现家长与家庭成员同时签名的例子⑤。在现实中家长在处理财产

---

① 参见中田薰：《法制史论集》第Ⅲ卷，东京岩波书店，1943，第1331－1334页；仁井田陞：《中国身份法史》，第450－453页。

② 参见滋贺秀三：《中国家族法原理》，张建国、李力译，法律出版社，2003，第127－132页。

③ 滋贺秀三：《中国家族法原理》，第141页。

④ 滋贺秀三：《中国家族法原理》，第169－179页，特别参看第177页。

⑤ 例如，本文后面列举的敦煌文书中，家庭成员都在家庭财务契约上签字画押并不鲜见；又如父亲遗嘱在财产处理上有相当的主观因素。见伦敦大学亚非学院编《英藏敦煌文献（汉文佛经以外部分）》（1－14），四川人民出版社，1990－1995年。上海古籍出版社、法国国家图书馆编《法藏敦煌西域文献》（1－30），上海古籍出版社，1993－2003年所收录的文书。

时绝大多数场合并非不考虑其他家庭成员的意愿，也力求处分公允，所谓"一碗水端平"。但是，这与家长是否拥有绝对的财产处置权毕竟不同。唐初功臣刘弘基于永徽元年卒，"弘基遗令给诸子奴婢各十五人，良田五顷。谓所亲曰：'若贤，固不藉多财；不贤，守此可以免饥冻。'余财悉以散施。"① 刘弘基并没有把家庭财产全部处分给儿子，而是散施给外人，可见家长处分财产的权力是独立于其财产继承人的意志的②。即使其他家庭成员判断，家长在某个家庭财产处置行为上会造成重大的经济损失，其他家庭成员除了劝告外，并无有效的法律手段加以阻拦。相反，卑幼则不经家长许可无权随意处置家庭财产。《唐律疏议》对此的规范是："凡是同居之内必有尊长。尊长既在，子孙无所自专。若卑幼不由尊长，私辄用当家财物者，十匹笞十，十匹加一等，罪止杖一百。"③

（三）虚假的分家与合户

分家还涉及更为复杂的利益关系。国家限定民间分家析籍除了伦理名教上的因素，还有赋役征收上的考量；民间也试图通过改变家庭外显形式来谋求经济上的好处。于是，就有所谓虚假的"分家"和"合户"。

虚假的合户在唐律上叫作"相冒合户"，是法律明令禁止的行为："诸相冒合户者，徒二年；无课役者，减二等。"疏议解释："既为同居有所蠲免，相冒合户，故得徒二年。无课役者，或籍资荫赎罪，事既轻于课役，故减二等，得徒一年。注云：'谓以疏为亲'，律令所荫，各有等差，如以疏相合，失户数；规其资荫，即失课役。如斯合户，得此徒刑。"④ 这条律疏实际谈了两种情况，一种是普通家庭为了逃避赋役，通过以疏为亲的办法把本来是两家合为一户，从而获得蠲免上

---

① 《旧唐书》卷五八《刘弘基传》，第 2311 页。
② 滋贺秀三否定家长有这种处置财产的权力，见前引书第 161 – 165 页。按《唐律疏议》卷十二《户婚》对于"同居应分，不均平者，计所侵，坐赃论减三等"的规定，只是适用于"兄弟均分"的场合，对于父亲的财产处分权不构成限制。
③ 《唐律疏议笺解》卷十二《户婚·同居卑幼私辄用财》，第 960 页。
④ 《唐律疏议笺解》卷十二《户婚·相冒合户》，第 955 页。

的好处。另外一种是那些本来没有课役的官宦人家，通过合并两家为一户，从而获得刑罚减免上的待遇。

至于通过分家来获得赋役上的好处主要是因为唐朝前期实行"先富强、后贫弱，先多丁，后少丁"的差科派役政策①，富室多丁之家户等也高，那么分家可以减少家庭的丁口和财产的数额，从而可以减少或逃避差课。为了防范这种情况泛滥危及国家赋役，武则天万岁通天元年（696）七月二十三日敕云："天下百姓，父母令外继别籍者，所析之户等第，并须与本户同，不得降下。其应入役者，共计本户丁、中，用为等级，不得以析生蠲免。其差科各从析户祗承，勿容递相影护。"② 这则敕文的针对性很强。它要求因为外出继承绝户而分家析出之户，要与分家之前的户等相同，不得因析分而降下，分派差役也不得因析户人丁减少而有所减免，户等的确定、丁中役事的分派都要按照分家之前的状态进行。可见国家一方面关注的是分家析户引发的国家赋役的变化；另一方面大约也是为了惩戒无端分家者，让其不能从中得到好处。但是从效果上看，似乎并不很明显，未必能完全解决民间分家析户的趋势。所以，唐玄宗一再发出禁令，甚至不惜以刑罚相威胁③。这说明其实际效果很有限。

唐代后期实行两税法，赋役征收原则及户籍制度都发生了一些变化。"户无土客，以见居为簿；人无丁中，以贫富为差"，虽然两税法仍保留了原来三年造籍的旧制，"州县常存丁额，准式申报"④，但徭役征发不再以人丁为本，而"唯以资产为宗"，资产少者则其税少，资产多者则其税多，也就是说原则上家庭财产成为赋役征发的主要根据。

① 《唐律疏议笺解》卷十三《户婚律·差科赋役违法》，第 1001 页。
② 《唐会要》卷八五《定户等第》，第 1845 页。
③ 《唐会要》卷八三《租税上》载天宝元年（742）正月一日敕文："如闻百姓之内，有户高丁多，苟为规避，父母现在，乃别籍异居，宜令州县勘会。其一家之中有十丁已上者，放两丁征行赋役，五丁已上者放一丁。即令同籍共居，以敦风教。其侍丁者假，与免差科"，第 1817 页。《册府元龟》卷五九《帝王部·兴教化》天宝三载（744）十二月制："其有父母见在，别籍异居，亏损名教，莫斯为甚。亲殁之后，亦不得分析。自今已后，如有不恭不孝、伤财破产者，宜属隶碛西，用清风教。"肃宗乾元元年（758）四月诏："百姓中有事亲不孝、别籍异财、玷污风俗、亏败名教，先决六十，配隶碛西。有官品者禁身闻奏。"第 628 页。
④ 《唐会要》卷八三《租税上》，第 1818 页。

陆贽对于这一点是抱有相当的保留态度的。他的意见主要集中在家庭财产的确认上："资产之中，事情不一，有藏于襟怀囊箧，物虽贵而人莫能窥。有积于场圃囷仓，直虽轻而众以为富。有流通蓄息之货，数虽寡而计日收赢，有庐舍器用之资，价虽高而终岁无利。"① 我们可以想象，理论上说，家庭财产的分割应该是有利于降低纳税基数的。

也有人认为两税法实行后以户口的增殖为考核地方官政绩的做法，直接导致了析户之风的盛行。宪宗元和六年（811）二月制文指出："自定两税以来，刺史以户口增减为其殿最，故有析户以张虚数，或分产以系户名，兼招引浮客，用为增益。至于税额，一无所加"②。从这里可以看出，分家析产并不会给官府带来更多的赋税收益，却会给地方官带来管内户口数增加的虚名。我们还无法完全判定地方官强制老百姓分家析产成为普遍事实，但是，至少可以这样说，他们对于民间的自然分家应该不会采取强烈阻止的立场。官府处心积虑建筑的道德堤防也就无法发挥作用。

二 财产的析分——法律的若干准则

分家析产作为家庭生命周期中的一个正常现象，其最复杂的环节莫过于家庭财产的分割。所谓分家本质上其实就是财产的重新分配和重新会计。这个问题也可以这样来讨论，即哪些人可以享受财产上的继承权利？哪些财产可以列入析分的范围？如何进行析分？等等。对此，唐朝法律都有所规定：

> 诸应分田宅及财物者，兄弟均分（其父祖亡后，各自同居，又不同爨，经三载已上；逃亡，经六载已上。若无父祖旧田宅、邸店、碾硙、部曲、奴婢见在可分者，不得辄更论分），妻家所得

---

① 《全唐文》卷四六五《均节赋税恤百姓六条》，第4749页。
② 《唐会要》卷八四《杂录》，第1839页。

之财，不在分限（妻虽亡没，所有资财及奴婢，妻家并不得追理）。

兄弟亡者，子承父分（继绝亦同）；兄弟俱亡，则诸子均分（其父祖永业田及赐田亦均分，口分田，即准丁、中、老、小法。若田少者，亦依此法为分），其未娶妻者，别与聘财；姑、姊妹在室者，减男聘财之半。寡妻妾无男者，承夫分。

若夫兄弟皆亡，同一子之分（有男者，不别得分，谓在夫家守志者。若改适，其见在部曲、奴婢、田宅不得费用，皆应分人均分）。[①]

以上是唐代法律关于分家析产的基本原则，那么这些纸上的制度是否在现实中得到了贯彻执行呢？下面结合敦煌吐鲁番文书有关资料，就其中重点涉及的几个问题，加以分析讨论。

（一）享受家产析分和继承权利的亲属范围

哪些人可以参与分家析产？根据令文的规定，首先是父母亡故后的兄弟具有均等的财产继承权利。他们是第一顺序继承人。如果兄弟中有人身亡，那么其子孙享受继承权利。这就是"兄弟亡者，子承父分"。如果是没有子嗣而通过收养关系而立的"继绝之户"，也获得同样的继承权利。对于未婚的兄弟，要在均分之前，预为留下娶亲的聘财。假设诸位兄弟都已经亡故，那么"诸子均分"，也就是说诸位孙儿辈均分家产。换句话来说，在儿子作为第一继承人的这一辈，唐律实行按照房支（一个兄弟为一房支）均分的原则；在孙儿作为第二继承人的这一辈，则实行按照孙辈人数均分的原则。也就是说，孙子多的人家会分得比较多的财产。

那么，哪些人被排除在财产继承的范围之外呢？首先是指那些已经多年离开父母而单独生活的兄弟。唐律规定是分开过三年以上，逃亡后六年以上，就不得参与财产的析分。这主要是因为这些实质上分

[①] 仁井田陞：《唐令拾遗》卷九《户令》，第 155 页。

居的兄弟离家后，家庭财富的增殖与他们的劳动毫无关系。唐律为了防止现在家庭的兄弟们的劳动成果被已经分居的兄弟所分割，所以才做出此等规定。但是，令文同时补充说，"若无父祖旧田宅、邸店、碾硙、部曲、奴婢见在可分者，不得辄更论分"。意思是，如果家里仍然有父祖留下的财产，那么即使已经离家或者分居若干年的兄弟，还是可以分享这些遗产的。这样就既防止了已经分居的兄弟分享尚未与父母分家的兄弟的财富，又防止了尚未分家的兄弟独享父祖遗产。应该说法律条文规定是比较严密的。

此外，财物所有人生前的外宅妻儿未入户籍者无财产继承权。根据唐天宝六载（747）五月二十四日敕节文："百官、百姓身亡殁后，称是别宅异居男女及妻妾等，府县多有前件诉讼。身在纵不同居，亦合收编本籍，既别居无籍，既明非子息。及加推案，皆有端由：或其母先因奸和，或素是出妻弃妾，苟祈侥幸，利彼资财，遂使真伪难分，官吏惑听。其百官、百姓身亡后，称是在外别生男女及妻妾，先不入户籍者，一切禁断。辄经府县陈诉，不须为理，仍量事科决，勒还本居。"[1] 这则敕文并不是要剥夺外宅妻儿的财产继承权，而是为了防止伪冒私生子而引发财产诉讼。其实这个规定在实际的生活中往往比较复杂。那些生前并没有入籍的外宅男女往往仍然可以通过诉讼获得财产继承权，所以《元典章》就干脆规定分家时，"奸良人及幸婢子，各一分。"[2]

关于兄弟均分的实际事例，我们可以举出敦煌文书 P. 2685 号《年代未详（828?）沙州善护遂恩兄弟分家契》（节录）[3]，契约不全，但仍可以看出"缘起与立誓""财产分割""签字画押"三部分，而财产分割又分城外和城内房屋、田园等逐项分列：

---

[1] 窦仪等：《宋刑统》卷十二《户婚律·卑幼私用财》，中华书局，1984，第198页。同书下文又引天宝七载十二月十二日敕又补充云："其宗子、王公以下在外处生男女，不收入宅，其无籍书，身亡之后，一切准百官、百姓例处分。"

[2] 《通制条格校注》卷四《户令·亲属分财》，方龄贵校注，中华书局，2011，第178页。

[3] P. 2685《年代未详（828?）沙州善护遂恩兄弟分家契》。据 S. 11332《沙州善护、遂恩兄弟分家契》推测年代为公元828年，录文见唐耕耦、陆宏基：《敦煌社会经济文献真迹释录》第二辑，书目文献出版社，1986，第142–144页。

（前缺）

7　城外舍：兄西分三口，（弟）东分三口；院落西头小牛舞
（虎）

8　舍合舍外空地，各取壹分；南园，于李子树巳西大

9　郎，巳东弟；北园渠子巳西大郎，巳东弟；树各取半。

10　地水：渠北地三畦共壹拾壹亩半，大郎分；捨东三畦，

11　捨西壹畦、渠北壹畦，共拾壹亩，弟分；向西地肆
畦，共

12　拾肆亩，大郎分；渠子西共三畦拾六亩，弟分。

13　多农地向南仰大地壹畦五亩，大郎；又地两畦共五
亩，弟。

14　又向南地壹畦六亩，大郎；又向北仰地六亩，弟。寻渠

15　九亩地，弟；西边八亩地、捨坑子壹（亩），大郎。长地
五亩，弟；

16　捨边地两畦共壹亩，渠北南头寻渠地壹畦肆亩，计五亩，

17　大郎。北仰大地并畔地壹畦贰亩，（兄）；寻渠南头长地
子壹亩，

18　弟。北头长地子两畦各壹亩：西边地子弟，东边兄。

19　大郎分：釜壹受九斗，壹斗五胜锅壹，胜半龙头

20　铛子壹，铧壹孔，镰两张，鞍两具，镫壹具，被头

21　壹，剪刀壹，刟壹，锹壹张，马钩壹，碧绢壹丈柒
尺，黑

22　自牛壹半对草马与大郎，钁壹具。

23　遂恩：铛壹口并主鏊子壹面，铜钵壹，龙头铛子壹，种

24　金壹付，镰壹张，安（鞍）壹具，大釿釿壹，铜灌子壹，
钁□

25　壹具，绢壹丈柒尺，黑牸牛壹半。

26　城内舍：大郎分，堂一口，内有库捨一口，东边房一口；

27　遂恩分：西房一口，并小房子厨捨一口。院落并碨

28　捨子合大门外（庑）舞捨地大小不等，后移墙停分舞

（庑）捨：

29　西分大郎，东分遂恩。大郎分故车盘，新车盘遂恩，贾

30　数壹仰去新盘者出。车脚二，各取壹。大郎全毂，遂

恩破

31　毂。

　　从这则兄弟分家契约中，我们可以清楚地体会所谓兄弟均分的确切内涵！尤其是"黑牸牛壹半"的表述，令人不敢相信！这个黑牸牛是一人一半，共同使用于耕地呢？还是其中一人将其所分得的半条牛折价给对方呢？从文书中是看不出的。参考敦煌文书 S. 2174 号《天复九年（909）闰八月十二日神沙乡董加盈兄弟三人分家契》，董加盈分得"玖岁婴牸（牛）一头，共弟怀子合"，董怀子分得"玖岁瞿牸（牛）一头，共兄加盈合"①。也就是说他们兄弟二人共同分得耕牛一头，明确地说是"合"有的财产。可以想见在实际的耕作或者运输过程中，这两个兄弟还必须合用一条耕牛，形成一种合作的关系。类似的情况可能也适用于水井之类物品。敦煌文书 P. 3121 号《沙州万子胡子宅舍田园图》②，在园场和屋舍中间有井一口，此井当既可以提供饮用水，也可以浇园。在分家析产的情况下，这口井大约也是无法分割的。所以，P. 3744 号《年代未详（840?）沙州张月光兄弟分书》中的"车敝井水合"，当是指车和井水是两家合用的意思。总之，在兄弟均分家产过程中，有些大型财产如车牛、水井仍然兄弟共用，大约也是比较常见的情况。P. 2685 号《年代未详（828?）沙州善护遂恩兄弟分家契》还有"兄弟义让，□上大郎，不入分数"的话，虽然句子不完整，大约也可以看作某些家产是作为弟弟的礼让给兄长的意思，不划作均分范围。

---

① S. 2174 号《天复九年（909）闰八月十二日神沙乡董加盈兄弟三人分家契》，载《敦煌社会经济文献真迹释录》第二辑，第 148 页。契约中的婴牸（牛）、瞿牸（牛）疑是同一字之讹误。

② P. 3121 号《沙州万子胡子宅舍田园图》，载《敦煌社会经济文献真迹释录》第二辑，第 487 页。

至于究竟如何决定大郎和遂恩，谁获得两份财产中的哪一份？文书中也没有显示，但是作为分书样本的敦煌遗书 S. 5647 号中以"抛钩为定"亦即类似于抓阄的办法①，恐怕在当时的民间分家活动中是普遍采用的做法。

（二）被析分和继承的家庭财产的界定

父母亡故，哪些财产可以作为分家的内容？律文只说是田宅和财物，上面引用的《年代未详（828？）沙州善护遂恩兄弟分家契》也具体展示了家庭大到耕牛房屋，小到剪刀、马钩，都是分割的对象。一般住宅和财物比较好平均分割，土地的分割在唐朝涉及一些法令上的障碍。因为均田制法令里，只有永业田和赐田是可以留传给子孙的，而口分田则要身死还公。但是，我们知道，在实际上，唐代均田制度并没有严格地按照田令来进行土地的还授，因此实际的分家析产就只能按照现实的家庭土地占有状况来划分。由于永业田及赐田是完全的私产，所以"父祖永业田及赐田，亦均分"有充分的法律依据②。至于口分田，武德七年令规定世业之田"身死则承户者便授之"的同时，又规定"口分则收入官，更以给人"。因此，《户令》所说的"口分田，即准丁、中、老、小法。若田少者，亦依此法为分"，并没有违背均田制的原则精神。所谓"口分田，即准丁、中、老、小法"，意思是说，口分田的分配原则应该是，按照参与分家人员的实际年龄及其相应的受田权限来分配，而不是均分。也就是说如果是丁男或 18 岁以上中男，将获得相应的口分田；如果尚未入丁中，就没有或者只能较少地分得口分田。令文又补充说"若田少者亦依此法为分"，就是说如果口分田很少，也可以采取均分的办法。我们看到敦煌文书中有口分田归入百姓家庭财产析分的事例。例如敦煌文书 P. 3744 号《年代未详

① S. 5647 号《分书（样式）》，《敦煌社会经济文献真迹释录》第二辑，第 169 页。
② 《唐会要》卷八三《租税上》武德七年：律令："世业之田，身死则承户者授之。"第 1813 页。《唐六典》卷三《尚书户部》："凡官人受永业田，亲王一百顷……皆许传之子孙"，第 75 页。《通典》卷二《食货二·田制下》开元二十五年令："诸永业田皆传子孙，不在收授之限，即子孙犯除名者，所承之地亦不追"，第 30 页。

(840?) 沙州张月光兄弟分书》云：兄僧月光"口分地取牛家道西三畦共二十亩"，弟日兴"口分地取七女道东三畦共二十亩"，弟和子的口分地情况因为后文缺而不知，从契约中说"庄园田地林木"都要"就庄对邻人宋良升取平分割"①来看，应该说这里的三位兄弟都按照平均数的办法瓜分了口分地。虽然这是唐朝末年归义军统治下的沙洲，此时此地的"口分田"的含义早已不是均田制时代的口分田，但是，它也许说明历史上的口分田是可以实际被百姓当作家产予以析分的。

唐代家庭财产析分中要排除两类资财。一是媳妇们从娘家带来的财产不参与分家。如妇女的嫁妆、陪嫁之类是妇女个人支配之物，不归大家庭所共有。同样，唐代出嫁女在特殊情况下也有一定的财产继承权，这类财产当亦属于妇女个人所有，不得拿来当作父祖财产充分家之用。但是，如果媳妇已经亡故，则此财产并不属于媳妇的娘家，理应归媳妇的丈夫或儿子所有②。二是父祖的官爵和分封的土地。《唐六典》规定："诸王公伯侯子男，若无嫡子及罪疾，立嫡孙。无嫡孙，以次立嫡子同母弟。无母弟，立庶子。"又规定"凡食封皆传于子孙"③。具体遗传办法是："食封人身没之后，所封物随其男数为分；承嫡者加与一分"，"若非承嫡房，至玄孙即不在分限，其封物总入承嫡房。"④也就是说，嫡长子或者长孙拥有优先的继承父祖爵位的特权，也拥有在诸子中多获得一份封物的特权。我们知道汉武帝实行"推恩令"，旨在分割和削弱各个封国的势力。唐代的官爵和封户的承袭完全不同于汉代的情况。唐律此制乃是为了防止过度析分，使家族宗祧的承嗣及爵位的因袭一直由宗族的嫡长子承担，从而使主祭之权保证在嫡长子手里。

---

① P.3744 号《年代未详（840?）沙州张月光兄弟分书》，载《敦煌社会经济文献真迹释录》第二辑，第 145－147 页。

② P.3774 号《丑年（821）十二月沙州僧龙藏牒》提到"妻阴二娘死，其妻阴二娘衣服夹绿罗裙一腰，红锦裤一，罗衫子一，碧罗被子一，皂绫袄子一，剪刀及针线等物，并大哥（阴二娘的丈夫）收拾"。这里明确说妻子的财物为丈夫所拿。但是，龙藏把这件事抖出来，似乎表示自己对妇女私财不归大家有所不满。参见《敦煌社会经济文献真迹释录》第二辑，第 283－285 页。

③ 《唐六典》卷二《尚书吏部》，第 37－38 页。

④ 《唐六典》卷三《尚书户部》，第 79 页。

（三）妇女的财产继承问题

唐代妇女的财产权比较复杂，需要专门讨论①。女性也并不以独立的身份参与分家活动，即使是孤寡妇女，也是以未亡人或者孩子母亲的身份来参与分家的。但是，这并不排除妇女在分家过程中有权获得自己的财产。唐代法令对于女性家庭成员的财产继承权利大体有以下几个原则规定。

首先，关于未婚室女的妆奁钱的预留问题。姑姑和姊妹等未婚女性有权获得嫁妆钱，数额为男性兄弟为娶媳妇所花聘财的一半②。敦煌文书 S.6537 号背《慈父遗书一道（样式）》：以病重之时"留嘱遗言，归他逝路。吾以生存之时，所造家业"，包括"舍田、家产、畜牧"等，分配给"长男某甲、次男某甲、某女。右通前当自己内分配指领已讫，后时更不得啾唧"③。这里父亲晚年在分割家产时，除了两个儿子外，还为在室女分配了一些财产，虽然作为样书我们无法知道女儿所获家产数额，但应该是作为嫁资而留下的。正是因为它是样本的缘故，更说明民间为在室女预留家产作为嫁妆是相当真实和普遍的事情。对于有封赠的官宦人家，《唐六典》卷三《尚书户部》还规定："食封人身没以后，所封物随其男数为分……虽有男，其姑、姊、妹在室者，亦三分减男之二。"④ 可见未婚的姑姑和姐妹也能继承到三分之一的封物作为出嫁女的私产。

其次，寡妻、妾有权获得与其身份地位相称的财产。这里关键是要确认寡妻妾在析分前后家庭里的身份。唐朝法律为此分别了如下几种不同情况：一是寡妇有子嗣或者阙子嗣而有养子的情况下，子嗣或

---

① 前举邢铁《宋代家庭研究》下篇第 2 节也论及妇女财产继承，虽然以宋代为中心，也涉及唐代的内容。大泽正昭则关于宋代妇女财产继承进行过讨论，参见大泽正昭《唐宋时代の家族·婚姻·女性》之《序章》，东京明石书店，2005，第 13－44 页。

② P.3774 号《丑年（821）十二月沙州僧龙藏牒》记载："齐周嫁女二，一张家，一曹家。各得麦廿石，并入大家使用。宣子娶妻，妇财麦廿石。羊七口，花毡一领，布一匹，油二斗五升，充妇财"。这后面的"羊七口，花毡一领，布一匹，油二斗五升"是用来"充妇财"二十石麦。可见当地风俗嫁女与娶妻的陪嫁和聘财的数目大体都为二十石麦。录文见《敦煌社会经济文献真迹释录》第二辑，第 283－285 页。

③ S.6537 号背《慈父遗书一道（样式）》，载《敦煌社会经济文献真迹释录》第二辑，第 182 页。

④ 《唐六典》卷三《尚书户部》，第 79 页。

养子获得丈夫名下的那一份财产，寡妇除了自己的私财外不另外分得财产；二是寡妇而无子嗣的情况下，可以继承丈夫应该得的那一份财产；三是寡妇无子嗣，同时丈夫的兄弟也都死亡的，寡妇面对的是丈夫的诸位侄儿的时候，那么寡妇可以作为全体继承人中的一员也与诸位侄儿一样分得一份家产；四是寡妇无子嗣而改嫁的场合，寡妇本人必须放弃所有从丈夫家继承的财产。不另外获得财产。这些财产当重新进入再分配。这就是所谓"寡妻无男者……若改适，其见在部曲、奴婢、田宅不得费用，皆应分人均分"①。

关于寡妇改醮其在夫家继承的财产必须留下的情况，我们在吐鲁番文书《高昌延寿四年（627）参军氾显祐遗言文书》可以找到一个例证。该文书内容残缺，大意谓参军氾显祐临死留下一份遗书，处分家庭财产之事。参与财产分配的人有"夷母"、名叫欢资的"俗人女"、失名的"师女"②。夷母当即姨母，文书应该是根据参军氾显祐生前的遗言而制作的文书，所以是以孩子们的口气写的。这个姨母其时是氾显祐的小妾。遗书对宅舍、葡萄园和"作人"等财产分配如下："石宕渠葡萄壹园与夷（姨）母，东北放（坊）中城里舍壹口区与俗人女欢资，作人得与师（女）"。值得注意的是关于阿姨对于财产关系的说明："阿夷（姨）尽身命，得舍中柱（住）。若不舍中柱（住），不得赁舍与余人。舍要得一坚（间）。阿夷（姨）身不出，养生用具是阿夷勿（姨物）。若阿夷（姨）出趣余人去，养生用具尽□□"。显然，这些规定一方面使阿姨有生活上的保障，另一方面也为了防止阿姨离开家庭（如改嫁他人），氾家的财产流失。文书的末尾有"夷（遗）言文书，同有二本，壹本在夷（姨）母边，壹本在俗人女、师女贰人边。"这份文书似乎获得了公证，故有"民部"的证明说"是

---

① 《宋刑统》卷十二《户婚·卑幼私用财》，第197页。

② 文书断片还出现了女孙阿某、娄某，是否另外的家庭成员不详。但从后文关于遗言文书的保存来看，瓜分财产的只有姨母和两个女儿。《高昌延寿四年参军氾显祐遗言文书》，国家文物局古文献研究室、新疆维吾尔自治区博物馆、武汉大学历史系编《吐鲁番出土文书》第五册，文物出版社，1987，第70页。

汜显祐存在时守（手）卷（券）"①。这件文书还是唐太宗平定高昌以前的事情，反映了北朝和隋代民间分家的习俗与唐代基本相同②。

在墓志中，妇女的财产往往被鼓励用来资助家庭用度和亲友。墓志中有大量妇女以私产充大家公用的美德义举。如武则天圣历二年（699），费婉出嫁给慕容氏，墓志赞扬她的嫁妆"宝箱绮箧，不为己物；绣缕金针，咸与众共"③。如贞元年间博陵崔家的媳妇李金，"时先公频有天伦之戚，既寓荒服，家素清贫，夫人有黄金数两，命货之，衣食孤幼，财不入己，皆如此类"④。再如大中年间的韦氏，"府君抱疾，越口年，药饵饮食，尽妆箧笥之有无，以冀疾愈"⑤。还有一位史氏嫁给张家后，"孝勤舅姑，劳辛动静，饮膳清温，沐汤几屡，寝兴侍宴，靡不亲馈。顷岁公宦未芳，郁抑私怀，孑身京洛。夫人尽自房饰资用，前达显重，亦由兹肇。又公女弟属适他氏，搜索衣玩，饯足行具，如是均施，外内荣润"⑥。也就是说，张家的这位媳妇不仅孝敬公婆，操持家务，而且在丈夫穷困潦倒的时候，能够出私房钱补贴家用，还在小姑（丈夫的妹妹）出嫁时，尽量给足陪嫁用品。这样的媳妇究竟有多少不得而知，但是，我们可以知道，那是唐朝社会正面提倡的为妇之道，应该只属于榜样的范围。

三　家产析分模式——若干类型的分析

以上我们对唐代家庭财产析分中的若干制度规定进行了逐一分析，但是，在现实生活中，究竟一个家庭是如何进行分家的？其具体情况

---

① 《吐鲁番出土文书》第二册，文物出版社，1994，第 204－205 页。
② 根据唐代田制规定，寡妻妾也可以受田，《通典》卷二《食货二·田制下》载："寡妻妾各给口分田三十亩，先永业田，通充口分之数。……寡妻妾当户者，各给永业田二十亩，口分田二十亩。"第29页。如果寡妇再嫁，此条自然不会适用。故如果寡妇受田是从大家获得，仍然必须放弃。
③ 《唐故夫人费氏墓志铭并序》，周绍良、赵超主编《唐代墓志汇编》，圣历033，上海古籍出版社，1992，第 951 页。
④ 《唐崔公夫人陇西县君李氏墓志铭并序》，《唐代墓志汇编》，贞元062，第 1881 页。
⑤ 《唐故太原王府君夫人韦氏墓志铭并序》，《唐代墓志汇编》，大中143，第 2363 页。
⑥ 《大唐张公故夫人史氏墓志铭》，《唐代墓志汇编》，大中005，第 2255 页。

可能千差万别，不能一概而论。敦煌文书中有一些分书或者遗书的样本，也可以叫作书仪，是供人选用的一种范文。既然是范文，说明它涵盖了比较多的现实情况，比较具有代表性。敦煌和吐鲁番文书中还有一些实际的分家契约类文书，提供了真实的分家故事和有关经济数据，弥补了作为样本书仪的不足。

目前所见敦煌吐鲁番地区的家庭财产分割文书及其分书样本主要有以下数件：

《高昌延寿四年（627）参军氾显祐遗言文书》①

S.0343 号《析产遗嘱（样式）》

S.5647 号《遗书（样式）》二件、《分书（样式）》一件

S.6537 号《遗书（样式）》《分书（样式）》《慈父遗书一道（样式）》各一件

S.4374 号《分书（样式）》一件

S.2174《天复九年（909）闰八月十二日神沙乡董加盈兄弟三人分家契》

S.2199 号《唐咸通六年（865）尼灵惠唯书》

S.4577 号《癸酉年（973）十月五日杨将头遗物分配凭据》

S.6417 号背《孔员信分三子遗物凭据》

P.2685 号《年代未详沙州善护遂恩兄弟分家契》②

P.3410 号《年代未详（840?）沙州僧崇恩处分遗物凭据》

P.3774 号《丑年（821）十二月沙州僧龙藏牒》

P.3744 号《年代未详（840?）沙州张月光兄弟分书》

除此之外，敦煌吐鲁番文书中涉及分家时的财产纠葛或债务纷争的文书更多，它们也透露了家庭财产关系中的重要信息。主要如：

① 本件为吐鲁番文书，见《吐鲁番出土文书（图录本）》［贰］，文物出版社，1994，第 204-205 页；以下其余文书录文均见《敦煌社会经济文献释录》《英藏敦煌文献》以及《法藏敦煌文献》。

② 据 S.11332 文书，则此契约签订于戊申年（828）四月六日。两者当为同一契约的两份。

P. 3774 号《丑年（821）十二月沙州僧龙藏牒》

S. 6417 号《年代不详（10 世纪前期）孔员信三子为分遗产纠纷上司徒状》

P. 3257 号《后晋开运二年（945）十二月河西归义军左马步押牙王文通牒及有关文书》

P. 4992 号《年代未详（10 世纪后期）马军氾再晟状》

P. 3501 号《后周显德五年（958）押衙安元进等牒》

S. 4498 号《宋雍熙二年（985）六月慈惠乡百姓张再通牒（稿）》

以上文书虽然不都属于唐朝时期，但是按照学术界一般的理解，大体可以作为我们研究唐代家产析分问题的资料基础。仁井田陞曾经对其中的"遗言状"文书（遗嘱）的内容及形式有所论述，对其类别则未遑具体讨论①。总体说来，各种分家析产文书大体包括订立契约的日期、当事人、事由和财产分配原则、内容以及遵行契约的要求（惩罚措施）等诸项内容。考察一下主要的文书形式和契约样本，其家产析分模式主要包括以下三种类型：一是父辈家长生前立遗嘱模式；二是长辈死后兄弟分家模式；三是长兄死后叔叔与侄子的分家模式。此外，作为上述模式的补充，还有多次分家模式。下面结合文书样本逐一讨论。

（一）直系家庭遗嘱分家模式

如前所述，唐朝法律禁止父母在兄弟分家，为了防止父母死后兄弟间引起财产纷争，父辈家长在死前立遗嘱处分家产是常见的一种分家模式。敦煌文书 S. 0343 号背就是这样一个《析产遗嘱（样式）》②范本：

---

① 仁井田陞：《唐宋法律文书研究》，东京大学出版会，1983，第 622 页。
② S. 0343 号《析产遗嘱（样式）》，载《敦煌社会经济文献释录》，第 159 页。

1　吾今桑榆已逼，钟漏将穷，疾病缠身，暮年不差，日日承忘

痊损，月月渐复更加。想吾四体不安，吾则似当不免，吾

2

3　与汝儿子孙侄家眷等，宿缘之会，今为骨肉之深，未得安

4　排，遂有死奔之道。虽则辜男女，逝命天不肯容，所是

5　城外庄田、城内屋舍家活产业等，畜牧什物，恐后或有不

6　亭（停）争论、偏并，或有无智满说异端，遂令亲眷相憎，骨

7　肉相毁，便是吾不了事。今吾惺悟之时，所有家产、田

8　庄、畜牧、什物等，已上并以分配，当自脚下，谨录如后。

9　右件分配，并以周讫。以后更不许论偏说剩。如若违吾语者，

10　吾作死鬼，掣汝门铛，来共汝语，一毁地下，白骨万劫，是其

11　怨家；二不取吾之语，生生莫见佛面。谨立遗书，限吾嘱矣。

　　这件文书的基本结构分三层：一是作遗嘱分家的缘由，乃因老父（遗嘱主人）年老，担心来日无多，为防止死后骨肉纷争，故作此分家遗嘱；二是家庭财产分配内容，因为是样文，所以，这里没有具体一一列出，需要使用这份样文的人家可以自己按照实际情况填补；三是对于所有当事人遵守遗嘱规定的要求。此件样文作者受佛教影响很深，因此对于违约者的惩处带有因果报应的色彩。

　　虽然官府的政策禁止父母在兄弟分家，但是民间实际的生活逻辑未必完全遵从，父母在而子孙异居仍然大有人在，只是为了逃避官府的惩处，一般平民之家不免有实际分家而表面不分家，也有因胆大或者天高皇帝远而径直在父母在时就分开过日子的。法律对此也是网开

一面："若祖父母、父母处分，令子孙别籍及以子孙妄继人后者，得徒二年，子孙不坐。但云'别籍'，不云'令其异财'，令异财者明其无罪。"① 可见，父母子女表面在同一个户籍，实际上经济和财务分开过日子并不触犯法律。

那些有身份地位的人家比较讲究礼法约束，或者比较谨慎的人家担心法律的惩处，就要等到父母去世才分开过日子。为了避免届时引发家庭内部的财产纠纷，这些家庭往往在父母去世前采用遗嘱的方式预分家产。唐初刘弘基"遗令给诸子奴婢各十五人，良田五顷"就属于此类。开元初年，姚崇遗令"先分其田园，令诸子侄各守其分"也很有名，并且训诫子孙说："比见诸达官身亡以后，子孙既失覆荫，多至贫寒，斗尺之间，参商是竞。岂唯自玷第，仍更辱先，无论曲直，俱受嗤毁。庄田水碾，既众有之，递相推倚，或致荒废。陆贾、石苞，皆古之贤达也，所以预为定分，将以绝其后争，吾静思之，深所叹服。"② 姚崇所担心的兄弟纷争并非无的放矢。睿宗时曾官至宰辅的李日知，"事母至孝"，"卒后少子伊衡，以妾为妻，费散田宅，仍列讼诸兄"③。与诸兄打官司很可能就是家庭财产之事。普通农家，因分家引发的家产纠纷也是司空见惯："买庄田，修舍屋，卖尽人家好林木……才亡三日早安排，送向荒郊看古道。送回来，男女闹，为分财物，不停怀懊恼"④。假如父祖生前已经立下遗嘱，分割财产，就可以避免为分财物"男女闹"的局面出现。

唐朝法律对于亡者生前对自己财产的处分权持尊重的态度⑤。实际

---

① 《唐律疏议笺解》卷十二《户婚·子孙别籍异财》，第 936 页。
② 《旧唐书》卷九六《姚崇传》，第 3026－3027 页。又见《全唐文》卷二〇六《遗令诫子孙》，第 2082 页
③ 《旧唐书》卷一八八《李日知传》，第 4927 页。
④ 项楚：《敦煌变文选注》下编《解座文集》，中华书局，2006，第 1583 页。
⑤ 《宋刑统》卷十二引唐开元二十五年《丧葬令》处分户绝者的丧事时规定其财产继承人的顺序依次是"所有部曲、客女、奴婢、店宅、资财，并令近亲转易货卖，将营葬事及量营功德之外，余财并与女；无女，均入以次近亲；无亲戚者，官为检校。若亡人在日，自有遗嘱处分，证验分明者，不用此令。"第 198 页。可见"遗嘱"对于财产继承具有很大的法律效力。参见仁井田陞：《唐宋法律文书研究》，东京大学出版会，1983，第 622 页。

事例如 S. 2199 号《咸通六年（865）十月廿三日尼灵惠唯书》[1]：

1　尼灵惠唯书

2　咸通六年十月廿三日，尼灵惠忽染疾病，日日渐加，恐

3　身无常，遂告诸亲，一一分析。不是昏沉之语，并是醒

4　苏之言。灵惠只有家生婢子一名威娘，留与侄女潘娘，

5　更无房资。灵惠迁变之后日，一仰潘娘葬送营办，已

6　后更不许诸亲悕护。恐后无凭，并对诸亲，遂作唯

7　书，押署为验。

8　弟金刚

9　索家小娘子

10　外甥尼灵皈

11　外甥十二娘（十二娘指节）

12　外甥索计计　　侄男康毛

13　侄男福晟（押）

14　侄男胜贤　胜贤（押）

15　索郎水官

16　左都督成真

（后残）

　　尼灵惠大约未婚就出家，没有自己的儿女可以理解。但从遗书看，她的亲人有弟弟、外甥、侄子等多人，但她并没有按照常理将遗产留给弟弟、侄子或外甥等近亲，而是将奴婢威娘作为财产给了侄女潘娘，并且找了许多亲戚和证人来公证这份遗嘱。

　　（二）联合家庭兄弟分家模式

　　父亲生前没有立遗嘱，死后若干年内尚没有分家，形成联合家庭，

---

①　S. 2199 号《咸通六年（865）十月廿三日尼灵惠唯书》，载《敦煌社会经济文献真迹释录》第二辑，第 153 页。

但是随着时间的推移出现了离心因素，兄弟之间要订立契约分家。敦煌文书 S. 4374 号《分书（样式）》①就是适合这种情况的一个样本：

1 分书

2 兄某告弟某甲□□（累叶）忠孝，千代同居。

3 今时浅狭，难立始终。□□（恐后）子孙乖角，不守

4 父条。或有兄弟参商，不□（识）大体。既欲分荆

5 截树，难制颓波，□领分原，任从来意。家

6 资产业，对面分张；地舍园林，人收半分。

7 分枝各别，具执文凭，不许他年更相斗

8 讼。乡原体例，今亦同尘，反目憎嫌，仍须禁

9 制。骨肉情分，汝勿违之。兄友弟恭，尤须

10 转厚。今对六亲商量底定，始立分书，

11 既无偏坡，将为后验。人各一本，不许重

12 论。

13 某物　某物　某物　某物　某物

14 车牛　羊驼马　驼畜　奴婢

15 庄园　舍宅　田地乡口　渠道四至

16 右件家产并以平量，更无偏党丝发

17 差殊。如立分书之后，更有宣悖，请科重罪。

18 名目入官，虚者伏法。　年月日

19　　　　　　亲见

20　　　　　　亲见

21　　　　　　亲见

22　　　　　　兄

23　　　　　　□

---

① S. 4374 号《分书（样式）》，载《敦煌社会经济文献真迹释录》第二辑，第 185－186 页。又见沙知录校：《敦煌契约文书辑校》，江苏古籍出版社，1998，第 494－495 页。

24　　　　　　　　　　□

25　　　　　　　　　　妹

　　这份样文分为五个部分。一是签订契约的缘起。这里着重强调兄弟本来和睦相处，同居共活，但是，如今世道浇漓，人心不古，为了防止日后子孙纷争，乃实行兄弟分家。二是强调分家的原则，要均平、要和气。所谓"家资产业，对面分张；地舍园林，人收半分。分枝各别，具执文凭，不许他年更相斗讼。乡原体例，今亦同尘，反目憎嫌，仍须禁制。骨肉情分，汝勿违之。兄友弟恭，尤须转厚"。三是关于家庭财产的分割内容。四是关于违反分家契约的处罚："如立分书之后，更有宣悖，请科重罪。名目入官，虚者伏法"。五是签订分家契约的见证人和当事人的签名。

　　许多家庭不仅在父辈兄弟没有分家，堂兄弟仍然同居，甚至在父辈兄弟中有人去世之后，叔伯父仍然与子侄辈一起过日子；但是随着时间的推移，会出现分家的倾向。以上这份契约文本就是为这样的情况准备的，说明在当时也是常见的现象。我们在敦煌的一些借贷文书中发现兄弟借贷的责任关系文书，可以窥见兄弟之间经济关系之一斑。如 P. 3458 号文书《辛丑年（941）四月三日罗贤信贷生绢契》：罗贤信从范庆住那里借得生绢一匹，规定将来要还本利两匹，就要借贷人的弟弟罗恒恒承担还贷责任①。又如 P. 3472 号文书《戊申年（948）徐富通欠绢契》②：

1　戊申年四月十六日，兵马使徐富通往于西州充使，所有

2　些些小事，兄弟三人对面商议，其富通觅官

3　职之时，招邓上座绢，恩择还纳，更欠他邓上

---

① P. 3458 号《辛丑年（941）四月三日罗贤信贷生绢契》，载《敦煌社会经济文献真迹释录》第二辑，第 119 页。

② P. 3472 号《戊申年（948）徐富通欠绢契》，载《敦煌社会经济文献真迹释录》第二辑，第 123 页；沙知《敦煌契约文书辑校》，江苏古籍出版社，1998，第 213 页，也收录此件文书，"富通"识为"留通"，"富庆"识为"留庆"，"见人弟富住"作"见人弟留伍"。

4　座绢价叁匹半。或富通身东西，仰兄富庆

5　弟盈达等二人面填还，更不许道说东西。恐后

6　无信，故立此契，用为后定。

7　　　　　　　兄富庆（押）

8　　　　　　　弟盈达（押）

9　　　　　　　见人弟富住（押）

这里明确提到，徐富通在出使西州之前，就他本人几年前所借债务的偿还问题，与兄富庆和弟弟盈达三人面对面地进行了商议，因而订立了这个担保性的契约。其中另外一位弟弟富住只是以见人（证人）的身份出现，说明这个契约除了满足债主邓上座之外，还是要约束两位兄弟承担还债义务的。我推测这兄弟三人可能并没有分家。P. 3004号文书《乙巳年（945）徐富通欠绢契》①就是三年前徐富通向邓上座借贷的契约文本，当时签名的人是：

8　还绢人兵马使徐富通知

9　还人徐富庆同知

10　还绢人弟徐盈达知

11　见人索流住

这里兄弟三人都有签名，见人是非本家兄弟，说明是与邓上座签订的契约，而前面那个契约则是邓上人担心徐富通万一死亡或者不回，借贷出去的绢无法收回而要求兄弟间签订的契约。这类情况的出现表明，尽管兄弟之间没有分家，但是，在债务偿还问题上，人们还是担心出现偿还信誉和义务上的法律漏洞。即使在父债子还的场合，有时候也要契约加以约束。如 S. 5632 号文书《辛酉年（961）陈宝山贷绢

---

① P. 3004 号《乙巳年（945）徐富通欠绢契》，载《敦煌社会经济文献真迹释录》第二辑，第 122 页。

契》①：陈宝山向弟弟僧银坚借贷绢一匹，"其绢限至来年九月一日填还本绢。若是宝山（当即陈银山）身东西不在，一仰口承人男富长祗当，于尺数还本绢者"。签字画押的人分别是：贷绢人男富长、贷绢人兄陈银山②、知见人兵马使陈流信。这是兄弟之间的借贷，借贷一年并没有说利息，只说要还本钱。大约是因为兄弟的关系。正因为是兄弟之间，所以要求儿子承诺，在父亲不能偿还的情况下，要替父亲还给作为出贷人的叔叔。还有 S.3565 号《甲子年（904 或 964）氾怀通兄弟贷生绢契》也是兄弟共同借贷："当巷氾怀通兄弟等，家内欠少匹白（帛），遂于李法律面上贷生绢一匹"，当年秋天要还利息麦 4 石，次年二月再还本绢。若到时还不能还，另外"于看乡元逐月生利"③。这里的借贷主体是兄弟四人，签字画押的也是四人："贷绢人文达、贷绢人怀达、贷绢人怀住、贷绢人兄怀通"。这里借贷的四兄弟显然没有分家，所以他们共同承担借贷还贷的责任和义务。④

敦煌文书 S.4489 号背记记载了宋初慈惠乡百姓张再通与房兄富通的财产纠葛。张再通上诉早年被房兄张富通卖身给贾丑子，得绢 6 匹。其钱全部被兄富通拿走，"再通尺寸不得"。几年过去后，再通仍然是穷光棍（单贫），回到甘州，想"收赎本身，争论父祖地水、屋舍"。这些显然都是在没有分家的情况下发生的事情。现在的问题是，兄富通可能已经死亡，而"其养男贺通子不肯割与再通分料舍地"⑤。而兄张富通先前又"广作债负，买（卖？）却再通所有父祖地水，不割分支"。这里有误字（文书另一处已经把买与卖写错），大约是指张富通卖掉了再通父祖的耕地，不留一点给再通。现在债主早晚催逼还债，

---

① S.5632 号文书《辛酉年（961）陈宝山贷绢契》，载《敦煌社会经济文献真迹释录》第二辑，第 128 页。
② 此出的贷绢人"兄"是从出贷人的身份讲的。陈银山为出贷人僧银坚之兄。
③ S.3565 号《甲子年（904 或 964）氾怀通兄弟贷生绢契》，载《敦煌社会经济文献真迹释录》第二辑，第 122 页。
④ 在敦煌的许多举钱契约中，借债人往往举家签字画押，例如 S.5867 号《建中三年（782）马令癑举钱契》的签字人在"钱主"后相继是："举钱人马令癑年廿，同取人母苑二娘年五十，同取人妹马二娘年十二。"这表明这些签字画押人员都是借贷家庭的成员。见《敦煌社会经济文献真迹释录》第二辑，第 140 页。
⑤ S.4498 号《宋雍熙二年（985）六月慈惠乡百姓张再通牒（稿）》，载《敦煌社会经济文献真迹释录》第二辑，第 307 页。

再通无法，请求官府做主，要富通的养子来还卖身钱和父祖的土地房屋。这个案子内容比较复杂，涉及财产分割和吞并问题，养子要承担债务问题，还有卖身、赎身问题。根据前引唐朝律令，儿子分家另过三年、逃走六年就不得参与家庭财产分割，除非有父祖遗产在内。现在富通把父祖的田产卖掉，使再通无法继承。但是，留下的债务却要再通还债。这自然是极其不合理的事情。所以，再通要求富通的养子来偿还债务。

还有一件文书涉及兄弟间的债务分担问题，这就是 P.3501 号背（6）的《后周显德五年（958）押衙安元进等牒（稿）》① 文书，内容说，后周显德五年（958），百姓王员定提出：员定、员奴、员集兄弟三人虽是同父母的兄弟，但是，由于家里贫穷，各人都在外边营生（"三个与人边寄贷"）。现在，员奴、员定已经"口承新乡"，即落户到新的地方去了。三人的债负已经分割完毕，其余剩下的债务由员定来负责偿还，作为报偿，员定得到房舍一间、城外园舍地 3 亩。为了不使员奴、员集今后来要这份产业，员定请求官府给一个凭判。我们无法判定这些兄弟是同籍还是异籍，可以肯定的是他们在父母亡故时并没有分家。只是在员定、员奴已经到新的地方落户，自然分家之后，他们涉及处理共同的父祖遗产和债务问题。

S.4654 号背也有一个关于兄弟债务问题的文书。慈惠乡王盈子、王盈君、王盈进、王通儿四人是同胎共气的胞兄弟，父母去世后分家。"所有父母居产田庄屋舍四人各支分，弟盈进共兄盈君一处共活"。不久盈进身患重病，数月而亡。可是盈进却在今年当着重役。由于无人承当，就被当作流户看待。流户的"役价"无法填还，应由同居之户承担。现在的问题是，盈进生病时本来就欠了很多债务，这些债务都由盈君在承担。而盈进本来只分了城外 7 亩土地，房舍一间，"城内有

---

① P.3501 号《后周显德五年（958）押衙安元进等牒（稿）》，载《敦煌社会经济文献真迹释录》第二辑，第 302－303 页。

舍（缺），况与兄盈君□□□取填还债负如后"①。这里有缺文，详细内容不得而知。大体是希望减免盈进所承担的重役的"役价"，为此特把盈进和盈君所负担的债务负担开列如后。盈进与盈君两兄弟"一处共活"的权利和义务问题值得在这里探讨。实际上是兄弟四人分家，但是老二和老三仍然同居一室，合为一个居住户。这里的情况显然比较清楚，那就是已经分家的兄弟，他们各自偿还个人的债务。至于此处提出的问题，只是其中仍有"弟盈进共兄盈君一处共活"所涉及的债务负担问题，原则上说是盈进本人的债务，但是由于同居共活的关系，盈君难免被牵扯进去。他要求卖掉弟弟的财产偿还债务。可是大哥盈子似乎不同意。我们可以设想，此处盈进显然没有家室，他死后便成了绝户，绝户的财产是可以由近亲收管的，只要盈进没有遗嘱给盈君，那么财产就可以几个兄弟共同瓜分。这也许就是盈子不同意轻易卖掉弟弟财产的意图所在。

（三）旁系尊亲叔侄分家模式

这种家庭模式是，父辈和睦共处，兄弟同居共财，后来长兄亡故，子女幼小，孩子们由叔叔鞠养，及至子侄辈长大成人，于是发生分家。适合于此种情况的文书样本见于敦煌文书 S.5647 号《分书（样式）》②：

> 盖闻人之情义，山岳为期。兄弟之恩，劫石不替。况二人等，忝为叔侄，智意一般；箱柜无似，畜（蓄）积不异。结义之有（友）尚口（怀）让金之心。骨肉之厚，不可有分飞之愿。叔唱侄和，万事周圆。妯娌谦恭，长守尊卑之礼。城隍叹念，每传孔怀之能；邻里每嗟，庭荆有重滋之瑞。已经三代，不乏儒风。盖为代薄时浇，人心浅促。佛教有氛氲之部，儒宗有异见之僭。兄弟之流，犹从一智。今则更过一代，情义同前。恐怕后代子孙，

① S.4654 号背《丙午年（946）前后沙州敦煌县慈惠乡百姓王盈子兄弟四人状（稿）》，载《敦煌社会经济文献真迹释录》第二辑，第 300 页。
② S.5647 号《分书（样式）》，载《敦煌社会经济文献真迹释录》第二辑，第 164–171 页。

改心易意，谤说是非。今闻家中殷实，孝行七传，分为部分根原，免后子孙疑误。盖为侄某乙三人，少失父母，叔便为亲尊。训诲成人，未申乳哺之恩，今生房分，先报其恩，别无所堪，不忏分数，与叔某物色目。（中衍数字）已上物色献上阿叔，更为阿叔殷勤，成立活计，兼与城外庄田车牛驼马家资什物等一物以上分为两分，各注脚下，其名如后：

> 右件分割家私活具十（什）物，叔侄对坐，以诸近亲，一一对直，再三准折均亭，抛钩为定。更无曲受人情，偏藏活业。世代两房断疑，莫生怨渫，然则异门，前以结义，如同往日一般。上者更须临恩，陪（倍）加忧恤；小者更须去（趋）义，转益功（恭）勤。不令有唱荡五（忤）逆之子，一则令人尽笑，二则污辱门风。一依分书为凭，各为居产。更若后生加谤，更说偏波，便受五（忤）逆之罪，世代莫逢善事。兼有不存礼计，去就乖违，大者罚绫锦，少者决肉至骨。分析为定，更无休悔。如若更生毁沰，说少道多，罚锦一匹，助充官门。恐后子孙不省，故勒分书，用为后凭。

这份样文结构基本与其他契约相同，但文字较长。主要是长在解释侄子与叔叔分家的原因所在。此外，在关于财产分配的内容上与其他分书或遗嘱不一样的地方是，先拿出一部分财产报效叔叔的养育之恩。然后再把家产均分作两份。一份当仍然是给叔叔的，另外一份才是三个侄儿们的。这种叔侄分家文书的特别之处在于，兄弟一方亡故之时，遗留下的孩子比较幼小，因此叔叔承担了哺育孤儿寡母的义务。等侄儿们长大成人，方才分开过日子。这样的分家方式被制作为一种样本流传，也同样说明当时社会上有大量的类似家庭财产分割事件。P. 3474 号文书《丑年（821）十二月沙州僧龙藏牒》① 有如下段落：

① 关于本文书的分析见拙文：《唐代家庭与家族关系的一个考察：一份敦煌分家析产文书的学习札记》，载《中国社会历史评论》第三卷，中华书局，2001，第 107－116 页。

去丙寅年至昨午年卅年间，伯伯私种田卅亩，年别收斛斗卅
馱。已上并寄放，合计一千馱，尽是大哥收掌。伯伯亡之日，所
有葬送追斋，尽在大家物内，齐周针线尺寸不见。

称床九张者，伯伯共父分割之日，家中房室总有两口，其床
在何处安置，此乃虚言。

先家中无羊，为父是部落使，经东衙算赏羊三十口、马一匹、
耕牛两头，牸牛一头，绯毯一。齐周自出牧子、放经十年。后群
牧成，始雇吐浑放牧。至丑年羊满三百，小牛驴共卅头，已上耕
牛十头，尽被贼将。残牛一头，驴一头。

从这里可以看出，齐周（僧龙藏）在与大哥发牒文论分家财产问
题之前是与伯父在一起生活的。

还有一种情况是长辈临死前把年幼子女托付给亲属（可能是兄
弟，也可能是其他亲戚），形成一种依养型的家庭结构。孩子成年
后，希望结束托管关系，要求自主管理父祖遗产，这在形式上也类似
分家。如敦煌文书 S.6417 号《年代不详孔员信三子为分遗产纠纷上
司徒状（稿）》："三子幼少，不识东西，其父临终，遗嘱阿姨二娘
子，缘三少失父母，后恐成人，忽若成人之时，又恐无处活命，嘱二
娘子比三子长时节，所有些些资产，并一仰二娘子收掌。若边长子，
好与安置……其三子不是不孝阿姨，只恐姨老难活，全没衣食养命，
其父在日，与留银钗子一双，牙梳一，碧绫裙一，白绫一丈五尺，立
机一匹，十二综细褐六十尺，十综昌褐六十尺，番褐一段，被一张，
安西牒二丈……青钿镜子一……"[1] 这是侄女与阿姨二娘子的财产纠纷
案。孔员信妻子先前已经故世，他临终把三个年幼的女儿托付给名叫
二娘子的姨娘看管。这个姨娘或许是其妻子的妹妹。父亲当初托付时
给了姨娘首饰和衣物用品作为报酬。现在三个女孩已经长大，不仅白

---

[1] S.6417 号《年代不详孔员信三子为分遗产纠纷上司徒状（稿）》，载《敦煌社会经济文献真迹释录》
第二辑，第299页。

白地给姨娘干活（"虚纳气力"），而且姨娘并不打算归还父亲留下的财物。侄女们因而写状请求官府做主，归还父亲留下的财产。

叔叔欺负孤儿寡母的事例并非没有。P. 2504 号文书《年代未详（10 世纪）龙勒乡百姓曹富盈牒（稿）》① 是一个兄弟之家以富贵欺负贫弱的事例。事情的原委是，龙乐乡百姓曹富盈从小失去父亲，与寡母相依为命。家里最值钱的财产只有八岁种马一匹。前日被身为都押牙的叔父卖掉。判定值绢两匹。其中一匹断麦粟 27 石，这里面的 12 石折成布两匹，又欠 7 石。另外一匹绢断牛一头。交割完价钱之后，都押牙叔父领去。昨日曹富盈与寡母去索取卖马的价钱，却被他骂了一顿。口出粗言，甚至要挥拳相对！曹富盈母子告发的内容是：寡母是他亲房婶婶，怎么能无视尊卑长幼，辱骂贫穷？"不是浪索马价，实乃有其辜欠。""我们虽然是亲戚，但是，平日得不到半点好处。"在这个案件里，买卖以绢论价格，但是实际支付的时候则是麦粟、布匹和牲畜。其中麦粟似乎也是作为价值手段来计算的。比如一匹绢当 27 石麦粟，而其中的 12 石麦粟又用布两匹来支付。究竟是叔父欠 7 石麦粟未给呢，还是所有的马价都独吞了？文书不详。而叔父都押牙的辩词也不清楚。也许他会强调这匹马是他与亡兄共同的财产，也未可知。即使不是，曹富盈让当官的叔父去卖马，或许是希望可以获得一个好价钱。文书还透露给我们，分家后，当官的叔父对于贫民寡嫂（婶婶疑为兄长的妻子）和侄儿（曹富盈）的生活是没有接济的。

P. 3257 号《后晋开运二年（945）十二月河西归义军左马步押牙王文通牒及有关文书》② 是寡妇与诸叔侄的土地产权纠纷。这份文书说的是：阿龙向官府控告诸叔侄侵占其土地。阿龙丈夫早亡，有儿子索义成，孙子索幸通。案子涉及的是孩子的叔叔和侄子侵占其地产的事情。吐鲁番出土文书有一则涉及一个叫严令子的家庭，伯父之外还有

---

① P. 2504 号《年代未详（10 世纪）龙勒乡百姓曹富盈牒（稿）》，载《敦煌社会经济文献真迹释录》第二辑，第 313 页。

② P. 3257 号《后晋开运二年（945）十二月河西归义军左马步押牙王文通牒及有关文书》，载《敦煌社会经济文献真迹释录》第二辑，第 295–298 页。

若干个侄子，同一个户籍实际上已经分财别居，这个家庭的田产纠纷案也涉及分田不均而赋役分摊不均的问题。

总之，由于以上案件都只是一面之词，我们无法了解整个事件的原委，但是，各种各样的财务纠纷，已经可以说明，唐代普通家庭里并不都是像墓志资料所显示的那样，总是温情脉脉。通过分家契约的方式来解决和防范家庭财产纠纷确实是很有必要的，这也就证明了那些分书和遗书的样本在社会上有着很高的需求。

（四）多次分家模式

唐以前父祖尊亲在世时预先将家产按照一定份额分给子孙，或者以遗嘱方式处分身后家财并非仅见的事例，唐代姚崇临终前的家产预分，冻国栋曾有专文探讨①。也有家长早有预分方案，后来又根据家庭财产及相关情况的变动，改易或补充遗嘱内容，使得最终的家产析分更加合理。例如南齐的张岱，"初作遗命，分张家财，封置箱中，家业张减，随复改易，如此十数年"②。张岱在自己还没有糊涂之前就预先"分张家财，封置箱中"，写成秘密遗嘱，随着财产变动，遗嘱的内容也有改动。这样做的目的是避免将来出错，是那些办事仔细的家长为生前预分做的准备工作，还不属于多次分家。

唐代家庭的析分之所以出现多次而往往不是一次完成，其原因是多方面的。我想父母在不得分家而可以异财，恐怕是导致此类现象的重要原因。比如，同籍异财而不分居，或者因为法律限制分家，或者因为居住条件的限制不能立即分居，都有可能导致这种状况。如P. 3744 号文书《年代未详（840?）沙州张月光兄弟分书》云："是故在城舍宅，兄弟三人停分为定。余之资产，前代分擘俱讫，更无再论。"③这里讲得很清楚，这次只是第二次就城内的住房进行"停分"，

---

① 冻国栋：《读姚崇〈遗令〉论唐代"财产预分与家族形态"》，载朱雷主编《唐代的历史与社会》，第498–511 页。

② 萧子显：《南齐书》卷三二《张岱传》，中华书局，1996，第581 页。

③ P. 3744 号《年代未详（840?）沙州张月光兄弟分书》，载《敦煌社会经济文献真迹释录》第二辑，第145 页。

至于其他资产，早已在上辈老人那里就分割完毕，"更无再论"。因此，我估计这里的兄弟三人也许是堂兄弟三人，所以在他们的父亲辈就已经分完城外的家产，城内的房子还是共同居住。敦煌地区许多人家在城外有庄园所带的舍宅，一般是供劳动和管理田间生产而用的，与城内的住房主要供家庭眷属居住不同。

又如，敦煌文书 S. 4577 号《癸酉年（973）十月五日杨将头留与小妻等遗物书》："癸酉年十月五日申时，杨将头遗留与小妻富子伯师一口，又镜架匣子，又舍一院；妻仙子大锅壹口；定千与驴一头、白叠袄子一，玉腰带两条；定女一斗锅子一口；定胜鏊子一，又匣壹口。"① 从这份遗嘱看，杨将头生前可能已经与妻仙子分开生活，而与小妻富子住在一起，所以在他死前，把身边的财产又进行了一次分配。留给小妾富子的宅院很可能就是杨将头现在与富子共同居住的房子，妻子或其他儿女分别得到一些牲畜或衣服、锅之类的生活日用品。大约"只是正式析分田产之外的补充"②，所以，只说是"杨将头遗物分配凭据"，而不属于正式的家产分割。

还有一种"同居共活体"的复合家庭，其中大家小家并存，或者同籍共活，或者异籍共活，既有大家的共同财产，又有小家的私有财产，也会导致多次分家。如敦煌文献 P. 3774 号《丑年（821）十二月沙州僧龙藏牒》中记载的家庭，这个家庭由齐周及其从兄的两个小家组成，虽然他们有自己的妻子儿女，有各自小家的私产，甚至大哥的小家曾经"析出为户"，但他们却实际上一直"同居合活"，"大家"有共同的"什物及房室畜生"，由"大家"承担"输纳""差税身役"，构成一个事实上的家庭实体。一旦发生新的纠纷，就会出现再次分家的可能③。

---

① S. 4577 号《癸酉年（973）十月五日杨将头留与小妻等遗物书》，载《敦煌社会经济文献真迹释录》第二辑，第 154 页。
② 邢铁：《唐代家产继承方式述略》，《河北师范大学学报》2003 年第 3 期。
③ 参见张国刚：《唐代家庭与家族关系的一个考察——一份敦煌分家析产文书的学习札记》，载《中国社会历史评论》第三卷，中华书局，2001。

（五）关于分家契约执行的保障与效果

敦煌文书中的分书样本或遗嘱文本的契约性质是很典型的。如何保障这些契约内容得到落实，保证分家析产在合法的范围内得到实施，这是问题的关键所在。

民间的契约要符合《户令》为主的分家析产法令要求，同时也不违背地方习俗，这自然是保证契约和遗嘱实施的基础①。除此之外，我们注意到，以上契约文书或者范本还特别强调两点：第一是特别强调当事人是在神志清醒的状况下做出的决定；第二是特别要求有乡邻或者亲友做见证人。这样做的目的都是为了避免诉诸官府时，发生怀疑遗嘱可靠性的问题。如 S.6537 号背《遗书（样式）》"今醒苏之时，对兄弟子侄诸亲等遗嘱，房资产业庄园宅舍，一一各支分数，例名如下"；S.2199 号《咸通六年（865）十月廿三日尼灵惠唯书》"尼灵惠忽染疾病……不是昏沉之语，并是醒苏之言……并对诸亲，遂作唯书，押署为验"；P.3744 号《年代未详（840？）沙州张月光兄弟分书》中记载的参与者，有当事人之外的兄弟、姐妹、侄子、邻人等 8 名，还有见证人 7 名；S.2174《天复九年（909）闰八月十二日神沙乡董加盈兄弟三人分家契》中签押的"见人"有"阿舅石神神""耆寿康常清"和"兵马使石福顺"三人。

家产析分文书中列出见证人，对于保证分家的公平和契约法律意义的完善和执行都有很重要的意义。乡邻和亲戚见证分家事件，可以起一个舆论监督作用，抑制无谓的争论。如敦煌 S.2174 号文书《天复九年（909）闰八月十二日神沙乡董加盈兄弟三人分家契》："右件家业，苦无什物，今对诸亲，一一具实分割，更不得争论。"意思是有"诸亲"作证，分家当事人不得也无须争论！当然，也有因为外人的干预更引起家庭争论的，如敦煌诗人王梵志《兄弟义居活》诗称："外姓

---

① 《唐律疏议笺解》卷十二《户婚·同居卑幼私辄用财》："即同居应分，不均平者，计所侵，坐赃论减三等。"第 960 页。这条法律并非专门针对家产析分不均的情况。但是，官府判案，此条当可以作为比照条款。

能蛆蚰，啾唧由女妇。一旦三场斗，自分不由父"①。又如 P.3774 号文书《丑年（821）十二月沙州僧龙藏牒》就抱怨说，"昨大哥取外人之言，妄说异端，无种喧竞，状称欺屈"。外人挑唆是一回事，外人监督则是另外一回事。更何况由于乡邻亲戚的见证，当诉讼打到官府时，他们可以作为证人出面说话。

为了保证各项规定得到落实，契约也写明了一些惩处办法，例如罚钱物入官、鞭打遣责以及发誓诅咒等。如敦煌文书 S.6537 号背《分书（样式）》："更不许道东说西，□说剃仗，后有不于此契争论者，罚绫一匹，用□（入）官中；仍麦十五硕，用充军粮"；P.3744 号文书《年代未详（840?）沙州张月光兄弟分书》："一一分析，兄弟无违。文历已讫，如有违者，一□（则）犯其重罪，入狱无有出期，二乃于官受鞭一阡"；S.6537 号背《慈父遗书一道（样式）》："吾若死后，不许相诤。如若不听母言教，愿三十三天贤圣不与善道，眷属不合，当恶壤憎，百劫他生，莫见佛面，长在地狱，兼受畜生"；S.0343 号文书《析产遗嘱（样式）》："右件分配并已周讫，已后更不许论偏说剩。如有违吾语者，吾作死鬼，掣汝门镗，来共语汝，一毁地下，白骨万劫，是其怨家；二不取吾之语，生生莫见佛面"。民间自订的这些方法多少有一些恫吓色彩，可以作为官府法律裁决和民间舆论监督的一个补充。

我们在敦煌文书中看到的一些分家文书，其措辞相当冷静，虽然是标本的语言，也未必所有的分家都要通过打官司或者大打出手、撕破脸皮而分成。例如 S.6537 号 3V《分书（样式）》写道："夫以同胎共气，昆季情深。玉叶金枝，相美兄弟。将为同居一世，情有不知，鸟将两成，飞分四海。堂烟习习，冬夏推移，庭前荆树，犹自枯靺。分离四海，中归一别……自今已后，别开门户，树大枝散，叶落情疏。恒山四乌，亦有分飞"，即使"同胎共气"的兄弟，"同居一世"之间，亦"情有不知"之处，而且随着"堂烟习习，冬夏推移"，与"树大枝散，

---

① 《王梵志诗校辑》卷二《兄弟义居活》，第58页。

叶落情疏""鸟将两成，飞分四海"等自然现象一样，"中（终）归一别"、"别开门户"、分割家产也是家庭生活的必然结局。

四　小结

在唐代官方的家庭政策和人口政策的作用下，唐代民间的分家行为往往被分割为"别籍"与"异财"两个过程，从而使分家具有了官方和民间的不同意义。这种现象凸显了家庭作为一个生活单元和社会组织的不同功能，也构成了我们观察到的唐代家产析分的重要特点。根据唐朝法律规定，只要父母去世，其他家庭成员就有权利提出分家另过，任何人不得阻挠。这样，"别籍"的唯一前提条件就是父母过世以及当事人的自觉自愿。但是，"异财"则比较复杂。

异财首先是指家产的析分，家产析分就要确定家产的范围、参与析分的家人范围及其获得的权益比重。唐朝关于家庭异财、析产的法律精神是"诸子均分"，它可以解读为按照房支进行均分。即在以儿子作为第一继承人的层面，实行按照房支均分，在以孙辈作为第二继承人层面，则按照人数（孙子的数目）均分。妇女在分家过程中保有获得妆奁钱的权利，寡妇获得与其身份相称的那部分财产，其中的关键为是否有子嗣、是否改嫁。

唐代分家析产的模式主要有直系核心家庭的分家模式、联合家庭兄弟分家模式、旁系尊亲叔侄分家模式，在许多情况下还有多次分家模式。唐代"分书"的契约功能和法律意义已经相当完善。因此，总体说来，我们可以做出这样的判断：唐代家庭财产析分和家户的分离大都是在法律的框架下平稳进行的。

唐代的婚姻与礼俗

法国著名启蒙思想家孟德斯鸠在仔细研究了耶稣会士和西方商人关于中国的报告后，在他的代表作之一《论法的精神》（严复译作《法意》）中说，中国人的法律、礼仪和习俗不分。他们的法律就是他们的礼仪，他们的礼仪就是他们的习俗。如果用这个看法来审视中国古代的婚姻制度，可以说也是肯綮之论。单身男女通过结婚而组建成家庭，属于身份法范畴的行为。对于这个民事行为效果的法律确认，现今一般采取官方登记的制度。只要在官方登记为夫妇的，即使不举行结婚仪式，也是法律上认定的夫妻，可以合法地同居，组建家庭，过夫妻生活。但是，在古代中国，既没有像西方那样的宗教的婚姻缔结形式，也没有官府的婚姻登记手续。因此，结婚礼仪就成为合法夫妻的身份证。它不仅是一种风俗习惯，而且是一种法律行为①。孟德斯鸠当然不明白，礼法、礼法，亦礼亦法！这就是中国古代所谓"礼法"文化的奥妙所在。

礼法文化有十分复杂的形成过程和内涵，先秦儒家文献奠定了其本源，汉唐时代正值其发展形成的关键时期。对此，本文无法具体讨论。而传统礼法文化最主要是体现在婚丧制度之中。关于唐代的婚姻

---

① 参见滋贺秀三：《中国家族法原理》，张建国、李力译，法律出版社，2003，第376页。

制度，迄今已经有许多论著进行过论述①。它们或依据政典记载其"六礼"之仪式，或依据敦煌文献考察民间婚俗的各项节目，至于这些礼仪与礼法文化的关联则未遑具论。鉴于官方文本比如《大唐开元礼》和民间资料比如写本书仪之间有许多不一致，致使我们对于唐代婚姻礼俗的实际情态并没有统一的认识；为此，我们打算利用小说资料来予以补正。当然，本文不打算讨论这些制度的具体仪节，只是想就唐代婚姻礼俗涉及的几个方面，结合唐代小说中的一些典型记载，从一个侧面探讨一下那个时代人们的礼法观念及其所反映的中古社会变迁。

一 聘财与婚姻

唐代的婚姻礼仪，从文献上看，仍然是《仪礼·士昏礼》的一套程序。这套礼仪据说是周代的遗制——那是儒家礼法文化的本源。但是，在那个"刑不上大夫，礼不下庶人"的时代，士昏礼并不适用于普通民间。秦火以后，现存的经书不仅文本上是汉代的儒生重新编辑写定的，而且在内容上势必也在有意无意间有所发挥或者改易。汉代皇室嫁娶，大约遵行古礼。由于儒家经书在汉代广泛传授与研习，儒家礼制在士大夫知识阶层是被广泛接受的知识。因此，士昏礼在经过各自的理解和改造之后，不仅在士大夫之家逐渐推广，而且汉代一些地方官长，也据之以为民间制定婚姻嫁娶之礼。

魏晋南北朝时期，无论是标榜汉族礼法文化正统的南朝，还是推行"以夏变夷"的北朝，儒家礼仪都在不同程度上被保存或者强化。熟悉儒家礼仪的士大夫在北魏孝文帝这样的鲜卑朝廷里获得重用。但是，即使到了隋唐时期，士大夫仍然对于古代婚礼不甚了了②。就《唐

① 主要论著有董家遵：《中国古代婚姻史研究》，广东人民出版社，1995；赵守俨：《唐代婚姻礼俗考》，《赵守俨文存》，中华书局，1998；高世瑜：《唐代妇女》，三秦出版社，1988；李树桐：《唐人的婚姻》，《唐史索隐》，台湾商务印书馆，1988；向淑云：《唐代婚姻法与婚姻实态》，台湾商务印书馆，1991；段塔丽：《唐代妇女的地位》，人民出版社，2000；吴丽娱：《唐代婚仪的再检讨》，《燕京学报辑刊》2003 年第 15 期。

② 参见陈鹏：《中国婚姻史稿》卷四《婚礼》"六礼与俗礼的沿革"，中华书局，1990，第 185 - 188 页。

律疏议》来说，它关于民间婚姻成立的条件其实很简单："诸许嫁女，已报婚书及有私约，而辄悔者，杖六十。虽无许婚之书，但受娉财亦是。若更许他人者，杖一百；已成者，徒一年半。后婆者知情，减一等。女追归前夫，前夫不娶，还娉财，后夫婚如法。"对"约"的解释是："约，谓先知夫身老、幼、疾、残、养、庶之类"①。这说明唐朝官方认定的婚姻条件要么是有正式的订婚书（包括双方另有私约，即女方对于男方的身体和身份等情况已经有清楚的了解），要么是女方已接受男方的聘财，符合其中一条这桩婚事就算约定了。女方毁约要负刑事责任，男方毁约则不准追回聘财。

关于聘财或者彩礼在婚姻关系认定中的意义，《太平广记》卷三四二《华州参军》记载的故事极具代表性。

名族之子华州柳参军在长安曲江邂逅绝色女子崔氏及侍女轻红，被崔氏的美貌所倾倒。崔氏亦对柳生颇生好感。但崔氏的舅舅金吾王某先向自己的妹妹（崔母王氏）为儿子提亲。崔母王氏不敢违背兄意，崔氏却不愿意嫁给表兄王生，且说非柳生不嫁。崔母王氏痛爱女儿，乃命轻红给柳生达意："今小娘子不乐适王家，夫人是以偷成婚约。君可两三日内就礼事。"柳生大喜过望，"自备数百千财礼，期内结婚"。及金吾来问，王氏反而抱怨说是侄子不待婚礼就把女儿抢走了："某夫亡，子女孤独，被侄不待礼会，强窃去矣。兄岂无教训之道？"金吾之子王生白挨了父亲一顿鞭笞。及崔母王氏丧，柳生携夫人崔氏和轻红来奔丧。王生见之，急忙告诉父亲。事情于是被起诉于官府。柳生辩解说："某于外姑（案即岳母）王氏处纳采娶妻，非越礼私诱也。家人大小皆熟知之。"官府裁断，"王家先下彩礼，合归王家"。王生对表妹倾心已久，对以前的事毫无怨言。但是崔氏心里只有柳生，乃伺机与轻红偷偷跑出，投奔柳生。又被本夫寻得，"复与讼夺之。王生情深，崔氏万途求免，托以体孕，又不责而纳焉"。这回柳生等于是私诱他人

———————————
① 《唐律疏议笺解》卷十三《户婚律·许嫁女辄悔》，第1003页。

妻室，乃被判刑"长流江陵"①。小说的结局是，崔氏与轻红不久相继死去，其魂魄也追寻到江陵与柳生同居，而王生得知此事也不远千里相寻。

这个故事中，崔氏与柳生三次同居，三次被拆散，都说有情人终成眷属，在唐代的崔柳婚姻中却不可能。官府在判决崔氏究竟是王生之妻，还是柳生之妻，是从来不会去询问女方当事人的意见的。唯一的证据是谁先下彩礼先订婚。大约王生先下了彩礼，但是，王氏却与柳生"偷成婚约"——即偷偷地与柳生订立婚约。柳生虽然也是"纳采娶妻"，却被官府以王家纳采在先而把崔氏判给了王生。说明结婚的礼俗虽然复杂，但是，纳采（下彩礼）才是最关键的。柳生的"纳采"虽然不是公开进行，但是它对于确定柳崔结合乃夫妻关系而不是夫妾关系也很重要！

柳生与崔氏的婚姻中还有一个失败之处是他没有获得崔家的许婚之书。许婚书就使婚姻当事人具有排他性的法律身份。前引唐律明确说有许婚之书就可以判定婚姻成立。敦煌文献里保留的婚书样本。大约男方先要通过媒人向女方提亲。即使是双方已经属意，也要有媒人的中介。男方通过媒人所送"通婚书"，女方家则有"答婚书"②。通婚书样本的正文虽然完全是客套之辞，别纸却清楚地写下关于求婚与允婚的内容。实际的婚姻缔结过程中，在正式下通婚书之前，媒人大约已经往返穿梭于两家数遍。到递送婚书之时，只有程序上的象征意义。就像即使双方父母已经商量好的婚事，还要请媒人出面行使一下月老的作用。王家、柳家显然都没有通婚书、订婚书，因而也没有行媒穿梭，所以彩礼成为决定性的因素。正如唐律所云："虽无许婚之书，但受娉财亦是。"③

婚姻缔结一般有两个大的阶段，即订婚和成亲。传统"六礼"中

---

① 《太平广记》卷三四二《鬼二十七·华州参军》，第 2714 页。
② 见敦煌文书 P. 3284、P. 2646《张敖书仪》。录文见谭蝉雪《敦煌婚姻文化》，甘肃人民出版社，1993，第 12 – 13 页。
③ 《唐律疏议笺解》卷十三《户婚律·许嫁女辄悔》，第 1010 页。

的纳采、问名、纳吉、纳币（下彩礼）属于订婚的程序，请期、亲迎属于成亲的程序。可见传统礼仪中，订婚的程序有四套，是重点。成亲的过程根据敦煌文书、《酉阳杂俎》等资料的记载，主要表现为喜庆和祝福的气氛。正是通过一些热闹的程式和仪节，使婚姻当事人的结合成为男女所在亲友及邻里皆知的事实。但是，与订婚相比，成亲的程序反而显得不重要。只要订婚下彩礼，即使没有亲迎，婚姻也已经被认定。王生与柳生的情况就是如此。两人都下聘财订婚了，即使柳生已经完成了择日亲迎并且成礼的程序，唐代官府也拒绝承认柳崔的婚姻为有效，而只是单凭谁先下彩礼。也就是说，婚姻契约签订时间的先后比迎娶成礼的婚姻事实更为重要。这种法理在现在的婚姻制度中是不可思议的。大约唐朝人也不像后世那样有浓重的处女情结。所以，崔氏被判归王生，王生并不介意其是否处女。

总之，这个故事清楚地告诉我们，《大唐开元礼》中的"六礼"即纳采、问名、纳吉、纳币（或纳徵）、请期、亲迎等，基本照搬古礼的记载，其实是具文而已。实际的情节则已大异其趣，民间更未必皆遵行不替。现存传世文献和敦煌文书中的有关资料显示，民间实际上实行的大约是在古礼的基础上，辅之以民间习俗，即所谓俗礼或者变礼者。而官府在认定婚姻有效性方面完全不会根据"六礼"的程式，也不会看是否构成事实婚姻关系，而是看谁最先签订婚姻契约！

二　礼法与婚姻

虽然唐代官府没有对于婚姻缔结的登记制度，其认定婚姻是否有效完全凭借订婚的时间序列。但是，对于婚姻缔结的限定条件，《唐律疏议》还是规定得比较具体的。比如，良贱不得为婚，同姓不得为婚，长幼不得为婚，居父母丧期间不得结婚。这既是"礼"，也被形诸于"法"。婚姻中类似的规定未必始于唐代，但《唐律疏议》作为现存的第一部中国完整的成文法典，使这些规定的礼法内涵更加明晰了。现在的问题是，在唐朝人的婚姻实践中，并不完全遵行类似的礼法约束。

例如，长幼不婚的问题。唐朝永徽二年（651）曾经发生了一起郑州人郑宣道娶堂姨为妻的问题，虽然有人说不合适，官府还是判为合法成亲①。即使唐高宗立法禁止，但是唐玄宗宠爱的妃嫔中颇有与他不同辈者。此或以皇家特权乃至秉胡族血统者的积习来解释，姑且勿论，民间也有不同辈之间嫁娶结亲之事。例如，《太平广记》卷一五九《琴台子》记载：天宝末，赵郡李希仲有女儿曰闲仪。李希仲与临淮县令崔祈，"乃内外三从之昆仲也。时崔丧妻半岁，中馈无主，幼稚零丁。因求娶于希仲。希仲家贫时危，方为远适，女况成立，遂许成亲"。同书卷一六十《秀师言记》记载："唐崔晤、李仁钧二人中外兄弟，崔年长于李。"后李仁钧娶崔之孤女为妻，并且说："崔之孤女，实余之表侄女也。余视之，等于女弟矣，彼亦视余犹兄焉……余固崔兄之宿眷也。"遂订婚崔氏。

以上两件事都是少女嫁给父执辈的老男人，而且还是中外表亲。从崔李二人的话来看，似乎当时侄女嫁给叔叔辈的长辈是司空见惯的事。这里的崔、李、赵都是著名山东士族，大约不可一概归之胡俗。这里也不存在所谓收继婚的问题。

又如，居父母丧不婚的问题。《旧唐书·张茂宗传》："（张）茂宗以父荫累官至光禄少卿同正。贞元三年，许尚公主，拜银卿光禄大夫、本官驸马都尉，以公主幼待年。十三年，属茂宗母亡，遗表请终嘉礼。德宗捻茂昭之勋，即日授云麾将军，起复授左卫将军同正、驸马都尉。谏官蒋义（？）等论曰：自古以来，未闻有驸马起复而尚公主者。上曰：卿所言，古礼也。如今人家往往有借吉为婚姻者，卿何苦固执？又奏曰：臣闻近日人家有不甚知礼教者，或女居父母服，家既贫乏，且无强近至亲，即有借吉而就亲者。至于男子借吉婚娶，从古未闻。今忽令驸马起复成礼，实恐惊骇物听。况公主年幼，更俟一年出降，时既未失，且合礼经。"② 但是德宗不采纳谏官和礼官的意见。按唐律：

① 《唐会要》卷八三《嫁娶》，第 1810 页。
② 《旧唐书》卷一四一《张茂宗传》，第 3860 页。

"诸居父母及夫丧而嫁娶者，徒三年；妾减三等。各离之。"① 现在德宗皇帝在女婿居母丧期间，居然亲自主持女儿的出嫁，而且，还透露出民间早就有"借吉"之事。可见，这里的法律弹性究竟有多大！

值得注意的是，这里讲的民间所谓"借吉"成婚，乃是穷人家女儿在父母亡故，家无"强亲之亲"的时候操办的出嫁礼仪。我们在文献上了解到的都是贵族士大夫之家或农村富裕人家的婚姻礼仪。那些穷苦之家，特别是父母亡故、有室女待嫁者，无人为之操办婚事。于是借此名仓促成亲。居丧期间的婚礼必然十分简单，甚至不摆宴会②。由此可以感觉到民间由于受到经济能力的限制，婚礼必然十分简约。相反，由于婚礼的开支无法负担，势必有一些贫家女儿无法出嫁。

唐代婚姻礼仪中有一个比较特殊也相对比较常见的现象是所谓男到女家成婚问题。敦煌文书《大唐吉凶书仪》中有"近代之人，多不亲迎入室，即是遂就妇家成礼，累积寒暑，不向夫家，或逢诞育，男女非止一、二"。此点已经有一些学者论及③。前举《太平广记》卷一五九"崔元综"条，记官至四品的崔元综58岁婚侍郎韦陟19岁的堂妹，"乃于履信坊韦家宅上成亲"。卷三二八"阎庚"条，阎庚与某村王家女儿的婚事，也是在女家成亲。卷四四九"李参军"条也是在女家卜吉日"入青庐"成婚。卷四五四"计真"条，计真在女家"卜日就礼。妻色甚姝，且聪明柔婉。生留旬月，乃挈妻孥归青齐"。总之，敦煌文书所谓"近代之人多不亲迎入室，即是遂就妇家成礼"，并非敦煌一地的地方风俗，而是唐代婚姻中的一般情形。但是，这并不是入赘，而只是就近到岳丈家结婚而已。敦煌《张敖书仪》（P.3284）对于婚事程序的记述，包括下婿等礼俗（P.3350）似乎是在女家举行婚礼的仪式，而另外一个吉凶书仪（S.1725）所记奠雁等仪节以及所谓幛车之类习俗（P.3909）则是适合在男家举行的婚礼。

① 《唐律疏议笺解》卷十三《户婚律·居父母夫丧嫁娶》，第1023页。
② 唐律还规定祖父母、父母被囚禁的情况下也不得结婚。但如果是奉祖父母、父母之命而结婚的不论，"依令，不得宴会"。《唐律疏议笺解》卷十三《户婚律·父母被囚禁嫁娶》，第1028页。
③ 参见周一良：《敦煌写本书仪中所见唐代婚丧礼俗》，《文物》1985年第7期。

　　为什么要到女家成婚呢？我们以一些具体事例来进行探讨。亳州鹿邑县主簿陇西李归厚与范阳卢氏是一对新婚夫妇。根据卢氏的父亲卢钢给女婿李归厚写的墓志称：李归厚的父亲是曾任京北陆运使的李象，"与余姻旧，为子求婚。余以第二女许焉"。两家是什么样的姻旧关系，已经难以稽考，陇西李家与范阳卢家结亲的事例是不胜枚举的。两家是门当户对。后来由于李象的病逝，推迟了婚期。"既免丧，明年棹流抵池，远赴嘉礼。期以双飞还洛，宁知舟洮引途。媚妇护丧，遗体（？）在腹。"也就是说李归厚到丈人家来举行婚姻嘉礼。所谓"远就姻好，礼成六旬，秦晋既匹，刘范方睦"，即指在丈人家成亲并两个月后，夫妻正恩爱的时候。就是在归途中，新郎被强盗误伤杀害[1]。由此可见，所谓男到女家成婚，并不是招女婿进门，而只是把结婚仪式搬到了女方。根据卢钢撰写的墓志，与李归厚一同罹难的还有"其数八人，君之外姑，余之次子，咸遭肆毒"[2]。可见丈母娘（所谓"君之外姑"）和小舅子（所谓"余之次子"），也护送新婚夫妇而归，从而使得新婚夫妇回家的仪式显得很隆重，从中我们也可以看出婚姻仪式中亲戚往还的礼节。

　　男到女家成婚，青年男女新婚宴尔，夫妇不忍别离，荒废了功名的事情是所在多有的。但是，假如累积寒暑，乃至生儿育女，长居岳父家，却不免遭受白眼。例如，河东节度使王绪嫁女给元载，夫妇开始都住在老丈人家，"岁久而见轻怠"，时间长了，岳父家对于女婿就不那么尊重了，"亲属以载夫妻皆乞儿，厌薄之甚"。妻子王韫秀劝丈夫外出读书求功名，说："妾有奁幌资装，尽为纸墨之费。"于是元载西入长安，终于在肃宗、代宗两朝任宰相。在这种情况下，女婿一家与原来岳父家及岳家诸亲属的关系便不会很融洽。例如，王韫秀在丈夫元载入相后就寄诗给娘家的诸姨妹云："笄年解笑明机妇，耻见苏秦富贵时。"太原内外亲族前来谒贺，王韫秀竟然盛陈列衣服于庭院，以

① 《大唐故李府君墓志铭》，载中国社会科学院考古研究所编著《偃师杏园唐墓》，科学出版社，2001，第353页。
② 《大唐故李府君墓志铭》，载《偃师杏园唐墓》，第353页。

展示当年乞儿的华美衣服，羞赧于诸亲戚。王韫秀每每把服饰分送他人，独不及于太原的亲戚，且说："非儿不礼于姑娣，其耐当时见辱乎？"[1] 如此看来，元载、王韫秀夫妇当初在娘家，可能没有少受白眼。这里特别提到娘家的姑姑、姨妹、娣姒等人，看来妇女们更会对于元载夫妇结婚后住在丈人家吃白食产生讥讽情绪。王韫秀这位小姑结婚后仍然赖在娘家不走，难免受王家媳妇们的气，并且因此而怀恨在心。

类似的事情还发生在韦皋夫妇身上。西川节度使张延赏嫁女给韦皋。韦皋夫妇在丈人家居住了两三年，张延赏觉得这个女婿没有出息，"稍悔之，至不齿礼，一门婢仆渐见轻怠"，只有夫人苗氏对女婿却待之甚厚，认为女婿将来一定有作为。韦皋的妻子张氏垂泣道："韦郎七尺之躯，学兼文武，岂有沉滞儿家，为尊卑见诮！良时胜境，何忍虚掷乎？"韦皋随辞亲东游，"妻馨妆奁赠送"。后来韦皋衣锦还乡，取代丈人为西川节度使，"侍奉外姑，过于布素之时"[2]。

综合以上所述，男到女家成婚本来是不合乎礼法的，但是唐代出现这种情况的原因各有不同。或者出于对女方的尊重与照顾，如崔元综以 58 岁娶韦家 19 岁的少女的场合；或者由于技术上的原因，如山川阻隔，迎娶的路途比较远等，需要在女家成婚；或者由于男方羁旅在外，在女方家成婚比较方便，一般婚礼结束后，男女双方盘桓一些时日就会回男方家；另外一种情况是由于经济上的原因，男方家道中衰，暂时依附在女方家，从而在女家结婚，婚后还比较长时间居住在女家，等到男的仕宦有成再把妻儿接走。

以上这些种种不合乎礼法的婚姻礼俗，与其说是中古的一种变化，倒不如说中古以前原本的婚姻礼俗就不是像古代儒家礼书上所描写的那么刻板，或者说，士族的礼法文化还没有像后来那么普及吧。

---

[1] 范摅：《云溪友议校笺》卷下《窥衣帷》，唐雯校笺，中华书局，2017，第 197–198 页。
[2] 《云溪友议校笺》卷中《苗夫人》，第 73–74 页。

三 门第与聘财

唐朝人的婚姻讲究门第。婚姻讲究门当户对，这在家庭学也可以叫作"同类婚"或者"地位族内婚"。婚姻看门第是一种习俗，也是一个传统，而习俗正是传统的积淀！门第婚姻使个人的行为，变成家庭乃至家族的行为，使男女之间的性爱和感情问题，变成了社会政治问题。

门第观念是自古至今都或多或少影响男女择偶的因素之一，不独唐代为然。唐朝门第观念在婚姻上的表现是，它并不完全以政治地位的高低或者家庭财富的多寡作为衡量门第高下的标准。这其实在南朝就已经如此。侯景求婚王谢，武帝认为："王、谢门高非偶，可于朱、张以下访之。"① 出身卑微而获宠致高位者都巴望与高门结亲。北朝则有卖婚之习俗②。这种状况延续到唐代。

唐朝法律规定良贱不得为婚，没有规定不同门第的男女不能结婚。良贱不婚，是法律的刚性规定，门第不对而不婚是习俗的弹性约束。唐朝人所谓名门或者高门，又称旧族，乃是指南北朝以来的士族，其中尤为突出的是所谓山东士族崔卢李郑王诸家。这些家族在政治上的地位并不是最显赫的，经济上也不是最富有的，但是，在门第上却被认为是最高的。《贞观政要》记载唐太宗对宰相房玄龄说：

> 比有山东崔、卢、李、郑四姓，虽累叶凌迟，犹恃其旧地，好自矜大，称为士大夫。每嫁女他族，必广索聘财，以多为贵，论数定约，同于市贾，甚损风俗，有紊礼经，既轻重失宜，理须改革。③

① 李延寿：《南史》卷八十《侯景传》，中华书局，1975，第 1996 页。
② 有关事例可以参见王伊同《五朝门第》上册第七章第三节"婚姻"所列举的材料，香港中文大学出版社，1978，第 190－198 页。
③ 吴兢：《贞观政要集校》卷七《论礼乐第二十九》，谢保成集校，中华书局，2009，第 396 页。

唐太宗这里是打着恢复礼经的旗号来批评山东旧族嫁娶中广索聘财的。但是，他所采取的实际措施则是下令重新编定氏族等级："乃诏吏部尚书高士廉、御史大夫韦挺、中书侍郎岑文本、礼部尚书令狐德棻等刊正姓氏，普责天下谱牒，兼据凭史、传，剪其浮华，定其真伪，忠贤者褒进，悖逆者贬黜，撰为《氏族志》。士廉等进定氏族等第，遂以崔干为第一等。"从主持这项工作的大臣来看，都属于唐朝主管人事、监察、决策和礼仪等方面事务的最高领导人，其中如渤海高氏、城南韦氏、代北令狐氏也都属于名门望族，只有岑文本是普通庶族。他们都一致认为应该以山东士族崔氏为第一，就很值得令人寻味。这说明朝野各方都公认山东士族的门第为天下第一。对此，唐太宗非常不满，愤愤地说：

> 我与山东崔、卢、李、郑，旧既无嫌，为其世代衰微，全无官宦，犹自云士大夫。婚姻之际，则多索财物。或才识庸下，而偃仰自高，贩鬻松槚，依托富贵，我不解人间何为重之？

为此，唐太宗提出了自己对于门第高下的评定标准：

> 且士大夫有能立功，爵位崇重，善事君父，忠孝可称；或道义素高，学艺通博，此亦足为门户，可谓天下士大夫。今崔卢之属，唯矜远叶衣冠，宁比当朝之贵？公卿以下，何暇多输钱物，兼与他气势，向声背实，以得为荣。我今定氏族者，诚欲崇树今朝冠冕，何因崔干犹为第一等，只看卿等不贵我官爵耶！不论数代以前，只取今日官品、人才作等级，宜一量定，用为永则。[1]

按照这个标准编定《氏族志》后，皇帝之家被列为第一等，太宗下诏说："氏族之美，实系于冠冕，婚姻之道，莫先于仁义。"太宗虽然一

---

[1] 《贞观政要集校》卷七《论礼乐第二十九》，第 396 – 397 页。

再强调人伦（礼仪）名教，却把礼仪名教混同于冠冕。在他看来，失去官爵者也失去了礼仪名教，当朝为官者也就有了礼仪名教。可见唐太宗实际上篡改了礼法文化的内涵！当然，用比较冠冕堂皇的理由，来推行自己另有图谋的政治主张，历来是当权者的一种高明的政治技巧。唐太宗的本意是要加强新建朝廷的政治权威，打击旧的政治势力的"气势"，但是，他却挂羊头卖狗肉，采取了维护仁义和名教的说法。

其实，北朝的士族乃以礼法而著名，可以说是礼法文化的代表。而帮助唐太宗打天下的那些以关中军功贵族为核心的新朝权贵，倒是比较缺乏礼法文化的底蕴。李唐皇室在婚姻上不讲礼法的糊涂账姑且勿论，在北朝，北齐崔㥄"一门一门婚嫁，皆是衣冠美族，吉凶仪范，为当时所称"。娄太后为博陵王纳㥄妹为妃，敕操办婚事的中使曰："好作法用，勿使崔家笑人。"① 由此可见，礼法文化正是这些士族受到包括皇室在内的人尊敬的原因。公孙表的儿子轨娶渤海封氏女为妻，生儿子睿，睿之妻为崔浩弟女。睿的堂兄公孙邃的母亲是雁门李氏，地望悬隔。"吉凶会集，便有士庶之异"，所以，当时人说："士大夫当需好婚亲。"② 显然，这里的士庶之异，乃是在吉凶会集之时，由于受到不同的礼法门风的熏陶所表现出来的在吉凶礼仪上举止的差异。

究竟是山东氏族不讲礼法名教，还是被列为氏族第一的李氏皇族缺乏礼法文化呢？一两百年后唐太宗的后代做了最好的回答。文宗欲以真源、临真二公主降士族，谓宰相曰："民间修昏姻，不计官品，而上阀阅，我家二百年天子，顾不及崔卢耶。"③ 宣宗为公主求婚于士族，发现公主漠视小叔子患病，也不回家侍候婆，提出了批评。还有一位待嫁于士族家的小公主吃饭时发脾气折筷子，被宣宗皇帝大加呵斥，并且决定换上另外一位性情温顺的公主出嫁。这些情况都表明，唐太宗的后裔们已经用主动向士族求婚的做法，证明了唐太宗当初批评山东士族不讲礼法文化，是不符合历史事实的。

---

① 李百药：《北齐书》卷七《崔㥄传》，中华书局，1972，第335页。
② 《北史》卷二十《公孙表传》，第976页。
③ 《新唐书》卷一七二《杜羔传》，第5206页。

正是因为唐太宗对于山东士族的污蔑不符合历史事实，所以，即使朝廷有意压抑，山东士族仍然旧望不减。

但是，唐太宗对山东旧族的指责也不是完全无的放矢。他指责山东旧族不讲礼法固然不符合事实，但是，他批评山东旧族据门第自高，索取高额聘财则并非无据。问题是，对于门第与聘财之间的关系，需要做进一步的讨论。

试以唐人小说中的一些故事为例进行分析。《玄怪录》卷一"张老"条记载了一个男子求婚的故事。说是士族韦恕有"长女既笄，召里中媒媪，令访良才"。扬州六合的菜农张老闻之，把媒婆请回家，且备酒食，百般央求媒婆为自己说媒。媒婆骂他是不自量力："岂有衣冠子女肯嫁园叟耶？此家诚贫，士大夫家之敌之者不少。顾叟非匹"。但是，在张某的百般请求下，媒婆硬着头皮向韦家提这门亲事。韦恕大怒，责怪媒婆"以我贫，轻我乃如是！且韦家焉有此事！况园叟何人，敢发此议"，并发难说："为吾报之，今日内得五百缗则可。"要一个菜农一日之内拿 500 缗（贯）钱的聘礼，这显然是在出难题，意思是要张某放弃自己的想法。故事的神奇在于，张某居然马上携 500 缗来订婚。韦家大为尴尬，女儿也默认了这桩婚事，"乃曰：'此固命乎！'遂许之。"张某娶韦女后依旧在扬州种菜，"园业不废，负秽锄地，鬻菜不辍"，过着平静的农家生活。但是，韦家的内外亲戚觉得此门亲事有伤体面，指责韦恕说："居家诚贫，乡里岂无贫子弟，奈何以女妻园叟？既妻之，何不令远去也！"[1] 意思是即使把女儿嫁给一个贫穷的士族子弟也比现在强。其实这也是韦女家长当初的想法，应该说这个观念在当时是极具典型性的。门第比财富要强。

张老与韦氏女婚姻缔结的典型意义值得分析。首先，婚姻的缔结，需要媒妁之言，乡里似乎专门有从事婚介职业的媒婆："召里中媒媪，令访良才"。媒婆当然要接受介绍费，尽管文中没有说。《玄怪录》还提到另外一位韦小姐的婚事。"京兆韦氏女者，既笄二年"，母亲告诉

---

① 牛僧孺：《玄怪录》卷一《张老》，程毅中点校，中华书局，2008，第 9 页。

她，有秀才裴爽求婚，女儿笑而不允。"虽媒媪日来，盛陈裴之才，其家甚慕之，而终不谐。"过了一年，有前京兆府参军事王悟将来聘，媒人是京兆府司录、韦小姐的老舅张审约。韦女还是不允。再过了两年，进士张楚金求婚，"母以告之，女笑曰：'吾之夫乃此人也。'母许之"，于是择吉日、成礼①。结果韦女20岁才结婚。韦小姐15岁成笄，待字闺中五年，方答应嫁给如意郎君。这个故事反映出女孩子在择偶上还是有一定的自主权的，韦母也算比较开通。值得注意的是，最后韦女选定了张楚金为婚，故事没有忘记说"母许之"，清楚地点出了女儿同意了，也还是要家长同意不可。《户婚律》规定尊长拥有子女婚姻决定权，只有在特殊情况下可以不经过尊长的同意而成婚。"诸卑幼在外，尊长后为订婚，而卑幼自娶妻，已成者婚如法；未成者从尊长，违者杖一百。"② 即使已经订婚，只要未成婚，尊长都有权终止卑幼自行选择的配偶。这当然是法律的规定。在实际情况下，像京兆韦小姐那样自己决定、父母同意，或者如张老所娶的那位韦氏那样，父母决定、女儿接受的婚姻，当为普遍情形。

根据疏议的解释，这条法律的尊长和卑幼有具体的适用范围："尊长，谓祖父母、父母及伯叔父母、姑、兄、姊。""卑幼，谓子孙、弟、侄等。"长辈对于子孙辈的人有婚姻决定权，自无疑问。但是，兄长对于弟妹的婚事恐怕没有决定权。敦煌判集有一则案例说，一位兄长代替寡居的妹妹去找婆家，妹妹不从，这位当哥哥的在婚约已成不履约将违法的情况下，被迫让自己的女儿代姑姑去成亲。结果吃了官司③。

女方究竟接受多少聘财才不是卖婚呢？唐朝甚至一度做出了法律上的规定。唐高宗显庆四年（659）十月诏："天下嫁女受财，三品以上之家，不得过绢三百匹；四品、五品不得过二百匹；六品、七品不得过一百匹；八品以下不得过五十匹，皆充所嫁女资装等用，其夫家

① 《玄怪录》卷二《韦氏》，第17页。
② 《唐律疏议笺解》卷十四《户婚律·卑幼自娶妻》，第1054页。
③ 录文见池田温：《中国古代籍账制度研究》，东京大学出版会，1979，第320页。

不得受陪门之财。"① 这等于从法律上为聘财规定了一个上限。考虑到唐代太宗高宗之世，正是打击山东士族"卖婚"行为的时期，这个限定多少有配合朝廷这一政策的政治含义，实际上是否执行则是要打问号的。从我们这里讨论的这则故事来说，500 缗钱的价值恐怕超过了按规定平民之家所受聘财"不过五十匹"的许多倍！②

正式的法律对于聘礼的多寡其实没有硬性规定。疏议中说："娉财无多少之限，酒食非。以财物为酒食者，亦同娉财。"也就是说聘礼在原则上只是一种信物③，不在数额的多少。特别规定酒食非聘财当是为了避免把男方宴请女家视为下聘礼，并不是说酒食之物不可以为聘财。所以，疏议中明确说"以财物为酒食者，亦同娉财"。而在实际生活中，聘财可能是影响男婚女嫁的一个重要因素。

比如《霍小玉传》言李益娶卢氏也提到聘财问题："未至家日，太夫人已与商量表妹卢氏，言约已定。太夫人素严毅，生逡巡不敢辞让，遂就礼谢便有近期。卢亦甲族也，嫁女于他门，娉财必以百万为约。不满此数，义在不行。生家数贫，事须求贷"。"百万"就相当于千缗（贯）。婚姻贪财也不仅限于士族高门，《郭元振》记载某乡村为免灾，嫁送女孩给妖兽乌将军。某少女之父"利乡人五百缗"，暗地答应将女儿应选出嫁。后来该少女为郭元振所救，乃数落其父说："今日贪钱五十万，以嫁妖兽"。是五百缗为五十万。这里虽然是小说故事，贪心的父亲为了钱财把女儿出卖了，却也折射了买卖婚姻的背景。

回到我们故事上来说，媒婆本意是要寻找门当户对的人家。由于张某身份低下且年老，尽管种菜所得收入足够衣食之需。但是，媒婆即使吃了张老的酒食，也不愿意去做说客，说士大夫之家门第相匹的子弟多的是，韦家的小姐怎么能与种菜的农户结亲呢？后来韦家亲戚批评韦父，也是说即使家里穷也不至于以女妻园叟。既然没有办法嫁给了园叟，也

---

① 《通典》卷五八《礼典·嘉礼》第 1653 页。

② 唐代的绢价格变化很大，最贱时不过三五百文，最贵者不过四千五百文，即四贯（缗）半。则 50 匹绢的价值在 15 缗到 225 缗之间。参见王仲荦：《金泥玉屑丛考》，中华书局，1998，第 135、193 页。

③ 《唐律疏议》曰："婚礼先以娉财为信。故《礼》云：'娉则为妻。'虽无许婚之书，但受娉财亦是。"参见《唐律疏议笺解》卷十三《户婚律·许嫁女辄悔》，第 1010 页。

不应该让他们夫妻在眼前种菜过日子，言下之意是有损士族之家的声望。这里提出了嫁女的两大原则，即门第与财富。一般来说婚嫁中有富与贵的问题，但是，士族之家并不是贵族，更多的是一种声望，唐太宗就说他们"全无官宦"①，只是贩鬻父祖坟上的松树，意思是凭门第来换钱。这个故事在表面上告诉我们士族之家宁愿嫁女给穷困的士族，也不愿意与没有门第的园叟结亲。但是，韦恕提出一天内准备 500 缗钱的聘礼，虽然有故意为难张某之意，却分明透露了金钱可以改变门第的可能性，从一个具体事例上印证了唐太宗说的士族在婚姻关系中贩卖祖宗门第现象的存在。这个故事中的张老是一个神仙式的人物，后来在与韦家的几次交往中，都给予了大量的金钱，特别是在韦家生活困难需要金钱的时候，总是及时救助。

　　聘财的多寡其实还有更进一步的含义。某村王家的独生女儿，"先许适西村张家"，由于聘财不足而罢婚。但是，罢婚的原因不仅仅是聘财少，而是把聘财的多寡赋予了另外的意义："今日纳财，非意单寡，此乃相轻之义，已决罢婚矣。"女方习惯把聘财的多少看成男方对自己尊重与否的表示。后来前来借住的阎庚求婚，"主人辞以田舍家，然有喜色。仁檀固求，方许焉。以马驴及他赀为贽，数日成亲毕，留阎侯止王氏"②。看来，农家王某也是愿意攀附仕宦之家的。

　　就王家拒婚一事来看，女方重视的不仅仅是聘财，而是认为聘财的多寡说明了男方是否对女方及其家庭有足够的尊重，于是聘财成为衡量女方及其门第身份的砝码！衰落的山东士族从心理上说，仍然有很强的自尊心，最不愿意承认自己衰落的事实，更不愿意因此而受到别人的轻视。这就是韦恕以及整个韦氏家族对于张老求婚表示极度愤怒的重要原因。这种心理下，山东士族想通过对方以大量的钱财来表示对自己的门第的尊重和重视，其实是很自然也可以理解的补偿心理。唐太宗把这种行为说成为"卖婚"而大动肝火，埋怨在新王朝统治下人

---

① 《贞观政要集校》卷七《论礼乐第二十九》，第 396 页。
② 《太平广记》卷三二八《鬼十三·阎庚》，第 2604－2605 页。

们竟然不重视本朝冠冕，反映了新权贵对于旧士族不满的心情，明显具有压抑山东旧士族的政治意味。

即使到了唐朝末年，也有人借口聘财过于丰厚而加罪于婚姻当事人的。"（李绅）镇淮海日，吴湘为江都尉，时有零落衣冠颜氏女，寄寓广陵，有容色，相国欲纳之，吴湘强委禽焉，于是大怒，因其婚娶娉财反甚丰，乃罗织执勘，准其俸料之外，有陈设之具，坐赃，奏而杀之，惩无礼也……颜寻归澧阳，孀独而终。"① 因为聘财过丰而导致婚姻当事人罹罪，虽然只是借口，却也反映了其时婚姻观念和社会意识的复杂形态。

总之，士庶通婚的界限被金钱、被官职等打破之后，突破了所谓身份内婚制。这种情况也可以借助西方家庭社会学的所谓价值交换理论来解释。这种理论认为婚姻当事人及其家族缔结一门婚事其实在进行某种价值交换。士族高门用他们的社会身份与拥有金钱和政治地位的新富新贵进行交换，从而达到一种新的心理的和社会的平衡。

根据上述的讨论，我们发现，唐代婚姻礼仪并不完全根据礼法的约束！不仅结婚仪式未必是遵照《大唐开元礼》等礼仪制度的规定，即使《唐律疏议》关于不同辈分者不婚等规定也未必完全遵行不替。"不遵礼法"其实正是那个时代婚姻关系中的现实反映。这不是说没有礼法，而是由于唐太宗等开国统治者把礼教、门第和官爵等同起来，压制了以旧士族为代表的礼法文化。统治集团内部旧族讲究礼法而新贵从不讲礼法到遵从礼法，这就是社会的一个变化！统治阶层讲究礼法，从而也逐渐地影响到民间遵从礼法，这也是社会的一个变化！这些变化背后所包含的历史意义，乃是社会对于士族的社会价值观、伦理观等所谓礼法制度的认同。士族的价值观念也由此而向整个社会普及，礼法文化出现了一个扩大传播范围的历史趋势，它构成了中古社会变革的重要基本线索之一。

---

① 孙光宪：《北梦琐言》卷六《吴湘事》，贾二强校点，中华书局，2002，第121页。

唐代父母与子女关系略说

在中国传统家庭关系中，父母与子女的关系凝聚了家庭生活的核心价值。规范这种关系的儒家伦理包含着三个最重要的关键词："父为子纲""夫死从子"以及"孝"。但是，现实家庭生活中的父母角色远比儒家的教条要复杂得多。

过去讨论父家长制，一句"父为子纲"似乎代表了传统家庭伦理生活的全部，无疑是偏颇的，因为它忽略和泯灭了人性中最美好的希望与感情，幸福和苦恼。官方法律文献规定的长辈与晚辈之间的权利和义务关系，反映的是国家对于人伦关系的意识形态价值。其实，在实际的家庭生活中，父母与子女的关系有更多的人情意味。

父母与子女的关系是多方面的。本文主要讨论父母与子女关系中的如下几个方面的问题：第一，嫡庶与外宅男；第二，继嗣和养子问题；第三，子女教育问题；第四，女儿与家庭关系问题。

一 "生" 与 "育"

在唐朝，夫妻如没有生理疾患，结婚后怀孕生子乃家庭生活的常态。对于父母角色最初的考验是妻子怀孕。所谓"虽在胎养，岂无教乎"，即把父母的角色准备提前到了妇女怀孕的时候。古人认为："古者妇人妊子也，寝不侧，坐不边，立不跛，不食邪味，不履左道，割不正不食，席不正不坐，目不视恶色，耳不听靡声，口不出傲言，手不执邪器，夜则颂经书，朝则讲礼乐，其生子也，形容端正，才德过人，其胎教如此。"① 所谓胎教乃是对于妊妇言谈举止方面的要求，它会影响到胎儿的发育和品德的形成。为什么会如此呢？乃是因为人秉五常之性，"感善则善，感恶则恶"。医家和术士甚至还发展了一套行房与子女生育和教养之间的关联性理论。《备急千金要方》卷二七《房中补益》云："若欲求子者，但待妇人月经绝后一日、三日、五日，择其王相日及月宿在贵宿日，以生气时夜半后乃施泻，有子皆男，必寿而贤明、高爵也。以月经后二日、四日、六日施泻，有子必女。过六日后勿施泻，既不得子，亦不成人。"这里认为夫妻性生活的时间对于生男生女以及子女的未来寿夭和前途都有决定作用，大大地加重了夫妻在正式获得孩子之前作为准父母的责任感。医家的这些理论在多大程度上为唐朝一般家庭所取法，目前我们很难了解清楚，但至少反映了其时人们的认识水平。

从上引医书中可知，古人并不认为生儿育女只是妇女单方面的责任，但是，人们习惯上仍然把是否有子嗣的责任推到妇女身上。生育子女尤其是儿子对于巩固妇女在家庭中的地位十分关键，妇女对此的重视丝毫不亚于男性。

民间传说五男二女是古人生育子女的理想数目。这在唐朝人的墓志中也有所反映。家庭中理想的子女数目大约是五男二女②。敦煌写本《张敖书仪》的婚姻祝辞中就有"伏愿成纳之后，千秋万岁，保守吉昌，五男二女，奴婢成行"③ 的话。

官僚或者富裕人家的子女数目比较多。比如，张献诚有 18 男 2

---

① 郑氏：《女孝经》，中华书局，1991，第 20 页。
② 《唐京兆王氏妻清河崔夫人墓志》称"生五男二女"为"善育"，见《唐代墓志汇编》，开元 428，第 1452 页。
③ 《敦煌婚姻文化》，第 15 页。

女①。慕容曦皓有 8 个儿子②。马浩有 12 个儿子③。从墓志中统计的数据看，我们所统计的比较完整的 661 户家庭资料中，共生育了 3141 个孩子，平均每户生育孩子 4.75 人。其中生育 2 ~ 6 个孩子的家庭比较多，尤以生育三四个孩子的家庭最多，当然也包括无子嗣家庭 20 个。这些家庭的子女数目中，除了个别的是再婚妇女在两次婚姻中的生育子女总数外，还有不少是男子再娶乃至三娶以及正妻与别室共同生育的子女。因此，它们不能作为女性生育率的指标来看待。

举例来说，唐代向某（754—827）与妻子宋氏（759—819）"生二男一女，长子公允，次子公著，女廿娘"，向某的妻子《宋氏夫人墓志》记云："男公允，小名洪子；女采娘等"④。既然在宋氏去世后，向某"自此鳏居，家无亚室，洁己立行，唯道是亲"，哪来的第二个儿子公著？妻子死时向某已经 66 岁，则向某在妻子死后与其他妾和婢所生的可能性也比较小，我们只能理解为是向某与夫人宋氏婚姻存续期间所生的非婚生子。这个儿子虽然非宋氏所生，但宋氏作为主母可以把他看作自己儿子，这就是向某的墓志中记载他与宋夫妇共有二男一女的原因。但是，到了宋氏本人的墓志，则可以只提到她自己生的孩子。

又如，贞元 074 和建中 002 是张翔和夫人源氏的墓志。贞元 074 在源氏的墓志中只说源氏生有三子一女，三子是：长子士防、次子士陵，小曰士阶。在建中 002 张翔的墓志中则提到生育了四子一女，四子是长曰士防、次曰士陵、次曰士阶、小曰沙门。这说明张翔在与源氏的婚姻之外，还有一个婚外儿子。这个儿子（可能是因为年龄小叫沙门，或者是真的做了小和尚）在源氏的墓志中不必提，但是，在丈夫的墓志中则要说的。

子女出生后，取名字就是学问。唐代儿童有学名和乳名的不同，

---

① 《大唐故张府君墓志铭》，载《唐代墓志汇编续集》，大历 007，上海古籍出版社，2001，第 696 页。
② 《大唐故张府君墓志铭》，载《唐代墓志汇编续集》，大历 008，第 697 页。
③ 《唐故扶风马府君墓志铭》，载《唐代墓志汇编续集》，贞元 045，第 765 页。
④ 《广平郡宋氏夫人墓志》，载《唐代墓志汇编》，元和 147，第 2053 页。

犹如近代农村小孩取名先有乳名，然后才是学名。唐代墓志反映的情况也大体如此。例如，张士阶的第三女名张婵（816—840），其兄张塗所作墓志铭说："婵，名也，印奴，小字耳。（其父）常谓其侍者：吾门不寿女，故世世怜女而甚于珠玉。乃选其乳姐泊高年女奴两三人，令常常报弄于几前，唯所欲。及稍能理红妆、衣绮罗，则凡是珍奇，莫不堆在眼。"大概15岁后张婵患病卧床，"但自笄迄今，首尾凡十载，未尝一日能强履而暂离床衽间。"①

卢知宗为妻子郑子章写的墓志："生子三人，女二人。长曰小夏，次曰震儿，不幸后夫人之丧十有九日夭失；次曰继儿，女曰上客。大中七年十月二十五日育上客之妹，未名，浃月遭病。"②

又如前举向某（754—827）与妻子宋氏（759—819）"生二男一女，长子公允，次子公著，女廿娘"。但8年前在向某的妻子"宋氏夫人墓志"里小孩的名字则记作："男公允，小名洪子；女采娘等"③。对照之后发现，女孩长大后就以行第叫廿娘，不再用采娘这样有些昵称意味的名字。男孩子也用"公允""公著"这样有意义的名字。

也有人家给孩子取名，嫡庶有所区别。例如根据郑薰为其姐夫杨汉公所写的墓志，杨汉公前夫人郑氏的两个儿子分别叫杨筹、杨范，继夫人韦氏所生的两个儿子分别叫杨符、杨篆。但是"公之长子思愿，郑夫人鞠之同于己子"，"别七子曰湮（言字旁），为著作佐郎；曰郡、同、艮、巽、涣、升"。可见嫡妻生的孩子单名都带竹字头，其他庶出子女，包括长子思愿，其名字都不很有规律。（其中有与八卦卦号相同者，也许为同一个女人所生④。）杨汉公死的时候，"将葬，其孤思愿、

① 《有唐张氏之女墓志铭》，载《唐代墓志汇编》，开成041，第2198-2199页。
② 《唐故荥阳郑夫人墓志铭并序》，载《唐代墓志汇编》，大中083，第2312页。
③ 《广平郡宋氏夫人墓志》，载《唐代墓志汇编》，元和147，第2053页。
④ 唐朝人给孩子取名字有各种规律，如姚崇的女婿陶禹三个儿子的名字分别是说、锐、说。《大唐故银青光禄大夫使持节陈州诸军事陈州刺史上柱国陶府君墓志铭并序》，载《唐代墓志汇编》，开元320，第1379页。

筹、范等号痛崩擗"①。可见这里长子虽庶出，仍然是众兄弟送葬的领头人。

敦煌发现的大批童蒙教材类的作品，展示了那个时代民间儿童知识教育的情况。这些教材被研究者划分为识字类、道德类和知识类②，反映了家长们对于儿童在成长过程中有关学习和修养方面的期望和要求。

首先是生育与哺乳。古代的妇女哺乳幼儿的时间长达三年。《父母恩重经讲经文》："三年乳哺诚甚叹，十月怀耽足可哀。"③ 敦煌文书S. 1920 号杜正伦《百行章》也有："怀将十月，困辱三年，代喘倾心，回干就湿"。显然，哺乳三年也含有父母怀抱尚不会走路的儿童之意，未必三年都一定哺乳。所以，富贵人家所请的乳母，除了哺乳外，恐怕还有侍弄幼儿的任务，犹如今天所说的保姆。所谓孩子尚在襁褓之中，大约也指三岁以下的年纪。唐人小说《定婚店》记韦固的妻子回忆幼时的情况说："畴昔父曾宰宋城，终其官。时妾在襁褓，母兄次没。唯一庄在宋城南，与乳母陈氏居。去店近，鬻蔬以给朝夕。陈氏怜小，不忍暂弃，三岁时，抱行市中。"这件记事可以说明三岁尚属襁褓之中这一点。敦煌文书 P. 2622 号书仪有孩子死亡，"十岁以下云夭丧，三岁以下云去离怀抱"就是这个意思④。古代妇女早就掌握了"服药下乳"的方法⑤，哺乳时间比现代的母亲略长是可以理解的。

父母的过早去世对于儿童是巨大的打击。《定婚店》中的韦固妻由其善良的乳母鞠养。孩子还有一个做官的叔父，在她十岁左右的时候把侄女接到自己身边，养为己女，最后帮助婚嫁，算是万幸的事。

---

① 《唐故银青光禄大夫检校户部尚书使持节郓州诸军事守郓州刺史充天平军节度使郓曹濮等州观察处置等使御史大夫上柱国弘农郡开国公食邑二千户弘农杨公墓志铭并序》，载《唐代墓志汇编续集》，咸通008，第 1036－1039 页。

② 郑阿财：《敦煌童蒙读物的分类与总说》，载郝春文主编《敦煌文献论集——纪念敦煌藏经洞发现一百周年国际学术研讨会论文集》，辽宁人民出版社，2001，第 190－209 页。

③ 黄征、张涌泉：《敦煌变文校注》，中华书局，1997，第 970 页，并参见第 981 页注 30。并见周一良：《"赐无畏"及其他——读〈敦煌变文集〉札记》"三年乳哺"条，收入《1983 年全国敦煌学术讨论会文集·文史遗书篇下》，甘肃人民出版社，1987，第 2249－2250 页。

④ 录文见赵和平：《敦煌写本书仪研究》，新文丰出版公司，1993，第 587 页。

⑤ 《通典》卷六九《礼二十九》，第 1907 页。

墓志中有一些材料极状丧失父母后幼年儿女的悲惨情况：

> 夫人生四女，长曰李，次曰引，次曰书，次曰马。□□□□
> 丧，李方九岁，枕其尸，哭绝良久，有如天成。祖母怜其哀，恐
> 至毁殁，遂命置他室，不使其见备凶事。其下皆五六岁，或既晬，
> 咸未知其有死。以为且寐还觉，尚呼之于庭户间。既敛不见，人
> 告之以既殁，然后哇哇而啼，痛亲其父。①

四个女儿，最大的九岁，最小的五六岁，稍大者枕抱着母亲的遗体痛哭欲绝；幼小者甚至不知道母亲已经不在人世，在屋里到处呼喊妈妈。当从大人那里弄明白母亲已死，才"哇"的一声抱着父亲大哭。

父母对于儿童的期望是，希望他们幼小的时候就像一个小大人，像今天我们许多传统家庭观念一样，小孩"懂事"是评价儿童的重要标准。如李鹄（834—859），"生有奇姿秀韵，举家钟惜，才离襁褓，便有成人风。及稍长，酷好经史诗笔，虽眠食亦间以讽诵。群从每见，恐致劳悴，且以女博士讥之。夫人若不闻，耽味愈笃。泛览贯穿，尽举要义。白水君（李鹄的父亲李元珪，同州白水县令）与张氏夫人日益怜异，亦曲从其好，或者以女工之事宜当习之。夫人曰：是可不甚学而解也。既致思运指，未涉旬，果工于众作，斯乃天赋其才也"②。

早熟的儿童一般对于日常应对礼节有超前的理解和适应能力。郑行者（825—828）是前谏议大夫郑肃的元子，郑肃撰写的墓志铭说他从小就很聪明，在长辈面前，"曲尽其情，意备应对，每见其敏捷，大凡人事，尽得其机要。所阙者未知书耳。由是乡党惊视，目为奇童……校书郎李戴工为文，尝录其行事为《异童志》"③。这个早熟的儿童4岁（相当于现在3周岁）夭折，可以说刚刚脱离父母的怀抱不久，似乎尚没有进行识字教育。

---

① 《荥阳郑夫人墓志铭》，载《唐代墓志汇编》，会昌005，第2214页。
② 《唐田君故夫人陇西李氏墓志》，载《唐代墓志汇编续集》，大中066，第1018页。
③ 《大唐殇子郑行者墓志》，载《唐代墓志汇编》，大和016，第2108页。

士人家的子弟如果六七岁还不能写字，就会被人嗤笑。韩昶自撰墓志铭云："幼而就学，性寡言笑，不为儿戏，不能闇记书，至年长不能通读三五百字，为同学所笑。至六七岁，未解把笔书字。"但是，他对于诗歌的领会却超越于常人："性好文字，出言成文，不同他人所为。张籍奇之，为授诗，时年十余岁，日通一卷。籍大奇之。为授诗，童皆不及之。能以所闻，曲尽其义，籍往往不能答。受诗未通两三卷，便自为诗。"①从韩昶自诩的口气看，儿童六七岁就应该会写字了。他虽然识字写字不早，但是，对于文章诗歌却很有天赋。十余岁就可以自己写诗了。从这里我们可以窥见当时的儿童教育崇尚聪明早慧型："为儿童时，爱玩笔砚，才年十二三，通两经书，就试春官，帖义如格，遂擢第焉"②，认为早慧是后来出仕的条件。

母亲如果读书识字，往往是儿童最早的启蒙老师，刘蜕为母亲撰写的《先妣姚夫人权葬石表》云："生一子，始稚孺，坐于膝，手持孝经，点句以教之。既长，逐搜不纵戏惰，令从师学古文。"③但是，到了七岁的时候，一般要送到学校去读书了，十五岁就应该学有所成。如鲁氏第二的儿子名谦，"谦天锡其性，不食酒肉。年七岁，好读诗书，旰食忘寝，勤学不辍，师喻以文义，皆记之心腑。未逾十五，孝经、论语、尚书、尔雅、周易，皆常念，礼记帖尽通"④。

又如，成士和（765—783），祖父曾任秘书省著作郎，父亲为侍御史，年方19岁就夭亡，墓志说他"才过童观，有老成之风也。曩者七岁，初志于学，智聪识敏，诗礼备闻。兼以自强，禀以天性。及至十五，三冬学富，乡党荐称。穷易则三绝韦编，精传则文成杜癖"⑤。墓志对成士和的夸奖或为过分，但我们从中可以知道，少年老成是当时

① 《唐故朝议郎检校尚书户部郎中兼襄州别驾上柱国韩昶自为墓志铭并序》，载《唐代墓志汇编》，大中102，第2329页。

② 《唐故万年县尉直弘文馆李君墓志铭》，载《唐代墓志汇编》，大中115，第2341页。

③ 《先妣姚夫人权葬石表》，载《唐代墓志汇编》，大中130，第2353页。

④ 《鲁氏子谦墓志铭并序》，载《唐代墓志汇编》，大中132，第2354－2355页。

⑤ 《唐故成公府君墓志铭并序》，载《唐代墓志汇编续集》，建中010，第729页。

称赞儿童的标准①。七岁开始读书，十五岁就已经熟悉了儒家的基本经典，开始是读《诗经》和三礼之类的作品，后来则研读《周易》和《左传》等艰深的著作——这是官僚子弟教育的成才之路。

二　室女、出嫁女与父母的关系

敦煌曲《女人百岁篇》②：

一十花枝两斯兼，优柔婀娜复厌厌；父娘怜似瑶台月，寻常不许出朱廉。

二十笄年花蕊春，父娘娉许事功勋；香车暮逐随夫婿，如同萧史晓从云。

三十朱颜美少年，纱窗揽镜整花钿；牡丹时节邀歌伴，拨棹乘船采碧莲。

四十当家主计深，三男五女恼人心；秦筝不理贪机织，只恐阳乌昏复沉。

五十连夫怕被嫌，强相迎接事屑纤；寻思二八多轻薄，不愁姑嫂阿家严。

六十面皱发如丝，行步龙钟少语词；愁儿未得婚新妇，忧女随夫别异居。

七十衰羸争奈何，纵饶闻法岂能多？明晨若有微风至，筋骨相牵似打锣。

八十眼暗耳偏聋，出门唤北却呼东；梦中长见亲情鬼，劝妾归来逐逝风。

九十余光似电流，人间万事一时修；寂然卧枕高床上，残叶凋零待暮秋。

---

① 《故泉州龙溪县尉李君墓志并序》也说志主少年时"有老成之风"，载《唐代墓志汇编》，开元447，第1465页。

② 罗宗涛：《敦煌变文社会风俗事物考》，台北文史哲出版社，1974，第80－81页。

百岁山崖风似颓，如今身化作尘埃；四时祭拜儿孙在，明月长年照土堆。

　　这首敦煌曲子词形象地勾画了女人一生经历的几个阶段。10 岁左右的少女，是父母的掌上明珠，父母爱怜，平常不让出门，想必是要在家中学习女工之事。成年到二十许的年纪，就像花蕊那样青春荡漾，父母要张罗着寻找佳婿。30 岁的美丽少妇，依然风姿绰约，与同村的女子一起采莲放歌，快乐自在，有公婆当家，用不着自己多操心。40 岁的妇女就没有这份清福了。当家方知柴米贵，子女成群父母贫。为了减轻丈夫的经济压力，补贴家用，主妇起早贪黑地纺纱织布。五十岁的妇女已经是人老珠黄，担心丈夫嫌自己人老色衰，常常想起自己年轻时的浪漫快活。60 岁的老妇已经是步履蹒跚，却仍担心还没有成亲的儿子何时娶到媳妇；念叨已经出嫁的女儿生活过得怎样。总之，这样一首诗为我们了解唐代妇女生活提供了一幅绝妙的图像。在这里，妇女出嫁相比在家是根本的转变。

　　《崔夫人训女文》假借一位母亲对即将出嫁的女儿的叮嘱之词，表达了从女儿到媳妇的身份转变后，在婆家应该遵行的一些行为准则。其文云：

香车宝马竞争辉，少女堂前哭正悲。吾今劝汝不须哭，三日拜堂还得归。

教汝前头行妇礼，但依吾语莫相违。好事恶事如不见，莫作本意在家时。

在家作女惯娇怜，今作他妇信前缘。欲语三思然后出，第一少女莫多言。

路上逢人须敛手。尊卑回避莫汤前。外言莫向家中说，家语莫向外人传。

姑章共语低声应，小郎共语亦如然。早朝堂上起居了，诸房伯叔并通传。

姒娣相看若鱼水，男女彼此共恩怜。夫婿醉来含笑问，迎前服侍送安眠。

莫向人前相辱骂，醒后定是不和颜。若能一一依吾语，何得翁婆不爱怜。

故留此法相教示，千秋万古共流传。①

少女与媳妇的为人处世有很多不同，《崔夫人训女文》多有机宜授予。其中与姑嫂、姒娌的关系十分重要。墓志中关于主妇道德的叙述也特别关注此点。例如崔家媳妇郑氏（667—703）"与长姒卢夫人深相友敬，执礼游艺，行同言合，□外之间，怡怡如也"，临终前，"顾命长子司农丞璘、次子华州参军琏等曰：汝免过失，吾殁无恨。两房兄弟，足可协睦，若生异端，□违吾意"②。看来，崔家的这一对兄弟也没有分家。但是，一个在京城任职，一个在华州做官，两家的分居又是必然的。

又如，卢初（732—775）携家奔岳父李揆，并死在岳父家中。"君之女弟，吾族子从羲之妻。君子然早孤，唯李氏一妹，先是，从夫在楚，及君来之亡也，得与卢氏之女护其终焉。内事维持，嫂妹同力，崩城之恸，闻者哀之"③。卢氏之女指李揆的女儿、卢初的妻子。李氏一妹指李揆族子李从羲的妻子、卢初的妹妹，她们是姑嫂关系（嫂妹关系）。办丧事时的家内事务，由这两个女人负责操持。

徐州节度使王智兴曾经上书朝廷要求表彰孝女徐和子，原因是年仅17岁的徐和子在父亲和哥哥都战死在吐蕃寇边的战斗中，自己到边疆去收回父兄的尸首，"归徐（州）营葬，手植松柏，剪发坏形，庐于墓所"④。可见，朝廷对于无子嗣的家庭，女儿尽孝是得到社会认可并受到朝廷表彰的。

① 敦煌文书中有多个卷号有《崔夫人训女文》，此据郑阿财《敦煌写本崔夫人训女文研究》中的校文，收入《敦煌文献与文学》，台北新文丰出版公司，1993，第284-285页。
② 《大唐大理卿崔公故夫人荥阳县君郑氏墓志铭并序》，载《唐代墓志汇编》，开元060，第1196页。
③ 《唐故滑州司法参军范阳卢君墓志铭并序》，载《唐代墓志汇编》，大和022，第2112页。
④ 《册府元龟》卷一四〇《帝王部·旌表四》，第1562页。

从唐朝人的措辞看，似乎最小的女儿尤其得到父母的钟爱。例如，某墓志云，卢家媳妇姓崔，出自清河。其母亲是陇西李氏。李氏生五个女儿，"夫人即其季也。夫人聪懿朗悟，又居其季，相国陇西李夫人特加爱异"[1]，似乎"又居其季"是引起母亲特加爱异的原因之一，至于只有女儿之家父母疼爱之情也丝毫不减。白居易本人就是只有女儿没有男孩的。他不仅对此很释然，而且在诗歌中充分表达了中年得女的喜悦心情：

> 行年欲四十，有女曰金銮。生来始周岁，学坐未能言。
> 惭非达者怀，未免俗情怜。从此累身外，徒云慰目前。
> 若无夭折患，则有婚嫁牵。使我归山计，应迟十五年。[2]

长女金銮不幸夭折，又生一女罗子：

> 有女名罗子，生来才两春。我今年已长，日夜二毛新。
> 顾念娇啼面，思量老病身。直应头似雪，始得见成人。[3]

又云：

> 稚女弄庭果，嬉戏牵人裾。是日晚弥静，巢禽下相呼。
> 喷喷护儿鹊，哑哑母子乌。岂唯云雀尔，吾亦引吾雏。[4]

罗子七岁，白居易又写诗云：

> 吾雏字阿罗，阿罗才七龄。嗟吾不才子，怜尔无弟兄。

---

① 《有唐卢氏故崔夫人墓志铭并序》，载《唐代墓志汇编》，大中128，第2351页。
② 白居易：《白居易集笺校》卷九《金銮子晬日》，朱金城笺校，上海古籍出版社，1988，第480页。
③ 《白居易集笺校》卷九《罗子》，第1049页。
④ 《白居易集笺校》卷八《官舍》，第428页。

抚养虽娇骏，性识颇聪明。学母画眉样，效吾咏诗声。

我齿今欲堕，汝齿昨始生。我头发尽落，汝顶髻初成。

老幼不相待，父衰汝孩婴。缅想古人心，慈爱亦不轻。

蔡邕念文姬，于公叹缇萦。敢求得汝力，但未忘父情。①

这些诗文描写了女儿从一两岁到六七岁的可爱情形，从中可以看出一个父亲对女儿的疼爱之情。我们再看看墓志中的材料：

李鹄（834—859），"生有奇姿秀韵，举家钟惜，才离襁褓，便有成人风。及稍长，酷好经史诗笔，虽眠食亦间以讽诵。群从每见，恐致劳悴，且以女博士讥之。夫人若不闻，耽味愈笃。泛览贯穿，尽举要义。白水君（李鹄的父亲李元珪，同州白水县令）与张氏夫人日益怜异，亦曲从其好，或者以女工之事宜当习之。夫人曰：是可不甚学而解也。既致思运指，未涉旬，果工于众作，斯乃天赋其才也"。大中十一年（857）十一月与田宿结婚，其时李鹄已经 24 岁，而田宿有"别女三人，男二人"，是 5 个孩子的父亲了，却没有结婚。而李鹄又为他生了一个儿子叫玉同，才两岁。李鹄"抚鞠无异"。她结婚以后也是"侍膳问安外，则以琴书自适"，而"儒籍外亦好释老氏书，静专恬雅，唯以行善为乐"。该墓志是她的丈夫田宿书写的②。

李胤之是河南府陆浑县令，妻子是清河崔氏。有女儿李十七娘，"所生邢氏，入吾家卅年，恭尽勤敬，终始如一"。这是他在结婚以前，与家中的丫鬟或使女邢氏生的孩子，他在墓志中说，"余之元女"，是李胤之大和八年（834）及第时出生的，所以把她取名李第娘（834—857）。也许是这个缘故，李胤之对她特别钟爱："生未数月，余入京从职，俄佐华州，未几复佐广州。四年还京，又徙襄阳。住四年，左官卫佐分司，后授万年尉，复参宣武军。二年府罢，归洛阳。自汝襁褓，迨至成长，廿年间，吾南北宦游，绵历万里，辛勤道路，羁苦两京，

① 《白居易集笺校》卷八《吾雏》，第 2439 页。
② 《唐北平田君故夫人陇西李氏墓志铭并序》，载《唐代墓志汇编续集》，大中 066，第 1018 页。

必自携持，未尝一日离间。"①

女儿出嫁之后，父亲仍然十分疼爱。左金吾判官、前华州司户参军李琪的夫人新野庾氏（812—830）②，19岁芳龄死于京兆府零口旅邸。她是太子司议郎庾承初的长女。她对弟妹非常和蔼，对父母非常孝顺，"由是偏钟爱于司议"，即特别得到父亲的钟爱。父亲钟爱长女，是可以理解的。这也不是一般的泛泛之词，而是事出有因：庾承初曾在南闽做官，"风雨所交，土宜暑湿，遂染风痹"。父亲生病之时，她这个长女特别孝心侍奉："至于一饮一食，调护甘饴，冬春循环，胜发而献，心无懈也。"父亲很可能是瘫痪在床，庾氏出嫁后，仍然"首不上膏沐，口不茹荤酪，常斋戒持经，以俟父愈"。庾承初卜居华州，距家在长安的女儿有一些路程了。父亲"以疾苦未疗，每钟念于女。女以陟岵为念，思养于前，跋涉道途，积忧成疹，百两旋返，以至于溘尽之期"。也就是说，庾氏作为女儿，为了探视患病而思念自己的父亲，往来于长安、华州之间，积劳成疾，以至于不治，竟然在京兆零口的旅邸中病故。这个故事对于反映出嫁女儿与患病父亲的感情联系，提供了生动的材料。

还可以进一步解读的是，为什么庾承初卜居华州？也许是因为女婿李琪在华州任司户参军。当然，也可能是庾家卜居华州后，才有庾女出嫁李琪的事情。后来李琪调任金吾判官，离开了华州到京兆任职，造成了庾氏父女分离的情况。庾女去世时已经是三个孩子的母亲，其幼女在母亲死后不久就去世，另两个男孩臊臊、户户，尚只有小名，亦在幼年。华州司户参军为从七品下阶，不是二十岁出头的人就能够做到的官职。则李琪应该是一个中年人，即比妻子庾氏要年长一倍左右，属于老夫少妻。考虑到三个孩子都属年幼，应该皆为庾氏所出。由此可见，庾氏频繁生育，又操劳于父亲的病情，往返于京兆、华州

---

① 《唐故陇西李氏女墓志》，载《唐代墓志汇编续集》，大中061，第1013—1014页。
② 庾氏死于大和四年（830）十二月二十六日，仔细推算此时当为公历831年。由于此类计算十分麻烦而又无关本论文主旨，故凡是此类年龄计算方式，一概以简便方式换算，即农历某年相当于公历某年，如大和六年相当于公元830年。此墓志的书写者单写一个"琪"字，不加姓氏，推测就是死者的丈夫。

之间，加之素食造成的营养不良，结果造成了在探视父亲途中，猝死于旅邸的悲剧①。寡居的女儿回到娘家照料父母的事例也很多。涪城县丞张承祚（646—706）之季女"初笄有行，所天又殒"，寡居后回本家侍奉父亲，志文称她"古之孝女，何以尚兹"②。

唐朝老人生病，似乎女儿侍奉汤药比媳妇更为普遍。如刘潚的母亲"文献夫人老疾，公与夫人亲侍汤药，岂遑懈怠？年逾十年，日勤一日。天后召文献夫人曰：年老抱病，儿女在旁？对曰：妾有男及妇，殊胜于女"③。尽管这位母亲是在真诚地表扬自己的儿子和媳妇，但是从她与武则天的问答口气看，老母生病，女儿侍侧似乎在那个时代更为普遍。

再谈谈女儿与家庭的经济关系。根据唐文宗大和五年（831）敕文，商人在外死亡，如果身边亲人相随，"便任收管钱物"，这些亲人除父母妻儿和兄弟外，还包括"在室姊妹、在室女、亲侄男"在内④。以上只是商人家庭的情况，文宗开成元年（836）敕令又涉及一般家庭的女子云："自今后，如百姓及诸色人死绝无男，空有女，已出嫁者，令文合得资产。"⑤ 看来这个令文并不是现在才有的规定，而是先前的令文就明确了的⑥。但是到了北宋，出嫁女的继承权有所限制，"有出嫁女者，三分给与一分，其余并入官"⑦。

当然，在外家发生经济困难时，出嫁的妇女时常有接济之举。如某位博陵崔氏"有伯兄季弟，长姊孤侄，或死生契阔，时命屯否，拯

---

① 《唐故新野庾氏墓志铭》，载《唐代墓志汇编续集》，大和035，第908页。
② 《唐故绵州涪城县丞吴郡张府君墓志铭并序》，载《唐代墓志汇编》，开元519，第1512－1513页。
③ 《大唐故十学士太子中舍人上柱国河间县开国男赠率更令刘府君墓志》，载《唐代墓志汇编》，开元304，第1366页。
④ 《宋刑统》卷十二《户婚律》"死商钱物"。《宋刑统》下文云曾根据大和八年（834）八月二十三日敕节文进一步规定："死商客及外界人身死，应有资财货物等，检勘从前敕旨，内有父母、嫡妻、男、亲侄男，在室女，并合给付。如有在室姊妹，三分内给一分。如无上件亲族，所有钱物等并合官吏。"这里在室女的继承顺序在亲侄男之后，而在室姊妹所得份额大为减少，此究竟是宋制，还是唐代的变化，尚不清楚。
⑤⑦　《宋刑统》卷十二《户婚律·户绝资产》，第198页。
⑥ 《宋刑统》卷十二《户婚律·户绝资产》又引唐开元二十五年《丧葬令》云："诸身丧户绝者，所有部曲、客女、奴婢、店宅、资财，并令近亲（亲依本服，不以出降）转易货卖，将营葬事及量营功德之外，余财并与女（户虽同，资财先别者，亦准此）。"第198页。也许就是指此处的令文。则开元时已经规定了户绝之家出嫁女子的财产继承权利。

之救惫，常若不及"①。另外一位清河崔氏资助娘家盖房子，又帮助弟弟娶媳妇："及板舆徙家，夫人（指崔氏）缔构储（广寺），唯惧己力不足，异时孜孜以昆弟婚仕后时为虑。"②

三　嫡庶与外宅男

唐代家庭里的子女一般是跟随父亲的血统为归属，即从父不从母，但是，孩子却由于其母亲的身份不同而有嫡庶之分，比较复杂。大体说来，正妻所生子女为嫡，正妻之外女人所生子女为庶，庶出的子女又有婚生和非婚生的不同。唐朝法律娶"妾"也属于婚的范围，妾所生的庶子是婚生的，其他女人则是非婚生，于是家庭子女因为其母亲的身份而有嫡子、庶子、别子、外宅子、奸生子女等等区别。下面举例加以说明。

《北梦琐言》有一个故事说，宰相崔慎猷在镇浙西之日，有瓦官寺僧人说他要得贵子，"问其妊娠之所，在夫人泊妾媵间，皆无所见"，崔慎猷仔细想了想后，"乃召曾侍更衣官妓"，果然是此官妓怀上了他的孩子。这个孩子就是晚唐宰相崔胤③。这件事反映出在高级官僚家庭里，男主人的性生活是相当随意的，为他生男育女的女人十分复杂，势必导致家庭子女关系的复杂化。

以白敏中的家庭与孩子为例。据《唐代墓志汇编续编》所收墓志的记载，父亲白季康，任宣州溧水县令，前娶薛氏，生子二人：杭州于潜县尉闸、睦州遂安县尉幼父。后娶敬氏，生一子敏中，白敏中在家是老三。白敏中（792—861）本人前娶博陵崔氏，生女三人，二人早亡，一女嫁主客员外郎皇甫炜，亦殁。后娶韦氏，时敏中已居相位。韦氏"勤雍和理凡十八年"，则再婚在 62 岁时，大约是大中七年

① 《大唐故监察御史赵郡李府君夫人博陵崔氏墓志铭并序》，载《唐代墓志汇编》，天宝 197，第 1669 页。
② 《唐故试太常寺太祝范阳卢府君妻清河崔夫人墓志铭并序》，载《唐代墓志汇编》，大和 046，第 2127 页。
③ 《北梦琐言》卷四《崔胤相胲文》，第 71 页。

（853）左右。"有女三人，皆早世"①。这都是指韦氏生的孩子。

下文紧接着说："男曰徵复，秘书省□直郎；次曰崇儒，秘书省校书郎；皆先公而殁"。女二人，一人继归皇甫炜，亦殁，这是一对姊妹先后嫁一夫的例子；一人归前集贤殿校理张温士，亦殁。还有一个叫可儿的男孩和一个叫锦儿的女孩。那么这些孩子是什么时候生的？母亲是谁呢？都不清楚。儿子徵复虽已死，但是所娶博陵崔氏，生男承孙，现任秘书省校书郎，则徵复应该是比较年长的儿子，显然是别出，是白敏中结婚之前与别的没有名分的女人生的孩子。这么说来，白敏中共生育了 12 个儿女，3 男 9 女，其中两任夫人各生了 3 个女儿，其余 3 男 3 女都是如夫人生的，而其如夫人显然不止一人。

再看杨汉公的家庭。据墓志，郑薰为其姐夫杨汉公写的墓志云：其曾祖杨隐朝，祖燕客。父亲杨宁是阳城的学生，娶长孙氏，生汉公，为杨宁的第三个儿子。十余岁，母亲长孙氏去世，"号慕泣血，有老成之致。既长，顺两兄，抚爱弟，得古人之操也"。29 岁中进士。前夫人郑氏，嫁给杨汉公 11 年，生有两个儿子筹、范，夫人死于 39 年前。"公之长子思愿，郑夫人鞠之同于己子"，现为国子周易博士。可见这个长子是杨汉公结婚以前生的孩子。

继夫人韦氏，"开元宰相安石之玄孙、歙州刺史同则之女也"。"生二子：曰符、曰篆……以文学举进士。一女适前进士周慎辞。"又别四女，长适前凤翔从事、检校礼部员外张温，其三女未笄。别七子曰谭，为著作佐郎；曰郡、曰同、曰艮、曰巽、曰涣、曰升。"率诸兄之教，蓂之不列，熙熙然无尤违也"。"将葬，其孤思愿、筹、范等号痛崩擗"②。

由此可见，杨汉公不仅在结婚以前有长子思温，而且婚后还有许多非婚生儿女。这里的别女四人，别子七人都是没有留下姓名的女人

---

① 《唐故开府仪同三司守太傅致仕上柱国太原郡开国公食邑二千户赠太尉白公墓志铭并序》，载《唐代墓志汇编续集》，咸通 005，第 1034 页。

② 《唐故银青光禄大夫检校户部尚书使持节郓州诸军事守郓州刺史充天平军节度使郓曹濮等州观察处置等使御史大夫上柱国弘农郡开国公食邑二千户弘农杨公墓志铭并序》，载《唐代墓志汇编续集》，咸通 008，第 1036 – 1039 页。

为他生的孩子。除两人嫁娶外，他们大都还年幼。可以说是娶了第二位夫人之后才与其他女人生的。两位夫人的孩子名字都是竹字头，长子及其他别出之字的名字则不适用此规范，显示出他们出身的区别。

嫡庶的区别在于皇家是很重要的。皇位继承人一般从嫡长子中产生，如果长子非嫡子，古代政治生活中会有"立嫡"与"立长"的矛盾。但是，一般情况下，嫡子总是占有较大的优势。在于官宦人家，子女随父祖享有某种特权，如封荫入仕，由于荫子往往有数量限制，比如给一子或若干子几品官的赏赐，就使嫡庶在享受特权的次第上产生差异。此外，封爵的继承也一般是嫡子的特权。庶子只能处于候补的地位。褚遂良曾指出，西晋永嘉以来，北方风俗"嫡待庶若奴，妻御妾若婢，废情亏礼，转向因习，构怨于室，取笑于朝"①。看来嫡庶之间的差别和矛盾是那个时代普遍的现象。但是，从褚遂良的话中也可以看出，这种情况被认为是"废情亏礼"的陋习，并不为正统舆论所支持。

同样是庶出，又有婚生与非婚生之别。所谓非婚生子女包括两种情况。一种是结婚后与妻妾之外的女人所生育的子女，比如前举崔慎猷的场合，其子崔胤乃官妓所生。

在唐代还有比较普遍的一种就是结婚以前所生育的孩子。例如，孙子泽（819—872）大中十年（856）娶李氏（839—871），时妻子19岁，他本人三十八九岁，已经有非婚生的一对儿女。后李氏又生一男二女②。

又如，唐思礼（820—870）"娶王氏、俞氏，皆早亡。无嗣。有男子二人：曰理谨、道儿；女子三人：曰遂娘、阅师、杭娘；长而未冠，幼而未鬓"③。这里说"无嗣"却有非婚生的二男三女，究竟是什么意思呢？这些孩子是唐某结婚前所生，还是婚后所生呢？是与谁生的呢？

---

① 《唐会要》卷七一《十二卫》，第1522页。
② 《唐故御史中丞汀州刺史孙公墓志铭并序》，载《唐代墓志汇编续集》，咸通089，第1102—11033页。
③ 《唐故银青光禄大夫检校太子宾客前杭州长史兼监察御史上柱国唐公墓志铭》，载《唐代墓志汇编续集》，咸通078，第1094页。

幸好我们发现了唐思礼自己给亡妻王氏（840—862）和俞氏（841—870）所写的墓志。根据《亡妻太原王夫人墓志》，王氏年方 17 岁嫁给年长自己 20 岁的唐思礼。结婚多年没有生育，王氏觉得："嗣事甚严，宜有冢子，于是祈拜佛前，志求嫡续。精恳既至，果遂至愿，以咸通三年十一月十六日初夜娩一男孩。夫人喜色盈溢，及二更，不育。夫人方在蓐中，而伤惜之情，不觉涕下。三更，夫人无疾，冥然而终。"王氏在 23 岁那年是生产了的，结果却在生下孩子后当夜母子皆亡。其实，当时唐思礼有"一男曰丑汉，今七岁；一女曰遂娘，始三岁。夫人怜育二子，过于己出"。唐思礼与王氏是公元 856 年结婚的。此墓志写于公元 863 年。也就是说，这个丑汉正是唐思礼结婚一年后出生的，即是在唐思礼结婚之前或之时已经怀孕了的。那么这个女人是谁呢？该墓志也有消息："又有女奴，每许侍余之栉，以己之珍玩之物，俾自选以宠与之"①。这位侍栉的女奴显然就是这两个孩子的母亲。再看《亡妻北海俞氏夫人墓志铭》②，志文没有写与俞氏再婚的时间，此时唐思礼已经有两个儿子三个女儿，他们都是非婚生子女可以肯定。其母亲是否仍是那个女奴，还是另有其他女婢，不得而知。唐思礼在第二任夫人死后不久也去世了，其墓志所说的"无嗣"，乃是指两位正室妻子没有留下子嗣，而这些非婚生的孩子仍然可以是唐家的血胤则是没有疑问的。

　　类似的例子还很多，例如江某（786—812）是左金吾兵曹江泳之子。"君少而俊拔，材力过人，结交豪右，使气任侠。"父亲希望他读书修文，"由是敛迹读书，非有命使，未尝出门"。可能是长期苦读而缺乏锻炼，结果在二十七岁的时候去世。江某并没有结婚，但是，已经有 6 岁的男孩和 2 岁的女儿。可见也是未婚生的孩子。其母亲当为奴婢或侍妾之类。江某的父亲与祖父皆在，则这个家庭已经是四世同堂，虽然没有正娶的孙媳妇③。

① 《亡妻太原王夫人墓志》，载《唐代墓志汇编续集》，咸通 011，第 1041–1042 页。
② 《亡妻北海俞氏夫人墓志铭》，载《唐代墓志汇编续集》，咸通 071，第 1088 页。
③ 《唐故济阳江君墓志铭并叙》，载《唐代墓志汇编续集》，元和 039，第 828 页。

　　以上无论是婚前还是婚姻期间的非婚生子女都是公开与合法的。还有一类所谓"外宅男"或者"别子"，属于非公开（不一定非法）的子女。

　　《北梦琐言》有一则故事："唐张祎尚书典晋州，外贮所爱营妓，生一子。其内子苏氏号尘外，妒忌，不敢取归。乃与所善张处士为子，居江淮间，常致书题问其存亡，资以钱帛。及渐成长，教其读书。有人告以非处士之子，尔父在朝官高。因窃其父与处士缄札，不告而遁归京国。祎公已薨。至宅门，僮仆无有识者，但云江淮郎君，兄弟皆愕然。其嫡母苏夫人泣而谓诸子曰：'诚有此子，吾知之矣。我少年无端，致其父子死生永隔，我罪多矣。'家眷聚泣，取入宅，齿诸兄弟之列，名仁龟。有文，性好学修词，应进士举及第，历侍御史。因奉使江浙，于候馆自经而死，莫知所为。先是，张处士怅恨而终，必有冥诉，罹此祸也。"①

　　张祎在外面与别的女人生的孩子，被寄养给朋友张处士为子，但是，张祎仍然资给以钱帛，则这也不算严格的过继。张祎夫人知道丈夫在南方有一个婚外儿子，但是拒绝承认。这种情况在唐代官宦人家具有一定的代表性。但是，孩子周围的邻居总是知道底细的。结果，孩子知道自己的生父在京城做官，找上了门，此时张祎已经亡故，夫人苏氏还是接纳了这个儿子。这个故事与仁井田陞提到的一个宋代故事有类似之处。这个故事说富室莫家为了避免外室之子前来讼财破家，而承认接纳了莫家老爷生前与一位婢女生的儿子②。

　　苏夫人承认丈夫的外宅男是否出于这个原因当然无从推测。但是，从唐朝官方的态度来看，是不鼓励这种事情的。《宋刑统》卷十二《户婚律》："准唐天宝六载五月二十四日敕节文，百姓百官身亡殁后，称是别宅异居男女及妻妾等，府县多有前件诉讼。身在纵不同同居，亦合收编本籍，既别居无籍，即明非子息。及加推案，皆有端由：或其

---

① 《北梦琐言》卷八《张仁龟阴责》，第 174 页。
② 周密：《齐东野语》卷十二《莫氏别室子》，中华书局，1997，第 365 – 366 页。

母先因奸私，或素是出妻弃妾。苟祈侥幸，利彼资财，遂使真伪难分，官吏惑听。其百官百姓身亡之后，称是在外别生男女及妻妾，先不入户籍者，一切禁断。辄经府县陈诉，不须为理，仍量事科决，勒还本居。"但是，宋朝士大夫治家，却主张及早使外宅男归宗，《袁氏世范》卷上睦亲云："别宅子、遗腹子，宜及早收养训教，免致身后论讼，或已习为愚下之人，方欲归宗，尤难处也。"

农村一般富裕人家也会有非婚生子女问题。敦煌一则文书就涉及外宅男与同母异父的子女之间的财产纠纷①。P.4992 号文书记载氾再晟投诉了这样一件事：氾再晟在父亲故世时只有 13 岁，与寡母和三个妹妹，艰辛度日。后来得知父亲生前有一个外室，生下同父异母弟保保。双方认了骨肉，并且为保保娶了媳妇。"承望同心戮力，共荣（营）家计。"后来保保的母亲又嫁给押衙杨存进为妻。可能杨氏也是再婚，但是膝下无子，大约是想以保保为嗣男。保保就随母亲过去生活了。说是"随母承受富产，不要亲父贫资"，即使是氾再晟"数度招唤，回眼不看"，意思是放弃了在亲生父亲这边的财产继承权利。后来杨氏继父又生了两个孩子，他们"共保保同母别父，亦无间隔之心"。下文说："再晟耳闻杨家与保保城内东（缺文）家产（缺文）"。我们无法具体推测事情的原委，但是，我想其内容很可能是涉及再晟不愿保保再来分割父亲的遗产问题。

这是一个典型的复杂家庭关系的案例！涉及非婚生子女问题，同父异母兄弟和同母异父兄弟之间的感情关系、财产继承关系等一系列问题。虽然文书残缺，但是，我们至少可以得到这样一些认识。

首先，氾再晟并不是一个格外富有的权势之家，但是，他父亲同样在外面有一个外宅，并且生了儿子保保。这个外宅后来嫁给杨押衙，杨家无子嗣，有以这个男孩为嗣的意思，似乎是为了继承家产。其实，这个时候，保保已经与生父家人认了骨肉之亲。"长大成人，与娶新

---

① P.4992 号《年代未详（10 世纪后期）马军氾再晟状》，载《敦煌社会经济文献真迹释录》第二辑，第 314 页。

妇"。可是保保却在生母再嫁之后，要去做后爹的子嗣。从这个真实的事例中，我们感受到民间家庭关系的一些具体事象。

其次，关于财产继承问题。杨押衙与保保的母亲又生下了两个孩子，于是保保的财产继承权利就发生了危机。氾再晟犯嘀咕，大约是担心保保会反过来再与自己争父母的遗产，所以就向官府上状文。有可能表达保保既然脱离本家，就不得析分财产之意。

关于这一点我们也可以通过其他文书观察得知。例如，敦煌P. 3186 号文书记载了这样一个事例，某父亲甲控诉某儿子乙云："有腹生子某男乙，于三五年间，不敬父母，及活业并不著。若更娶后妻某氏，就妻住活。若也有甚高下死生，或欠他人债负，恐来论说。"①意思是说，如果今后这个儿子有什么三长两短，或者欠人债务，均与我们没有关系！父亲甲为此专门到官府投牒为凭。按，这个起诉人某甲是某乙的父亲，可能与其他的儿子同居，而某乙实际上已经到女方处居住，好像入赘一般。某乙的债负不得由原来父母家担负。那么，财产当然也不得继承。（也许因为其不孝敬父母，所以，才不许其沾染父母的财产？）怀疑是在父母身边的儿子为了防止已经去女家入赘的亲生兄弟前来提出财产继承问题，鼓动父亲出面断绝其与本家的财务关系。将这件事情与氾再晟的状子比较就可以发现，其间有相同之处，这就是已经过继或者入赘到别人家的兄弟，不得再到本家提出财产上的要求。

四　继父母与子女的关系

在子女复杂的家庭里，父母特别是母亲与非亲生子女的关系是一个难题。文献中总是表彰正妻或者后母对于非亲生子女的慈爱。比如李氏（780—843）在于家生有一儿一女。在丈夫去世时，"夫人年龄尚少，鞠稚子，抚孤女"，又有丈夫前妻生的两个女儿，"夫人以保育之

---

① P. 3186 号《宋雍熙二年牒（稿）》，载《敦煌社会经济文献真迹释录》第二辑，第306页。

道，慈旨之恩，甚于己子，而皆早媚，多养膝下"①。又如，桂休源为妻子崔霞（813—837）撰写的《唐故崔夫人墓志》云②："休源未娶，有女子子一人，夫人抚待甚慈，外姻皆不知其他出也。闻者难之。"还有一例，十将冯广清的前妻 33 岁谢世，留下一对儿女，"一男五岁，一女二龄"。广清"悯睹儿女，早失慈亲，再婚彭城曹氏"。曹氏十分贤惠，"抚养偏露，过于己生"。结果两个孩子都长大成人。儿子冯继宗为义昌军节度驱使，"官婚陇西董氏"，生有一男二女。女儿叫十五娘，嫁给王家做媳妇。曹氏终生未育，后来活到 75 岁，于大中元年（847）九月去世。同年十二月与亡夫合葬。冯广清是 63 岁死的，墓志没有说是在哪一年，我们也无法推测他去世时后妻曹氏的年龄以及她到底守寡多少年。我们假定冯广清在前期去世时未 35 岁，其后妻与他结婚时为 18 岁。则后者的婚姻生活为 28 年，也就是说曹氏的寡母生活约有 30 年。墓志说她"终于沧州城内明经坊之寝位"，儿子冯继宗是义昌军（治沧州）节度驱使，说明他有可能是与继母居住在一起的③。

这里三个例子中有两个是继母与前妻之子的关系，另一个是妻子与非婚生子女的关系。根据《唐律疏议》卷六《名例》对于"其嫡、继、慈母，若养者，与亲同"的疏议云：

> 嫡谓嫡母，《左传》注云："元妃，始嫡夫人，庶子于之称嫡。"继母者，谓嫡母或亡或出，父再娶者为继母。慈母者，依《礼》："妾之无子者，妾子之无母者，父命为母子，是名慈母。"非父命者，依礼服小功，不同亲母。"若养者"，谓无儿，养同宗之子者。慈母以上，但论母；若养者，即并通父。④

---

① 《唐故洪州武宁县令于君夫人陇西李氏墓志铭并序》，载《唐代墓志汇编》，会昌 023，第 2227 页。
② 《唐故崔夫人墓志》，载《唐代墓志汇编》，开成 013，第 2176 – 2177 页。
③ 《唐故冯府君墓志铭并序》，载《唐代墓志汇编》，大中 017，第 2264 页。
④ 《唐律疏议笺解》卷六《名例律·称期亲祖父母》，第 498 页。

　　这段法律条文根据古代经书的解释，对于非亲生子女同父母关系所做的解释，完全是从丧礼服制上着眼的，所以，在《大唐开元礼》中也有类似的规定①，虽然在守礼这个角度说，上流社会尤其必须遵守，但是，它未必反映唐代家庭实际生活中的人际关系。实际生活中嫡母或者后妈与非亲生子女的关系要密切得多。上引墓志中李氏以及桂休源的妻子崔氏对于丈夫前妻及非婚生的儿女都很好，以至外姻都不知道她不是崔氏所生，"闻者难之"！好一个"闻者难之"，这不仅是在表彰崔氏的贤惠，也是在说当时社会上的一般情况是，正妻或者后妈未必能够对待庶出或前妻的子女一视同仁。颜之推就说过：北朝风气，家庭里以女人撑门户，后母皆爱己子，因为"前妻之子，每居己子之上"，故"后妻必虐前妻之子"②。但是，在前妻之子长大成人后也未必不会虐待后母。如武则天在娘家的时候，与她的生母杨氏就受到同父异母之兄弟的苛待③。

　　由于唐代子女的血胤关系是按照男性来计算的，男性与妻妾之外的女性所生的孩子的归属不存在问题，只是存在与后妈的关系问题。元稹有两个同父异母的兄长，元稹幼年与母亲寄住在舅舅家。他的两个兄长对于后母仍然在经济上接济。元稹自己说他的兄长"自二十年来，以下士之禄，持窘绝之家，其间半是乞丐羁游，以相给足"，"始亡兄集，得尉兴平，然后衣服、饮食之具，粗有准而犹卑薄俭贫，给不假足"④。说明后妈即使回娘家去住，仍然可以享受到丈夫前妻所生子女的孝顺。

　　但是改嫁妇女与前夫所生孩子与后夫之间的关系如何处理？则是

---

① 《大唐开元礼》卷一三二《凶礼·五服制度》，东京汲古书院，2003 年，第 620－625 页。
② 参颜之推：《颜氏家训》之《兄弟》《后娶》《治家》诸篇，上海古籍出版社，1992，第 2－5 页。
③ 就是武则天本人的故事也集中了一个特殊家庭的冲突。在太宗时代，武则天只是"第一家庭"的一个小妾，太宗死后，她被高宗引入宫中为昭仪，大约与北朝突厥鲜卑人的收继婚传统可以相比。永徽时期在第一家庭里展开了一场正妻（王皇后）与诸妾（萧淑妃、武昭仪）之间的斗争。最后武则天被立为皇后，等于由妾而升为妻。唐朝法律以妾为妻是非法行为。但是，在第一家庭里容许例外。武则天荣晋第一家庭的主母后，对于非己所出子女（从政治斗争上说也包括亲生儿子）采取了极其不人道的虐待手段。参见雷家骥：《武则天的家庭角色及其与庶子女的关系——一个中古时期特殊家庭与亲子关系的个案研究》，载张国刚主编《中国中古史论集》，天津古籍出版社，2003，第 216－248 页。
④ 《元稹集》卷三〇《海侄等书》，第 355 页；卷五九《告赠皇考皇妣文》，第 616 页。

法律关注的另外一个问题。唐朝法律对于继父与妻子跟前夫所生子女的关系分为同居、异居和无服三个层次，以规定不同的亲疏等级。《唐律疏议》卷二三《斗讼律》就"殴伤继父"所做的疏释云：

> 继父者，谓母后嫁之夫。注云："谓曾经同居，今异者"，依礼"继父同居，服期"。
>
> 谓妻少子幼，子无大功之亲，与之适人，所适者亦无大功之亲，而所适者以其资财，为之筑家庙于家门之外。岁时使之祀焉，是谓同居。继子之妻，虽不从服，若有犯夫之继父者，从下条"减夫犯一等"。其不同居者，谓先尝同居，今异者。继父若自有子及有大功之亲，虽复同住，亦为异居。若未尝同居，则不为异居，即同凡人之例。①

从这里我们可以看出，同居是一个具有特点内涵的法律概念，同住则是实指在一个屋檐下生活的一般语词。妇女带着前夫年少的儿女再嫁，后夫也没有密近的亲属，同时为妻子前夫的孩子立家庙祭祀，那么继父就与妻子的前夫孩子构成同居关系。假如后来，继父获得了自己的孩子，即使还是同居，也与妻子的前夫孩子解除了同居关系。假设先前就不曾有同居关系，那么继父与妻子前夫所生孩子就是普通凡人的关系。唐律在这里所特别加以分疏的其实就是继父与妻子与前夫子女的法律义务和责任问题，并不涉及实际的家庭生活关系。因为即使在同一个锅里吃饭，继父对于妻子与别人生的孩子仍然没有天然的统属权，妻子与前夫生的孩子并不属于这个新家庭的法律上的一员。这个孩子将来还是要承嗣自己亲生父亲的门户。这一点是与继母们同自己丈夫与别的女人所生孩子的关系很不一样的。所以，在实际生活中，往往会发生收养关系。郭子仪有个儿子郭铦尚西河公主，"初，西

---

① 《唐律疏议笺解》卷二三《斗讼律·殴妻前夫子》，第1575页。

河主降沈氏，生一子，铦无嗣，以沈氏子嗣"①。郭铦突然去世后，由于无子嗣，以妻子与前夫沈氏所生儿子为嗣。这很可能是公主本人的意思。这是在沈某的继父郭铦去世的情况下决定的。还有随母改嫁后立即被继父收养为子的。如元载随母改嫁，并且改姓为元②；据说酷吏来俊臣也是被继父收为养子的③。谈到收养关系，那已经超出继父继母的范围，容当别论。

五　养父母与养子

结成收养关系的父母与子女之间没有血缘关系，双方通过契约的形式结合成拟制的父子关系，因此，社会学上把这种关系叫作"拟制血亲"④ 关系。但是，养子也是收养家庭的合法成员⑤。上一节中谈到的继父与妻子跟前夫之子之间就是通过收养的手续，使之成为拟制血亲，从而避免了上引唐朝法律对于继父与子女之间法律义务和权利关系淡薄的限定。

《唐律疏议》卷十二《户婚律》（《宋刑统》卷十二同）在收养问题上的基本规定是：不得养异姓子，只有遗弃的三岁以下小儿可以收养。但是，在实践中，这种规定并没有完全执行。纵观敦煌文书中的养子情况，发现有以下几点值得注意。

第一，收养对象比较复杂，大体有以下几种情况：

有收养兄弟之子或者同母异父的兄弟之子的："壬戌年三月三日龙勒乡百姓胡再成，今则遂养同母弟王保住男清朵作为腹子。"另有一份

---

① 《新唐书》卷一三七《郭子仪传附括传》，第 4613 页。
② 《旧唐书》卷一一八《元载传》，第 3409 页。
③ 《新唐书》卷二九〇《来俊臣传》，第 5905 页。
④ 关于唐五代拟制血亲关系的详细讨论，参见王晓丽《唐五代拟制血亲研究》，载张国刚主编《中国社会历史评论》第一卷，天津古籍出版社，1999，第 37－60 页。
⑤ 这里我们把所谓义子的结合排除在讨论之外。因为义子虽然也称父子，但是，毕竟不是家庭成员，也一般没有财产上的继承关系。又《元史·王忱传》："忱以江南人鬻子北方，名为养子，实为奴也。乞禁之。"宋濂等：《元史》卷一五一《王忱传》，中华书局，1976，第 3568 页。这样的养子也不在我们讨论范围之内。

宋初的文书记载一个叫史氾三的人收养兄长史粉硙之子为养子①。

有收养外甥的："百姓吴再昌，先世不种，获果不圆，今生孤独一身，更无子息，忽至老头，无人侍养。所以五亲商量，养外甥某专甲男。"② 墓志中还有以外甥女过继为女③。还有收养其他不相干的人的孩子：如僧正收养的一个养女，原来是宅僮康愿昌的养女④。总括以上事例，可以知道，收养子女并没有严格按照唐朝法令的规定，唐朝普通家庭未必只能养同姓宗亲的孩子为嗣。

第二，收养的目的。当然首先是立嗣，如青州户曹参军韦挺（770—825）没有儿子，只有两个女儿，"长曰映娘，年未龀龆；幼曰户户，尚居襁褓"。还有媵妻柏氏乃龙武将军柏良器的女儿。于是长兄揆命仲子行宣为韦挺的继嗣⑤。办丧事时，列举的名字的顺序是："嗣子行宣、长弟擢、幼弟操、犹子仲谔等"，可以看出其中的亲疏关系的差别。这个嗣子是长兄指定的。唐太宗也指定自己的一个儿子为李元吉的嗣子。但是，从上引敦煌文书中的例子看，民间老百姓收养子女，更多考虑现实生活的需要，至少不完全是为了继嗣，而是为了养老。

第三，养子和养父的权益通过契约的形式加以保证。总体说来，养父母要给养子以生活保障和财产上的继承权利，养子要对养父母恪尽孝养的义务。例如，胡再成养同母兄弟之子为男的契约中说"自养已后，便需孝养二亲，尽终之日，不发逆心"⑥。与此相关的是，养子拥有养父母家庭的财产继承权。当然，养子同时也必须偿还养父母生前的债务。例如，敦煌文书 S.4498 V 号纸背，就是慈惠乡百姓张再通上诉，要求房兄张富通的养子替养父还债的⑦。

第四，养子与本生父母的关系以及解除收养问题。被收养人与本

---

① 谭蝉雪：《敦煌婚姻文化》，兰州人民出版社，1993，第 70－71 页。
② 谭蝉雪：《敦煌婚姻文化》，第 68－69 页。
③ 《唐守魏王府长史段璘亡室严氏玄堂铭并序》，载《唐代墓志汇编续集》，咸通 026，第 1054 页。
④ 谭蝉雪：《敦煌婚姻文化》，第 67－68 页。
⑤ 《唐故青州户曹参军京兆韦府君墓志铭并序》，载《唐代墓志汇编续集》，宝历 006，第 874 页。
⑥ 《敦煌社会经济文献真迹释录》第二辑，第 155 页。
⑦ S.4498 号《宋雍熙二年（985）六月慈惠乡百姓张再通牒（稿）》，载《敦煌社会经济文书真迹释录》第二辑，第 307 页。

生父母的关系问题是收养家庭中很敏感的问题。从宦官被收养的情况看，宦官为人所养，其墓志铭叙父祖世系只叙述养父的世系，完全不及亲生父母①。但是一般的收养关系则比较复杂。唐朝法律规定，如果亲生父母前来认领，应该归还，但是要"失儿之家，量酬哺乳之值"②。又云："诸养子所养父母无子而舍去者，徒二年。若自生子及本生无子，欲还者听之。"这里有三个层次。层次一，所收养的儿童如果是走失者，生父母来认领，养父母必须归还。层次二，如果是领养的儿童，养父无子而养子擅自离去，要判处二年徒刑。这是保护收养者权益的办法。层次三，如果养父已经生子而本生父母无子，养子想回到本生父母身边的，听任归还。可见法律的规定还是很人性化的。

应该指出，唐代养子立嗣之风气似乎不像后世那样十分普遍，不立子嗣的人家也常能见到。例如，《故泉州龙溪县尉李君墓志并序》的志主李某，"衣锦昼游，赵州使君之少子"，官宦人家的子弟。"过幼学，幸得宿卫，授左卫亲府长上"，这是此类品官子弟一般的入仕之路。"逾弱冠，调补德州平昌丞"，二十多岁就调补县丞，应该是很不错的仕途。开元二十三年（735）冬，"妖孽潜构"，李某左迁泉州龙溪县尉。但是，他似乎并没有立即到任，而是到浙江一带去探亲访友了。结果"遘病于杭州之馆"。此时可能是开元二十四年的夏天。他又扶病旅至衢州，在信安县的籍坊停歇。六月病死于旅次。他没有结婚，也没有子嗣，身边只有爱妾和家童。所谓"祢衡未婚"，"爱妾垂泣，祭歆诸子，魂托家童"。八月灵柩权殡于钱塘。开元二十五年三月，才在姐姐的帮助下（大约还有郑姓姐夫），迁棺椁于河南故乡③。墓志的作者可能是志主的兄弟（志文有"弟兄几人，唯予哭汝"），志文读来令人伤感。这里没有立嗣的迹象。

第五，值得注意的是，由于养子问题还涉及无嗣之家的财产继承

---

① 事例见《大唐故朝请郎行内侍省掖庭局官教博士上柱国清河张公墓志铭并序》，载《唐代墓志汇编续集》，咸通 086，第 1099－1100 页。

② 参见仁井田陞：《中国身份法史》，日本东京大学出版会，2001，第 772 页。

③ 《故泉州龙溪县尉李君墓志并序》，载《唐代墓志汇编》，开元 447，第 1465－1466 页。

等经济问题，势必在宗族内部会引发一些利益纠纷。唐朝法律规定，将子孙继绝他家，在十八岁以前，本生家不得将其随意析出，"诸以子孙继绝，应析户者，非年十八已上，不得析；其年十七已下命继者，但于本生籍内，注云年十八然听，即所继处有母在者，虽小亦听析出"①。这种规定是因为十八岁的中男子已经具有独立的行为能力，可以独立地经营所继的绝户人家的资产。否则以儿童去过继绝户，就有使本生家上下其手，侵占绝户之家财产的可能。但是，如果所继处尚有养母，则可以让养子及早过继，因为养母可以照管自己的家产和教育过继的养子。这些法令把门户的继绝与财产继承结合起来一并加以考虑。

当时，在实际生活中，为了不使利益流落到宗族外的人手里，稀奇古怪的乱伦养子之事也不鲜见。宋代的《名公书判清明集》中《户婚类·立嗣门》云："世俗以弟为子，固亦有之，必须宗族无闲言而后可。"以弟弟为哥哥的嗣子，显然是为了本家族的利益。但是，宗族之间也许会有看法。因为如果不以弟弟为嗣，就有可能以同宗中其他晚辈为嗣。所以，通过本宗族的认可成为养子的一个必备模式。唐代关于养子的样本就有与"五亲商量"的提法②。《北梦琐言》记载一件事涉及养子与财产问题③：

> 镇州士人刘方遇，家财数十万。方遇妻田氏早卒，田之妹为尼，常出入方遇家，方遇使尼长发为继室。
> 有田令遵者，方遇之妻弟也，善货殖，方遇以所积财，令令遵兴殖也。方遇有子年幼，二女皆嫁。方遇疾卒，子幼不能督家业。方遇妻及二女以家才素为令遵兴殖，乃聚族合谋，请以令遵姓刘，为方遇继嗣，即令鬻券人安美为亲族请嗣，券书既定，乃遣令遵服斩衰居丧。而二女初立令遵时，先邀每月供财二万，及

① 仁井田陞：《唐令拾遗》卷九《户令》，第 234 页。
② 《敦煌社会经济文献真迹释录》第二辑，第 172 页。
③ 孙光宪：《北梦琐言》卷二十《委使按问》，贾二强校点，中华书局，2002，第 353–354 页。

后求取无厌。而石、李二女夫教二女诣本府论诉，云令遵冒姓，夺父家财。

　　令遵下狱，石、李二夫族与本府要吏亲党，上至府帅、判官、行军司马、随使都押衙，各受方遇二女赂钱数千缗。而以令遵与姊及书券安美，同情共盗，俱弃市。人知其冤。

　　我们且不去说这个案子本身的道德问题。只是就立嗣一事本身来看，田令遵是刘方遇的妻弟，二人是同辈的郎舅关系，田却被立为姐夫刘方遇的继嗣。于是姐姐竟然成了继母。这个立嗣显然是着眼于财产不外流的问题。虽然田令遵有委屈的地方，但是，他同意立嗣，未尝没有财产上的考虑。尽管立嗣事件通过立券而合法化了。但是，田令遵还是被刘方遇的女儿告以"冒姓、夺父家财"，结果，田令遵和姐姐以及鬻券人都被处以弃市的极刑。故事说是原告贿赂了上下官吏，但是，作者认为官府判处的依据也的确因为这个立嗣在法律上漏洞颇多，田令遵是咎由自取。

　　这个案子还透露了出嫁女与本家的财产关系问题。刘方遇的两个女儿早已出嫁，子幼不能持家业。在决定由田令遵继嗣的问题上，两个出嫁女是参与意见的。刘方遇的继室于二女为继母，没有血缘上的关系，因而被一同陷害。其实关于养异性为子嗣之时，古代的礼书就有不少讨论，《通典》所收礼典还专门有"异姓为后议"的条目①。宋代的家训还提出异姓为后，可能导致将来的子孙与同姓婚姻的不伦行为②。因此，养子不仅仅是寻找支撑门户的接班人，至少还涉及财产归属、礼法制度和伦理关系问题，是古代家庭生活中有待深入探讨的复杂现象。

---

① 《通典》卷六九《礼二十九》，第 1914 页。
② 袁采：《袁氏世范》卷上《睦亲》，天津古籍出版社，1995，第 1 页。

关于唐朝的老人问题

一

在唐朝，多大岁数才算老人？唐朝人的人均寿命，根据今人的研究大约为50岁，这与我们从墓志统计的结论相差不大。但是，这并不能完全作为唐朝人心目中老人观念的依据。根据唐朝的规定，男女始生为黄，4岁为小，16岁为中，21岁成丁（前后有所变化），60岁入老，则60岁以上才算老年人，与近世几乎没有差异。担任公职的官员，甚至70岁才退休，可见，唐朝人的老人观念，与今人差别不大，那个时候人的寿命之所以短，是因为医疗条件不够，非正常死亡所致。如果就人的自然精力而言，唐朝的老人70岁才退休，似乎比现在的老人还精力旺盛。

唐朝有多少老人？唐代最盛时的官方户口统计有900余万户，5 000多万口，60岁以上的老年人究竟在总人口中占多大比例？究竟有多少家庭里有老年人口？都很难确切估计。阶层不同，老年人的生存状况也不一样。根据敦煌的一份营田文书，29个家庭里，有6家有60

岁以上的老年人①。即大约 20.7% 的农村家庭有老年人。这个比例应该反映了一定的实际情况。

唐朝老年人的生活状况如何？杜甫的诗歌里有一些描述，但不能说反映的是普遍现状。而历史文献上又缺少关于老年生活的专门记载，敦煌赋《女人百岁篇》有一段关于老年妇女生活的描写：

　　六十面皱发如丝，行步龙钟少语词；愁儿未得婚新妇，忧女随夫别异居。

　　七十衰羸争奈何，纵饶闻法岂能多？明晨若有微风至，筋骨相牵似打锣。

　　八十眼暗耳偏聋，出门唤北却呼东；梦中长见亲情鬼，劝妾归来逐逝风。

　　九十余光似电流，人间万事一时修；寂然卧枕高床上，残叶凋零待暮秋。

　　百岁山崖风似颊，如今身化作尘埃；四时祭拜儿孙在，明月长年照土堆。②

这里对于 60 岁以上老人忧愁儿女婚嫁、70 岁以上老人身体衰迈的情况都写得很真实。

老人的主要社会问题是生活保障问题，包括物质生活和情感需求。唐代国家政策对此提出了一系列的措施。隋代规定人年 50，可以"输庸停防"，即不需要亲身去当差服役。唐代实行租庸调制度，没有了年龄的优待，但是 60 岁以上是法定的免除赋役负担的年龄，有的时候还曾一度降低到 58 岁。对于年高的耄耋老人，唐朝有所谓侍丁的制度，即家有 80 岁以上的老人或者有严重疾患之人，可以免除一丁以上的劳

---

① 池田温：《中国古代籍帐研究　概观·录文》，第 498－500 页。参见姜伯勤：《上海藏本敦煌所出河西支度营田使文书研究》，载北京大学中国中古史研究中心《敦煌吐鲁番文献研究论集》第二辑，北京大学出版社，1983，第 374 页。
② 罗宗涛：《敦煌变文社会风俗事物考》，台北文史哲出版社，1974，第 80－81 页。

役，让他专门在家里侍候老人①，天宝年间规定家境特别困难的情况下，还把年龄降低到家有男性 75 岁、女性 70 岁的老人，就可以有一个中男充侍丁②。这种人性化的做法是现代社会福利制度也没有考虑到的。侍丁制度绝不仅仅是具文，而是切实实行了的。我们在敦煌差科簿之类的文献中，经常能够看到某某由于充当侍丁而从该乡该县课丁中免除的记载。唐代还像前朝那样对于高龄老人版授（版亦作板）一些名誉官号。唐高宗显庆五年（660）曾经下诏对并州城内妇女年龄在 80 岁以上者，"各版授郡君，仍给赐物"③。有利于在社会上提倡尊老之风气。

唐朝均田法令保证老人和残疾人拥有一定数量的授田，"老男、笃疾、废疾……者，各给永业田二十亩，口分田二十亩"。在家产分割上，老疾者也有所照顾。《唐律疏议》卷一七"缘坐非同居"条问答："问曰：'老疾得免者，各准一子分法。假有一人年八十，有三男十孙，或一孙反逆，或一男见在，或三男俱死唯有十孙，老者若为留分？'答曰：'男但一人见在，依《令》，作三男分法，添老者一人，即为四分；若三男死尽，依《令》，诸子均分，老人共十孙，为十一分，留一分与老者，是为各准一子分法。'"④ 也就是说老年男子可以得到与青壮年一样的一份财产。唐代的户口政策是阻止分家析产导致老人独居的。法律上明确禁止父母在而别籍异居。虽然法律无法禁止同居而异财，即实质上分家的存在，但是，这种政策在上流社会或者官宦人家还是比较好地得到贯彻的。老人在世时不让儿女分家，不仅保障了老人的经济生活，而且满足了老人的感情需求，这种政策客观上符合老年人害怕孤独的心理特点。当然，实际的家庭生活并不完全按照唐朝的政策设计而运作。

---

① 《唐六典》卷三《尚书户部》，第 79 页。
② 《新唐书》卷五一《食货志》：天宝"五载，诏贫不能自济者每乡免三十丁租庸，男子七十五以上、妇人七十以上，中男一人为侍。"第 1346 页。
③ 《旧唐书》卷四《高宗纪上》，第 80 页。
④ 《唐律疏议笺解》卷十七《贼盗律》，第 1247 页。

二

　　老人与子女的关系是决定老人晚年生活的关键性因素之一。中国传统礼教文化有比较浓重的尊老倾向。孝道的提倡，除了意识形态意义外（所谓家国同构、孝于家而忠于国），也不排除是古代社会提倡的一种对于老年人晚年生活比较重要的保障措施。孝道文化在汉代得到官方的大力提倡，社会上出现了许多孝道故事和人物，到了唐代通过官方的提倡和佛教的宣传，更加广泛地深入人心。唐玄宗曾经亲自为《孝经》做注疏，天宝三载（744）下诏每家每户都要置备《孝经》一本①。后世广泛流传的"二十四孝"故事的一些人物在王梵志的诗歌里就有表现，我怀疑是由唐代的僧侣为了宣传"父母恩重经"之类的伪造经典而刻意编纂成书的。一直到今天，"二十四孝"故事仍然是佛教寺院广泛散发的善书品种之一。

　　对于父母的孝养总是要落实在具体事情上的。最典型的一般是侍汤奉药、孝敬色养之类。唐朝著名宰相房玄龄就是一个出名的孝子。他父亲生病绵历三个多月，"玄龄尽心药膳，未尝解衣交睫。父终，酌饮不入者五日"②。父亲死后他也很孝顺继母，"事继母，能以色养，恭谨过人。母病，请医人至门，必迎拜垂泣"③。曾任集贤院校书的丁公著，"辞官侍亲，不顾荣利"，被认为是"高行至性，人伦所称"，母亲死后又哀毁过礼。地方官请求朝廷旌表，除了"委本州刺史亲自慰问"外，还"量给粟帛"④。唐朝还受到佛教的影响，流传着割股疗亲的习俗。开元二十七年（739）明州人陈藏器撰写的《本草拾遗》就写着"人肉治羸疾"⑤。先天二年（713）一个叫王知道的孝子，为了救治母亲的"骨蒸"病，根据医生的处方，"密割股上肉半斤，许加

① 《旧唐书》卷九《玄宗纪下》，第218页。
② 《旧唐书》卷六六《房玄龄传》，第2459页。
③ 《贞观政要集校》卷五《论孝友第十五》，第274页。
④ 《册府元龟》卷一四〇《帝王部·旌表四》，第1562页。
⑤ 《新唐书》卷一九五《孝友传》，第5577页。

五味以进母。母食之便愈。即托他疾卧，不令母知"。朝廷下令"宜与一官，以旌孝行"①。鄠县人也有割股疗母，母亲病好而受到朝廷表彰②。

当然，这些极端的事例只能说明社会上提倡孝敬老人。现实的家庭关系当然不会按照善书或者宣传品来规定。朝廷旌表的事情是官方提倡的意识形态，目的是纠正社会上不孝敬老人的倾向。旌表的事实也未必完全反映当时老人的实际处境，更何况一些食肉疗病的宣传负面作用甚大。但是，这种官府旌表活动对于遏制家庭里虐待老人的行为，倡导尊老的社会风气，无疑也有正面意义。

父母迈入老年其实也是家庭权利关系的一种更替，代沟与冲突不可避免。一方面父母希望儿子早日成人，热心地为儿子张罗婚事；另一方面，当儿子娶了媳妇并开始主持家政后，进入老年的父母又不免有一种失落的心态。王梵志有诗云："用钱索新妇，当家有新故。儿替阿耶来，新妇替家母。替人既到来，条录相吩咐。新妇知家事，儿郎承门户。"③ 王梵志的诗歌往往摹写的是社会的现实。这首诗说明老年人在把家庭的接力棒交给儿子和儿媳妇后，有一种生活上的孤独感。"只见母怜儿，不见儿怜母。长大娶得妻，却嫌父母丑。耶娘不踩眂，专心听妇语。"④ 这里至少流露出老人在家庭中不甘受冷落的心态。

老年父母对于出嫁女儿的关系则是另外一番情景。他们在与儿媳妇发生矛盾时，出嫁的女儿常使他们感到亲情的温暖。例如，焦朝（713—787）父祖是"单嗣相承"，他这一代也是有儿有女。儿子已经长大成人，"有女适人，随夫江左。公即偏念难舍，遂就之行。何图天不辅人，贞元三年十月廿九日寝疾，殁于苏州吴县别业，春秋七十五"⑤。焦朝的夫人李氏很早就去世了，因为战争的缘故要合葬都找不

① 《册府元龟》卷一三九《帝王部·旌表三》，第1548页。同书卷一四〇《旌表四》大和七年还有越州萧山县百姓李渭割股为兄长治病的事例。
② 韩愈：《韩愈文集汇校笺注》卷三四《鄠人对》，刘真伦、岳珍校注，中华书局，2010，第3161页。
③ 《王梵志诗辑校》卷二，第36页。
④ 《王梵志诗辑校》卷二，第38页。
⑤ 《唐故焦府君墓志并序》，载《唐代墓志汇编续集》，贞元010，第741页。

到夫人权厝的葬地了。很可能焦朝一个人把孩子拉扯大。女儿又是家中唯一的女性，因此父女感情很深。当女儿要随女婿到江南的时候，他尽管 70 多岁的高龄，仍然忍不住要"遂就之行"，结果死在女儿家中。这个事例说明，男性老年人丧偶后，同时担任起严父和慈母的双重角色，对于孩子的感情特别深，尤其是对出嫁的女儿往往有感情上的依恋。一方面大约因为女儿在出嫁前已经承担了一部分主妇的任务；另一方面女儿天生与父亲比较好相处，尤其是与朝夕相处的儿子儿媳有矛盾时，女儿家就成为老人向往的避风港。

唐代一些没有子女的家庭，在收养子嗣的时候，就讲明是为了照料老人晚年的生活，如"百姓吴再昌，先世不种，获果不圆，今生孤独一身，更无子息，忽至老头，无人侍养。所以五亲商量，养外甥某专甲男"①。如僧正收养的一个养女，原来是宅僮康愿昌的养女②，也是为了照顾自己的晚年。

三

要考察历史上的老人问题，还要研究诸如老人如何对待死亡，鳏寡老人的生活状况怎样等问题。唐代老年人的这些问题往往与宗教生活密不可分。像姚崇这样不相信死后因果报应的人自然是有的，但是，唐代大多数家庭都要按照佛教的法事来举行葬礼。唐代西方净土观念广泛流行，对于人们的死亡观念有很重要的影响。大约老年妇女特别是寡居的老年妇女，为了缓解丧偶后所带来的孤寂与悲痛，大多崇奉佛教。她们花了很多时间与金钱用在佛事活动中。

这里我们举一个寡妇皈依道教的事例。韩自明（764—831）是内玉晨观上清大洞三景法师赐紫大德仙官。她嫁给孝廉张则见不久，丈夫就去世了，留下一个儿子。她"托孤于父母家，栖心于神仙学"。就

---

① 《敦煌婚姻文化》，第 68 – 69 页。
② 《敦煌婚姻文化》，第 67 – 68 页。

是把儿子交给父母，自己去学道了。她在父亲做官的地方结识一个民间女子谢自然，也有志于做玄门。当时汴州有程太灵的老道人，设坛授二人以三洞符箓。几年后，谢去世，"师独布化于代"，名气也逐渐滋长。大约在大和初年，她被召入宫玉晨观，"备命服之锡，崇筑室之赐"。

值得注意的是，韩自明作为道姑，并没有忘记世俗家庭，"师慈愍于一切，而施由亲始，故抚孤侄弱子，咸俾有家而居室，又尝货弃山墅，聚畜子禄，代兄偿逋责于中贵人"①。也就是说，她的兄长去世后留下的孤侄韩楚长和自己入道前生的儿子张行简，她都照顾有加，抚育他们成家立业；她还卖掉自己的山墅，帮助兄弟偿还欠负宦官的债务。她去世后，儿子、侄子以及门人周景玄、孟玄简，朋友尼戒善等遵嘱为她办理了简单的丧事。

能元皓的孙女出任永穆观主的女道士能师（768—830）也是在始笄出嫁阎君，丈夫去世后，"丧礼终毕，遂于黄箓坛场，投迹从道，以真仪箓法，无不尽该。乃职总观务，实司纲纪"。她有两个儿子，一位曾任绛州绛县主簿，另一位"夙了空寂，归佛出家"。是母为道姑，儿为比丘。能氏"归化于绛台之私宇"，说明她去世并不在观内，而是在家中。两个儿子"皆泣血茹荼"②，悲哀至极。

老年男性出家者很少，特别是有身份的男性，一般努力在社区生活中发挥自己的影响。唐玄宗曾经下令在各乡设立"乡望"，"并取耆年宿望，谙识事宜，灼然有景行者充"③。这无疑强化了老年人在地方事物中的发言权。唐朝曾规定，刺史离任后，他们的政绩评定要征求当地老年人的意见，"取耆老百姓等状，如有兴利除害，惠及生民，廉洁奉公，肃清风教者，各具事实"，向上级部门反映④。除了在地方事务中的影响力，老年人或者主持社日之集会，或者成为佛教社邑的负

---

① 《唐故内玉晨观上清大洞三景法师赐紫大德仙官铭并序》，载《唐代墓志汇编续集》，大和033，第906页。
② 《唐故女道士前永穆观主能师墓志铭并序》，载《唐代墓志汇编续集》，大和028，第902页。
③ 《唐会要》卷五九《户部员外郎》，第1195页。
④ 《唐会要》卷六八《刺史上》，第1426页。

责人①。一些赋闲或者退休的士大夫还喜欢与当地的高僧大德相往来，以打发剩余的时光②。

家庭里老人之间的互助和感情交流，对于营造浓郁的亲情氛围和家庭气氛具有很重要的作用。《隋唐嘉话》："英公虽为仆射，其姊病，必亲为粥。釜燃辄焚其须。姊曰：仆妾多矣。何为自苦如此。勣曰：岂为无人耶。顾今姊老，勣亦老。虽欲久为姊粥，复可得呼。"李勣之姊大约孀居在娘家，弟弟照顾生病的姐姐，两位老人互相都获得感情上的交流和满足。一般老年夫妻之间的情况当与此类似。白居易《赠内子》诗云："白发方兴叹，青蛾亦伴愁。寒衣补灯下，小女戏床头。闇澹屏帏故，凄凉枕席秋。贫中有等级，犹胜嫁黔娄。"这里白居易老夫少妻，此时他的妻子尚比较年轻。虽然白居易家亦有童仆，但是，妻子为丈夫补寒衣，其中所体现的家庭亲情的温暖，是婢妾的劳动所无法代替的。

---

① 据《房山石经题记》的记载，70 岁的庞怀伯作为都维那率领邑人从事佛教刻经活动。
② 白居易 62 岁分司东都，71 岁致仕。分司东都就相当于赋闲状态，他在洛阳龙门颇与僧人相往还。

九世纪僧龙藏的家庭财产纠纷

敦煌遗书 P. 3774 号，被题名为《丑年（821）十二月沙州僧龙藏牒》①，韩国磐先生最早在《根据敦煌吐鲁番发现的文件略谈有关唐代田制的几个问题》的文章中简略地提到过②，池田温《丑年十二月僧龙藏牒——介绍九世纪初敦煌家产分割诉讼文书》③ 也有介绍，《中国古代籍帐研究》中有录文。唐耕耦、陆宏基《敦煌社会经济文献真迹释录》基本参考了池田的录文。池田教授的文章考出了突、突税、突课、突田与藏语 dor 的关系，着重就经营农地、自开酒店等经济活动进行了研究④。但是，本件文书主要内容是关于龙藏出家前后家庭中的一些经济纠葛。因此对于其时家庭与家族的经济关系实具有重要意义⑤。本文拟在前贤研究的基础上，做进一步的讨论。

---

① P. 3774 号《丑年（821）十二月沙州僧龙藏牒》，录文见《敦煌社会经济文献真迹释录》第二辑，第283 – 286 页。
② 韩国磐：《根据敦煌吐鲁番发现的文件略谈有关唐代田制的几个问题》，《历史研究》1962 年第 4 期，收入《隋唐五代史论集》，生活·读书·新知三联书店，1979，第 198 – 213 页。
③ 池田温：《丑年十二月僧龙藏牒——介绍九世纪初敦煌家产分割诉讼文书》，载《山本博士还历纪念东洋史论丛》，东京山川出版社，1972，第 25 – 29 页。
④ 池田温的原作至今未得寓目，此据姜伯勤《论池田温先生的唐研究》，载池田温《唐研究论文选集》，中国社会科学出版社，1999，第 20 – 21 页。
⑤ 杨际平等：《五—十世纪敦煌的家庭与家族关系》，岳麓书社，1997。

一　文书的内容解读

先转录文书原文：

□□□叠并柒盘□□事，所有缘身什□□

□□后经一年，空身却归沙州来，娶妻阴二娘，又分家中什物。

□□□至阁开府上，大番兵马下，身被捉将。经三个月，却走来，在家中潜藏六个月。齐周咨上下，始得散行。至金年使算会之日，出镀（钿）贝镜一面与梁舍人，附在尼僧脚下。后妻阴二娘死，其妻阴二娘衣服夹绿罗裙一腰，红锦裤一，罗衫子一，碧罗被子一，皂绫袄子一，剪刀及针线等物，并大哥收拾。

一、去丙寅年至昨午年卅年间，伯伯私种田卅亩，年别收斛斗卅驮。已上并寄放，合计一千驮，尽是大哥收掌。伯伯亡之日，所有葬送追斋，尽在大家物内，齐周针线尺寸不见。

一、称床九张者，伯伯共父分割之日，家中房室总有两口，其床在何处安置，此乃虚言。

一、先家中无羊，为父是部落使，经东衙算赏羊三十口、马一匹、耕牛两头，犍牛一头，绯毯一。齐周自出牧子、放经十年。后群牧成，始雇吐浑放牧。至丑年羊满三百，小牛驴共卅头，已上耕牛十头，尽被贼将。残牛一头，驴一头。

一、其时大哥身著箭，宣子病卧。贼去后，齐周请得知己亲情百姓，遮得羊一百卅口、牛驴共十一头。又知己亲情与耕牛：安都督一头、赵再兴一头、张英玉一头、安恒处二齿牛二。博得大牛两头，人上得牛五头。

一、未得牛中间，亲情知己借得牛八具，种涧朵地至毕功。其年收得麦一十七车，齐周自持打。

一、其丑年后，寅年、卯年大兄纳突，每年廿驮，计四十驮，并取大家物纳。

一、齐周于官种田处，种得禾，寅卯辰三年，每年得禾三车。巳年两支种得麦三车。已上计禾麦一十二车，并入家中共用。

一、齐周身充将头，当户突税差科并无。官得手力一人，家中种田驱使，计功年别卅驮。从分部落午年至昨亥年，计卅年，计突课九百驮，尽在家中使用。

一、大兄初番和之日，齐周（附）父脚下，附作奴。后至金年使上析出为户，边有差税身役；直至于今。自齐周勾当之时，突田大家输纳。其身役知更远使，并不曾料。

一、先家中种田不得丰饶，齐周自开酒店，自雇人，并出本禾粟卅石造酒。其年除吃用外，得利刘价七十亩、柴十车、麦一百卅石。内卅五石，齐周买釜一口，余并家中破用。

一、齐周差使向柔远送粮却回得生铁熟铁二百斤已来，车钏七只，尽入家中使。内卅斤贴当家破釜，錾写（泻）得八斗釜一口，手功麦十石，于裴俊处取付王菜。

一、齐周差瓜州送果物并分种田麦。其时用驴一头，布半匹买得车一乘。又麦十驮，八综布一匹，买车毂三只并钏，并入家中。

一、大兄嫁女二，一汜家，一张家。妇财麦各得廿石，计四十石，并大兄当房使用。

一、齐周嫁女二，一张家，一曹家。各得麦廿石，并入大家使用。

一、宣子娶妻，妇财麦廿石。羊七口，花毡一领，布一匹，油二斗五升，充妇财。

一、大兄度女平娘，于安都督处买度印，用驴一头，牸牛一头。

一、宣子趁入所由印，用麦八驮，付张剑奴，驴一头与部落使乞心儿。

一、齐周去酉年看丝绵硙，所得斛斗除还外，课罗底价，买鏊一面，及杂使外，余得麦粟一百卅石，并入大家用。

一、齐周后母亡后，有新夹结罗裙一腰，新白锦裤一腰，新罗衫子一，新罗被子一，已上物并大哥收用。

一、城南佛堂并油梁，及大乘寺明觉房内铛、鏊、釜、床、什物等，并不干大家之事，一一尽有来处。

一、齐周所是家中修造舍宅，竖立庄园，犁铧锹镢、车乘钏铜、靴鞋，家中少小什物等，并是齐周营造。自尔已来，用何功直，一一请说。

右齐周不幸，父母早亡。比日以来，齐周与大哥同居合活，并无私己之心。今见齐周出家，大哥便声别居之意。昨齐周与大哥以理商量，分割什物及房室畜生等，所有好者，先进大哥收检，齐周亦不争论。昨大哥取外人之言，妄说异端，无种喧竞，状称欺屈者，此乃虚言，妄入仁耳。复云，齐周用度家中物者，亦有用大家物者，亦有外边得者。今大哥所用斛斗、财物、牛畜及承伯伯私种斛斗，先经分割财物，约略如前，一一并无虚谬。更有细碎，亦未措言。比者已来，齐周所有运为斛斗及财物、畜生、车牛、人口，请还齐周。今大哥先经伯伯数度分割财物，各有处分。今更论财，似乖法式。伏望仁明详察，请处分。

牒件状如前谨牒。

　　　　　　　　　　　　　　　丑年十二月　日僧龙藏牒

文书所涉及的财产纠纷，内容比较复杂，现在略加梳理。文书中提到了 23 件事。

第一条前缺，大致是讲齐周的大哥因缘何事来到沙州，所有缘身什物大约都损失了。后经一年，空身回到沙州来，娶妻阴二娘，"又分家中什物"。

第二件事，齐周的从兄——大哥被差科至阎开府处上番，正值大番兵马下，"身被捉将"，经三个月逃回，在家中潜藏六个月，是齐周多方打点（所谓"咨上下"），才得以露面。又在金牟使算会之时，出镜一面给梁舍人，才被附在尼僧脚下，（可以免去差税）。大哥之妻阴二娘死，其衣物"夹绿罗裙一腰，红锦裤一，罗衫子一，碧罗被子一，皂绫袄子一，剪刀及针线等物"，都收归大哥。

第三件事，齐周的伯伯自己种田 30 亩，每年收粮 30 驮，加上"寄放"的收入共 1 000 驮，都是由大哥收掌。伯伯去世，所有送葬追斋费用，尽出在大家物内，但是齐周却丝毫见不到伯伯的财物。

第四件事，辩称所谓伯伯与父亲（齐周的父亲）分家时有九张床，完全是无稽之谈，当时家里总共只有两间房屋，哪里去安放这么多床？

第五件事，先前家里无羊，先父为部落使，获赏羊 30 口，马 1 匹，耕牛两头，牸牛 1 头，绯毯一。齐周自出放牧人，放牧 10 年后才雇请吐浑放牧。到丑年，羊满 300 头，小牛驴共 30 头。但是都被贼将去，仅剩牛 1 头、驴 1 头。其时大哥中箭，宣子（另一从兄弟）卧病。贼去后，齐周请得知己亲情百姓，遮夺回羊 130 口、牛驴共 11 头。其中一部分给予了亲情知己。

第六件事，齐周在大哥中箭、宣子得病的情况下，联络亲朋独力在贼去后遮夺得牛羊百十头。

第七件事，没有得牛的时候，从亲情知己借得牛八具，耕种涧朵地至毕功，当年收得麦 17 车，齐周自己持打（脱粒）。

第八件事，丑年之后，寅、卯两年大哥交纳突税，每年 20 驮，计 40 驮，"并取大家物"，即从大家共同的财物中交纳。

第九件事，齐周于官种田处种得禾，寅、卯、辰三年得禾三车，巳年两支渠种得麦三车，共计禾麦 12 车，"并入家中共用"。

第十件事，齐周作为将头，可以免除当户突税、差科。官府分配得手力（勤务员）一人，在家中种田驱使，"计功年别卅驮"，即 30 年间计突课九百驮，"尽在家中使用"。

第十一件事，大哥当初"番和"之日（即被吐蕃捉去），齐周附父脚下，附作奴，后来"析出为户，便有差税、身役；直至于今。自齐周勾当之时，突田大家输纳。其身役知更远使，并不曾料"。

第十二件事，由于在先家中种田收获不丰，齐周自开酒店，自雇人，并出本禾粟卅石造酒。其年除吃用外，得利刘价七十亩、柴十车、麦一百卅石。其中除用卅五石为齐周买釜一口外，"余并家中破用"。

第十三件事，齐周差使向柔远送粮，换回（？）得生铁、熟铁二百斤和车钏七只，都被用于家中。内卅斤贴当家破釜熬泻得八斤釜一口，手功麦十石，于裴俊处取付王菜。

第十四件事，齐周差瓜州送果物，并分种田麦。其时用驴一头，布半匹，买得车一乘。又麦十驮，八综布一匹，买车毂三只并钏，并入家中。

第十五件事，大兄嫁两个女儿给氾家和张家，得到彩礼即所谓"妇财麦"各廿石，共四十石，都是归大哥当房使用。

第十六件事，齐周嫁女二人，分别是张家和曹家，也各得麦廿石，却都归于大家使用。

第十七件事，宣子娶妻，需要妇财麦廿石。于是用羊七口、花毡一领、布一匹、油二斗五升，抵充妇财。这些财物看来是从大家中支出的。

第十八件事，大兄度女平娘为尼，于安都督处买度印，用驴一头，牸牛一头。

第十九件事，宣子趁入所由印，用麦八驮，付张剑奴，驴一头，与部落使乞心儿。

第二十件事，齐周去酉年看丝绵碓，所得斛斗除还外，课罗底价，买鏊一面，及杂使外，余得麦粟一百卅石，并入大家用。

第二十一件事，齐周后母亡后，有新夹结罗裙一腰，新白锦裤一腰，新罗衫子一，新罗被子一，已上物并大哥收用。

第二十二件事，城南佛堂并油梁，及大乘寺明觉房内铛、鏊、釜、床、什物等，并不干大家之事，一一尽有来处。

第二十三件事，齐周所有家中修造舍宅，竖立庄园，犁铧锹钁、车乘钏铜、靴鞋，家中少小什物等，都是齐周所营造的。

关于发生以上这些纠葛的原因，齐周解释说：由于齐周父母早亡，齐周与大哥同居合活，并无私己之心。今见齐周出家，大哥便有别居异财之意。于是齐周与大哥以理商量，分割什物及房室畜生等。尽管齐周在家财分割中，优先让大哥收检，并不争论。但是，大哥却听取外人之言，妄说分配不公平，齐周欺屈了他。又说，"齐周用度家中物者，亦有用大家物者，亦有外边得者。今大哥所用斛斗、财物、牛畜及承伯伯私种斛斗，先经分割财物，约略如前，一一并无虚谬。更有细碎，亦未措言。比者已来，齐周所有运为斛斗及财物、畜生、车牛、人口，请还齐周。今大哥先经伯伯数度分割财物，各有处分。今更论财，似乖法式"。看来兄弟之间曾经为财产分割发生争论。争论中涉及齐周自家的财产和"同居合活"的大家的财产问题。

二 家庭事务的分析

齐周与从兄这样的家庭关系反映了"同居合活"情况下的经济纠葛。所谓"同居合活"，按照法律规定，有"户为同居"和"同财共居，不论户之异同"的区别①。"同居"作为一种法律术语，沈家本《历代刑法考》有"同居考"。在汉代，"同居"指同一户籍的居民，即"户为同居"，在唐代则偏重共财，而不管其同一户籍与否。

我们讨论的这份文书大约是当事人龙藏写给当地官府以请求做出仲裁的。齐周的父亲与伯父大约早就分房而过，有各自的家庭。但是齐周仍然与从兄大哥一家"同居合活"。文书作于吐蕃统治时期，其事大约属于唐代"同财共居，不论户之异同"的情况。在这里两家仍然有分有合，有大家公共的财务，也有各自的财务。现在提出要"别居"，就有一个再次分家的问题。"同居共活"在敦煌又叫"合活""同活"②，也就是说本来不是一家人，但是却在一起共同生活，因而其财产有分有合，容易发生纠纷。从齐周与大哥的情况来看，他们的父辈本来已经分家，但是齐周又与伯父及从兄弟一家"同居合活"。所

① 参见唐刚卯：《封建法律中同居法适用范围的扩大》，《中国史研究》1988 年第 4 期。
② 参见郝春文：《唐后期五代宋初敦煌僧尼的社会生活》，中国社会科学出版社，1998，第 83–88 页。

以才出现在财产上纠葛不清的情况。这些纠葛主要是：

第一，在婚嫁及丧葬所涉及的财务问题上，嫁女所得财礼归小家使用，而有关开支却用"大家"的财物，娶妻所纳财礼从大家中出，而妇人死后的衣物等却归小家所有。伯伯在世时耕种私田 30 亩，收获全部归大哥之家，而伯伯的丧事开支却从大家中支付。

第二，在过去分家遗留的财务问题上，父辈的财产分割有争执。如谓齐周父亲分得九张床，实际上当时家里仅两间房子，如何能安得下九张床之类。

第三，在同居合活期间各自所得财产的分配问题上，齐周所获得的牲畜以及耕种土地、经营酒店等的收益供大家中使用，而大兄纳突税并取大家的财物交纳。

第四，强调齐周本人拥有的财物，都另外有财产来源，不是从大家中得到。诸如庄园舍宅、家中什物，"并是齐周营造"。

总之，无外乎婚嫁丧葬及家庭经济生活问题。发生以上这些冲突的关键原因，乃是大家之中还有小家，大家与小家的财产时分时合，所以在"别居"时会有许多财产不清的糊涂账。

在中古时期，类似这种"同居共活"的家庭结构关系具有普遍意义。

《旧唐书》卷一二〇《杨玄琰传》："生平无留蓄，中外食其家常数十人"。这个"食其家"的"家"是杨玄琰的小家，但是姻亲戚属"食其家"实即同居共活之意，又共同构成了一个大家。

《旧唐书》卷一三〇《裴催传》：从祖弟"宽兄弟八人，皆擢明经，任台省州刺史。雅性友爱，于东都治第，八院相对，甥侄亦有名称，常击鼓会饭"。兄弟八院相对，构成八房小家，又常击鼓会饭，有共爨同居之意，构成一个大家。

《唐代墓志汇编》大和 085《唐故朝散郎行河中府虞乡县尉李公墓志铭并序》："家业丰厚，足自赡给，而宗族弟兄，远近咸至，同居共食，无所间异，不十数年，荡然靡余"①。显然，宗族兄弟是各有其家的，但是他们又同居共食，成了一个大家。又郑鲁在兄弟去世后抚育孤媚，将外地侄嫂迎来一起过活，说"吾家毕集矣"②。显然郑鲁与兄弟本来各有其家，但是他们又共同组成一个大家，在一起生活后，这个"吾家"才算"毕集"了。

嗣曹王皋的母亲太妃郑中（711—782），"年十有四，归于公族。居廿四岁而先嗣王即世。王屋天坛之下，有别墅焉，太妃挈今之嗣王与女子子，洎夫族之叔妹未冠笄者，与本族凋丧之遗无告者，合而家之。居无生资，勤俭自力，仁以恤，智以图，使夫饥待我粒，寒待我纩，婚姻宦学蒸尝之礼，待我以时"③。这里的所谓"合而家之"究竟应该如何理解，当然还可以研究，但是这被合的若干"小家"与合之以后的"大家"应该还是有些区别的。

总之，以上正史及墓志中的材料都表明，像齐周与伯父及兄弟那样在各自的小家之外，又有一个在一定时期或一定程度上的同居共活的大家，是比较普遍的现象。以上墓志或史传留下的都是美谈，说明实际生活中并不是典型的例子，而是少见的事情，比较普遍的可能是像齐周和他的伯伯从兄那样，由于大小家的不分，造成财产上的纠葛④。

三 大家与小家的冲突

为什么会出现像齐周那样"大家"与"小家"之间的冲突？为什么分居了的家庭又要同居共活？"齐周现象"是个别的现象，还是普遍的现象？是一般的家庭纠纷，还是有更深层的原因值得探讨？

一般说来，分家析产是无代无之的事情，但分家析产后大家与小

---

① 《唐故朝散郎行河中府虞乡县尉李公墓志铭并序》，载《唐代墓志汇编》，大和085，第2157页。
② 《唐故右金吾卫仓曹参军郑府君墓志铭并叙》，载《唐代墓志汇编》，残志031，第2559页。
③ 《唐赠尚书左仆射嗣曹王故妃荣阳郑氏墓志铭并叙》，载《唐代墓志汇编》，贞元005，第1840页。
④ 敦煌分书或关于分家析产的文书中特别强调的一点就是财产分割之后，日后不得再发生争论，否则予以处罚。这恰好证明分家引发纠纷是很普遍的事情。

家的关系却会因时代而异。在中国古代，大家与小家的关系要受到三重因素的左右：一是中央集权制度与地方大族势力关系的制约；二是国家赋税征收制度的影响；三是儒家伦理思想的作用。

秦朝商鞅变法的重要目标之一是要削弱旧贵族的势力，壮大编户齐民力量，因此商鞅的第一次变法便"令民有二男以上，不分异者，倍其赋"。在第二次变法令中甚至"令民父子兄弟同室内息者为禁"①。汉代贾谊批评秦人分家析产的社会风气说"家富子壮则出分；家贫子壮则出赘"。"借父櫌锄，虑有德色；母取箕帚，虑有谇语"②。可见，商鞅的政策产生了很大的影响力。秦汉时代的父子核心家庭结构主导地位，便是所谓"汉型家庭"结构。

汉武帝独尊儒术，使儒家伦理价值成为社会上占统治地位的主流伦理价值，鼓励维系大家族成为社会的时尚。东汉时期"举孝廉，父别居"成为社会舆论讽刺的对象。这一方面固然说明了名不副实的背离儒家道德教条的社会现实，另一方面也表明统治者提倡的父子同居共爨的家庭模式被社会认同为正面的伦理价值，"父别居"不为社会正统意识形态所认可③。

曹魏时期正式废除父子异籍的条文，所谓"乃除异子之科，使父子无异财"④。是从法律上正式肯定汉代以来社会鼓励大家族制度的逻辑结果。于是主干家庭与联合家庭成为社会倡导的家庭形态。但是魏晋南北朝时期特殊的社会政治环境却使大家族制度超出了常规的发展轨道，出现了所谓百室合户或千丁共籍的非常态形式。世家大族荫蔽宗党族人，强化了地方分裂势力。尽管这些世家大族内部各个小家庭的组合形态仍然十分复杂，但是从户籍制度上说，他们以一个家庭单元的面目出现。

隋朝统一全国，结束了魏晋南北朝的分裂局面。为了加强中央集

---

① 司马迁：《史记》卷六八《商君列传》，中华书局，1982，第 2232 页。
② 班固：《汉书》卷四八《贾谊传》，中华书局，1962，第 2244 页。
③ 参见杜正胜：《比较东汉较西汉每户的人口数为多来说明儒家观念的普及对于家庭结构的影响》，见所著《传统家族试论》上，《大陆杂志》第六十五卷第 2 期。
④ 房玄龄等：《晋书》卷三〇《刑法志》，中华书局，1974，第 925 页。

权，要对世家大族的势力进行遏制，但又不能不充分认同传统儒家伦理观念，反对父母在而别财异居。这就形成了其家庭政策上的矛盾性：即一方面举行"貌阅"，"大功以下，兼令析籍，各为户头，以防容隐"①；另一方面又鼓励旨在敦睦风俗的"合籍共居"②。于是父子不得异财别居，主干家庭及共祖家庭便成为魏晋隋唐时代家庭结构的常态，学术界称之为"唐型家庭"结构③。

隋唐时代继承和发展了北朝的均田制度和赋税制度。在租庸调制度下，丁男是纳税和授田的基本单位。但是户等却与户内人丁数量有关，而户殷丁多又是差科派遣的优先条件。因此分家析产可以带来降低户等的好处。唐朝的律令是禁止父母在而别籍异居的："诸祖父母、父母在，而子孙别籍异居者，徒三年"④。但是尊亲在世而析户的现象仍然十分严重⑤。于是我们在户籍资料上能看到一些国家权力干预的痕迹。例如《唐开元十年（722）沙洲敦煌县悬泉乡籍》于郭玄肪户下的 22 岁儿子思宗和 17 岁儿子思楚、19 岁女儿伏力及郭妻 50 岁的李氏下均有"被开元七年十二月十三日符从尊合贯附"的字样⑥，说明政府检括户口，对于已经析籍的有勒令合籍的情况⑦。天宝十载敦煌差科簿中，在记载各户差科时，将兄弟、子侄乃至侄孙中的丁男、中男登记在一起，表明差科分派中，合籍共贯的家族原则仍然得到了贯彻⑧。但是，在实际操作上，无论是开元十年敦煌悬泉乡的情况，还是天宝十载敦煌差科簿的场合，合贯前后的大家与小家或者析户后的大家与小家的关系都十分复杂，我们不能认为合户能够贯彻到底。有两种情

---

① 《隋书》卷二四《食货志》，第 681 页。
②⑤ 参见冻国栋：《隋唐时期的人口政策与家族法——以析户、合贯（户）为中心》，载《唐研究》第四卷，北京大学出版社，1998，第 319－336 页。
③ 关于汉型家庭与唐型家庭的区别，参见杜正胜：《传统家庭结构的典型》，载《古代社会与国家》，台北《美术考古丛刊》一，1992。
④ 《唐律疏议笺解》卷十二《户婚律·子孙别籍异财》，第 936 页。
⑥ 唐耕耦等：《敦煌社会经济文书真迹释录》第一辑，第 146 页。
⑦ 池田温：《中国古代籍帐研究》，第 234 页。
⑧ 西魏大统十三年（547）瓜州敦煌县效谷乡（S613 背）的户口中也有类似的家庭，如白丑奴、白武兴兄弟二人共有 15 口人家，又有老母在堂。在户籍上是联合家庭，但在现实中不排除两个家庭有独立的财务，存在大家与小家的关系。

况可能会发生：一种是从户籍簿或者差科簿上做账面功夫，即表面上是合籍了，实际上仍然是分居异爨；另一种是像齐周与其兄那样，虽然合居共活，但是大家与小家的财产分别不清，于是，分家的兄弟子侄也构成为一个大家的形态。这个大家的各个小家之间有千丝万缕的经济关系，为日后的财物纠葛埋下了种子。值得注意的是，根据唐朝的法律，父母或祖父母与子孙不别籍而异财者不坐，即形式上不分家实际上分家不算违法行为。《唐律疏议》卷一二《户婚律》云："若祖父母、父母令别籍……者，徒二年，子孙不坐"。疏议云："但云别籍，不云令其异财，令异财者明其无罪。"如果说户籍上同居，而生活中异爨，那么这样的户籍资料反映的家庭结构就十分值得怀疑。如果形式上同居，实际上分爨，那么家庭结构中势必形成大家与小家的复杂关系。

为了证明这种情形的存在，我们还可以举吐鲁番文书为例。吐鲁番阿斯塔那 191 号墓出土的《唐永隆二年（681）卫士索天住辞为兄被高昌县点充差行事》①：

1　永隆二年正月　日校尉裴达团卫士索天住辞

2　兄智德

3　府司：天住前件兄今高昌县点充

4　行讫，恐县司不委，请牒县知，谨辞。

索天住等人的这件上诉被折冲府做了批示：

9　差兵先取军人

10　君柱等，此以差

11　行讫。准状别牒高

---

① 《唐永隆二年（681）卫士索天住辞为兄被高昌县点充差行事》，载《吐鲁番出土文书》第六册，第 559－560 页。

12　昌、交河两县，其

13　人等白丁兄弟，请

14　不差行。吴石仁

15　此以差行讫，牒

16　前庭府准状，

17　余准前勘。待

18　举　　示

这件文书一般用来说明，卫士具有首先被差充征行的义务。索天住等卫士已经被差行，其白丁兄弟，当县不应差行。但是这些卫士与白丁是什么关系？如果是同居共爨的关系，为何当地地方官府却不清楚其卫士兄弟已经差行？按照规定，卫士差行应该知会当地州县，我们的解释是这对兄弟不见得是在一个户籍内，很可能是别籍异居或同籍异财，所以地方官府才会忽略了其兄弟已经作为卫士服役的情况。但是在分派差科的时候，他们又有理由要求按照一户人家来派役。《册府元龟》卷四八六《邦计部·户籍》万岁通天元年敕："天下百姓，父母令外继别籍者，所析之户等第，并须与本户同，不得降下。其应入役者，共计本户丁中，用为等级，不得以析户蠲免。其差科，各从析户祈承，勿容递相影护。"这一段话可以做三重意义的解读：第一，父母与儿子别居，在一定条件下是允许的；第二，别居后的两个家庭仍然通计派役；第三，这样造成的另一形式的大家与小家关系，仍然会产生财务上的纠纷。

儒家伦理价值观念对于家庭结构的影响也不可小视。儒家作为中国传统宗法文化的代表，强调宗法的亲亲、尊尊原则，以别贵贱、辨亲疏，从而建立一个上下有序、尊卑分明的社会等级伦理关系，达到家族和睦、社会稳定统一的目的。儒学世家尤其重视大家族（房族）互相赡养救济的伦理价值。王勃《送劼赴太学序》云："且吾家以儒辅仁述作存者八代矣……使吾徒子孙有所取也……吾被服家业，沾濡庭训。切磋琢磨，战兢惕励者二十载矣。幸以薄伎，获蠲戎役，尝耻道未成而受禄，恨不得如古君子四十强而仕也。而房族多孤，饘粥不继，逼父兄之命，睹饥寒之切。解巾奉檄，扶老携幼。今既至于斯矣，不蚕而衣，不耕而食，吾何德以当哉！至于竭小人之心，申犹子之道，饮食衣服，晨昏左右，庶几乎令汝无反顾忧也。"①

又如，"〔唐〕休璟初得封时，以绢数千匹分散亲族，又以家财数十万大开茔域，备礼葬其五服之亲，时人称之"②。卢偁（727—790）在父母去世后，"处妹四人，未行他族，携持鞠养，皆选择贤良士，咸得其所；兼领诸孤待府君为命者凡六十人。婚嫁即毕，优游淮楚"③。

引据以上诸例旨在说明，大家族中某一优秀成员对于本家族其他成员在婚嫁与赡养上的照顾和救助，是唐代家族制度的特征，也是魏晋南北朝以来某一世家大族荫蔽其他穷困家族成员之积习的遗留。宋代以后建立了比较完备的宗族制度，族人中家庭艰难者有族产来抚恤，有族学来保证儿童得到教育。家族之间的救助关系规范化了。其实，在唐代已经有一些士大夫之家努力谋求收族敬宗，建立家族之间的密切联系。著名的于邵《河南于氏家谱后序》可以为此提供一个注脚④。虽然于邵纂述的族谱传世无闻，但是其收族敬宗的基本精神却在宋代得到了实现。

四　结论

综合以上论述，现把本文的主旨概述如下。

从敦煌文书中，我们发现其时分家析产后的"同居共活"现象。透过这一现象，我们观察到中古时期大家和小家确实具有一种似分似合、亦分亦合的特殊关系，其具体表现为两者在经济与社会生活上有密切联系。主要有两个方面的原因可以解释。

---

① 《全唐文》卷一八二《送劫赴太学序》，第 1837 – 1838 页。
② 《旧唐书》卷九三《唐休璟传》，第 2980 页。
③ 《唐故大理评事赐绯鱼袋范阳卢府君墓志铭》，载《唐代墓志汇编》，元和 146，第 2052 页。
④ 《全唐文》卷四二八《河南于氏家谱后序》，第 4366 页。

第一个原因是与中古转型时期家族形态密切相关。传统的世家大族门阀制度下，或百室合户，或千丁共籍，大家族对于宗族属党的荫蔽十分普遍。隋朝统一以后，命令"大功以下，兼令析籍"，目的是消解世家大族的势力，使传统世家大族制度在中央集权的打击下逐渐走向解体。在宋代"敬宗收族"新的宗族制度建立以前，宗族中或家族里血缘关系比较近的家庭之间仍然保持着某种经济上的密切联系，是十分必要的。这样既符合传统儒家的伦理精神，也符合社会整合与调节的需要。

第二个原因是与中古转型时期特别是唐代的法律制度密切相关。小家庭从大家庭中裂变出来，本来是古今中外家庭演变的基本轨迹。唐代法令"凡差科，先富强，后贫弱；先多丁，后少丁"①，又更加使富室多丁之家为规避徭役采取分家析产的方式。然而无论是从儒家的孝义出发，还是基于防止赋税流失的考虑，政府都是禁止父母在而别籍异居的。国家权力对家庭结构进行强力干预的结果，反映在户籍制度上就出现了种种变通办法：或者强令与尊亲合籍；或者承认同籍异财的合法地位，规定析户后仍然要负担析户前的差科；或者在派遣差科时通计本已分居的大家与小家的丁口来派遣差役；等等。这些并不是地方官府欺瞒中央在户籍问题上造假，而只是由于儒家理想与现实之间、法律与制度之间存在着巨大的差距。传统的家族制度还无法反映这种差距，从而导致分家析产后大家与小家关系的复杂化：于仕宦之家，或为救助亲属的美谈；于普通人家，则很可能像齐周那样因"同居合活"引起种种财产纠纷。

分家析产后大家与小家的关系，表面上是家庭内部的关系，实际上是家族内部的关系；表面上是家庭结构和家庭形态问题，实际上是家族结构与家庭、家族与国家权力的关系问题。宋代以降新产生的宗族制度，通过宗族内部成员救助行为的规范化，反而简化了分家析产后大家与小家的关系，从而也带来了社会上家庭结构相应的变革。

---

① 《唐律疏议笺解》卷十三《户婚·差科赋役违法》，第1001页。

　　唐宋时代赋役制度发生了重要变化，特别是从以人丁为本到以资产为宗的征收赋役原则的改变，促使国家权力逐渐地不再十分在意分家析产所带来的赋税损失，亦即不再着意于将分开的家庭在差科簿上人为地结合在一起。这样国家对于家庭制度的行政干预也就相应地减弱了。宋代以后的法律虽然也反对父母在而分家析产，但是只是具文而已，像唐代那样强令与尊亲合籍的事不再出现。宋代以后新的宗族制度建立了族学、族产与族田，也力图从制度上保证大家族之外贫困小家庭的生存问题。于是唐代盛行的士大夫之家个人的救助行为变成宗族内部规范化的救助行为。唐代大家与小家之间常见的经济纠葛也因此而减少。

中古佛教与礼法文化的形成与下移

礼法文化是一个很宽泛的概念，其中的核心词"礼法"，也可以称为礼教、礼义名教，一般指中国传统社会中以儒家核心价值为主的意识形态。"礼法"加上"文化"，其含义则相对比较宽。五四时期批判礼法名教，称其是"吃人"的礼教。其实受到冲击的不仅是三纲六纪的政治秩序，而且也包括家庭伦理和社会观念，已经超出了单纯的礼教范围。

有人类学家用大传统、小传统来分别官方主流意识形态和民间文化。比如说，假如道学或理学属于大传统、大道理，那么儒家文化浸润的民间礼俗就是小传统、小道理。这样分别的好处是把官方主流意识形态和民间实际运作空间之间的距离揭示了出来。诚然，中国的大传统和小传统之间关系十分密切，礼与俗的关系十分密切①。但是，并不是说"礼"就是"俗"，"国"就是"家"。虽然说"中国的大传统足以概括小传统"，而"小传统基本上是大传统的变相"，但社会意识形态与家庭伦理关系毕竟有所不同，小传统毕竟与大传统有所不同。用礼法文化的概念就已经包含了大传统和小传统两个方面的内容。

由于礼法文化的内涵十分丰富庞杂，本文在讨论中主要围绕家庭伦理（家法门风）而展开。而所谓"佛教与礼法文化的形成与下移"

① 余英时：《从史学看传统》，载《史学与传统》，台北时报文化出版公司，1982，第11-17页。

这个主题，则包含着三层意思，即礼法文化是如何形成的，佛教伦理与礼法文化有何关系，佛教是如何影响到礼法文化下移的。相对于这三个问题，我们把本文分为三个部分加以讨论。

上篇　从家庭伦理看汉唐礼法文化的形成

钱穆先生在论及中古士族门风之时曾经指出："当时极重家教门风，孝悌妇德，皆从两汉儒学传来"①。所谓孝悌妇德，就是儒家家庭伦理。那么，为什么两汉研究儒家经典的专门学问（经学），经历中古时代（魏晋隋唐）的发展，最后变成了唐宋以后中国人的家庭伦理规范呢？

我的基本预设是，汉唐时代儒家伦理经历了一个逐渐从经典文本到士族的礼仪名教、再到社会规范的发展过程，家法也经历了从儒学世家的传统学问，到士族门阀的礼教，进而融化到士庶之家的家规家训之中的发展过程。第一阶段，儒家经典礼教是国家提倡的学问；第二阶段，儒家礼乐文化是士族门阀的行为准则；第三阶段，礼仪文化向社会普及，成为士庶之家效法的规范，佛教的中国化在其中起到了积极的推动作用。礼仪文化完成了国家—门阀（贵族）—士庶（全社会）的发展和普及的过程。在这个过程中，佛教的中国化发挥了重要影响。于是，以儒家经典为主要根据的礼教，成为家法族规的核心价值，并成为礼法文化的重要特征。

一　汉代推广儒家经书的章句之学：这种学问的传承被称为家法

先从经学谈起。易、诗、书、礼、春秋为"五经"，这在汉初陆贾的《新语·道基》中最先提到。有学者认为其时距秦亡不过十年，陆贾的提法显然承接自秦代。秦代在焚书之前，儒者们已经造就了五经

---

① 钱穆：《国史大纲》，商务印书馆，1996，第309页。

的概念①。但是，大家都不否认，孔子以六艺（五经加乐）教授学生，传承古代文化。五经或者六艺，最初只是儒者的教科书或者教学内容。夏及殷商之"礼"，孔子已经不能详言。周礼虽然有"三礼"之书在，但仍然是残编断简的缀合或改编，并不是全貌，也有学者怀疑其部分出于汉世。但"礼"之为书，当在礼之实践之后，一般总是先有各种典礼之仪式，然后才是礼的记录。所以即使编订在后，亦未必否定其前代已然施行。当然，经过孔子及其后学改编过的"礼经"，很有可能是理想与现实的结合、记录和创造的混合，未必全部反映古礼之实际②。

古礼其实在汉代已经失坠。《史记·礼书》就记载说汉朝高祖之世的礼制虽然"叔孙通颇有所增益减损，大抵皆袭秦故"。五经的陆续被立为官学是在汉武帝时期③。"今上（汉武帝）即位，招致儒术之士，令共定仪，十余年不就。"儒生们帮助汉武帝在国家典礼上进行了改革与重建："太初之元年，改正朔，易服色，封太山，定宗庙百官之仪，以为典常，垂之于后云。"

在汉代礼仪创制过程中，有"礼经"与"礼容"两个方面的问题，礼经就是礼的文本的传习，汉初礼经难觅，朝廷也颇轻视，直至惠帝除挟书之禁，民间藏匿的儒书才陆续露面，朝廷设博士以教授之已经是武帝时候的事。但是，在汉初创制礼仪的过程中，最重要的是要使典礼能够进行。因此礼容重于礼经。

所谓礼容是指参加典礼时的容貌威仪。古礼的不行和经书的毁弃，使得当时懂得行礼如仪之"礼容"者不多。于是善容成为少数人的特

---

① 徐复观：《徐复观论经学史二种》，上海书店出版社，2002，第52页。
② 例如，《仪礼》就被考证是公元前5世纪到前4世纪中叶的作品，由孔子及其弟子、后学陆续操作的。见沈文倬：《略论礼典的实行和〈仪礼〉书本的操作》，载《宗周礼乐文明考论》，浙江大学出版社，1999，第1－54页。
③ 关于五经的成立，参见沈文倬：《从汉初今文经的形成说到两汉今文〈礼〉的传授》，载《宗周礼乐文明考论》，第194－243页。

长，并且因此而出任朝廷的礼官大夫和郡国的容史①。汉武帝之后，朝廷设五经博士教习儒家经典，从礼经中揣摩行礼之威仪，重新解读礼经中所包含的礼容，进而，礼容逐渐影响到读书人日常行事之举止仪范，也完全可以想见。

　　朝廷典礼仪式是"礼"的一个方面内容，对于社会和家庭秩序的规范，则是"礼"的另外一个方面的内容。这样的内容也存在于儒家的经书之中。董仲舒（前179—前104）与汉武帝共同导演了一场独尊儒术的浩大运动，儒家经书被确立为官方意识形态，国家设立五经博士以传授儒经，其后发展到十三四家，讲授经典章句之学，各有家法。

　　这个"家法"乃是对于经书字句和内容的阐释和传承。《后汉书》卷四十四《邓张徐张胡列传》说："汉承乱秦，经典废绝，本文略存，或无章句。收拾缺遗，建立明经，博征儒术，开置太学。孔圣既远，微旨将绝，故立博士十有四家，设甲乙之科，以勉劝学者，所以示人好恶，改敝就善者也。"值得注意的是，这里强调各家博士学习儒家经典的意义不仅是"以勉劝学"，而且"所以示人好恶，改敝就善"。因此，对于儒家经典的解释被严格限制在"家法"的范围之内："伏见太学试博士弟子，皆以意说，不修家法，私相容隐，开生奸路。每有策试，辄兴诤讼，论议纷错，互相是非。孔子称'述而不作'，又曰'吾犹及史之阙文'，疾史有所不知而不肯阙也。今不依章句，妄生穿凿，以遵师为非义，意说为得理，轻侮道术，浸以成俗，诚非诏书实选本意。"这里强调各位儒学研习者应该谨守"家法"，不可在解释儒经时穿凿附会。统治者要求严格遵循儒家经书的章句之学的目的在于：一方面是因为客观上"典文残落"②，要恢复可信的文本，必须讲求章句之学；另一方面则是企图通过严格的"咬文嚼字"，要求对于儒家经典的学习不得学走了样，从而增添经典的神圣色彩。

---

① 参见沈文倬：《从汉初今文经的形成说到两汉今文〈礼〉的传授》，载《宗周礼乐文明考论》，第222—223页。关于礼容的认识，参见彭林：《论郭店楚简中的礼容》，载《郭店楚简国际学术研讨会论文集》，湖北人民出版社，2000，第134—142页。
② 《后汉书》卷七九《儒林传序》，第2545页。

汉代把儒家经书列为官学，不仅仅是一个学术事业，而且是意识形态上的重大举措。董仲舒《春秋繁露·深察名号》提出"循三纲五纪"。《白虎通义》又发展成六纪："敬诸父兄，六纪道行。诸舅有义，族人有序，昆弟有亲，师长有尊，朋友有旧"。董仲舒还提出五常之道：仁、义、礼、智、信。统治者选定以儒家礼仪作为国家政治和典礼设计的基本标准，而儒家伦理也就被奉为家庭与社会的道德教科书。董仲舒的"天人合一"和"三纲五常"理论，就是为了论证儒家伦理的天然合法性以及它向全社会推广的必要性而设计的政治社会蓝图。如果说，先秦时期，儒家伦理还只是存在于思想家的论说中，先秦的伦理思想还比较粗简，那么，汉代的发展就是进一步把它提高为官方的意识形态。但是，它离实践层面还是很有距离的。"举孝廉，父别居"① 就表明，国家提倡的"孝廉"，仍然处在提倡过程中②。

二　"家法" 内化为儒家的家庭礼法： 读经与做官挂钩

大约西汉末期到东汉，士人逐渐标榜自家的家法门风。根据马端临的说法，汉代举孝廉要求有实际的德行，要求行为上符合儒家礼法文化的要求，但是实际上很难做到，于是朝廷就采取了考试儒家文献的办法。东汉不仅把儒经的研修与示人好恶、改弊就善的个人修身相结合，而且将儒经的研习与个人的政治前途联系在一起，亦即把经学考试与做官直接挂钩。如东汉顺帝时期，"初令郡国举孝廉，限年四十以上，诸生试章句，文吏试笺奏，乃得应选"③。这个措施大约出自左雄的建议："请自今孝廉年不满四十，不得察举。皆先诣公府。诸生试家法，文吏课笺奏，副之端门，练其虚实，以观异能，以美风俗。"④魏明帝太和二年（228）六月也"申敕郡国，贡士以经学为先"⑤。察

---

① 葛洪：《抱朴子外篇校笺》附录《杂纂第五》，中华书局，1991，第781页。
② 汉代儒家的伦理观念还没有深入到社会人心，参见阎鸿中《东汉时代家庭伦理的思想渊源》，载汉学研究中心主编《中国家庭及其伦理研讨会论文集》，汉学研究中心，1999，第32页。
③ 范晔：《后汉书》卷四四《胡广传》，中华书局，2000，第1506页。
④ 《后汉书》卷六一《左雄传》，第2020页。参见阎步克：《察举制度变迁史稿》第三章，辽宁大学出版社，1991，第61–79页。
⑤ 《三国志》卷三《明帝纪》，第94页。

举制度增加了考试经书的环节。

把经术的研习与入仕做官挂钩的做法在魏晋时期更为明显。有人说，"士病不明经术，经术苟明，其取青紫如俯拾地芥耳"[①]。尽管也有人提出"举孝廉本以德行，不复限以试经"，但是马上遭到华歆的反驳："丧乱以来，六籍堕废，当务存立，以崇王道。夫制法者，所以经盛衰，今听孝廉不以经试，想学业遂从此而废。"[②]《全魏文》中《体论·臣第二》还收入杜恕的《体论》，把德行修身、经术、才能与入仕联系在一起。

取士的要求是"经明行修"，虽然未必经明就行修，但是，经不明，则行是必不能修的。为什么呢？因为，所谓"行修"就是要按照儒经的规矩去做人。儒家的道德要求和人伦规范并不是先天就会做的。儒家的许多规矩需要有学习的过程。通过明经的考试，就是为了使人们懂得规矩之所在，并在行动中加以实践。东汉迄魏晋南北朝时期，儒家思想家包括玄学家极力提倡要把实践儒家伦理与入仕做官联系在一起。夏侯玄就说："夫孝行著于家门，岂不忠恪于在官乎？仁恕称于九族，岂不达于为政乎？义断行于乡党，岂不堪于任事乎？三者之类，取于中正，虽不处其官名，斯任官可知矣！"[③] 九品中正制更是为把儒学世家转变成仕宦世家做出了制度上的保证。

儒学世家转变为仕宦世家是汉魏以来历史发展的一个趋势。东汉时期出现了世代公卿、世代传经而又世出名士的家族，他们愈益表现出鲜明的文化色彩[④]。"士"与"族"的结合，对于官僚选拔制度是一个挑战，而且对于文化的传承也是一个新的契机。陈寅恪说："所谓士族者，其初并不专用其先代之高官厚禄为其惟一之表征，而实以家学及礼法等标异于其他诸姓。"[⑤] 也就是说，世代高门只是士族形成的外在政治标志，礼法及家学的传承乃是士族的内在文化特征。城南杜氏

① 《三国志》卷七五《夏侯胜传》，第 3159 页
② 《三国志》卷十三《华歆传》，第 403 页。
③ 《三国志》卷九《夏侯玄传》，第 295 页。
④ 参见阎步克：《察举制度变迁史稿》，第 91 页。
⑤ 陈寅恪：《唐代政治史述论稿》中篇《政治革命及党派分野》，生活·读书·新知三联书店，1957。

家族有杜预，清河和博陵崔氏家族有崔骃、崔寔，范阳卢氏家族有卢植，都是著名的学者或经学大师。钱穆先生还说，魏晋南北朝的士族对门第中人，一则希望其有孝友的内行，一则希望其有经籍文史之学业。前者表现为家风，后者表现为家学。[①] 尤其精到的是，认为儒家经学与家庭伦理有直接关系。

对此，《宋书》卷五十五《傅隆传》提出了强有力的证明："诸儒各为章句之说，既明不独达，所见不同，或师资相传，共枝别干。故闻人、二戴，俱事后苍，俄已分异，卢植、郑玄，偕学马融，人各名家。"由于对于文本解释的不同已经涉及对于国家和世俗礼仪设计上的差异了，所以后文接着说："又后之学者，未逮曩时，而问难星繁，充斥兼两，美文列锦，焕烂可观，然而五服之本或差，哀敬之制舛杂，国典未一于四海，家法参驳于缙绅，诚宜考详远虑，以定皇代之盛礼者也。"

这一段话一方面涉及国家祭祀典礼的一致性问题，另一方面也涉及缙绅家庭礼仪和伦理问题。从中可以清楚地看出，儒家章句之典礼如何向国家和民间（缙绅）应该遵行的礼法转化！如果说"国典未一于四海"表明当时国家法定的典礼仪式尚未统一的话，那么"家法参驳于缙绅"则表明，士族门阀之家以其独特的家法和规约互相标榜[②]。作者在这里主要强调的是分歧来自对于经典理解和遵从上的差异。比如，在丧服礼制上，对于经传理解的不同"家法"（章句之学的家法），就会影响到实际的士族之家采用不同的礼仪形式，并形成各自不同的"家法"（伦理仪范的家法）[③]。

儒家经典内化为士族的家法门风的过程并非一帆风顺，曾经有很大的争议，其中最有名的讨论就是关于"名教"与"自然"的讨论。究竟是去名教而任自然，还是相反？魏晋时代风流名士的种种不合礼

---

① 钱穆：《略论魏晋南北朝学术文化与当时门第之关系》，见香港《新亚学报》1963 年第五卷第 2 期。

② 吴丽娱：《唐礼撮遗——中古书仪研究》，商务印书馆，2002，第 209 页。

③ 丧服制度虽然只是对于死者的哀悼仪节，但实际上具有丰富的文化内涵，不仅满足了那个时代人情需要，而且反映了以男性为主的社会文化体系，是儒家宗法和伦理关系的集中体现。参见林素英：《丧服制度的文化意义——以〈仪礼·丧服〉为讨论中心》，台北文津出版社，2000，第 267－384 页。

法的言行可以看作是对于儒家伦理向私家空间不断推进而遇到的反抗。
最后的结果其实是名教战胜了自然！士族之家的礼法文化最终得以形
成！江南的梁武帝不仅是以崇尚佛教知名，而且还以制礼作乐见称于
世！士族的风貌发生了很大的变化过程。魏晋时期放荡的名士风气在
南朝后期发生了很大的变化。当儒家伦理逐渐推进到私人领域的时候，
魏晋风流终于成为中国历史上的绝响！

三　士族家法的文本化：　从分散走向统一

儒家经典内化为士族家法，士族之家甚至各自以独特的家法相标
榜，强调自家的家法与众的差异。《晋书》卷四十五《王暕传》："暕
妻前卒，先陪陵葬。子更生初婚，家法，妇当拜墓，携宾客亲属数十
乘，载酒食而行。"《晋书》卷五十《王敳传》："王衍不与敳交，敳卿
之不置。衍曰：'君不得为耳。'敳曰：'卿自君我，我自卿卿。我自用
我家法，卿自用卿家法。'衍甚奇之。"可见各有家法还是一种标新立
异的意味。

魏晋南北朝时期后期，士族的家法已经有文本化的倾向。南朝王
俭，"少撰古今丧服记并文集，并行于世"[1]。王俭年轻时撰写的礼仪
著作风行，说明儒家伦理被社会所接受。要注意的是，它不是强行接
受，而是风行于世，是一种自觉和自发的态度。颜之推的《颜氏家训》
也是士族家法文本化的表现。

隋唐时代统一南北，儒家经典作为学校教材和科举考试的内容，
有必要有统一的注疏，于是有《五经正义》定本编纂，儒学经典意义
上的"家法"一词终于因此而绝迹。家法除了一般意义上的家传学问
外，更多是指士族家庭的行为规范，于是家法又被称为门风[2]。在这里

---

[1]　《南齐书》卷二三《王俭传》，第348页。
[2]　权德舆言："微臣虔守家法，祗荷门风"，是"家法"与"门风"对举。权德舆：《权德舆诗文集编年
　　校注》之《谢赠先祖尚书礼部郎中表》，蒋寅笺、唐元校、张静注，辽海出版社，2013，第700页。

儒家经典的伦理资源价值仍然发挥着重要作用。比如《全唐文》卷四百六十四《册杞王妃文》虽然是套路上的文章，但它强调儒家经典如何从书本的教义变成行为的准则的："《礼》以大婚崇继嗣，本人伦之教；《诗》言淑女配君子，繁王化之纲。""柔婉禀乎天和，礼乐成于家法，明章妇顺，虔奉姆仪。克茂《葛覃》之规，叶宣《麟趾》之美。"

　　唐代的士族之家也是各有家法，是治家的行为准则。例如，樊泽九岁丧父，其母亲齐"夫人哀而抚之，思期勤斯，以慈以惠，示以家法，俾有见焉"①。"莅官则洁已省事，而后可以言家法，家法备，然后可以言养人。"②《唐故文水县君王氏夫人墓铭》曰："初先姑之治家也，严而有惠，通而得礼。夫人观刑禀教，莫不率循。故三十余年，门风家法，凛然如旧。"③"朱泚之乱，（崔）祐甫妻王氏陷于贼中，泚以尝与祐甫同列，雅重其为人，乃遗王氏缯帛菽粟，王氏受而缄封之，及德宗还京，具陈其状以献，士君子益重祐甫家法，宜其享令名也。"④此外还有穆氏家法、柳氏家法等，在当时很有名。

　　由于士族之家各有家法，在婚丧礼仪活动中各行其是，于是要求家法统一的呼声，开始出现。

　　《新唐书》卷一九七《卢弘宣传》："弘宣患士庶人家祭无定仪，乃合十二家法，损益其当，次以为书。"这里清楚地指出，卢弘宣看到士庶之家在祭祀礼仪上各行其是，感到担心，于是把十二种流行的"家法"（已经形成"文本"？）加以重新增删修订，编纂成新的家法书籍。这样的书我们没有看见，但是，我们看到，这里的"家法"已经成为一个新的书籍化了的范本了。我们至今没有看见卢弘宣编纂的重新统一吉凶礼仪的范本，但是，《隋书·经籍志》《新唐书·艺文志》

① 《大唐赠兵部侍郎樊公墓志铭》，载《唐代墓志汇编续集》贞元029，第753页。
② 《新唐书》卷一六三《柳玭传》，第5027页。
③ 徐铉：《徐铉集校注》卷十七《唐故文水县君王氏夫人墓铭》，李振中校注，中华书局，2016，第525页。
④ 《旧唐书》卷一一九《崔祐甫传》，第3441页。

的史部仪注类，都有许多书仪，作者包括郑余庆、裴茞、裴度、杜友晋等人。文献上的书仪只有目录，而敦煌地区更发现了张敖、郑余庆、杜友晋等书仪文本十余种。现在见到的这些书仪中，内容比较驳杂，除了吉凶书仪之外，还包括各种表笺文体，与各级人等通信的书写格式、称谓，这正是士族之家培养子弟的必修课程。它们被作为书仪推向全社会，表明士庶天隔的界限打破后，士族政治和文化垄断地位的瓦解。

更有"太公家教"一类家庭伦理教科书，教人以做人的道理。宋代的士大夫之家也制定自家的家法，诸如"司马温公家法""袁氏世范"以及朱熹订立的"家法"。但是这些家法在内容上已经没有多大差异。"家法"的文本化和普及化借助印刷术等科技成果而更加风靡全社会。明清时代的"朱柏庐治家格言"流行极广，几乎成为统一的治家格言，很少有人再固执于一家之家法了。

中篇　佛教伦理资源及其与儒家伦理的融变

西汉末年及东汉以来，至于魏晋南北朝是儒学内化为士族家法的重要时期，也正是在这个时期，佛教传入中国①。那么士族家法形成发展的过程中，佛教对于儒家伦理是否有所影响？儒佛融合也为世所熟知。但是，历来的研究大多强调佛教学习儒学逐渐中国化的一面，关于佛教对儒学的影响也只侧重于心性义理的层面。至于佛教对礼法文化的影响，则未遑多加关注。

中古时代世俗家庭与佛教的关系十分密切。以家庭为单位参加佛事活动蔚然成风，使佛事活动成为一种世俗化了的社会活动。社邑中儒佛观念的碰撞，或者把忠孝作为佛事活动的目的和宗旨，写经、刻经、造像、建寺，上为君国下为父母发愿祈福；斋僧、礼忏不是为了

---

① 关于佛教传入中国的时间诸家说法不一，参见张国刚：《佛学与隋唐社会》，河北人民出版社，2002，第一章对此有所讨论取舍。

修行，而是为了表达对父母的孝道。儒家的思想意识浓重地被带入佛教的法事中。举办佛事活动诸如写经、刻经、造像、建寺，举行法会、斋僧、礼忏，甚至"竭家建福"，不是为了出世，而是为了入世，把家庭生活的幸福建立在积极开展各项佛事活动上。若干个家庭或家庭的主要成员组成社邑，在婚丧嫁娶时展开互助，以解决家庭生活中的许多实际问题。可以说，这些都是佛教影响到礼法文化的重要表征。这里我们不列举此类世俗生活中佛教"替儒行道"的内容，而是重点揭示佛教戒律中与礼法文化共有的伦理价值，以及这些价值对于世俗社会的传导。

一 佛教戒律的伦理价值

佛教学说的根本旨归是要修行觉悟，证成佛果。尽管诸家宗派对于佛法的理解、经典的解释、修持的方式，容有差别，但是就通向成佛道路而言，遵守戒律乃是修习一切善法的基本前提。《梵网经》卷下说："一切众生皆有佛性。一切意识色心是情是心皆入佛性戒中。当当常有因故。有当当常住法身。如是十波罗提木叉。出于世界。是法戒是三世一切众生顶戴受持。吾今当为此大众重说十无尽藏戒品。是一切众生戒本源自性清净。"[1] 戒律不仅是对于信众的约束，也是他们成佛得道的修行法门。

印度部派佛学时期形成的戒律条文，被译成汉文传入中国者主要是所谓"四律五论"[2]。它们在汉地弘传的命运各异。《五分律》未曾流传，《十诵律》主要在南朝的宋、齐、梁江南地区，《摩诃僧祇律》则流行于北朝的关中及北方地区。而尤以《十诵律》为盛。《四分律》

---

① 鸠摩罗什译：《梵网经》卷下，载《大正新修大藏经》卷二四，河北省佛教协会，2005，第1003页。
② 译成汉文的律经有上座部的《根本说一切有部律》（也有人认为此为《十诵律》的别译）、《十诵律》、《五分律》、《四分律》、《解脱戒本经》（只译出戒部而未传广律），大众部的《摩诃僧祇律》六部。不算一、五两部的情况，故成"四律"。"五论"是解释四律的，计有《毗尼母论》《摩得勒迦论》《善见论》《萨婆多论》《明了论》。

虽然从北朝开始已经流传，但是在唐代经过道宣（596—667）的倡导，才得以发扬光大，独成一宗。道宣撰写的《四分律删繁补阙行事钞》三卷（今本将上中下三卷各厘定为四卷，合十二卷），成为唐代以后律宗奉行的圭臬。在律藏之中还有"犍度"（如《四分律》的二十犍度）的内容，属于僧团内部的规定，也涉及有关个人生活威仪方面的一些细节①。

大乘佛教的戒律，有在家戒与出家戒之别。在家戒指优婆塞、优婆夷的修行，也就是居士的戒行。在家戒有四种，即三归戒、五戒、八关斋戒、菩萨戒。出家戒有五种，即沙弥及沙弥尼戒、式叉摩尼戒、比丘尼戒、比丘戒、菩萨戒。大乘菩萨戒经的汉文译本主要有如下六种：《璎珞经》、《梵网经》、《优婆塞戒经》、《瑜伽师地论》"菩萨地戒品"、《菩萨地持经》、《菩萨善戒经》。这六种经典又可以分成三类：《璎珞经》《梵网经》为一类；《瑜伽师地论》《菩萨地持经》《菩萨善戒经》为一类，它们实际都是《瑜伽师地论》"菩萨地戒品"的同本异译；《优婆塞戒经》独成一类，是专为在家人说的经典②。其中尤以《梵网经》流行最广，影响最大③。

大乘菩萨戒的总纲领是"三聚净戒"，即"摄律仪戒""摄善法戒""饶益有情戒"。律仪戒是缁俗信众所共同遵守的戒律；善法戒是菩萨受律仪之后所应该遵守的善行，"所有一切为大菩提，由身、语、意积聚诸善"④。饶益有情戒则是指利益有情（他者）的十一个方面的善行，包括援助病人和有苦难的人、施舍穷人、报答有恩之人等。可见，大乘佛法的"三聚净戒"涵摄了几乎一切戒恶扬善的梵行。

其实，佛经之中，如《华严经》《法华经》《维摩诘经》《大宝积经》《般若经》等都有关于菩萨修行的行仪规范与行为准则。宋代以后渐兴的禅门清规，大多是规定丛林内部的组织、纪律，也有规约个人

---

① 参见劳圣武：《佛教戒律学》，宗教文化出版社，1999，第 63 - 73 页。
② 参见圣俨：《戒律学纲要》第七篇《三世诸佛的摇篮——菩萨戒纲要》，台北佛光文化事业有限公司，1997，第 331 - 340 页。
③ 关于《梵网经》是否汉地所造，圣俨《戒律学纲要》有所辨析，见该书第 337 - 339 页。
④ 玄奘译《瑜伽师地论》卷四〇，载《大正新修大藏经》卷三〇，第 522 页。

行为的内容①。至于《禅林宝训》一类的语录体著作，汇聚了历代禅师的嘉言懿行，对于僧侣乃至世俗民众的个人修养也有极为重要的训诫作用。

总之，佛教戒律的伦理内容很丰富，我们下面主要围绕后世家庭伦理中特别强调的三个问题，即孝道思想、闺门风纪和个人修养来展开讨论。

（一）孝道问题

佛教与孝道的关系，中古以来有两种不同的说法。魏晋南北朝时期的争论姑且勿论，就唐代而言，傅奕、韩愈的言论最为典型，但是，其立论仍然是剃发出家、无有子嗣，没有超出《牟子理惑论》所辩论的范围。相反，佛教对于孝道的宣传和论证却是在不断地发展。归纳起来说，有以下几点：

第一点，关于"孝名为戒"的伦理观点。《梵网经》云："孝顺父母师僧三宝，孝顺，至道之法，孝名为戒，亦名制止。"宗密《佛说盂兰盆经疏》也有类似的言论②，即"戒"与"孝"是相通的。对此《北山录》有一段解释："经云孝名为戒，夫何义耶？盖孝者以敬慈为本，敬则严亲，慈则爱人。严亲则不侮于万物，爱人则不伤于生类。防患息违，莫大于此矣。其或不由孝而能持戒者无之矣。"（慧宝注："戒以慈为本，以敬为辅也。"）③

《梵网经》十重戒的第一杀戒、第二盗戒、第三淫戒里都有"是菩萨，应起常住慈悲心、孝顺心，方便救护一切众生""菩萨应生佛性孝顺心、慈悲心"，"菩萨应生孝顺心"。在四十八轻戒第一不敬师友戒里也有"既得戒已，生孝顺心、恭敬心"，见了师长要"应起承迎，礼拜问讯"④。四十八轻戒第三十五不发愿戒也说："若佛弟子，常应发一

---

① 有关禅宗的清规，收入《大藏新纂卍续藏经》第六三卷，台北白马精舍印经会印行，1989。

② 宗密：《佛说盂兰盆经疏》卷上，载《大正新修大藏经》卷三九，第505页。

③ 神清：《北山录》卷六《丧服问第九》，台北文史哲出版社，1974年影印宋本，第177页。参见王月清：《中国佛教伦理思想》，台北云龙出版社，2001，第260－261页。

④ 鸠摩罗什译：《梵网经》卷下，载《大正新修大藏经》卷二四，第1005页。本文凡引此经者不另出注。

切愿：孝顺父母、师僧"。第四十六说法不如法戒谓四众听讲法，要"如孝顺父母，敬顺师长"。

　　第二点，孝为报恩的道德意识。佛教特别强调父母的恩德。《佛说父母恩重经》《佛说报恩经》等宣传孝道的经典，极力强调父母恩深如海，如若不报，犹如畜生无异。善导《观无量寿经疏·序分义》论必须孝敬父母的两点理由，一是"血缘"之恩："若无父，能生之因即阙，若无母，所生之缘即乖。若二人俱无，失托生之地，无有受身之道理。要须父母缘具，方有受身之处。既欲受身，以自业识为内因，以父母精血为外缘，因缘和合，故有是身，以此义故父母恩重"。二是"生育"之恩："母怀胎已，经于十月，行住坐卧，常生苦恼，复忧产时死难，若生已，经于三年，恒常眠尿卧屎。床被衣服皆亦不净。及其长大，爱妇亲儿，于父母处反生憎疾，不行恩孝者，即与畜生无异也。"①

　　第三点，"孝"即救赎的终极关怀。救赎父母是佛家最大的孝道。《佛说盂兰盆经》关于大目连救度母亲于地狱的故事，可以说是佛教的"孝经"。宗密在疏释此经时，于开篇专门比较了儒佛二教的孝道思想，指出孝道是"儒释皆宗之"的伦理，并展开了详尽的比较研究。他认为儒释的孝道有三点差异：即居丧异（办丧事的方式不同）、斋忌异（祭祀等寄托哀思的方式不同）、终身异。终身异是指："儒即四时杀命，春夏秋冬；梵则三节放生，施戒盆会"。由于儒佛对身后孝的处理不同，为父母死后带来的终究业报是完全不同的。儒佛二教的孝道"其同者复有其二"，即存殁同、罪福同。存殁同是指儒佛都主张居则致其敬，养则致其乐，病则致其忧，丧则致其哀，祭则致其严。罪福同是指儒佛都对孝或不孝的人有奖劝和惩罚的一套②。总之，宗密试图论证，孝道是儒佛共同的伦理价值，但是，佛教孝道比儒家更高一个境界。

---

① 善导：《善导大师全集》，台北和裕出版社，2000，第46页。
② 宗密：《佛说盂兰盆经疏》卷上，载《大正新修大藏经》卷三九，第505－506页。

由以上三点可以看出，尽管孝道观念不排除佛教对儒家的学习，但是，佛教的孝道思想无疑具有自己独特的创造和发挥。佛教不仅从轮回的理论出发，把对于父母的孝敬扩大到了一切有情的范围；而且从救赎、业报的立场，为孝道的推行注入了新鲜的动力和威慑。总之，是儒家和佛教共同创造了中华孝道文化资源①。北宋名僧契嵩（1007—1072）《镡津文集》卷三《辅教篇·孝论》就说："天下以儒为孝，不以为佛为孝。曰：既孝矣，又何加焉？嘻，是见儒而未见佛也。佛也极焉。以儒守之，以佛广之；以儒人之，以佛神之，孝其至且大矣。"契嵩认为单有儒家的孝还不够，还需要佛家的孝论以"广之"、以"神之"，真可以作为本文以上论述的精到概括。

（二）闺门整肃问题

中国传统家法之中对于女性基本抱歧视的态度。儒家固然贬低女性（所谓唯女子与小人为难养也），佛教对于女性更为歧视。释迦牟尼当初甚至拒绝接受女性出家。后世佛门里比丘尼的地位远远低于比丘。儒家对于女性的行止有许多要求，佛教对于女性信众更有许多约束。

先看对于比丘尼的要求。东晋失译的《沙弥尼离戒文》（即《沙弥尼戒经》）就规定："不得手授男子物。设欲与物，当置著地，却使取之"②。这分明是男女授受不亲的再版。另外，失译的《大爱道比丘尼经》是佛陀在迦维罗卫释氏精庐对大爱道裘昙弥亲自说法，共两卷。其卷上佛说沙弥尼十戒云："三者，沙弥尼尽形寿，不得淫。不得蓄夫婿，不得思夫婿，不得念夫婿。房远男子，禁闭情态。心无存淫，口无言调，华香脂粉，无以近身。常念欲态，垢浊不净。自念淫恶，万事百端。宁破骨碎心焚烧身体，死死无淫。非淫溢而生，不如守贞而死。譬如须弥山，溺在海中无有出期。淫溢之欲，没在泥犁中，甚于须弥山。有犯斯戒，非沙弥尼也。"③ 这里颇有"饿死事小，失节事

---

① 有研究佛教伦理的学人甚至说"中国佛教伦理在很大程度上说就是一种孝道伦理"。见王月清：《中国佛教伦理思想》，第231页。
② 失译：《沙弥尼离戒文》，载《大正新修大藏经》卷二四，第938页。
③ 失译：《大爱道比丘尼经》卷上，载《大正新修大藏经》卷二四，第947页。

大"的味道。同书"九者沙弥尼尽形寿"又云：

> 男女各别不得同室而止，行迹不与男子迹相寻，不得与男子同舟车而载，不得与男子衣同色，不得与男子同席而坐，不得与男子同器而食，不得与男子染作彩色，不得与男子染割作衣，不得与男子浣濯衣服，不得从男子有所求乞。若男子进贡好物，当重察关之，当远嫌避疑，慎所思名。不得书疏往来，假借情人使。若有布施，亦不宜受。若有行者，必须年耆，慎莫独行；行必有所视；视设见色为不清净，不得别行。独止一室而宿也。有犯斯戒，非沙弥尼也。

接下来的第十条，还提出："不得交脚而坐，不得展脚而坐，不得伏坐上而语。常当自羞耻女人恶露。"严防男女接触，到了极其苛细的程度。

如果说以上还只是对出家比丘尼的约束的话，那么该经下卷对于世俗女人的"八十四态"的批评和限制就令人瞠目结舌了。经文指责女人在装束上"喜摩眉目自庄"，"喜梳头剃掠"，"喜傅脂粉迷惑丈夫"，"喜丹唇赤口"，"喜耳中著珠玑"，等等。在行止上，批评"女人喜掉两臂行"，喜邪视、盗视，"喜好嗜笑，不避禁法"；又说女人行坐"喜摇头摇身"，"坐低头摩手爪"，"坐喜含笑语"，"喜细软声语"，"喜扣两眉"，"坐喜大声呵狗"。

在两性关系上，女人被说成是虚伪凶狠："女人欲视男子，见之复却缩"，"见男子去，复在后视之"，"欲见男子，见之复低头不语"，"设见男子来外，大嗔恚，内自喜欢"；"欲得夫婿，适见佯嗔怒"；"见夫婿，佯嗔恚之，设去复忧愁心悔"；"见男子来共语。佯嗔怒骂詈，内心欢喜"；"设见男子去，口诽谤之，其心甚哀"；"喜禁固丈夫，不得与人言语戏调"，"喜缭戾自用，轻毁丈夫，言不逊慎"，"喜摘烧丈夫，令意回转，不能自还"。

在品行上，女人还被认为是极其恶劣的小人，如谓"女人贡高自可，憎妒他人"，"慢易孤弱，以力胜人"，"威势迫胁，语欲得胜"；"借不念还，贷不念偿"，"曲人自直，恶人自善"，"喜怒无常，愚人自贤"，"以贤自著，恶与他人"，"以功自与，专己自可，名他人功"，"己劳自怨，他劳欢喜"，"以实为虚，喜说人过"，"以富骄人，以贵凌人"，"以贫妒富，以贱讪贵"，"谀人自媚，以德自显"，"败人成功，破坏道德"，"阴怀嫉妒，激励谤勃"，"论评诽议，推负于人"，"谤正道清净之士，欲令坏乱"，"持人长短，迷乱丈夫"，"要人自誓，施人望报"，"喜作妖媚，蛊道厌人"。甚至还说女人"憎人胜己，欲令早死"，"喜持毒药，鸩饵中人，心不平等"，"喜追念旧恶，常在心怀"。

女人被描述成不讲理的尤物："女人喜自用不受他人谏，谀谄咙戾自可"，"疏内亲外，伏匿之事，发露于邻落"，"喜自骄，过捶无理，自嗔自喜，欲人畏之"，"喜贪欲之行，威摄自由，欲作正法，违戾丈夫"，"喜贪淫，心怀嫉妒，多疑少信，怨憎渐地"，"喜惟怒，蹲居无理，自谓是法"，"丑言恶语，不避亲属"，"骄蹇自恣，轻易老小，无有上下"，"恶态丑忕，言语无次"。又指责"喜危人自安"，"喜咀赖弊恶，毁伤贤士，谄诡姿则，惑乱道德"，"喜诡黠谀谄"，"贪者得恶亡，得便欢喜，亡便愁恼，呼嗟怨天，语言踯口"，"喜骂詈风雨，向灶诅咒，恶生好杀，无有慈心"。甚至说"女人喜教人堕胎，不欲令生"，"喜孔穴窃视，相人长短、有钱财不"，"喜笑盲聋喑哑，蹇癖自快恶他人"，"喜教人去妇，欲令穷困"，"教人相挝捶，合祸证受"，"教人作恶斗讼，相言县官，牢狱系闭"，"倡祸导非，大笑癫狂，人见变欲得，以猗狂勃强夺人物，令人呼嗟言"。

最后的结论是"女人甚可畏也"[①]！这里针对世俗女人提出的"八十四态"（八十四种不正确的姿态和心态），几乎把人类所有的不良习惯都归结到女人头上，真是女人比祸水还可怕。儒家虽然也讲"唯女子与小人为难养也"，但是，如此具体入微地描述女人的缺点、弱点和

---

① 失译：《大爱道比丘尼经》卷上，载《大正新修大藏经》卷二四，第954－955页。

短处，却是不曾有的。宋代以后的家训、家规，都把女人看成治家的难点，闺门整肃是治家的首要教条，告诫治家切不可听妇人言，否则家政必乱。这一方面是继承了儒家轻视妇女的观念，另一方面也接受了佛教诋毁女性的立场①。

（三）个人修养

佛教对于缁素弟子在言谈举止上的修养也属于戒律的范围。我们举四种戒律来叙述佛教对于个人修养的要求。

（1）被称为"威仪"的戒律。记载沙弥、沙弥尼威仪的律部著作，早期的有南朝刘宋的《沙弥威仪》《佛说沙门十戒仪则经》以及失译的《沙门十戒并威仪》《沙门尼戒经》《沙弥尼离戒文》等。这些书里面的沙弥和沙弥尼修行戒条，被唐宋以后的学者辑集或者撮述在一起，编辑成比较简明或者加注的本子，明代智旭《沙门十戒威仪录要》就是其中之一。智旭整理的这部沙弥威仪，凡一卷二十六条②。佛教弟子的仪范举止被称为"威仪"，借用了儒家礼经中的用法③，但是显然已经演化成日常礼节和个人修养仪范。佛教威仪中有关这方面的内容主要包括：

尊敬师长。如"敬大沙门第一"规定，不得直呼大比丘名字，不得盗听大比丘说戒，不得议论大比丘短长和过失。大比丘经过，要起立；行路遇大比丘要驻足礼让。"师事第二"规定，晨昏要为师服务；师吃饭、坐禅、睡眠、盥漱、闭户时均不得作礼（打扰）；师语未了不得语；侍师，师不命之坐不敢坐，不问不敢问；侍立时不得依靠墙壁、桌椅，要端身齐足侧立。"随师出行第三"规定，不得在随行途中与行

---

① 佛教对于妇女个人行为的影响是复杂的。即以礼教而论，一方面，佛教会强化寡居妇女的守节意愿。北朝隋唐时期的墓志中，我们发现许多寡妇居家做佛事或者遁入空门，从而在客观上使儒家提倡的妇女守节得到更好的贯彻。另一方面，少数信佛的寡居妇女死后也不愿意夫妻合葬，从而违背了礼教的立场，参见陈弱水：《唐代的一夫多妻合葬与夫妻关系》，《中华文史论丛》2006 年第 1 期。并见严耀中：《墓志祭文中的唐代妇女佛教信仰》，载邓小南主编《唐宋妇女与社会》下册，上海辞书出版社，2003，第 480 页。
② 《大藏新纂卍续藏经》第六〇卷，第 434 页。
③ 关于儒家的威仪，参见甘怀真：《魏晋时代的安静观念——兼论古代威仪观的发展》，《台大历史学报》1996 年 20 期。前文提到的礼容也是儒家威仪之来源。

人说话，不得左顾右盼，到檀越之家后师教坐乃坐。

谦谨自持。"入众第四"规定，不得与众人争座，不得在座位上遥相呼语笑，众人有失仪处，当隐恶扬善，不要自伐己功，要睡在人后，起在人前。不得坐视别人劳务自己偷懒。"随众食语第五"要求食当恭敬，不可搔头屑落入饭中，不得含食说话，不得嚼食出声，欲挑牙先以袖掩口，不得敲得碗钵作声。

举止得体。"礼拜第六"规定礼拜不得占据中央，合掌不得十指参差、不得中虚，不得将指插鼻。"听法第七"规定坐必端严，不得乱语。不得专记名言以资谈柄。不得未会称会，不懂装懂。"入堂随众第十"规定，不得高声大语，不得拖鞋作声，不得交头接耳。"执作第十一"规定，洗菜当三易水，汲水要先净手，作食指甲不得有污垢，扫地不得迎风扫。

（2）适用于在家居士的戒律。比如，《优婆塞戒经》卷三《摄取品》第十三记善生问"在家菩萨云何得受优婆塞戒"时，佛陀以次第供养东南西北上下六方来解释。这里涉及一系列家庭伦理问题。第一是父母与子女的关系。要求子女"供养父母衣服、饮食、卧具、汤药、房舍、财宝，恭敬礼拜，赞叹尊重"。父母对于子女则要"一者至心爱念；二者终不欺诳；三者舍财予之；四者为聘上族；五者教以世事"。第二是对师长的供养与尊敬。第三是对妻子要"供养衣服、饮食、卧具、汤药、璎珞、服饰、严身之具"。妻子对丈夫则要"一者所作尽心营之；二者常作终不懈怠；三者所作必令终竟；四者疾作不令失时；五者常为瞻视宾客；六者净其房舍卧具；七者爱敬言则柔软；八者童使软言教诏；九者善能守护财物；十者晨起夜寐；十一者能设净具；十二者能忍教诲；十三者能覆恶事；十四者能瞻病苦"。第四是对于朋友的关爱。第五是对于奴婢下人的仁义爱护，要求能够供给其衣服、饮食，病痛时给以医药，平时不打不骂。奴婢下人则要正派、勤快、忠诚："一者不作罪恶；二者不待教作；三者作必令竟；四者疾作不令失时；五者主虽贫穷终不离舍；六者早起；七者守物；八者少恩多报；

九者至心敬念；十者善覆恶事"①。

（3）适合在家和出家僧俗信徒的大乘戒律《梵网经》。《梵网经》
从北朝鸠摩罗什译出后，天台宗的创始人隋朝智者大师有《梵网经菩
萨戒经义疏》二卷，唐代华严三祖法藏有《梵网经菩萨戒本疏》，法铣
有《梵网经菩萨戒疏》四卷（今存上卷），其书下卷因为是菩萨戒，
常被单独抄写或刊刻，流传较广，注疏也比较多。在中原汉地流传的
大乘戒律中，以《梵网经》流传最广，影响也最大。唐代后期各宗特
别是宋元以后诸宗僧侣多依此经受戒、修行。在唐代它还被译成藏文，
也曾流传到朝鲜和日本，是有广泛影响的一部经典。该经分上下两卷。
上卷讲修行的三十心十地的次第。下卷是菩萨戒律，包括十重戒、四
十八轻戒两类。十重戒的内容都包括两个层次：第一是反面禁止，第
二是正面提倡。比如第一杀戒，禁杀生包括禁止自杀和杀害一切有生
命者，然后说应该慈悲为怀，尽一切方便救济一切众生。第二盗戒，
禁止盗取一切财物，"一针一草，不得故盗"（此或为"不拿人一针一
线"的起源）。同时盗戒的正面要求则是要怀有孝顺慈悲之心，"常助
一切人生福生乐"。第三淫戒，禁止与任何人畜有苟合行为，即使是夫
妻之间（如在家居士的场合），也不得不分时间不看地点就随便同房。
要叫他人断绝淫欲。第四妄语戒，妄语包括一切不讲真话的行为，如
自吹自擂，叫人吹嘘，"乃至不见言见，见言不见，身心妄语"。第五
酤酒戒，禁止自己和指使他人酿造、买卖酒，而以开启众生之智慧为
己任。第六说四众过戒，四众指优婆塞、优婆夷（即男女居士佛教徒）
和比丘、比丘尼，也就是经文里说的"出家、在家菩萨，比丘、比丘
尼"。要努力使外道、俗人相信大乘佛法，不要因揭露佛徒罪过而动摇
人们的信仰。这一条是教导人不要对同道、同行说三道四。第七自赞
毁他戒，是教导人不要抬高自己、诋毁别人。第八悭惜加毁戒，是教
导人要慷慨施舍。第九嗔心不受悔戒，是教导人不要争讼嗔怨。第十
谤三宝戒，是教导人不要非议尊者。前五条是与佛教基本戒律"五戒"

①　三藏昙无谶译：《优婆塞戒经》卷三，载《大正新修大藏经》卷二四，第1047页。

完全一样的。自第六戒以后的五条是对前面的补充。比如第六戒、第七戒、第十戒可以看作是对戒妄语的补充。第八戒、第九戒也可以看作是戒盗、戒杀的正面要求或推广。

四十八轻戒的戒条是：不敬师友戒，饮酒戒，食肉戒，食五辛戒，不教诲罪戒，不供给请法戒，懈怠不听法戒，背大向小戒，不看病戒，畜杀生具戒，国使戒，伤慈贩卖戒，谤毁戒，放火焚烧戒，僻教戒，为利倒说戒，恃势乞求戒，无解作师戒，两舌戒，不行放救戒，嗔打报仇戒，骄慢不请法戒，骄慢僻说戒，不习学佛戒，不善知众戒，独受利养戒，受别请戒，别请僧戒，邪命自活戒，不敬好时戒，不行救赎戒，损害众生戒，邪业觉观戒，暂念小乘戒，不发愿戒，不发誓戒，冒难游行戒，乖尊卑次序戒，不修福慧戒，拣择授戒戒，为利作师戒，为恶人说戒戒，无惭受施戒，不供养经典戒，不教化众生戒，说法不如法戒，非法制限戒，破法戒。

综合以上十重戒四十八轻戒的条文，除去颇有重复者以及纯粹佛教规约者外，涉及世俗伦理的内容可以归纳成如下几个方面：

强调尊师重道。不得趋附权贵、不得见利忘义，如轻戒第十七恃势乞求戒就反对"自为饮食、钱财、利养、名誉故，亲近国王、王子、大臣、百官，恃作形势，乞索打拍牵挽，横取钱财"。交易中不得缺斤少两，不得依仗权势夺人财物，也不得嫉妒成功者，反对"害心系缚，破坏成功"（第三十二损害众生戒）。反对"为利养贩卖男女色"（第二十九邪命自活戒）。要舍己为人，更不许据财物为己有（第二十六独受利养戒、第二十七受别请戒）。要注意节俭，反对挥霍财物，反对为了财物的使用而争讼不息（第二十五不善知众戒）。不得自恃门第高贵或者年资较长而对先学师长采取傲慢的态度（第二十二骄慢不请法戒）。不得冤冤相报，以暴止暴："不得以嗔报嗔，以打报打。若杀父母兄弟六亲，不得加报；若国王为他人杀者，亦不得加报。杀生报生，不顺孝道"（第二十一嗔打报仇戒）。戒经中还宣扬佛教的博爱思想："一切男子是我父，一切女人是我母"（第二十不行放生戒），从而与儒家的"老吾老以及人之老，幼吾幼以及人之幼"的伦理价值观相通了。不得诽谤攻击他人（第十三谤毁戒）。提倡治病救人，"见一切病人，常应供养，如佛无异"，"见病不救济者，犯轻垢罪"（第九不看病戒）。要热情地招待法师、同学及来访者（第六不供给请法戒）。此外还有不得饮酒、食肉、杀生等。

（4）《四分律》。《四分律》关于比丘、比丘尼的戒条有数百条之多，此处无法一一具引。我们且按照其中涉及的个人行为准则的内容，略加分析。

《四分律》的内容都是佛陀在苏罗婆等诸国游历以及在舍卫国祇树孤独园安居时，就诸比丘的言谈举止是否合乎法度提出的要求，从而成为规范僧尼行为的戒条。根据法砺《四分律疏》卷二，其正宗的内容包括比丘、比丘尼二部戒和二十犍度。其二部戒中，比丘戒有四波罗夷法、十三残僧法、二不定法、三十舍堕法、九十单堕法、四悔过法、百众学法、七灭争法，凡八类二百五十戒；比丘尼戒有八波罗夷法、十七残僧法、三十舍堕法、一百七十八单堕法、八悔过法、百众学法、七灭争法，凡七类三百四十八戒。这些类别划分的依据是所犯戒条罪行的严重程度和具体内容，如波罗夷法最重，残僧法次之。残僧是指僧团中的伤残者。不定法是指需要证据确定的罪行，因为只涉及比丘非礼于女性的行事，所以此法不适合于比丘尼。舍堕法是有关衣食、金钱、医药的戒条。单堕法是关于不得妄语、两舌、杀生、饮酒类的戒条。悔过法是有关"食事"的。百众学法涉及日常生活的细则，诸如衣食起居、言谈举止方面的威仪。灭争法是关于泯灭僧团内部冲突和纠纷的规定。二十犍度除了关于僧团内部的制度和规约外，还从作持的角度对于僧侣的行为做了规定。

虽然以上这些主要是针对僧尼个人威仪制定的法则，但是，对于世俗社会的个人修养也有很大影响。比如，它要求僧尼入室不要跳行，不要向塔吐唾液、大小便，不要在水中大小便，不要穿拖鞋绕塔行走，不要口里含着饭说话，不要用舌头舔食，不要用脏手拿饭具，等等。所有这些戒条，我们几乎都能从后世教育子女的"礼貌"教育中看到它们的影子。

综合以上的叙述，可见佛教针对在家和出家信徒所定的戒律和规约，确实包含了丰富的伦理价值和修身思想。佛教戒律及其他经典中的伦理思想的主要特点是：

第一，佛教的伦理要求具有社会组织对其成员要求的约束性和强制性。早期儒家经典中的道德论述不具有这种规约性。儒家伦理比较多的经书如《论语》《孟子》《礼记》《孝经》等都是一般的礼仪规范和道德标准，不像佛教戒律那样具有强制性和约束力。唐宋以后的家法和族规恰恰接受了佛教戒律的这种规约性，把伦理要求变成了法律要求，从而完成了与《唐律疏议》等国家法律的一致。中国佛教的善恶报应论及孝亲观的结合，形成了巨大的劝善导俗的功能，表现出浓重的入世特征①。

第二，佛教的伦理规范具有系统性和具体化的特点。而儒家经书中的伦理要求，正如唐玄宗在《孝经序》中所说的："虽因心之孝已萌，而资敬之礼犹简。"即使孔子总结归纳出了繁缛的礼节条文，也还不属于伦理和修身规范方面的系统规定。而佛教戒律和经典中的伦理思想则具有很强的系统性。后世家法族规也是具有很强系统性的规范。

第三，佛教伦理具有普适性和平等性，与儒家伦理和博爱思想的等级性、不平等性形成鲜明的对比。佛教伦理强调众生平等，人人皆可成佛，所以修身养性之学适用于一切人。佛教的伦理是以个人为本位的，而儒家修身则具有浓重的政治取向，是以治国、平天下为目标的。后世的家法族规也是具有普遍适用性的规范。

二　佛教伦理与儒家伦理的融变

应该指出，中国佛教的伦理规范是西域佛教逐渐中国化的产物。中国化的佛教伦理及其修养规范除了保留了印度佛教本身的一些内容外（比如五戒、十善之类），也充分地吸收和学习了中国的世俗伦理主

---

① 王月清：《中国佛教伦理思想》，第298页。

要是儒家伦理。中国佛教对儒家伦理的吸收，并不是简单地照搬，而是契理契机地进一步加以发展，使之更加丰富和具体化。要一一分疏出中国佛教伦理的华梵渊源是很困难的，但是，无论是学习儒家还是将固有戒律发展，都可以视为佛教中国化的一种需要和一个结果。佛教通过对儒家伦理的融变而中国化，完成了从出世的宗教向为现实人生幸福服务的世俗化的宗教的转变。此处不具体讨论佛教世俗化的过程，而是以《中庸》的倡导和《二十四孝图》的形成与推广为例，讨论佛教是如何从固有伦理价值出发，又吸收和融合儒家伦理规范的。

（一）《中庸》的发明

《中庸》是《礼记》的一篇。宋代理学家把它独立为篇，与《大学》《论语》《孟子》同为"四书"之一。《中庸》是儒家伦理的重要篇章，然而最早将《中庸》提出来加以强调的，乃是著名佛教皇帝、三次舍身佛寺的梁武帝。他撰写的《中庸讲疏》等著作，周一良曾有专门论述①。北宋最早提倡《中庸》的也是佛教高僧孤山智圆（976—1022），对此陈寅恪亦早有发明：

> 凡新儒家之学说，几无不有道教，或与道教有关之佛教为先导。如天台宗者，佛教宗派中道教意义最富之一宗也。其徒梁敬之（肃）与李习之（翱）之关系，实启新儒学开创之动机。北宋之智圆提倡《中庸》，甚至以僧徒而号中庸子，并自为传以述其义（孤山《闲居篇》）。其年代犹在司马君实（光）作《中庸广义》之前，似亦于宋代新儒家为先觉。②

余英时教授在其近著《朱熹的历史世界》一书序言中更进一步指出：《中庸》的发现与流传和南北朝以来的道家或佛教徒的关系最为密切。他认为是宋代的佛教徒影响到崇尚佛教的士大夫。为什么佛教提

---

① 参见周一良：《论梁武帝及其时代》，载《魏晋南北朝史论集续编》，北京大学出版社，1991，第46－47页。
② 陈寅恪：《冯友兰中国哲学史下册审查报告》，载《金明馆丛稿二编》，第284页。

倡《中庸》呢？智圆做了很直率的回答："儒家之《中庸》，龙树所谓'中道义'也"①。著名高僧契嵩（1007—1072）《镡津集·中庸解第三》也充分肯定"中庸之道"。在智、契的提倡下，《中庸》一书受到那些崇尚释氏的主考官的青睐，被宋代作为赐给学子的必读书。

智圆和契嵩都以儒僧知名。为什么他们要从儒家经典中寻找佛教的"中道义"呢？正如智圆所论述的："儒释者，言异而理贯，莫不化民，俾迁善远恶也。儒者，饰身之教，故谓之外典；释者修心之教，故谓之内典也。蚩蚩生民，岂越于身心哉。非吾二教，何以化之乎？嘻！儒呼，释呼，其共为表里呼！"② 可见，佛教融合、吸收和发挥儒家伦理，具有十分理性的明确目的。

（二）二十四孝故事编纂

二十四孝故事曾经被认为是儒家孝道文化的代表。其实，二十四孝故事的编纂也与佛教密切相关。如果说《中庸》的发明属于形而上的层面，那么二十四孝故事的编纂则是形而下的层面。

一般认为二十四孝故事图画早在宋代就已经流传，编辑成书当是在元代③。现今最早提到"二十四孝"的文献是敦煌佛教的变文，即《故圆鉴大师二十四孝押座文》。圆鉴即云辩卒于后周广顺元年（951），则这个二十四孝的故事编纂很可能在晚唐成型，五代宋初已广泛流行，敦煌卷子写本之外，还有一个是印本，可为旁证④。这个卷子对于理解佛教对孝道伦理的宣传十分重要，兹录文如下：

> 世间福惠，莫越如来。相好端严，神通自在。
> 佛身尊贵因何得？根本曾行孝顺来。须知孝道善无疆，三教之中广赞扬。

① 曾枣庄、刘琳主编：《全宋文》卷三一五《中庸子传上》，上海辞书出版社，2006，第305页。
② 《全宋文》卷三一五《中庸子传上》，第305页。
③ 现在见到的所谓《宋刻孝经附二十四孝图说》，其实是乾隆内府藏本，据《二十四孝图》所附题跋，知是1935年组织儒佛合一教劫会时发现的。见江玉祥《元刊〈二十四孝〉之蠡测》，万本根、陈德述主编《中华孝道文化》，巴蜀书社，2001，第230-243页。
④ 黄征、张涌泉：《敦煌变文校注》注1按语，第1154-1155页。

若向二亲能孝顺，便招千佛护行藏。目连已救青提母，我佛肩儒净饭王。

万代史书歌舜王，千年人口赞王祥。慈乌返哺犹怀感，鸿雁才飞便著行。

郭巨愿埋亲子息，老莱欢著采衣裳。最难诳惑谩衷恳，不易欺轻对上苍。

泣竹笋生名最重，卧冰鱼跃义难量。若能自己除讥谤，免被他人却毁伤。

犬解报恩能碾草，马能知主解垂缰。休贪贿货耽淫欲，莫恼慈亲纵酒狂。

男女病来声喘喘，父娘啼得泪汪汪。两肩荷负非为重，千绕须弥未可偿。

勤奉昼昏知动静，专看颜色问安康。吐甘咽苦三年内，在腹怀耽十月强。

试出去遥和梦逐，稍归来晚立门旁。孝慈必感天宫福，五逆能招地狱殃。

勤苦却须知己分，资财深忌入私房。须忧阴鸷相摩折，莫信妻儿说短长。

自是情意无至孝，却怨庚甲有相妨。四邻忿怒传扬出，五逆名声远近彰。

若是弟兄争在户，必招邻里暗迁墙。至亲骨肉须同食，深分交碰尚并粮。

祇对语言宜款曲，领承教示要参详。试乖斟酌亏恩义，稍错停腾失纪纲。

切要抚怜于所使，倍须安恤向孤孀。姑姨舅氏孤孀子，收向家中赐宠光。

贫阙亲知垂济惠，崎岖道路置桥梁。佛道若能依此教，号曰慈悲大道场。

晨昏早遣妻儿起，酒食先教父母尝。共住不遥还有别，相看非久即无常。

生前直懒供茶水，没后虚劳酹酒浆。志意顺从同信佛，美言参问胜烧香。

柔和谏要慈亲会，丑漏名须自己当。正酷热天须扇枕，遇严凝月要温床。

残年改易如流速，甘旨供承似火忙。若解在生和水乳，却胜亡后祭猪羊。

争无里巷明宣说，自有神祇暗记将。共树共枝争判割，同胞同乳忍分张。

如来演说五千卷，孔氏谭论十八章。莫越言言宣孝顺，无非句句述温良。

孝心号曰真菩萨，孝行名为大道场。孝行昏衢为日月，孝心苦海作梯航。

孝心永在清凉国，孝行常居悦乐乡。孝行不殊三月鱼，孝心何异百花芳。

孝心广大如云布，孝行分明似日光。孝行万斋咸可度，孝心千祸总能禳。

孝为一切财中宝，孝是千般善内王。佛道孝为成佛本，事须行孝向耶娘。

见生称意免轮回，孝养能消一切灾。能向老亲行孝足，便同终日把经开。

善言要使亲情喜，甘旨何须父母催。要似世尊端正相，不过孝顺也唱将来。

全文大体有三个层次的意思。首先，宣传"孝"是成佛积善之本，列举了许多孝子的行为，包括目连、释迦牟尼、舜、王祥、郭巨、老莱等等人物。其次，对于孝的行为做了比较广泛的说明，即个人行为要检点（"休贪贿货耽淫欲，莫恼慈亲纵酒狂"等）、家庭关系要和睦（如不要将资财入私房，不要听信妇人之言，兄弟要团结不要相争）、为人要慈善（如要爱怜所使唤的人，接济穷苦亲戚，安恤孤孀亲友等），还要在日常生活中体现孝心，生前对父母的关爱远胜过死后的烧香祭祀。这些已经涉及了世俗治家格言的一些主要问题。最后，强调孝是儒家和佛教共同的人伦准则（孔氏谭论十八章指《孝经》），奉行孝道能消灾、能成佛。

敦煌诗歌中还有云辩的其他一些作品，其中的《右街僧录圆鉴大师云辩进十慈悲偈》论君王、宰臣以下各色人等发慈悲心的好处，颇多劝善之言①。圆鉴大师云辩其人其事又见于《洛阳缙绅旧闻记》卷一《少师佯狂》和《佛祖统纪》卷四十二《法运通塞志》、卷五十二《国朝典故》，可知他是五代后唐至后周活跃于洛阳、开封一带的著名俗讲僧，后唐明宗天成元年（926）皇帝诞辰曾应邀赴内殿讲论，据说直到后晋时都如此②。敦煌发现的云辩的诗文是从内地传抄过去的。如此看来，云辩讲的二十四孝的变文其意义就超出了敦煌一地，而是当时社会的普遍情况。云辩也不是一般的僧人，而是上可以通天，中可以结交众多居士和读书人（云辩的诗文就是自称长白山人李琬受沙州和尚的请求而抄写去的），下则为一般读书郎所熟悉。佛教的这种广泛的宣传活动能力是儒家所未曾有过的。即使圆鉴大师云辩所讲的二十四孝可能与后世流传的《二十四孝图》中的人物有出入，但是圆鉴的押座文仍然使我们有理由推测，人们一般观念中儒家伦理教育通俗教材的二十四孝故事，极可能是佛教徒最早编纂的③，并且通过像云辩这样神通广大的僧人宣讲到群众中去，最后通过国家权力的力量在全国提倡和推广。

---

① 徐俊纂辑《敦煌诗歌残卷辑考》，中华书局，2000，第612-614页。

② 徐俊纂辑《敦煌诗歌残卷辑考》，按语，第605-607页。

③ 关于汉唐时期社会上流传的《孝子传》及孝子故事的情况，参见郑阿财：《敦煌孝道文学研究》之《二十四孝探源》，台北石门图书公司，1982，第467页。道端良秀虽然也说佛教徒有编纂"二十四孝"的可能，但是他又怀疑说为什么入选者不是佛教徒人物而是敌对的儒教人物，因而持怀疑态度。见氏著《佛教と儒教伦理》，京都平乐寺书店，1985，第131-132页。其实，这个押座文中已经有释迦牟尼、目连等佛教人物，二十四孝中的睒子（后改称郑子）也是佛经中的人物，而《佛说父母恩重经》的一个敦煌本子也收入了二十四孝中的丁兰、董黯、郭巨名字，恰好证明二者都是佛教徒所编造。再从佛教一贯的宣传手法看，佛教徒最早编写二十四孝也是完全可能的。

仔细探究一下佛教编纂的孝道故事，可以发现如下三个特点。

其一，佛经孝子故事被改造吸收进入《二十四孝图》故事，并且中国化。例如重庆大足山佛教孝道石刻第六则"释迦因地为睒子行孝"乃本于《睒子经》古印度迦夷国孝子睒子以孝感动天地的故事。它被《二十四孝图》的编者改写成郯子的故事。事亦见于《法苑珠林》卷四十九《忠孝篇·睒子部》：睒子事失明的双亲至孝。一日，睒子披鹿皮在山涧取水，误被猎人射瞎双眼。睒子为从此无法照顾父母而痛哭。此事感动了天神，不仅使睒子眼睛转好，而且双亲也复明了。敦煌莫高窟第 299、301、302、417、438、461 窟都绘有这个故事的经变画。在二十四孝图中，它演变成春秋时期郯国的国君郯子以鹿乳奉亲的故事。此外，如二十四孝中割股疗亲之类，也明显带有佛教割肉供父母的痕迹。

其二，佛教经典和变文中也吸收了许多儒家的孝道故事，并且广为铺陈。这里试举《佛说父母恩重》的宣传为例。这个佛经最早的本子除睒子（闪子）外，还收入有三个《二十四孝图》中的孝子故事（丁兰、董黯、郭巨），显然是中土所造作的经典。《开元释教录》卷十八因此而判断它为伪经，于是此后的经文删去了丁兰等三个中土孝子的故事。这些原本和删节本都出现在敦煌文书中。敦煌变文中有几份《佛说父母恩重经讲经文》，莫高窟有四铺《报父母恩重经变》壁画。甘肃博物馆收藏的还绘制了《报父母恩重经变》的绢画，以便在向世人宣传时，可以挂出讲解。敦煌变文中的董永、舜子的故事，也是俗讲僧人编纂演唱的。可见儒家宣扬的孝子，也被佛教广为吸收。

其三，儒家的孝道最重要的是祭祀、供养、后嗣，而佛教则把父母的种种恩情和儿女的孝道做了具体化的宣传。佛经中详细描述了父母恩德的种种细节。重庆大足石刻中《父母恩重经变》图中，有父母"十恩"图：怀胎守护恩，临产受苦恩，生子忘忧恩，咽苦吐苦恩，推干就湿恩（谓母亲在孩子尿床时推干就湿），哺乳养育恩，洗濯不尽恩，为造恶业恩（谓父母为儿女婚嫁操办酒席而杀生造业），远行忆念恩，究竟怜悯恩（谓父母即使百岁也为儿女操心）。这个经变的原本可能出自敦煌文书 P. 3919 号卷子《佛说父母恩重经》①。宗密《佛说盂兰盆经疏》卷上也有"十月怀胎""推干就湿"等内容②，可见是佛教一贯宣传的东西。

总之，佛教在丰富、发展和普及儒家孝道文化上做出了巨大贡献。后世《二十四孝图》在寺院里大量出售就可见一斑。

下篇　佛教影响礼法文化及其下移的路径

在论述了中国佛教戒律中的伦理价值，揭示了佛教吸收和融变儒家世俗伦理之后，我们就会进一步提出，佛教伦理是如何影响到世俗伦理的？也就是要回答吸收了佛教影响的礼法文化及其下移的路径问题。

我们观察到了上层和下层的两种运动模式。所谓上层运动模式，是指儒家士大夫通过研习佛典和修持实践，乐于吸收接纳这些佛教规约，并将之纳入家规强制推行。他们儒佛兼通，援佛入儒，在关于孝悌、修身、门户、婚姻、立嗣、职业、上下（包括主奴关系）、丧葬等方面，援佛家思想入家训家规。佛教戒律与儒家伦理规范在中古时期这一相互吸收融合的过程，既是佛教自上而下逐渐中国化的典型表现，也体现儒家文化吸收外来文化的一种典型模式。

一　从士大夫糅合儒释看佛教伦理对世俗伦理的影响

要使佛教典籍特别是佛法和戒律中蕴含的伦理价值，变成世俗民众的道德信条，儒家士大夫起到不可忽视的作用。本节我们重点讨论的是，隋唐时代的儒家知识分子研习佛典及其戒律，并潜移默化地使之融入修身、治家的道德实践的情况。

---

① 录文见黄征、张涌泉：《敦煌变文校注》，第 996－998 页。参见胡文和：《大足宝顶〈父母恩重经变〉再研究》，万本根、陈德述主编《中华孝道文化》，巴蜀书社，2001，第 325－329 页。

② 宗密：《佛说盂兰盆经疏》卷上，《大正新修大藏经》卷三九，第 505－506 页。

以往关于儒家士大夫与佛教的关系，往往被简单化为反佛与崇佛两大类。如韩愈反佛，白居易崇佛，姚崇反佛，柳宗元崇佛。其实，除了道教徒（如傅弈）的废佛立场外，唐代士大夫中批评佛教的人都有特定的原因。如韩愈的废佛论针对狂热的迎佛骨活动而发，他本人与佛教高僧颇有往还①。大多数反对佛教的士人，只反对佛教的伪滥，反对佛事活动耗费钱财对国家和百姓的祸害。即使像辛替否②、姚崇③等人不信仰佛教，却认同佛教的慈悲、清净思想，即不否定佛教的伦理价值。那些崇信佛教的士大夫也并不否定儒家的伦理，大多以儒家为本位，以佛教为补益。

颜之推《颜氏家训》的《归心》篇云："内外两教，本为一体，渐积为异，深浅不同。内典初门，设五种禁；外典仁义礼智信，皆与之符。仁者，不杀之禁也；义者，不盗之禁也；礼者，不邪之禁也；智者，不酒之禁也；信者，不妄之禁也。至如畋狩军旅，宴享刑罚，因民之性，不可卒除，就为之节，使不淫滥尔。归周孔而背释宗，何其迷也。"④ 颜之推不仅推崇佛教的慈悲为怀，而且把佛教的五戒与儒家的五常相提并论。如果说一般认为成书于汉魏之际的《牟子理惑论》认为儒释道三教同源，以儒家纲常比附佛教的五戒还属于格义的范围的话，那么隋朝颜之推讥讽"归周孔而背释宗，何其迷也"，应该是对于佛教的本质有比较深切的体验了。牟子与颜氏都是饱读诗书的儒士，他们将儒佛类比代表了中古时代大多数士大夫的思想观点。比如隋末唐初的萧瑀，"好释氏，常修梵行，每与沙门难及苦空，必诣微旨"。

① 《全唐文》卷五五九，收入韩愈在长安慈恩塔寺、洛北惠林寺、福先塔寺、嵩山玉泉寺、龙泉寺等题名。其《广宣上人频见过》云："久残朝士无裨补，空愧高僧数往来。"参见《韩昌黎全集》卷十○，第157页。

② 辛替否针对中宗武后时大兴佛寺，上书："夫释教者，以清净为基，慈悲为主，故当体道以济物，不欲利己以损人，故常去己以全真，不为荣身以害教。三时之月，掘山穿池，损命也；弹府虚帑，损人也；广殿长廊，荣身也。损命则不慈悲，损人则不济物，荣身则不清净，岂大圣大神之心乎！臣以为非真教，非佛意，违时行，违人欲。"参见《旧唐书》卷一一○《辛替否传》第3156~3157页。

③ 姚崇（650~721）的《遗令戒子孙》对于佛教持批评的态度，也不相信佛教因果报应之说，但是他也肯定佛教提倡的慈悲、平等和善举："且佛者觉也，在乎方寸，假万像之广，不出五蕴之中，但平等慈悲，行善不行恶，则佛道备矣。"

④ 颜之推：《颜氏家训集解》卷五《归心第十六》，王利器集解，上海古籍出版社，1992，第339页。

但是，萧瑀又是一个坚决维护先王名教的人。

> 尝观刘孝标《辩命论》，恶其伤先王之教，迷性命之礼，乃作《非辩命论》以释之。大旨以为，"人禀天地以生，孰云非命，然吉凶祸福，亦因人而有，若一之于命，其蔽已甚。"

他的文章据说获得了当时隋晋王府学士们的称赞："自孝标后数十年间，言性命之理者，莫能诋诘。今萧君此论，足疗刘子膏肓。"① 刘孝标的《辩命论》站在儒家的立场上，用自然的命定论反对佛教的因果业报论。萧瑀当然是要为佛教辩护，但是，这里提的理由却是"恶其伤先王之教"，即萧瑀是从维护儒家"天命论"的立场来为佛教辩护。萧瑀不仅不反对儒家的天命论，而且标榜要捍卫正确的天命思想，其结果却是维护了佛教的祸福业报理论。萧瑀入唐官至宰相，以耿介知名。唐太宗知道他好佛教，特赐以锦绣佛像，并绣上萧瑀作为供养人的像，赐《大品般若经》一部，"并赐袈裟，以充讲颂之服焉"②。可见，萧瑀的糅合儒释得到了唐太宗的鼓励。

萧瑀糅合儒释的做法有互相关联的两点特别值得注意：第一，本来上是以释补儒。第二，却以恢复儒的正统的名义。这种做法得到了晋王府学士们即其他士大夫的称许。可见，唐代佛教吸收儒家的思想成分是公开的，而儒家吸收佛教的思想成分却是采取犹抱琵琶半遮面的态度。

像萧瑀这样兼通儒释的士大夫在唐代还有很多。比如，进士出身的上官仪，曾"私度为沙门，游情释典，尤精《三论》，兼涉猎经史，善属文"③。进士出身的严挺之"与裴宽皆奉佛"，"素归心释典，事僧

---

① 《旧唐书》卷六三《萧瑀传》，第 2398－2399 页。
② 《旧唐书》卷六三《萧瑀传》，第 2402 页。
③ 《旧唐书》卷八〇《上官仪传》，第 2743 页。

惠义"，裴宽则奉事僧普寂。① 唐玄宗朝进士出身的杨绾，早年家贫，养母以孝闻，"俭薄自乐，未尝留意家产，口不问生计，累任清要，无宅一区，所得俸禄，随月分给亲故。清识过人，至如往哲微言，《五经》奥义，先儒未悟者，绾一览究其精理"。这是崇儒的一面。在另外一方面，"雅尚玄言，宗释道二教"，"凡所知友，皆一时名流。或造之者，清谈终日，未尝及名利。或有客欲以世务干者，见绾言必玄远，不敢发辞，内愧而退。大历中，德望日崇，天下雅正之士争趋其门，至有数千里来者。以清德坐镇雅俗，时比之杨震、邴吉、山涛、谢安之俦也"②。

韦处厚也是进士及第，位至宰相。"通《五经》，博览史籍"。穆宗朝曾"以其学有师法"，召入翰林为侍讲学士，改中书舍人。他觉得自己有责任有所规谏，"乃铨择经义雅言，以类相从，为二十卷，谓之《六经法言》，献之"，得到穆宗的奖赏。这样一位笃诚的儒者，也是信佛者："雅信释氏因果，晚年尤甚。聚书逾万卷，多手自刊校。"③

归登是中唐著名儒学之士归崇敬的嗣子，崇敬在大历和建中时两度出任国子司业。归登在宪宗朝曾受诏与孟简、刘伯刍、萧俛同翻译《大乘本生心地观经》，寻任东宫及诸王侍读，晚年曾以兵部侍郎兼判国子祭酒④。《大乘本生心地观经》一卷，今题僧般若等译。儒生与高僧共同翻译佛典，儒佛思想的沟通就在这种共同的工作中悄然完成。

同样是进士和制科出身，大中朝出将入相的裴休也很信佛。"家世奉佛，休尤深于释典。太原、凤翔近名山，多僧寺。视事之隙，游践山林，与义学僧讲求佛理。中年后，不食荤血，常斋戒，屏嗜欲。香炉贝典，不离斋中；咏歌赞呗，以为法乐。与尚书纥干皋皆以法号相字。时人重其高洁而鄙其太过，多以词语嘲之，休不以为忤"⑤。《全

---

① 《旧唐书》卷九九《严挺之传》，第 3106 页。
② 《旧唐书》卷一一九《杨绾传》，第 3437 页。
③ 《旧唐书》卷一五九《韦处厚传》，第 4187 页。
④ 《旧唐书》卷一四九《归崇敬传附登传》，第 4014－4020 页。
⑤ 《旧唐书》卷一七七《裴休传》，第 4594 页。

唐文》卷七四三收入了裴休多篇为释教文献写的序文如《大方广圆觉
修多罗了义经略疏序》《华严原人论序》《注华严法界观门序》等等。
其《华严原人论序》说："余高枕于吾师户牖之间久矣，知之不言，则
后代何以仰吾师之道？"① 用"深于释典"来说明他的佛学造诣，绝非
虚言。

　　上面列举的信仰佛教的士大夫中，诸如裴休、杨绾，其生活方式
乃至人生态度已经可以看出受到佛教的影响。这里再举几个处世方式
受佛教影响的事例。关播，天宝末举进士，入邓景山淮南节度使幕府
为从事，累迁右补阙，"善言物理，尤精释氏之学"。德宗建中朝为宰
相。其致仕之后，"减去童仆车马，关闭守静，不萦外事，士君子重
之"②。关播退休后简静的态度，当为得佛家熏陶之故。宰相王缙与兄
弟王维，"皆笃志奉佛，食不荤，衣不文彩"，"丧妻不娶，孤居三十
年。母亡，表辋川第为寺，终葬其西"③，可见其生前的生活方式和死
后的丧葬安排都受到佛教影响。又如，李源，"八岁家覆，俘为奴，转
侧民间。及史朝义败，故吏识源于洛阳者赎出之，归其宗属。代宗闻，
授河南府参军，迁司农主簿。以父死贼手，常悲愤，不仕不娶，绝酒
荤。惠林佛祠者"，对于父亲生前所置别墅，他"依祠居，阖户日一
食。祠殿，其先寝也，每过必趋，未始践阶。自营墓为终制，时时偃
卧挺中"④。其生活态度固然与家庭和社会的变乱有关，也显然受到佛
教的影响。

　　白居易自幼以聪慧闻，得顾况等赏识，少年得志，进士及第后，
不次擢拔，很快被宪宗召为翰林学士、左拾遗。"居易自以逢好文之
主，非次拔擢，欲以生平所贮，仰酬恩造"。他连续上了几个章疏，献
计献策。虽然疏入不报，他还是为元稹、武元衡等事切谏，被当政者
所不喜，被贬江州刺史。史称："居易儒学之外，尤通释典，常以忘怀

① 《全唐文》卷七四三《华严原人论序》，第 7688 页。
② 《旧唐书》卷一三〇《关播传》，第 3627 - 3628 页。
③ 《新唐书》卷二二〇《王维传》，第 5765 页。
④ 《新唐书》卷一九一《李源传》，第 5511 页。

处顺为事，都不以迁谪介意"①。可见，佛教的人生观使白居易在政治沉浮上变得比较达观了。他自称"予栖心释梵，浪迹老、庄，因疾观身，果有所得。何则？外形骸而内忘忧患，先禅观而后顺医治"②。这与他的"仆志在兼济，行在独善"的儒家信条是并存不悖、互相通融的。

还有更突出的例子。"王友贞，怀州河内人也。父知敬，则天时麟台少监，以工书知名。友贞弱冠时，母病笃，医言唯啖人肉乃差。友贞独念无可求治，乃割股肉以饴亲，母病寻差。则天闻之，令就其家验问，特加旌表。友贞素好学，读《九经》皆百遍，训诲子弟，如严君焉。口不言人过，尤好释典；屏绝膻味，出言未曾负诺，时论以为真君子也。"③ 佛教割股疗亲的故事居然在这位儒者身上再现！王友贞读儒家九经皆有百遍之多，而治家约束子弟又十分严谨，这不能不说与"尤好释典"有关。他"口不言人过"、不食腥膻之味，也可以看出佛教道德戒条的约束。而这样的人在人格上是被社会认同为"真君子"的。儒家的"君子"与佛教的德行在这里画上了等号！

崇奉佛教的士大夫之家治家以严格著称。王友贞"训诲子弟，如严君焉"已如上述。再看"崇信释典，常与僧徒往来，焚香礼忏，老而弥笃"的裴宽，就有一个讲究儒家孝悌的模范大家庭："兄弟八人，皆明经及第，入台省、典郡者五人。"裴宽"性友爱，弟兄多宦达，子侄亦有名称，于东京立第同居，八院相对，甥侄皆有休憩所，击鼓而食，当世荣之"，是很符合儒家治家标准的④。

再举一个以家法严整著称的信佛者的例子。柳仲郢，元和十三年（818）进士擢第，累践藩镇。史称："仲郢以礼法自持，私居未尝不拱手，内斋未尝不束带。三为大镇，厩无名马，衣不薰香。退公布卷，不舍昼夜。《九经》《三史》一钞；魏、晋已来南北史再钞；手钞分门

① 《旧唐书》卷一六六《白居易传》，第 4345 页。
② 《旧唐书》卷一六六《白居易传》，第 4356 页。
③ 《旧唐书》卷一九二《王友贞传》，第 5118 页。
④ 《旧唐书》卷一○○《裴宽传》，第 3130－3131 页。

三十卷，号《柳氏自备》。"这样一位既精通儒家经典又以礼法自持的官员，同样精通佛典："又精释典，《瑜伽》《智度大论》皆再钞；自余佛书，多手记要义。小楷精谨，无一字肆笔。"① 撰《诫子书》传世的柳玭就是柳仲郢的儿子。史称："公绰理家甚严，子弟克禀诫训，言家法者，世称柳氏云"。柳公绰治家严整，在仲郢身上也有体现，"仲郢有父风，动修礼法。"牛僧孺曾叹曰："非积习名教，安能及此！"这个讲究礼法的家庭也同样是笃信佛教的家庭。《瑜伽师地论》和《大智度论》都是包含着许多佛教戒律的佛典，而"自余佛书，多手记要义。小楷精谨，无一字肆笔"，说明仲郢对于佛教戒律的严格苛细应该是很熟悉的。他不可能不注意到佛教戒律对于治家的伦理价值。

　　唐代士大夫熟悉佛典，除了个人的原因外，还与社会上三教合流的总趋势有关。徐坚、徐彦伯、刘知几、张说等编纂《三教珠英》姑且不说②，唐代皇帝提倡三教辩论，也促进了儒道佛思想的融合。唐玄宗开元十六年（728），"悉召能言佛、道、孔子者，相答难禁中"。员半千的孙子，居然"九岁升坐，词辩注射，坐人皆屈。帝异之"③。可见不拘一格。"贞元十二年四月，德宗诞日，御麟德殿，召给事中徐岱、兵部郎中赵需、礼部郎中许孟容与（四门博士韦）渠牟及道士万参成、沙门谭延等十二人，讲论儒、道、释三教。渠牟枝词游说，捷口水注；上谓其讲辨有素，听之意动。数日，转秘书郎。"④ 五品的郎官与七品的四门博士同堂论讲，可见也不是论资排辈。

　　《新唐书》卷一六一《徐岱传》记德宗时的三教辩论说："帝以诞日岁岁诏佛老者大论麟德殿，并召岱及赵需、许孟容、韦渠牟讲说。始三家若矛盾然，卒而同归于善。帝大悦，赉予有差。"⑤ 徐岱、韦渠牟等人是以儒臣参与辩论的，但参加辩论者只有对三教都有所了解，

① 《旧唐书》卷一六五《柳公绰传》，第 4307 页。
② 《旧唐书》卷一二〇《徐坚传》第 3175 页。
③ 《新唐书》卷一三九《李泌传》，第 4631 页。
④ 《旧唐书》卷一三五《韦渠牟传》，第 3728 - 3729 页。
⑤④ 　《新唐书》卷一六一《徐岱传》，第 4984 页。

辩论时才能知己知彼①。由于三教辩论实际上是殊途同归，所以才会出现始异卒同，达到"始三家若矛盾然，卒而同归于善"的境界。辩论中，三教进一步走向互相融摄。徐岱治家谨严，"不谈人短，宗族孤孺者皆为婚嫁。然吝啬，自持家管钥，世所讥云。"④与前面几位兼通儒释的士大夫相似。

三教论衡和互相融摄对于朝廷官员执法也有影响。进士出身的王志愔，中宗时历任左台御史、大理正，以执法刚正闻名。鉴于大理官员以纵罪为宽恕，他作《应正论》上书皇帝说："《慎子》曰：'以力役法者，百姓也；以死守法者，有司也；以道变法者，君上也。'然则匪人臣所操。后魏游肇之为廷尉也，魏帝尝私敕肇有所降恕，肇执而不从曰：'陛下自能恕之，岂足令臣曲笔也？'是知宽恕是君道，曲从非臣节。人或未达斯旨，不料其务，以平刑为峻，将曲法为宽，谨守宪章，号为深密。《内律》：'释种亏戒，一诛五百人，如来不救其罪。'岂谓佛法为残刻耶？老子的《道德经》云：'天网恢恢，疏而不漏。'岂谓道教为凝峻耶？《家语》曰：'王者之诛有五，而寝盗不预焉。'即心辩言伪之流。《礼记》亦陈四杀，破律乱名之谓。岂是儒家执禁，孔子深文哉？此三教之用法者，所以明真谛，重玄猷，存天纲，立人极也。"⑤ 这里广引儒道佛的经典来论证执法要严的道理，得到皇帝的首肯。

如果说唐代的儒家士大夫融合佛教伦理，还没有走向理论形式的话，那么儒佛融合在宋代则进一步得到了理论化的发展。赵普曾经恭维太宗皇帝："以尧舜之道治世，以如来之行修心"⑥。王安石与神宗的对话，也肯定儒佛为一：

> 安石曰："……臣观佛书，乃与经合，盖理如此，则虽相去远，其合犹符节也。"

---

① 《新唐书》卷一六七《韦渠牟传》云："渠牟有口辩，虽于三家未究解，然答问锋生"，第5110页。
⑤ 《旧唐书》卷一〇〇《王志愔传》，第3120－3122页。
⑥ 李焘：《续资治通鉴长编》卷二四，太平兴国八年十月，中华书局，2004，第554页。

　　上曰："佛，西域人，言语即异，道理何缘异?"

　　安石曰："臣愚以为苟合于理，虽鬼神异趣，要无以异。"

　　上曰："诚如此。"①

　　即使在理学形成的南宋，孝宗皇帝仍然主张："以佛修心，以道养生，以儒治世"②。可见，以佛教指导个人心性的修养，被士大夫和皇帝所认可了。而佛教戒律正是身心修养的指导规范。

　　"以如来之行修心"主要是要求用佛教超脱达观、慈悲清净的心情去对待周围的事物，去处理日常生活中的人际关系。人类家庭伦理的基本准则具有普适性。例如，博爱（仁爱）思想、尊老爱幼意识等。这是儒佛相通的一个原因。但是，早期儒家修身理论与佛教伦理思想最大的不同在于其终究目的不一样。孔子、孟子等儒家的修身、齐家理论是从治国、平天下的政治目的出发的。先秦两汉的儒家伦理是从属于其政治社会哲学的。儒家修身宝典《中庸》说："君子不可以不修身，思修身不可以不事亲，思事亲不可以不知人，思知人不可以不知天。好学近乎知，力行近乎仁，知耻近乎勇。知斯三者，则知所以修身；知所以修身，则知所以治人；知所以治人，则知所以治天下国家矣。"可见，儒家的修身是为国家政治服务的。赵普与宋孝宗都认识到儒佛有所分工，这样对于佛教的认识就发生了一个飞跃："以尧舜之道治世，以如来之行修心"。这个命题包括两层意思：第一个方面是儒佛相合，都合于理，比如圭峰宗密从三点谈儒佛的融合，即五戒与五常的融合，乾四德与佛四德的融合，孝道的融合。这是比较浅的格义层次。第二个方面是儒佛分工互补，以佛修身养性，以儒治国安邦。家庭伦理规范主要是讲修身持家的，中古佛教伦理被世俗家庭伦理所吸收便是自然而然的事情。

---

① 《续资治通鉴长编》卷二三三，熙宁五年五月，第5660页。

② 李心传：《建炎以来朝野杂记》乙集卷三《原道辨易名三教论》，徐规点校，中华书局，2000，第544页。

二 从童蒙教育看佛教对礼法文化下移的影响

所谓下层运动模式是指世俗大众通过宗教信仰与修行活动接受佛教戒律的约束，或者受到佛教宣传的影响而接受了儒佛混杂的道德意识和伦理观念。佛教强大的宣传能力和五花八门的宣传手段是佛教伦理对世俗大众产生巨大影响的重要原因。这种影响方式体现出佛教中国化的另一层面——世俗化，也表现出社会伦理如何自下而上影响至儒家主流意识。

如果说魏晋南北朝时期，礼法门风是世家大族区别于庶族寒门的重要标志的话，那么隋唐以降，世族的衰落与礼法的下移同步发展，其伦理规范也像"旧日王谢堂前燕"那样，"飞入寻常百姓家"。在社会文化和儒家伦理下移的历史运动过程中，中国化的佛教扮演了重要的角色。

考察中古时期的民间童蒙教育是揭示佛教伦理世俗化和广泛普及的重要途径。因为大众化的童蒙教学用书不仅最贴近普通民众的思想和知识，而且直接反映了当时社会的普遍价值观念和信仰实态。中古时期的童蒙教材，大体被分为三类：一是识字教材，如千字文等；二是知识读本；三是思想品德教科书，如《太公家教》等。许多教材其实是兼有这几个方面的功能的。

唐代的大众读本兼童蒙教材《太公家教》云："酒能败身，必须戒之。色能致乱，必须弃之。忿能积恶，必须忍之。心能造恶，必须戒之。口能招祸，必须慎之。"[1] 这些词语虽然不是取诸佛经，但是，其思想精神则通于戒律中的戒酒、戒淫、戒嗔、毋妄语、毋两舌等戒条。

佛教编纂的大众通俗读本也是宣传儒家伦理的极好形式，这里再以《大正新修大藏经》卷八十五收入的伪经《真言要诀》为例。

---

[1] 此据高国藩录文，高国藩：《敦煌写本〈太公家教〉初探》，《敦煌学辑刊》，1984 年第 1 期。

　　如《真言要决》卷一关于女人的一段话："愚人娶妻，不求妇德，唯求门第、富贵、姿质为本。女人恃色，必恣骄淫。恃其门族，必怀欺侮。欺侮则不顺舅姑，骄淫则受人煽惑。不顺舅姑，则内外不睦。受人煽惑，则表里昏淫。耽欲愚人终不省觉。兼恐被夫嫌薄，无所不至。求巫厌诅，不忧妇道。唯思声色，炫服靓妆。谄媚夫婿，诈将亲善。谗潜尊卑。夫纳妇言，疏薄骨肉，致使至亲同气，怨彻穹苍。如此之徒，岂唯三五！危身没命，实属妇人。丧国忘家，皆有女色。故周文之盛，先述德于后妃。殷纣之忘，卒归愆于妲己。自余群小，何可胜言！牝鸡之晨，可不悟也。故《诗》云：妇为长舌，唯厉之阶乱，匪自降天，生自妇人。"[①] 这里的女人祸水论，出自儒家又不似儒家，其实和前引佛经的"女人八十四态"的部分内容倒有一些类似。这些语言被后来的家训、家规所吸取。《袁氏世范》卷之上《睦亲·妇人之言寡恩义》的一些看法就与此很是相似："人家不和，多因妇女以言激怒其夫及同辈。盖妇女所见不广不远，不公不平……非丈夫有远识，则为其役而不自觉。"[②]

　　《真言要决》为了宣说佛教义理，援引儒家道家经典释证之。如先引《大智度论》："嗔为苦因缘，慈是乐因缘。《庄子》云：君子淡以亲，小人甘以绝。诚不谬矣。欢喜不及忍辱，多笑不及不嗔。不杀胜于放生，求福不如避罪。不悭胜于布施。心敬胜于足恭。故《遗教经》云：忍之为德，持苦戒行，所不能及。能行忍者，乃可名为有力大人。"[③] 如果说"和为贵"为儒家思想，那么"忍为高"则为佛教的思想。而从"和为贵"又可以引申出"忍"的哲学来，从而使儒佛合流。类似的例证很多。正如有的学者所概括的那样，"援引儒道经典粹语中有关修身、正己、明道、劝学、忍辱等处世真言，以与佛教经纶

---

① 《真言要决》卷一，《大正新修大藏经》卷八五，第 1227 页。
② 袁采：《袁氏世范》，贺恒祯、杨柳注释，天津古籍出版社，1995，第 31 页。
③ 《真言要决》卷一，《大正新修大藏经》卷八五，第 1228 页。

之此类嘉言互相比附。互证互释，借以引导世人，劝善惩恶"①。

又如，《新集文词九经抄》也是一本大众道德读本，该书顾名思义是一部新辑录的"九经"中有助于进德修身的佳言粹语集②，其《序言》开宗明义地说："包括九经，罗含内外，通阐三史，是要无遗，今古参详，礼仪咸备，忠臣孝子，由此而生；节妇义夫亦因此起"。这里以道德教养作为编撰目的是很明确的。值得注意的是"罗含内外"即指包罗内典、外典一句，此"九经抄"很可能也是佛徒的作品。因为释氏以佛学为内典，其他为外书。虽然文中提到书名的都不是佛教著作，可是言论却有出自佛教通俗文献的。如《父母恩重经讲经文》有："所以书云，曾子曰：百行之先，无加于孝矣。夫孝者，是天之经，地之义。孝感于天地也，通于神明。孝至于天，则风雨顺序；孝至于地，则百谷成熟；孝至于人，则重译来贡；孝至于神，则冥灵佑助"③。这些话被"九经抄"引作《孝经》或《王阳》。而《父母恩重经讲经文》又引据《太公家教》《论语》《礼记·曲礼》以阐明孝道④。可见，儒、佛及通俗道德读本之间的相互融合的关系是错综复杂的。

《序言》又云："故以群书纂义，且济时须。删简繁文，通阐内外，爰今引古，是要无遗，训俗安邦，号名家教，标题举目，示之云尔。"这里标明是要作为"家教"的功能。接下来又以屋漏为譬喻："夫屋漏者，恒畏风雨；心邪者，常忧祸患。若补得屋，则风雨不入其室；正得意，则祸患不入其门。世人悉补屋以却风雨，不知正心以除祸患，何其愚惑矣。"这里特别强调"正心"的重要性。虽然这里上接儒家思孟学派《中庸》等的"正心诚意"思想，但是更多的应该是佛教"修心"理论的影响，是与赵普和宋孝宗"佛以修心"的理论相通的。其实，《中庸》最早从儒家经典中被突出出来，作为科举考试的必读书，

---

① 郑阿财：《敦煌写本〈真言要诀〉研究》，载《敦煌文献与文学》，台北新文丰出版公司，1993，第234页。

② 郑阿财：《敦煌写卷〈新集文词九经抄〉研究》，台北文史哲出版社，1989，第22页。

③ 黄征、张涌泉：《敦煌变文校注》，第972页。

④ 黄征、张涌泉：《敦煌变文校注》，第972-974页。

乃是受到佛教信徒的影响，关于此点，前已提及，此不具论。

　　总之，佛教对于中国家庭及其伦理规范的影响是多方面的。有些佛教伦理与儒家思想本来就是一致的；有些是佛教将儒家的伦理进一步系统化、具体化；有些则是通过佛教独特的宣传手段使儒家伦理通俗化，使儒家的"礼"下移于庶民百姓家，获得普及和被推广开来。佛教作为宗教具备一套实践和宣扬其基本教义的基层组织（寺院、社邑组织），这是儒教所没有的。佛教寺院介入童蒙教育、编纂大众道德读本等都是佛教介入世俗伦理再建的重要途径。佛教伦理价值被广泛接受具有三个递进的层次：善男信女对佛教的信仰——即使不信仰佛教，也对于佛教观念有"不能免俗"的认同（如姚崇允许死后做七七斋①）——全社会都广泛认同佛教戒律规定的慈善行为。此外佛教戒律的劝阻威吓作用也不可忽视。儒家的伦理只是正面疏导，没有反面阻吓；政府的法律只是禁奸止非，没有正面劝导。佛教戒律则是正面要求与反面禁止相结合。

　　科举也使文化由贵族下到平民，新的艺术手段如俗讲、话本对于伦理观念的普及有重要作用。过去是儒学在官，南北朝是学在家族（世家），隋唐以后，是学在民间（平民化）。孔子在中国教育史上的地位首先是改变了学在官府的局面，开办了最早的私人教育。但是儒家的传统，主张"礼不下庶人"，"三礼"中的那套制度并不能普及于一般民众。汉魏两晋南北朝，世家大族讲究礼法门风，因为这是他们维持家族地位的重要标志。隋唐以降，科举制度为平民入仕提供了现实的可能性，刺激了民间教育的发展，纸的普遍使用和印刷术的发明，为图书的流通和教育的普及也提供了物质条件。所以，唐末五代迄于两宋，出现了一场礼法文化下移的社会运动。佛教在这个文化下移运动中扮演了重要角色，并且使中国儒家伦理最终表现出浓重的禁欲主义的宗教色彩。

———————————

① 死后做七七斋在今天的台湾仍然是十分普遍的习俗，与是否信仰佛教无关。

隋唐佛教通俗文献与民众信仰

佛教宗派的教义是深奥晦涩的，一般人难以理解。向普通民众推广佛教知识，宣传佛教教义，是佛教僧侣的一个重要任务，也是佛教争取广大信众的重要手段。为了达到宣扬教义的目的，佛教界编纂了许多通俗文献，包括讲经文、变文、俗讲和各种通俗歌词、诗歌类作品。佛教的神奇力量还通过各种"灵验故事"得到广泛的宣传，许多传奇小说充当了宣传佛教的文学形式。过去从文学方面讨论这些作品的居多，对于其中所蕴含的思想史和社会史价值发掘不够。其实，无论是佛教通俗宣传文献，还是佛教传奇故事，不仅是佛教的宣传形式，还体现了民众佛教信仰的实态。

一 佛教通俗文献的理论宣传形式

佛教通俗文献是指经、律、论及其有关注疏作品之外的佛教文献，其主要特点是，虽然在理论上不具有原创性，只是对于佛教教义的通俗化和形象化的衍述，但是，这种大众化的处理和加工往往就是佛教本土化和中国化的常见方式。由于在形式上具有娱乐性、文学性特征，因而比较容易普及。在这些佛教通俗文献里，才真正包含着普通老百姓所理解的佛教是什么，才真正体现出佛教与社会的契合点在哪里，才真正反映了佛教影响民众思想意识的基本内容。

佛教通俗文献的造作首先是为满足佛教宣传的需要。佛教宗派对于佛学义理的研究，大多用注疏、玄义、论解等著作来发表，即表现为对于佛教经典的解释形式。但是从扩大佛学普及范围，适应佛教法会活动需求的角度来说，佛教特别需要创造出各种形式，如何把理论形态的东西变为群众喜闻乐见和易于理解及接受的东西，这是中国佛教界和知识界共同的课题。如众所周知的敦煌佛教通俗文献的讲经文和俗讲，就是为了满足这种需求而创作的。

讲经文是最基本的通俗佛教文献之一。其特点是散韵相间，散文为所讲经文的内容，但是，散文也不都是经文的节录。一般是节录一段经文文句，又用散文加以疏解，然后才是韵文。韵文是对经文的通俗化讲解。在实际佛事活动中，韵文大概是配合佛教音乐演唱的。

经文宣讲以前有赞呗，其文本谓之押座文。韵唱押座文旨在使听众安静，渲染正式讲经前的气氛。接着有开题的节目。再接着才进入正文讲解阶段。在讲解佛经正文的时候，一般是先摘要讲诵一段经文，然后就经文大意进行解说，再以偈词的形式歌吟经文要旨，每讲唱一段经文，都要继之以解说和偈词。等到全部经文讲解完毕，最后以赞呗收场。

关于讲经的程序和场面，《庐山远公话》（敦煌文书 S. 2073）记载了善庆闯道安讲筵的一段故事，可以帮助我们知道一个大概，诸如怎样开经？如何唱"经名"？怎样切入"经题"？

> 须臾之间已至，相公先遣钱二百贯文，然后将善庆来入寺内。其时听众如云，施利若雨，钟声既动，即上讲：都讲举经，维那作梵，四众瞻养，如登灵鹫山中。道安欲拟忻心，若坐庵罗会上。于是道安手把如意，身坐宝台，广焚无价宝香，即宣妙义，发声乃唱，便具经题云：《大涅槃经如来寿量品第一》。

这里对于讲经仪式开讲前的场面有逼真的描述。听讲者似乎要交二百贯文的香钱。听众云集，钟声已起，表示开讲在即。道安作为主讲，手把如意，身坐宝台，焚香已毕，就开始唱经名。这表示"开经"。"开经已了，叹佛威仪，先表圣贤，后谈帝德。"下面就是对这些赞叹之词。"叹之已了，拟入经题。"这时在堂内听讲的善庆（慧远）高声叫唤："止住经题"。结合后举《维摩诘经讲经文》的情况，则每段所引经中文句，就是入经题。

后来善庆与道安在法堂上讨论起了经义。善庆与道安在法堂上讨论经义的情况，可以看作是讲经之际，听众或者其他宗派的僧侣与讲经法师开展讨论的文学性描写。最后远公（即慧远）来重开讲筵。

关于正文的讲唱，我们可以从一些流传下来的文本窥知其大概。

苏联东方研究所藏唐人写本《佛报恩经讲经文》，其开头是《双恩记》第三，接着有《双恩记》第七、《报恩经》第十一，结尾处是《佛报恩经第十一》字样。大约是抄者不细心，此处"双恩记""报恩经""佛报恩经"都是一个意思。此散韵相间的讲经文，行文比较拘泥于佛经内容，少有发挥的空间。《维摩诘经讲经文》残卷也是散韵相间，用说唱的形式解说《维摩诘经》大义。例如《维摩诘经讲经文》先引经文从"佛告长者子善德：汝行诣维摩诘问疾"开始，然后是骈文体的叙述："世尊当尔之时，乃告善德长者。才呼名字，鞠躬而近华台；仰望如来，叉手而专听处分。"下面载佛对善德的话仍是骈文体："吾为维摩卧病，我见居士缠疴。思问讯而如渴待浆，希传言而如需索扣。吾便从头救命……今善德长者，身超五百，名列八千，外虽同于流俗，内已修于菩萨。"等等。接下来的韵文对这段经文和骈文的讲解在内容上是一致的：

> 世尊当日亲宣命，善德虔恭叉手听。
> 吾今差汝入毗耶，事须往彼遵余令。

第二段经文是："善德白佛言：'世尊，我不堪任诣彼问疾。'"下面又以骈文的形式解说经文："善德蒙佛告命，稽首而仰望花台，郑重虔心，殷勤合掌，为承宣旨，三白世尊：世尊、世尊、世尊！适蒙慈父发言，何消如来推奖。懦质而幸居法会，冗琐而叨侍莲台。处分令入毗耶，敕命遣看居士。……不敢不敢，难任难任"。后面的韵文是：

> 善德当闻差选字，告诉牟尼称不易。
> 居士他缘大辩人，我今难作如来使。

如此讲唱结合，把一部《维摩诘经》的内容用通俗化的形式讲演完毕。这里"经"是简略，说经的骈文部分是主要的，接下来的韵文是唱词，内容也比较重要，但是主要是烘托"说"的那部分的气氛，内容不超过骈文。

《敦煌变文校注》收有七篇《维摩诘经讲经文》，形式与文字内容都各不相同，有比较拘泥于经文的，有比较不拘泥于经文的。但是，内容都是向世俗听众讲述维摩诘经的要义。《佛说阿弥陀经讲经文》有三种，或者对经文逐字解释，然后用诗歌形式重复咏唱解说的内容；或者离开经文，径直用散韵相间的文字宣讲该经的内容。《妙法莲华经》有四种，除第一种外，其余三种以讲唱的韵文为主，散文部分限于对经文的简短引用和极简单的解释。

正式讲经结束后还有一项节目，就是疏散群众的解座文。关于解座文，梁陆云《御讲般若经序》有所谓"自开讲迄于解座，凡讲二十三日"的话。则讲经结束后讲唱的文字叫解座文。解座文也是根据所说经文内容略述佛家因果报应等义，最后约定"各自念佛归舍去，来迟莫遣阿婆嗔"①。

以上这是比较拘泥于原来经文的一种讲经文。还有另外一种讲经文，内容已经不限于所讲经的经文，自由创造的成分比较多。比如P.2305 号卷子的《无常经讲经文》。《无常经》是义净翻译的经文，一卷，说老病死三法之不可爱，后附五言颂十二首，七言颂四首。一般

---

① 黄征、张涌泉：《敦煌变文校注》，中华书局，1997，第 1191 页。

在西天僧葬时念诵。我们见到的这份《无常经讲经文》几乎全是韵文，很少有过渡性散文，主要也是四言句式或者六言句式的形式，大段的韵文采取 3－3－7－7－7 的句式。特别是从内容上说，此讲经文反复解说人世无常的道理，与一般的演讲经文有所不同。

《无常经讲经文》可以分成三个大的段落层次。在开场白之后，第一段落的起始文字云："且人生一世，喻若漂蓬，贵贱虽殊，无常一盖。上至帝王，下及庶民，富贵即有高低，无常且还一种。故无常经云：'上生非想处云云'。"接下来有一段长达二十六个 3－3－7－7－7 句式（只有三句的 3－3 式为七言）的韵文：

上三皇，下四皓，潘岳美容彭祖少，将为红颜一世中，也遭白发驱催老。

文宣王，无常教，夸聘文章词丽藻，将为他家得长久，世遭白发驱催老。

说西施，妲己貌，在日红颜夸窈窕，只留名字在人间，也遭白发驱催老。

或是僧，或是道，清净莲台持释教，将为无常免得身，也遭白发驱催老。

或经营，或工巧，闻样尖新呈妙好，假饶富贵似石崇，也遭白发驱催老。

持斋戒，真要妙，听取经文大乘教，休于浊世醉昏昏，须史便是无常到。

……

第二段起始有一段文字云："人生一世，瞥尔之间，入石火点光，非能久住，奉劝门徒，速求出离"。其下韵文仍然为"3－3－7－7－7"句式，共九句：

劝门徒，修福善，休爱春光堪赏玩，思量能得几多时，必是于身为大患。

　　眷属多，难相管，前路自家偿苦难，闲来托手自思量，也是于身为大患。

　　恋西施，慕月面，多倾美容生敬善，敛心净意细思量，也是于身为大患。

　　杀猪羊，肴玉馔，屈命亲情姿欢晏，烹刨宰杀自家尝，也是于身为大患。

　　懈慢心，难诱劝，捡点师僧论贵贱，凡道圣途有偏颇，也是于身为大患。

　　……

　　第三段的起始文字是："我辈门徒，善男善女，生在娑婆，五浊恶世，唯耽生死，不惜无常（四相迁，小四相，说五粘喻，天晴开，喻辩义）"。接着是十六句六言诗：

　　恰似人生一世，贪爱声色无异，鬓边白发到来，何处将身回避。

　　耳聋眼暗腰疼，忧自忧家忧计，四肢沉重难行，形貌汪兀憔悴。

　　死亡忽尔到来，前路有何次第，阎王问你之时，看甚言词祗备。

　　莫推男女成行，准望他家修致，直晓每日设斋，争（怎）似自家亲备。

　　其下的韵文句式不规则，有3－3－7－7－7句式，但时或与四个以上的七言联句相间，且都是唱词部分，达六十六个，内容是对上述起领文字的进一步衍说：

　　嘱儿孙，行孝义，礼念六时金殿里。直晓依语便如斯，不如在世亲祗备。

更遗言，相违记，尽去阎王砧子跪。饶君跪得一千双，不如在世亲祗备。

劝门徒，修福利，一一祗承来世事。免于没后嘱儿孙，闻见自家亲祗备。

念观音，求势至，极乐门开随取意。一弹指顷到西方，大圣弥陀见欢喜。

……

从这段讲经文的结尾文字看，这是在寺院进行的讲经活动："劝即此日申间功，且乞时时遇讲院。莫辞暖热成持，各望开些方便。还道讲来数朝，施利若无大段。念佛各自归家，明日却来相伴。"开讲者希望能与听众经常在讲经院里相见，更不要忘了今天各自回家后，明日再结伴而来。

讲经文列举了历史上的种种事例，来说明人生无常的道理，但是只有很少的文句提到"释教""大乘"等字样。这种形式已经比《佛报恩经讲经文》走得更远了一些。

关于讲经传播佛教的情况，《庐山远公话》里面也有记述。崔相公每日下班都要去福光寺听道安讲《涅槃经》。夫人在家读《法华经》之外，还请丈夫讲述在福光寺听讲经的内容。于是合家三百口听崔相公讲《涅槃经》。先讲"八苦"，即生苦、老苦、病苦、死苦、五蕴苦、求不得苦、怨憎会苦以及爱别离苦。"相公是夜说八苦交煎已了，应是宅中大小良贱三百余口，悉皆拜谢相公。"①

俗讲的仪式如敦煌文书 P.3849 号卷子底所记载的："夫为俗讲，先作梵了，次念菩萨两声，说押座了，素唱《温室经》，法师唱释经了，念佛一声了，便说开经了，便说庄严了，念佛一声，便一一说其经题字了。便说经本文了，便说婆罗蜜等了。便念佛赞了，便发愿了，

---

① 黄征、张涌泉：《敦煌变文校注》，第 261 页。

便又念佛一会了，便回向发愿取散，已后便开维摩经，讲维摩经，先作梵，次念观世音菩萨三两声，便说押座了，便俗唱经文了。"

俗讲的仪式主要结合广大世俗人的特点，在讲正文之前，先作一种序辞——亦称押座文，以安定听众，认真听讲。俗讲的底本从原则上讲主要是讲经文，如会昌元年（841），七寺开俗讲，赐紫大德海岸法师讲《华严经》，左街僧录三教讲论赐紫引驾大德体虚法师讲《法华经》，招福寺内供奉三教讲论大德齐高法师讲《涅槃经》，内供奉三教讲论赐紫引驾起居大德文出讲《法华经》。但俗讲师为悦俗、邀布施，又依据经文发挥、推衍，援引时事加以论说，将佛教伦理寓于通俗的讲唱活动中，以人们喜闻乐见的娱乐的方式出现在寺院中，无形之中影响了人们的观念。俗讲对于人们思想的诱化劝善作用不容忽视。

从敦煌变文——俗讲的底本的一些内容看，俗讲从讲经形式演变成娱乐形式或者讲经与娱乐兼而有之的形式之后，其讲唱的程序节目也发生了很大的变化，即不再有押座、开题直至解座等程序，如《目连缘起》《目连救母变文》《金刚丑女缘起》《欢喜国王缘》等。在这里演绎故事情节已经是最主要的，故事中体现的是佛教思想或者宣传佛的威德。从演唱形式来看，虽然也是散韵相间，但是其分工已经与讲经不同。许多情况下，韵文成了对话或者描写的形式，特别是《金刚丑女缘起》，其以散文叙事、韵文对话的倾向更明显。缘起类文字如《悉达太子修道因缘》《目连缘起》《丑女缘起》《欢喜国王缘》大多用优美的文字、曲折的情节叙说了佛经要旨或者佛典故事，以宣扬佛教思想。[①]

二 劝善类文字所反映的宗教思想

中国佛教根据因果业报的思想，发展了劝善的一套理论。各种劝

---

① 关于敦煌缘起类文字及押座文、解座文的论述可以参见张锡厚：《读敦煌缘起类作品及其他》，载《敦煌学与中国史研究论集——纪念孙修身先生逝世一周年》，甘肃人民出版社，2001。关于变文的研究评论，参看张鸿勋：《变文研究评述二题》，《敦煌研究》2000 年第 2 期。

善类文字，因而也成为宣传佛家思想的重要材料。下面举一些典型的劝善文字，略窥其思想旨趣。

（1）千字文编号皇76No. 8441《劝善文赞》：

三十三天佛最尊，万物中贵不过人。依世眼看何足度，努力相劝入善门。

只恐众生造诸恶，经律法教遣终身。食肉众生短命报，诸佛慈悲劝谏君。

莫道杀生无人见，善恶童子每知闻。好事恶事皆抄录，未肯临时放一分。

造罪人多修福少，所以众生长受贫。天堂快乐无人去，地狱苦处竟来奔。

不是阎王唤君入，不是诸佛没慈心。总缘悭贪难劝谏，百劫千生自陷身。

第一当观莫诳法，倚恃形势乃斯贫。蠢动众生皆息命，负骨萌芽不放君。

力若不加造狂横，法外凌恃不敢嗔。狂取一钱微万命，命终地狱受艰辛。

富贵前生多施得，贫是悭贪宿业英。世人无慈好酒肉，百味调和劝六亲。

但看猪羊被宰杀，苦痛之声上帝闻。眼光早已随刀落，四脚高悬就血盆。

将诸食肉屠他命，地狱报怨不可论。累月不曾得一顿，终日虚沾吃肉人。

死王犹来咨生处，若个不觅命长存。终须一度无常去，阿那甘心入死门。

死门且向总应知，一死不还再生时，非鹰走狗屠它命，黄泉底下悔难期。

轮回六道受诸苦，改头换面不相知。虽取众生血肉吃，谁知父母及妻儿。

相劝莫食众生肉，猪羊惜命叫声悲。口中横骨语不得，眼见刀光恨不飞。

命断专心相追逐，寸步原来不相离。将命倍还偿他命，亦无门户嘱曹司。

缘业力劣受诸苦，百劫千生不改移。苦劝众生修万行，今逢法教莫生疑。

善恶皆从业镜照，寸步驱将入阿鼻。决定至心闻妙法，当来必得佛来迎。

这首赞文为七言诗歌形式，共六十八句。其中心思想是劝人不要杀生食生，否则要受地狱之苦。文中比较多地体现了佛教密宗的一些观念。比如"三十三天"观念，"阿鼻地狱"观念，"天堂"意识，"上帝"意识。其中还突出地渲染了六道轮回思想。比如说，你所食的猪羊，有可能是父母及妻儿改头换面变成的。

（2）P.4597 号文书《劝善文》：

阎浮流转暂时间，何需辛苦求名利，虚劳积业自殊身，不解当来觅富贵。

过去公王数千百，若个富贵得年久，贫贱有殊死不二，一朝宝尽还亦然。

空去空来归本体，只有迷情不开解，贪着世乐不知休，总是阿鼻地狱债。

呵笑众生世间人，言将富贵是荣身，终朝急急愁不活，积宝如山犹嫌贫。

惟吝惟悭转更贪，鼎鼎论时几许严，多求积贮相逼乱，死去惟得一铁函。

死去冥冥百不知，幌忽与世作分离，万事宛然无一分，唯有善恶逐随身。

惟有怨家不相放，罪福前途相执当，冥官依业断刑名，庶莫公王及宰相。

生作英雄死论福，贵贱更无别地狱，天堂不遇选家门，只是回心修即得。

池亭楼馆非吾宅，百年还同一宾客，无常忽然即分离，各自东西如路陌。

我等所生因父母，养我多年受辛苦，当因积业坠阿鼻，除却目连谁救母。

各自多生不孝儿，怜爱极过于肠肚，我等若不救耶娘，男女谁肯救于汝。

各自当总细思量，此句多应不谩语，男女各自造因缘，不见无耶食泥土。

多事愁他我许儿，他自夫妻愁男女，不如各自修当来，生向好处不辛苦。

逆等不取此善言，必坠阿鼻无告处，今日自由寻善缘，或省身心免虚苦。

或修斋戒得生天，或持五戒生人趣，但行十善免阿鼻，供养三尊及父母。

更若悟望修顿门，必坐花坛登觉路。

这里七言六十二句歌词形式的劝善文，大体可以分成四个层次。起首四句，大体是说时间流转，人们求名利富贵是不解因果业报。第二层次四首四句七言诗共十六句是讽刺贪婪和积聚财富的行为。第三层次也是十六句，主要讲善福有报。第四层次十六句讲子女要孝敬父母，同时劝人不要为儿女打算得太多。最后十句是总结性的语句，告诫人们要听取此善言的劝告，要寻善缘，省却身心虚苦，具体做法是："或修斋戒得生天，或持五戒生人趣，但行十善免阿鼻，供养三尊及父母。"如果还有修行的话，"更若悟望修顿门，必坐花坛登觉路"。显然这篇劝善文的内容比较复杂。它的主旨是要人们知足长乐，安贫乐道。

当然，其中提出对父母的孝敬与儒家思想是很相合的。

（3）敦煌文书千字文编号生 25 – No. 8347 号《观音礼文》：

观音往昔生沙劫，成佛号曰正觉尊，四弘誓愿慈悲重，却去娑婆会普门。

会中有一菩萨起，法号名曰无尽意，殷勤合掌释迦前，为我宣说观音义。

尔时佛告无尽意，观音愿力难筹算，苦恼暂称皆殄除，毕竟能令超彼岸。

若逢大火称名字，能令火灭不来伤，入水还令漂浅处，由是神通威力强。

商人采宝来归国，中途逾贼无所殃，志心称念观音号，遂得无违达本乡。

若人求宝造风难，漂流鬼国甚凄惶，一人称念观音号，罗刹尔乃放还乡。

若有女人来乞愿，求男智慧女仪容，随心所欲皆如意，由是常持观世音。

设使有人遭禁系，有罪无罪实难闻，但念观音菩萨号，必令汝等遭明君。

世人未晓来生业，唯谓毒药疑伤人，奈何修持菩萨号，毒药无微归本身。

三千界中罗刹鬼，常求人短每来侵，欲得免逢如此难，劫劫常持观世音。

或漂巨海龙鱼难，或遭狂横受刑障，菩萨闻持心莫忘，到刃断坏不能伤。

以此慈悲功德力，能游世界应群生，所有急难皆来救，为是多生宿愿深。

我今供养恒沙众，及称名号尽形躯，观音一礼福齐备，二人果报等无殊。

无垢净光如郎月，能除痴迷及三斋，常集慈心悲定观，军阵怨家尽却回。

众生恒处三途苦，菩萨随形六道中，闻汝持名皆现化，敝衣来相数无穷。

菩萨慈悲广大愿，能持甘露洒迷津，生老病死皆求救，烦恼如同谓火薪。

或为梵王世界主，或为居士婆罗门，乃至童男及童女，垂形六道为酬恩。

三界众生多横祸，或落岩崖及火坑，至心称念观音号，坠空如日火莲生。

故知菩萨因缘重，旷劫曾经苦修行，只恐门徒沉火海，轮转修还不暂修。

若逢虫毒来相挠，毒蛇恶兽及雷鸣，能令牵走他方外，由是常持菩萨名。

观音菩萨慈悲重，能持苦恼及灾殃，虔供恳志求加护，一瞻一礼福无疆。

世人多有贪嗔病，无明为本不曾修，若有众生能令者，必竟还令断有流。

千百万劫曾修种，无量无边福利深，应声有愿皆随意，广渡众生无等伦。

巍巍大圣慈悲主，浩浩无边化有情，若人犯罪遭王难，能令刀杖自然停。

观音菩萨弥三际，闻名须念勿生疑，一切有求皆随意，只此名为真大悲。

这样一篇长的观音礼文，为二十五组七言四句的歌词组成，宣扬观世音的法力，思想内容是与《法华经·观音普门品》的内容完全一致的，可以说是经文的通俗讲唱形式。《普门品》的经文最后有五言四句的偈二十六组，也是对经文内容歌咏化复述。此处的礼文与偈的文字表达有较大的不同，但是基本思想精神是相同的。从具体细节上说，礼文减去了无尽意菩萨向观世音菩萨捐献珍宝璎珞的情节，所以铺叙完全围绕歌颂观世音的神奇威力，劝导人们修持念诵观世音而展开。

三　灵验故事所反映的宗教观念

佛教界要发动群众和宣传群众，必须借助于舆论的力量。古代的舆论传播不是通过新闻媒体，而是通过口耳相传，形诸文字就是故事和小说。南北朝隋唐五代有许多志怪与传奇，内容是关于报应灵验故事，反映了佛教信仰在民间特别是下层民众中传播的内容和状态。

故事的来源是多方面的。佛经中本来就有许多因果报应的内容。因果报应、六道轮回是佛教的基本理论之一。但是，要把这个理论与中国的实际结合起来，还必须有中国的故事。

三国吴康僧会译《旧杂譬喻经》卷上第二十三条记鹦鹉以羽翅取水救山林大火事，这个故事原型又见于玄奘《大唐西域记》，该书卷六提到"如来修菩萨行时，为群雉王救火之处"和故事的内容，这个故事与如来修道有关，可能比康僧会翻译的《旧杂譬如经》的记载要早。也说明佛家早就有类似的传说，刘义庆《宣验记》采撷入书，成为中国的故事。从这里我们可以发现佛教宣传的影响。大约首先是佛教界有人编写一些灵验报应之类的故事，作为宣传佛教教义的辅益。几种《杂譬如经》记述的都是佛教灵验或者报应故事。唐人编纂的《法苑珠林》系统分类收录了许多佛教灵验故事。这些灵验故事当然不都是舶来品，而且主要是中国僧人自己编造的。敦煌写本《金光明经》残卷卷首有《冥报传》，载温州治中张居道入冥事。陈寅恪先生介绍突厥系文本《金光明经》时，也把张居道入冥及其妻安固县丞妻二事译冠经文之首，又介绍德国学者所获吐鲁番所出吐蕃文断简，有类似灭罪冥报的残本，内容述及《金刚经》，"殆冠于《金刚经》之首者"。所以，他认为："是佛经之首冠以感应冥报传记，实为西北昔年一时风尚"①。后来的研究证明了陈先生的这个推论的正确。戴密微研究了敦煌写本中的冥报故事《黄仕强传》，它附录于《普贤菩萨说此证明经》经文之前或后。② 王重民提到敦煌写本《持诵金刚经灵验功德记》，写于《金刚般若波罗蜜经》之首。③

总之，为了佛经的流通，为了强化佛经学宣传的效果，在写经之时附加冥报灵验故事，确实是当时的一大习俗。至于中原地区是否如此，不得而知。但是，从《持诵金刚经灵验功德记》所收录的 19 条故事来说，其中 16 条可以在现存有关资料中找到其来历④，内容也大多发生在中原内地，所以，我们有理由相信，内地写经也许并不排除有冥报灵验故事附录之。

唐代也有僧人出来专门搜集报应灵验类故事编纂成书的。如已佚的《报应传》，就是释法海所撰。据皎然《报应传序》云，法海有憾于释教不振，故收集因果报应故事，以匡济世人，编成此书，共三卷。法海事迹见赞宁《宋高僧传》卷六《唐吴兴法海传》。虽然原书及佚文均不存，但是，所载都是报应昭验类故事则可肯定。唐蓝谷沙门慧详撰《弘赞法华传》十卷、唐僧详撰《法华传记》十卷（均见《大正藏》卷五十一史传部三），曾广引《冥报记》等书，也应属于此类作品。佛教界的僧人为了振兴佛教，整理编写一本因果报应的故事，以警示世人，使他们更加相信佛教的法力无边，积极参加到佛事活动中去。

文人编纂类似的故事者很多。南朝傅亮的《光世音灵验记》、张演《续光世音灵验记》、陆杲《系观世音应验记》是文人编纂灵验故事的

① 陈寅恪：《忏悔天罪金光明经冥报传跋》，载《金明馆丛稿二编》，第 291 页。
② 参见白化文、杨宝玉：《上海图书馆藏敦煌卷子 812531 号〈黄仕强传〉录文校注》，《敦煌学》第二十辑，台北，1995，第 23 – 30 页。对灵验故事《黄仕强》的研究，见戴密微：《唐代的入冥故事——黄仕强传》，《敦煌译丛》第一辑，甘肃人民出版社，1985，第 133 – 147 页。
③ 王重民：《敦煌古籍叙录》，中华书局，1979，第 208 页。对此灵验故事的研究见郑阿财：《敦煌本〈持诵金刚经灵验功德记〉综论》，刊《敦煌学》第二十辑，台北，1995，第 119 – 146 页。
④ 参见前引郑阿财：《敦煌本〈持诵金刚经灵验功德记〉综论》第四节，刊《敦煌学》第二十辑，1995。

代表作。唐代也有文人来编纂类似的作品。比较著名的是唐临的《冥报记》及戴孚的《广异记》。但是《广异记》只有部分是佛教灵验故事，还有其他神仙道教怪异故事，很难说是专为佛教宣传而作①。《冥报记》分为三卷，所录灵验报应故事，上卷主要是僧侣，中卷主要是在家居，下卷主要是一般世俗之人②。唐临在序言中很明确地说他纂集此类灵验故事的目的完全是继承傅亮、张演、陆杲等人的事业。

佛教灵验故事所反映的思想内容，或者是持诵佛教而感应神灵，或者是造像建塔而增益福德。就表现的形式来说，则或者证明佛经及佛教神灵的威力，或者证明六道轮回、灵魂不灭的道理，等等。《太平广记》卷九十九及以下的"释证"类都是这类故事。如《大业客僧》写地狱恐怖，抄写《法华经》可使恶鬼立即转世；《蛤像》《韦知十》提倡放生；《光明寺》《十光佛》《李大安》讲佛像及铜像的威力；《刘公信妻》讲抄写《法华经》的灵验；等等。

佛教灵验故事除了宣扬一般的念佛信佛得到善报外，大多数集中在两个方面：一是观世音灵验故事；二是《金刚经》灵验故事。

观世音灵验故事以上面例举的南朝的三本观世音灵验故事集为比较典型。

傅亮的《光世音灵验记》收录了七条灵验故事，叙述的是僧侣、富人或部曲在困境下因为念诵观世音经而获救的经历。讲述这些故事的是支道山、竺法义、竺法汰等佛教僧侣。正如日本学者小南一郎所指出的那样，僧侣们向一群士大夫知识分子讲述这类宗教性故事。当时存在着一个士大夫之间由于佛教信仰上的志同道合而互相交往的圈子。例如在会稽地区有谢敷、郗超、傅瑗那样的士大夫交友圈。

张演《续光世音灵验记》在《序文》里说他"少因门训，获奉大法"。傅亮的那几条故事，也是从先君那里得到的。看来信仰佛法家庭

---

① 关于戴孚的《广异记》，参见 Glen Dudbridge, *Religious Experience and Lay Society in T'ang China: a reading of Tai Fu's Kuang-i chi* (Cambridge: Cambridge University Press, 1995).

② 关于唐临的《冥报记》，参见小南一郎：《六朝隋唐小说史的展开与佛教信仰》第三节，收入福永光司：《中国中世的宗教与文化》，京都大学人文科学研究所，1978，第 480 页。

的教养影响很重要。大概这也与那个时期门阀之家知识的传承一样，信仰的传承也有家族特征。张演"每钦奉灵异，用兼缅慨，窃怀记拾，久而未就。曾见傅氏所录，有契乃心。即撰所闻，继其篇末，传诸同好云"。张演早就有心要写续篇。他也早就听说了许多新的灵验故事，结果成就了这本"续记"，而且还"传诸同好"，把新灵验故事传阅给他的有共同兴趣的朋友。这里互相传阅的原因不是因为文学上的，而是宗教上的，即"钦奉灵异，用兼缅慨"的意思。总之，南朝的士大夫之间，形成了某种宗教信仰上有默契的宗教性群体。

《系观世音应验记》的作者陆杲把张演叫祖舅，即有亲属关系。陆杲接着张演来编《系观世音应验记》作为续篇，也说明了东南士大夫家族之间的佛教信仰群体关系。陆杲本人从小笃信佛法，"幸邀释迦遗法，幼便信受"。读到佛经中关于观世音之事，"尤生恭敬"。而当时社会上流行很多观世音应验故事，"其言威神诸事，盖不可数"。陆杲编选这些故事的时候有所选择，标准是要取可信的事情，所以陆杲对故事来源在文后间或有所记述。把这些故事讲述给他听的当然主要是僧侣们，而听取这些故事的却仍然在家族或者朋友范围内，如在《唐永祖》的故事末尾，提到故事是郢州僧统释僧显讲述的，母舅张融和从舅张绪也"同闻其说"，反映了陆氏家族与张氏家族在共同的佛事活动中持有共同宗教信仰的情况。

陆杲总要在故事的后面写明故事来源，取其可信而录之。这不仅说明社会上流行的类似故事很多，重要的是还说明已经引起了人们的疑惑或者怀疑。为了打消人们的顾虑和怀疑，所以陆杲才需要特别写出故事是某人亲见或某人亲闻，而这个人又大都是诚恳可靠有公信力之人。

陆杲编纂的书特别注意与《观世音经》即《法华经·观音普门品》和《请观世音经》的内容紧扣在一起。

> 于第1、2、3条后按云："右三条。《普门品》云：设入大火，火不能烧。"

于第 4 至第 9 条后按云："右六条。《普门品》云：大水所漂。"

于第 10 条后按云："右一条。《普门品》云：罗刹之难。"

于第 11 至第 18 条后按云："右八条。《普门品》云：临当被害。"

于第 19 至第 40 条后按云："右廿二条。《普门品》云：检索其身。"

于第 41 至第 54 条后按云："右十四条。《普门品》云：满中怨贼。"

于第 55 条后按云："右一条。《普门品》云：设欲求男。"

于第 56 至第 60 条后按云："右五条。《请观世音经》云：示其道径。"

于第 61 至第 64 条后按云："右四条。《请观世音经》云：接还本土。"

于第 65 至第 67 条后按云："右三条。《请观世音经》云：遇大恶病。"

于第 68、第 69 条后按云："右二条。《请观世音经》云：恶兽怖畏。"

显然，这些按语旨在一一证明佛经中有关观世音神奇威力的不虚妄，作者编纂这些故事的目的不是为了娱众，而是为了传道。这是与有些文人编纂的志怪故事集的宗旨不同的。这种一一指明与经文中何条和款相印证的做法，实际上与前面我们提到的敦煌写本经文在卷首或末尾附录灵验冥报故事的意图是一样的，只是一个以故事为主体，一个以经文为本位而已。

总之，尽管这类念持佛经灵验的故事晋宋以来颇为盛行，唐代已是余响，但是仍然有许多类似的故事以及其编纂物在社会上传播。《太平广记》卷一一一也收入隋唐时代的观世音灵验报应故事八条。此外，还有少数《法华经》灵验故事。《观世音经》即《法华经》的《普门品》，因此，《法华经》报应故事也可以归入观世音信仰。

唐代的冥报灵验故事中以宣扬的《金刚经》故事明显增多。《太平广记》中的《金刚经》灵验故事最多，共有卷一〇二至一〇八共 7 卷（相比之下，《法华经》只有一卷，《观音经》两卷，当然故事不都是隋唐时代的内容）。卢求《报应记》（《金刚经报应记》）也是一本唐代志怪小说集，《崇文总目·释书类》著录为三卷，原书不存，《太平广记》引有五十九条，内容多为唐朝僧俗念持《金刚经》的报应故事。还有一部佚名所撰的三卷本《金刚经灵验记》。段成式《酉阳杂俎》续集卷六《金刚经鸠异》收集了二十二条《金刚经》报应故事。有些条目还写下了故事来源。如：第一条乃是段成式父亲的事情；第二条说张镒的父亲张齐丘在朔方兵变中免祸事，末谓"张凤翔（指张镒），即予门吏卢迈亲姨夫，迈语予"；第三条说韩弘同僚王某在军中受杖因常年念《金刚经》而无恙事，末谓"予职在集仙（贤），常侍柳公为予说"；第十八条说百姓赵安因念《金刚经》官府棍杖不能伤事，末谓"（赵）安今见在"。其余条目也有一些指明了故事来源，但绝大部分没有指明，说明段氏也是道听途说而来。

段成式搜集的二十二则故事的主人公即修持《金刚经》的当事人，分别是县尉（士人）、节度使、大将、小将（3 人次）、僧人（5 人次）、村姑、兵卒（3 人次）、州吏、商人妇、百姓、小商人、幕职、老母（烽子）、孝廉。归纳起来，藩镇高级文武将官 3 人，一般将士与兵卒 6 人，僧人 5 人，普通百姓 6 人，州县官吏 2 人。涉及不同阶层的人士，但是以下层民众为多数，在一定程度上说明了其时信仰《金刚经》灵验报应的虽然涉及各个阶层人士，但以普通民众为主。

修持《金刚经》法力的主要表现：一是危难之时逢凶化吉；二是寿终之际得以从阴曹地府返回阳间，即增益年寿。唐末王毂《报应录》收录了许多因为念诵《金刚经》而逢凶化吉的故事。前面提到的唐临《冥报记》则有许多因为修持《金刚经》而被阎王从冥司放回、增益阳寿的故事①。

四　佛经的伪造与佛教本土化

除了《坛经》是公然说明为记录慧能大师的语言而成外，其余中国人造作的佛经，都说是取自西天。古今佛学家不承认它们的经典地位，被目为伪经②。佛经伪造的原因很复杂，有出于攻击道教的需要而造作者，有为了迎合中国传统思想而造作者。吕澂先生就指出："唐代佛典之翻译最盛，伪经之流布亦最盛，《仁王》伪也，《梵网》伪也，《起信》伪也，《圆觉》伪也，《占察》伪也。实叉重翻《起信》，不空再译《仁王》，又伪中之伪也。而皆盛行于唐。"③ 由于伪经的造作，注意迎合世俗需求和传统意识，因而更加受到民众的欢迎，更容易流传于民间④。

下面以敦煌文书佛经残卷中发现的所谓佛教伪经为例，略举数端。

《十王经》。又称《阎罗王授记劝修七斋功德经》《阎罗王经》《地狱十王经》《佛说十王经》等，一卷。敦煌文书中有二十个左右的卷号为此经。或谓此经系受唐道明和尚还生记的启发而造作。该经营造了一个恐怖的地狱世界。

《大方广华严十恶品经》。又名《华严十恶经》，一卷。作者不详。敦煌文书中约有十个卷号为此经。提出一切众生不害他人，不放逸、不饮酒、不食肉、常行大慈悲，方能修得善根。还着重论述了饮酒食肉的孽报和不饮酒不食肉的福果。

《地藏菩萨经》。一卷。作者不详。敦煌文书中存在二十多卷号。此经与民间流行的地藏信仰和敦煌地区流行的三阶教有关。经文内容

① 贾二强：《神界鬼域：唐代民间信仰透视》第三章《佛教与民间信仰》，主要根据《太平广记》和《佛祖统记》的记载，分类介绍了各种因果报应故事以及因念诵《法华经》《观音经》《金刚经》而灵验的故事，可以参看。陕西人民教育出版社，2000，第142－209页。
② 关于中国人撰写的所谓伪经，敦煌所出者，大都收入《大正藏》卷八五。参看牧田谛亮：《疑经研究》，京都大学人文科学研究所，1967。
③ 吕澂：《楞严百伪》，《中国哲学》第二辑，生活·读书·新知三联书店，1980，第370页。
④ 严耀中：《中国宗教与生存哲学》，学林出版社，1991，第211页。

谓地藏菩萨在南方琉璃世界，见地狱众生受苦，故来地狱与阎王一起断案。并谓凡造地藏像、写地藏经、称颂地藏名者，皆得往生净土。又有中国人撰写的佛教著作《地藏菩萨十斋日》一卷，仅二百余言，谓神祇月有十天（初一、初八、十四、十五、十八、二十三、二十四、二十八、二十九、三十）下巡人间，此时持斋念佛，可以免灾除罪。

《救苦观世音经》。一卷。作者不详。经文前段乃摭取《观世音菩萨普门品》主要内容铺叙成文，劝人念诵观世音可度脱困境。后半段谓人生不行善，将进地狱受苦。最后劝人诵经行善，往生无量寿国。

《佛说佛名经》。二十卷本、十六卷本、三十卷本。都是中国人所撰写的佛经。

《佛母经》。又名《大般涅槃经佛母品》《大般涅槃经佛为摩耶夫人说偈品经》，一卷。作者不详。该经以《摩诃摩耶经》卷下"佛临涅槃母子相见"为题材，宣扬中国传统的孝道思想和佛教的无常观念。敦煌文书中有各种异本，文字详略有别，内容大体相同。经文记释迦牟尼入灭前，派人到忉利天向摩耶夫人报讯。摩耶夫人此前已经有过六种噩梦的前兆，得讯立即下凡。释迦牟尼已经入殓。摩耶夫人抚棺悲号。佛从棺中起身为说无常偈。摩耶夫人返回忉利天。在敦煌地区，人们做七斋功德，常用此经。

《新菩萨经》。一卷。敦煌文书所出佛经，历代大藏经都未收入，《大正藏》卷八五根据 S. 136、S. 622 论文收录此经。经文内容是劝念佛、预示灾祸、劝写经、说明经的由来等。经首有"敕贾耽颁下诸州"，许多卷号上都有贞元年号。则此经可能作于中唐以后。经中说，今年天降大灾，有十种横死，劝人每日念阿弥陀佛一千遍，并传抄此经，可以免祸："写一本，免一身；写二本，免一门；写三本，免一村。若不写者，灭门。门上榜之，得过此难。"这种宣传势必使此经以加速度的方式传播，经文的抄写也会成倍地增长。仅敦煌文书中就发现了近百个卷号都是抄写的此经。经文内容有详有略，应是传抄过程中有图省事者。

《劝善经》。一卷。敦煌所出佛经，见于六十多卷号。历代大藏经所未收，《大正藏》卷八五据敦煌文书收入。经文内容与《新菩萨经》相似，大约是在此基础上改写而成。卷首有"敕左丞相贾耽颁下诸州"。有的卷子径写"贾耽撰"。经文内容增加了人头鸟足的万尺长蛇向老人示警以及关于大难情景的叙述。

《法王经》。又名《蹬刀梯解脱道甘露药流渌泉如来智心造服者除烦恼法王经》《涅槃般若波罗蜜经》，一卷。造经者不详，可能产生于武周时期，《大周刊定众经目录》著录并判为伪经。经文内容是说虚空藏菩萨与无行菩萨分别向佛求教，如何才能在千五百年正法灭尽后的五浊恶世中济度众生。经文中吸取了《般若》《法华》《维摩》《华严》《涅槃》《起信》等诸经的思想。

《善恶因果经》。又名《因果经》《菩萨发愿修行经》，一卷。造经者不详。《大周刊定众经目录》收录之，已经判为伪经。日本书道博物馆的一个藏本上写着："先天二年（713）六月二日写了。唯愿合家大小，无诸才掌（灾鄣），早见家乡。愿一切众〔生〕早得脱离苦地。书人左庭之了"，说明武周以后，仍然在民间流行并被尊奉。经文主旨是宣扬因果业报，详细叙述各种报应的前因和各种行为将受之后报。谓修习此经，得度苦难。

《救诸众生一切苦难经》。一卷。敦煌文书中约有 50 个卷号是此经内容。经中叙述天台山中一老师，年可九百岁，正月二日天神悲泣，眼中泣血，谓黄河以北，相魏之地众生有难。三月四日鬼兵起，八月九日已来大末劫。众生皆死。但若行善，抄写此经，可以免祸。至心诵读者可成佛。

《要行舍身经》。一卷。《开元录》已经被判为伪经，但是直至唐末仍然在民间流行。敦煌文书中有十余个卷号。有卷子题记云："清信弟子史苟仁，为七世父母、所生父母、前死后亡写。开元十七年（729）六月十五日记。"经文内容主要是宣传舍身者可以灭除一切罪孽，修成正等菩萨。

《七千佛神佛经》。又名《益算神符经》，一卷。自被《大周刊定众经目录》著录以来即被判为伪造佛经。经文内容主要宣扬神符的效用，佩带各种神符可以破灾招祥，添寿益算。书中道教气味颇重。书末附神符十五道。

《僧伽和尚欲入涅槃说六度经》。又名《僧伽和尚经》，一卷。撰者可能就是唐中宗时泗州普照王寺僧人僧伽和尚本人。

我们说伪经是"伪"的，是从佛家文献的角度说的。其实，从佛教信仰来看，伪经并不伪。相反，它倒真实地反映了那个时代的民间信仰实态。

敦煌佛教伪经造作原因来自于民间佛教信仰的现实需要。中国的佛教信仰者们做法事，抄佛经，以积累功德。其关键不在佛经本身，而在于佛经带来的功德有何灵验。因此，他们需要一些内容扼要、篇幅简明的佛典，以便在念诵、抄写等修持活动中使用。于是就出现了一些摭取多种佛经的改编本或者撮要本，但又必须以佛说经典的名义出现。在重新编写、改编的过程中，当然也加进了作者自己的理解。因此，中国人伪造的佛经大都比较短小，一般是一卷，有的只有数百字。其次，这些经典在内容上都有所根据。例如《楼炭经略》一卷，是伪造者摭取西晋法取、法立所译六卷本《大楼炭经》等经典编纂成书。现存敦煌残卷中叙述了四大部洲、日月五星、二十八宿、四大天王以及直至三十二天、铁围山、诸地狱和劫运等。P. 2055 号文书卷末题记云："为亡过家母写此经一卷，年周追福，愿托影号处，勿落三途之灾。佛弟子马氏一心供养"。这样一份简要的佛经，内容却比较丰富，故乐于为民间做功德者所采用。

还有的佛经被造出来是为了满足人们的特殊需要。如《父母恩重经》，一卷。敦煌文书中有四十余卷号。经文围绕"父母之恩，昊天罔极"的孝道报恩思想，描述了人从小到大一生中，父母所受的辛劳，状写了逆子不孝父母的各种情形，说要为父母作福需烧香、礼佛、饮食众僧、供奉三宝等。又如《延寿命经》，一卷。敦煌文书有近二十个卷号。经文内容说，如来将入涅槃，延寿菩萨请佛住世以救众生苦，佛为此说《延寿命经》。经文说凡抄写、散转、受持、念诵此经者，可以使短命者增益年寿，获得如来庇护。P. 3110 卷子题记云："清信弟

子阴会儿敬写《摩利支天经》一卷、《延寿命经》一卷，逐日各持一
遍"。又有《续命经》一卷，见 P. 3115。

再如《救疾经》，又名《救护疾病经》，一卷。敦煌文书有十来个
卷号为此经。经文内容是说有三人因偷盗三宝物、不敬三宝而得恶疾。
要除疾病，只要百日内请大德法师治斋，日日礼七佛及密迹金刚、无
量寿佛，每日造《救疾经》一卷，行忏悔，疾病就可以痊愈。由于这
种功能，所以题记中多及此意。P. 4563 号卷子题记云："开皇十五年
（595）九月一日，清信弟子谈永和敬造《救疾病经》百卷，愿一切众
生，籍此之因，所有疾者，并蒙除差。六道四生，并同斯福。"上海博
物馆藏本的武德六年（623）四月二十七日题记也有"愿阎浮提中所有
幽厄疾病者，籍此福田，悉除差。普及六道苍生"的祝愿。

比如《天公经》一卷，不过二百余字，但是自称"此经虽小，大
有神威。亦等《法华》，亦等《涅槃》，亦胜杂经"。既然威力等同于
《法华经》《涅槃经》这些大经，人们当然乐意抄写这类佛经了。经文
还称"谁能抄此经，手中螺纹成；谁能看此经，眼中重光生；谁能诵
此经，历劫大聪明"，说"一日念五遍，除罪一千五百万劫，皆得成
道"，这些许诺对于信佛者当然是有诱惑力的。又如《三厨经》一卷，
可能是中国僧人改编后的经典。

总之，佛教伪经虽然不入历代佛藏，但是它却是民间佛教信仰本
土化的珍贵资料。

五　佛教通俗文献的社会意义

佛教作为一种宗教，是关于人类精神世界的一种思想体系。人都
有生老病死，基于生命的有限性和宇宙的无限性，人类面临着种种精
神的困惑与肉体的困苦。佛教试图解决这些问题。佛教的根本宗旨是
要人们摆脱人性的羁绊，达到佛性的彼岸。《大般涅槃经》等大乘佛教
的经典，都承认人皆有佛性。但是，如何从人性达到佛性，则有不同
的道路和途径。文人士大夫所接受的是"禅"的办法，明心见性，内

心体悟，寻求清净的思想境界。世俗大众要面对的是日常的生活问题，佛教要把民众动员起来，特别是在一般民众的读写水平很低的古代，佛教宣传不能不采取极其通俗的方式，于是讲经文和俗讲等文献就成了佛教理论宣传的基本方式。但是这种宣传的重点放在佛法的威严和因果的报应上，可以说已经是经过了中国人的选择。中国的佛教没有世俗的权力，它能够号令群众的或者是通过地狱的惩罚，或者是通过天国的引诱。于是佛教宣传也重点采取了这样两种形式。

虽然说"子不语怪力乱神"，但是中国民间自古就有巫鬼迷信。佛教的报应观念也因此而与中国民间意识相附会。于是人们寄希望于佛教的是要"显灵"，灵不灵是决定他们是否信奉某个神祇的根本因素。于是才有许多灵验故事被编撰出来。由于从印度翻译的佛经毕竟不能完全适应中国的需要和民情，于是伪造佛经也就成了必然。伪经基本要满足两个要求，第一是简要而威力广大，第二是适合中国人的需要。我们所见的伪经大都符合这样两点。信佛的程式要简单，信佛的效果要广大。只有简单，才能吸引最广大的群众，于是只要念"阿弥陀佛"，只要念"南无观音菩萨"，就可以代替一切修行和诵经。显而易见，民间的佛教信仰也与士大夫修禅一样，走上了简约化的道路。

总之，佛教通俗文献绝不只是把深奥的佛教义理通俗化，其实它还在把佛教义理中国化和世俗化。佛教文献在通俗化的过程中，完成了与传统文化的接轨，以便为社会所接受；完成了从理论研究向世俗宣传的转化，从而更好地为其宗教目的服务。可以说，佛教信徒的宗教信仰和宗教知识不是来源于煌煌经藏，而是来自于佛教通俗文献；构成民间佛教信仰世界的不是各个佛教宗派的理论体系，而是佛教通俗文献中描述的天堂与地狱。

《佛说诸德福田经》与中古佛教的慈善事业

佛教的终极关怀虽然是得道成佛、以求解脱生死轮回之苦，但是其实现的途径却离不开现实生活中的修行。即使是禅宗以"明心见性"为修行的法门，他们对于日常生活的态度也是要慈悲为怀，把普度众生、救苦救难、利益有群作为其基本的行为准则。帮助别人是为了自己未来的福报，从今天的角度来认识，这实际上是一种自利利他的思想。在这种思想的指导下行事，就会在客观上做出有利于社会公德的事情。正是从开掘传统思想文化资源的角度，我们肯定佛教寺院和僧尼救助济贫、施医治病和养护放生的理念与实践，对于当时的社会公益事业做出了积极的贡献。

一 福田经与福田经变画

佛教提倡善行善举，根源于其福田思想。原始佛典《阿含经》等中就已经存在福田思想。西晋沙门法立、法矩还特别翻译了《佛说诸德福田经》①。经文不长，只有一卷，经文说，天帝（忉利天之帝主）问佛："夫人种德，欲求影福。岂有良田果报无限，种丝发之德本，获

---

① 法立、法矩译：《佛说诸德福田经》，《大正新修大藏经》卷十六，河北佛教协会，2005，第 777–778 页。下凡引此经者，不另出注。

无量之福乎?"佛陀为之解说"五净德福田"和"七法广施福田"。五净德福田是对于僧众而言的,"供之得福,进可成佛"。"七法广施福田"是适用于一般世俗大众的,"行者得福,即生梵天"。所谓五净德,是指:

> 一者发心离俗,怀佩道故
>
> 二者毁其形好,应法服故
>
> 三者永割亲爱,无适莫故
>
> 四者委弃躯命,尊众善故
>
> 五者志求大乘,欲度人故

这其实是要人们出家当僧尼,遵守戒律,弘扬佛法,以便获得福报。所谓"七法广施福田"就是:

> 一者兴立佛图,僧房堂阁
>
> 二者园果浴池,树木清凉
>
> 三者常施医药,疗救众病
>
> 四者作劳坚船,济渡人民
>
> 五者安设桥梁,过渡羸弱
>
> 六者近道作井,渴乏得饮
>
> 七者造做圊厕,施便利处

这其实是要求世俗大众多做公益善事,以便得到福报。经文后面举了若干事例,以证明福田报应之不虚。如波罗奈国的听聪,在大道旁做小精舍,提供饮食;拘夷那竭国的波拘卢,奉药果给众僧;维耶离国的须陀耶,举瓶酪享众僧;罗阅祇国的阿难,为僧人沐浴,造作新井;还有一个贫穷的女人,将乞求来的瓜果施舍给僧人;天帝前生以珠宝施舍僧人;佛陀也讲述了前生自己在大道边建造厕所的事情。经文最后以命名此经为《佛说诸德福田经》结束。后世的福田宣传重点一般放在针对世俗大众的"七法广施福田"方面。如敦煌 296 号石窟中有一幅年代为北周的《福田经变》壁画①，其内容就是依据以上七法广施福田中的六种福田（第七种盖厕所未画出）内容绘制的。另外 302 号石窟隋代的《福田经变》，画面上有"伐木""建塔""筑堂阁""设园池""施医药""置船桥""作井""建精舍"等场景。

佛教的福田事业当然不限于《佛说诸德福田经》介绍的这几种。因果业报观念认为人们做的任何一件事情都会有相应的报应。善有善报，恶有恶报，不是未报，时候未到。这种业报观念已经融入古人的深层意识之中。除《梵网经》等充满伦理价值的经典之外，《六度集经》《百喻经》《贤愚经》《杂宝积经》等搜集了一则则因缘故事，说明因缘果报关系。它们从另外一方面强化了佛教戒律的儆戒功能，强化了福田观念的劝诱作用。除去其中那些旨在弘扬佛教的内容外，佛教的福田思想和因缘业报观念与中国传统道德中的"积善之家，必有余庆"相结合，发展出具有中国特色的慈善思想，对于社会公益事业和民间的慈善救助事业都是有积极意义的。

二　佛教的生活救济活动

佛教戒律第一条戒杀不只是说不准杀生，而且要救助众生。《梵网经》里一再强调一切众生皆是我父母，对于贫弱的社会群体进行救助，是佛教的基本道德。取之于社会，报之于社会，也是今日佛教界的基本信条。"戒之为义，固在孝顺"②。而佛家的孝顺，不只是亲生父母，而是包括父母师僧三宝，乃至一切生命有群。佛教有所谓"三福田"，供父母的称恩田，供僧尼的称敬田，施贫苦者称悲田。"悲田"就提倡悲悯与救助贫弱病苦之人，所以隋唐时期的佛教寺院和僧人往往用布施的方法来接济民间贫弱。隋朝僧人德美，每年夏天的时候都要在他

---

① 史苇湘：《敦煌莫高窟中的〈福田经变〉型画》，《文物》1980 年第 9 期。
② 袾宏：《梵网经心地品菩萨戒义疏发隐》卷二，台北藏湛然影印清同治十年刊本。

所在的寺院大殿前面放一个大盆，接受信徒们的施舍，叫作"普盆钱"，德美就用这些"普盆钱"来周济饥民。隋朝末年的时候，有一个叫作法素的僧人劝说寺僧把寺里的两尊金佛像熔化以后换成了米，赈济饥民。唐玄宗开元年间，五台山清凉寺专门设"粥院"供养各地来的游方僧，同时也周济贫民[①]。唐肃宗至德初年，成都的僧人英干"于广衢施粥以救贫馁"[②]。唐宪宗元和年间，僧人智頵"于世资财，少欲知足，粝食充腹，粗衣御寒，余有寸帛，未尝不济诸贫病"[③]。另外还有一个天台国清寺的僧人清观，"贵人所施皆充'别施'"，唐宣宗大中七年（853）的时候，"江表荐饥，殍踣相望"，清观"并粮食施之"[④]。可见，许多寺院和僧人是在努力遵守佛教戒律的要求，开展慈善活动的。

三阶教的"无尽藏"具有佛教救济事业基金的性质。根据韦述《两京新记》卷三和《太平广记》卷四九三的记载，无尽藏积聚了信男善女施与的大量财物，被"分为三分：一分供养天下伽蓝增修之备，一分以施天下饥馁悲田之苦，一分以充供养无碍"[⑤]。虽然无尽藏聚敛的财富由于玄宗开元二十年（732）的诏书切责而声名大损，它被指责"名为护法，称济贫弱，多斯奸欺"[⑥]。但是，慈善事业中的腐败现象并不能否定慈善事业本身的作为。三阶教为官府所不喜欢，但它在无尽藏创设之初，确实有救济布施和救济贫穷人的目的。《无尽藏法略说》云："小乘法中唯明自利，大乘法内自利利他。是故菩萨依大悲心，立无尽藏□。"[⑦] 无尽藏的双重作用在于：一方面供养佛、法、僧及众生，是为敬田；另一方面施舍进入穷人和病人手中，是为悲田。所谓种福田，应该包括这样两个方面，亦即佛教主张要把信徒供奉的

① 赞宁：《宋高僧传》卷二一《唐五台山清凉寺道义传》，中华书局，1987，第538页。
② 志磐：《佛祖统纪》卷四一《法运通塞志第十七之七》，释道法校注，上海古籍出版社，2012，第955页。
③ 《宋高僧传》卷二七《唐五台山智頵传》，第684页。
④ 《宋高僧传》卷二〇《唐五台山国清寺清观传》，第527页。
⑤ 《太平广记》卷四九三《杂录一·裴玄智》，第4047页。
⑥ 《全唐文》卷二八《禁士女施钱佛寺诏》，第320页。
⑦ 转引自谢和耐：《中国五—十世纪的寺院经济》，耿升译，甘肃人民出版社，1987，第262页。

物质财富，分别用于法事活动和慈善活动之中。

　　另外，佛教寺院还把收容孤贫也作为一种功德。隋代的僧人智通建立了一个孤老寺，对那些需要照顾的老人"以时周给"；光明寺的主持县延"凡有资财，散给悲、敬，故四远飘寓，投告偏多，一时粮粒将尽"①。根据张读《宣室志》的记载，唐扶风县天和寺"在高冈之上，其下龛宇轩豁，可居穷者"，无家可归的赵叟就住在这里②。一般来说，佛教寺院和僧人的这些用来赈灾布施的财物，除了有一部分是朝廷的资助以外，其中大部分是来自于信徒们的施舍。

三　佛教的医疗救助事业

　　佛教将疾病之苦列为人生八大痛苦之一，佛典中有丰富的关于医疗疾病的思想和方案。五明是菩萨必修课目之一，五明之一就是医方明。佛典要求僧侣具有医疗疾病的知识。《梵网经》卷下记四十八轻戒中的第九"不看病戒"云："见一切病人，常应供养，如佛无异"，"乃至僧房中、城邑、旷野、山林、道路中，见病不救济者，犯轻垢罪"。见病不救竟然是犯戒行为，并要求佛教僧人应该像对待佛那样对待一切有病的人。敦煌302窟《福田经变》的"常施医药疗救众病"这幅画分上下两组，分别表现医师治疗病人外科和内科疾病的情况。上组：病人卧床上，家属各执其一手，医师正在施外科手术。下组：一身体虚弱的患者在别人服侍下坐着，身后立一持药的少女，医师正在调药。

　　中国的佛教僧人对施药治病这种功德也非常重视。道宣在删定《四分律》时，曾专门就佛教寺院和僧人对外施药、施食、照顾病人等方面的行事准则做出了明确的规定，"若彼病者，慈心施食，随病所宜……婴儿、狱因、怀妊等，慈心施之，勿望后报"；"若和尚父母

---

① 道宣：《续高僧传》卷八《隋京师延兴寺释县延传》，中华书局，2014，第277页。
② 张读：《宣室志》卷二，张永钦、侯志明点校，中华书局，1983，第28页。

在寺疾病，弟子亦得为合药。又，父母贫贱，在寺内供养；净人兄弟、姊妹、叔伯及叔伯母、姨舅，并得为合药。无者，自有，亦得借用。不还者，勿责"①，其中表现出了相当鲜明的人道主义精神。

我们从敦煌佛寺的开支账目中也可以看出，唐末五代时期，敦煌的佛寺经常支出面和油，给寺奴及其家属治病。不仅如此，佛教史上还曾经出现过许多以治病而著称的神僧，其中隋唐时期比较有名的有法进、波颇、法喜、神智等人，他们本身就有非常精湛的医术，同时又能通晓梵文，这样一来，他们就把天竺的"医方明"介绍到中国，并和中国的传统医学结合起来，在佛教寺院里或者是民间的村落之间行医，为病人解除痛苦。这些治病救人的医僧在民间的影响很大，以至于在唐玄宗开元年间的时候开始流传"药王菩萨"的传说②。唐末江都开元寺的惠镜上人发现了一个温泉的医疗功能，开发水浴，治愈了两万余人，也被人们所称道③。

悲田养病坊是佛教参与公共医疗事业的一个重要事例。"矜孤恤穷，敬老养病"历来是儒家的基本社会伦理，受到朝廷的提倡④。开元五年，就特别提出设立病坊，这是事关释教的事，不用国家置使专管。说明唐朝佛教寺院为了救济贫病无助的人，在寺院里面设立收容病人的养病坊，被纳入国家的社会保障措施之列。中古佛教寺院养病坊的出现无疑是释门悲田的社会救助功能成熟的标志⑤。到了武周时期，至少在两京地区的佛教寺院里已经普遍地设置了养病坊。根据《太平广记》的记载，陕州的洪昉禅师曾经在他自己创建的龙光寺中建了一所病坊，"常养病者数百人"，"远近道俗，归者如云"，洪昉"常行乞以给之"⑥。长安年间，朝廷还特别设置了悲田使，专门负责佛教寺院病坊的监督，确立了"寺理官督"的悲田管理体制。唐玄宗开元二十二

---

① 道宣：《四分律删繁补缺行事钞》卷下四《诸杂要行篇》，载《大正新修大藏经》卷四〇，第 148 页。
② 《佛祖统纪》卷四一《法运通塞志第十七之七》，第 945 页。
③ 《全唐文》卷八七七《汤泉院碑》，第 9176 页。
④ 《唐会要》卷四九《病坊》，第 1010 页。
⑤ 张弓：《汉唐佛寺文化史（下）》，中国社会科学出版社，1997，第 1037–1038 页。
⑥ 《太平广记》卷九五《异僧九·洪昉禅师》，第 633–634 页。

年（734），朝廷又"断京城乞儿悉令病坊收管，官收本钱，收利给
之"①，京师养病坊同时兼有了收容的职责，发展成为悲田坊。从这以
后，各州的佛教寺院也都陆续开始设置悲田养病坊，到了唐宣宗以后，
甚至连县里的佛教寺院也都有了悲田坊，在全国形成了一个庞大的释
门悲田网络。唐代的佛教寺院还设有一种特殊的专门隔离麻风病人的
医院，叫作疠人坊，病人在疠人坊里可以得到相应的护理和治疗。会
昌灭佛，僧尼还俗，病坊里的贫穷病人无人主领，宰相李德裕提出要
有政府出面来管理，结果朝廷决定："悲田养病坊，缘僧尼还俗，无人
主持，恐残疾无以取给，两京量给寺田拯济，诸州府七顷至十顷，各
于本州选耆寿一人勾当，以充粥料。"② 这条材料充分显示了一般情况
下寺院僧尼在悲田病坊中起主导作用。

四　佛教的生态环境意识

慈悲为怀、好生恶杀的基本道德价值观，决定了佛教伦理与现代
重视生态环境的公德意识具有天然的契合性。它和儒家"天人合一"、
道家"道法自然"的学说结合在一起，形成了中国传统文化中护惜生
命、崇尚自然的生态文化观念。

佛教关于护生、放生的观念符合现代保护生态环境的思想。《梵网
经》卷下"第十四放火焚烧戒"，禁止"放大火烧山林旷野"，反对
"烧他人家屋宅、城邑、僧房、田木及鬼神、官物。一切主物，不得故
烧"。特别指出不得在四月至九月烧山，因为这正是虫蛇鼠蚁繁殖的时
期，若放火烧山，会杀死无数小生灵。《梵网经》卷下"第二十不行放
生戒"提出，不仅自己要"行放生业"，而且要"教人放生。若见世
人杀畜生时，应方便救护，解其苦难"。

为了惜生护生，佛教寺院和僧人修置放生池。隋代天台宗的创始

---

① 《唐会要》卷四九《病坊》，第 1010 页。
② 《唐会要》卷四九《病坊》，第 1011 页。

人智顗曾经在江浙一带向临海的渔民宣传放生的思想,在那儿修建了 63 所放生池,对这一带的民俗影响很大。武周时期,监察御史王守贞出家为僧以后,在京兆西市开凿了一个池塘,"支分永安渠水注之,以为放生之所"①。在佛教的倡导下,护生的观念逐渐为社会所接受。武则天的时候就有人"以缗钱购禽飞,或沉饭饱鱼腹"②。唐肃宗乾元二年(759)的时候曾经颁布圣旨,在全国的 81 处地方设立放生池,蓄养鱼虾之类,禁止人们捕捉,当时著名的书法家颜真卿还为这些放生池专门书写了碑文。唐宪宗时的宰相元稹在江东的时候,也曾经"修龟山寺鱼池,以为放生之铭"③。另外,隋唐时期,在上元节和中和节等节日期间都要禁屠,也是受到佛教护生观念的影响。

植树造林是隋唐时期佛教寺院和僧人保护生态环境的另一个表现形式。《梵网经》卷下"第四十五不教众生戒"提到,"菩萨入一切处,山林川野,皆使一切众生发菩提心"。与人、畜、自然、山林川泽的和谐相处是佛教的基本信念之一。一般来说,凡是佛教寺院所在的地方,僧人们总是不断努力植树造林,保持环境幽雅洁净。隋朝的时候,武德寺的僧人慧苑不远千里,从青州求得枣树苗,把它们种植在并州城内开义寺的周围,在那儿形成了一大片枣树园。唐高祖武德初年,僧人慧旻在海虞山隐居的时候,看到那儿的气候和土壤适合栽种梓树,就利用自己的影响力进行宣传,鼓动人们栽种了数十万株梓树,绿化了环境。同一时期,忻州秀容县修建寺院的时候,在山上种植了许多松柏,人们称之为"伞盖青松",所以这所寺院也就叫作伞盖寺。唐太宗贞观年间,僧人法瑱在当阳玉泉寺"夹道植松",唐肃宗乾元二年(759),明州鄞县天童寺的清闲、昙德两位禅师也种植了二十里夹道松。唐宪宗元和年间,泗州开元寺的地势低下,每年雨季都要受灾,僧人明远在泗水、淮水两岸种植了一万多株松、杉、楠、柽等树木,优化了环境,从此杜绝了每年发生的水灾。著名的智闲禅师在修建鄂

---

① 《全唐诗》卷八七五《永安渠石铭》,第 9909 页。
② 《荥阳郑夫人墓志铭》,载《唐代墓志汇编》,会昌 005,第 2214 页。
③ 范摅:《云溪友议校笺》卷上《江都事》,唐雯校笺,第 23 页。

州唐年县净刹寺的时候，在山前种植了二百棵松树，并自豪地把这种美景称为"清凉世界"。元和十年（815），柳州重建大云寺的时候，也种植了很多树木和三万棵竹子。这一时期，僧人们不仅热衷于植树造林的活动，而且他们对于植树造林的意义也有着非常清楚的认识。创立临济宗的僧人义玄在山上栽种松树的时候，他的师傅希运问他栽松树干什么用，义玄就明确回答道："一与山门作境致，二与后人作标榜。"① 衡山七宝台寺的僧人玄泰"尝以衡山多被山民斩伐、烧畬，为害滋甚，乃作《畬山谣》曰：'畬山儿，畬山儿，无所知，年年斫断青山嵋。就中最好衡岳色，杉松利斧摧贞枝。灵禽野鹤无因依，白云回避青烟飞。猿猱路绝岩崖出，芝术失根茆草肥。年年斫罢仍再锄，千秋终是难复初。'又道：'今年种不多，来年更斫当阳坡。国家寿岳尚如此，不知此理如之何？'远迩传播达于九重，有诏禁止。故岳中兰若无复延燎"②。玄泰反对烧山杀生，获得朝廷的支持，符合大乘佛教戒律不得放火烧山、涂炭生灵的要求，只不过，这种要求客观上有利于环境的保护罢了。

五　佛教其他公益事业

佛家戒律还有热情招待远道而来的客人的要求，否则就是犯戒。《梵网经》卷下《第六不供给请法戒》要求法师、同道前来寺庙或家宅，都应起身迎接、供养。《第二十六独受利养戒》规定游方僧前来住宿、饮食，寺院必须提供一切条件，予以招待。实际上，既然"一切男子是我父，一切女人是我母"（第二十不放生戒），寺院僧尼招待往来缁素客旅，便是理所当然的事情。敦煌296窟《福田变相》在《道旁小精舍》这幅画上表现的是经文中某人在道旁建立小精舍，招待过往僧人。但是，根据画面的内容看，一幢楼阁建筑，四面围墙环绕，

① 普济：《五灯会元》卷一一《临济义玄禅师》，中华书局，1984，第644页。
② 《五灯会元》卷六《南岳玄泰禅师》，第314页。

屋内有二人饮酒，一人弹琵琶，则招待并不限于僧人，还有世俗的旅客。302窟经变中"道旁精舍以安行人"画面上，展示的也是平顶房屋里，席褥上一世俗男人在饮酒，有三个女乐在演奏。

从实际情形来看，唐代颁发过《禁断公私借寺观居止诏》，禁止把寺院作为旅店用。① 但是，这恰恰说明了佛教寺院的借宿栖止之用。佛教本来就有接纳各地游方客僧的制度，后来，这种制度扩及民间，衍生出一种新的社会功能，这就是停客。尤其是到了唐代，俗人寄寺已经成为比较常见的现象，唐高宗初年的时候，道宣还为此发出了"众僧房、堂，诸俗受用，毁坏损辱，情无所愧"的感慨②。《广异记》记载："衡山隐者，不知姓名，数因卖药，往来岳寺寄宿。"③ 可见这位药商是寄宿岳寺的常客。唐人小说《莺莺传》中的张生和崔氏女莺莺也都是在前往长安的途中，寓宿于蒲州的普救寺中的。白居易《游丰乐、招提、佛光三寺》写道："山寺每游多寄宿，都城暂出即经旬。"④ 由此可见，在这一时期，人们已经把佛教寺院当作了旅店，而佛教寺院也把接纳四方客人寄住当作是普惠众生的福田功德。为了遏止这种风气，朝廷不得不下诏禁止，实际上并没有起到什么作用。朝廷也已经把佛教寺院当成了临时的旅馆来进行利用。所以，宋钱易《南部新书》乙卷就说："长安举子，六月后，落第者不出京，谓之过夏。多借静坊庙院及闲宅居住，作新文章，谓之夏课。"⑤ "夏课"绝不是几天就可以完成的，落第举子要比较长期地住宿在寺院里了。

唐代的佛教寺院在分布上自然形成间隔式的布局，他们用接力的方式接待远程行客，有点类似于驿站传舍的功能。唐太宗贞观年间，僧人慧序在梁（今陕西汉中）、益（今四川成都）之间云游的时候，见到百牢关位居冲要，"四方所归"，却没有寺院，"道俗栖投，往还莫

① 《全唐文》卷四六《禁断公私借寺观居止诏》，第508页。
② 道宣：《四分律行事钞》卷下三《僧像致敬篇》，载《大正新修大藏经》卷四〇，第135页。
③ 戴孚：《广异记》，方诗铭辑校，中华书局，1992，第10页。
④ 白居易：《白居易诗集校注》卷三六《游丰乐招提佛光三寺》，谢思炜校注，中华书局，2006，第2774页。
⑤ 钱易：《南部新书》乙，黄寿成点校，中华书局，2002，第21-22页。

寄"，就在关口修建菩提寺，"用接远宾"，"行旅赖之"。这所菩提寺实际上就是传舍。一般来说，各州县的佛教寺院普遍都有用来供客人寄住的传舍，这些佛寺传舍又和乡间的兰若传舍相结合，形成了覆盖全国的传舍系统，唐宣宗大中六年（852），朝廷甚至下诏说："其有山谷险难，道途危苦，赢车重负，须暂憩留，亦任因依旧基，却置兰若。""其诸县有户口繁盛、商旅辐辏，愿依香火以济津梁，亦任量事各置院一所，于州下抽三五人主持。"① 在这种情况下建立起来的佛教寺院就纯粹是为了便利商客寄宿所用了。到唐武宗会昌初年，全国的兰若已经发展到四万多所，兰若传舍也几乎无所不在。日本僧人圆仁在《入唐求法巡礼行记》中详细记载了他在行程中留宿的佛寺的名称，揭示出一幅晚唐时代由晋冀普通院组成的网状传舍布局。这里所谓的"普通院"，就是"对巡礼者普与供养，通达五台"的意思，性质类似于兰若传舍。院里"常有饭粥，不论僧俗来集，便僧（房）宿。有饭即与，无饭不与，不妨僧俗赴宿"②。两个普通院之间距离三十里左右，供给住宿之外，有时还提供饭食。这种普通院大约与《莺莺传》中的普救寺那样，是唐代后期佛教在民间普遍发展的情况下，为了适应普通民众礼佛的需求而设置的具有客店性质的佛教寺院③。

　　除了以上几个方面的内容以外，隋唐时期佛教寺院和僧人还参与一些其他的社会公益事业。如敦煌 296 窟《福田经变画》所示，有一队商人带着骆驼在长途跋涉后栖息于井边，有商旅在桥上通行；302 窟描述一队商旅策马前行，有人骑骆驼从桥上经过，桥南边有一口井，有两人正在井边汲水。这些画描写了远方客人在干旱和酷热的时候，有井水可以解渴，在河水湍流的地方有渡桥可以通行的幸福情景。在实际生活中，佛教寺院和僧人专门为百姓开挖水井也不乏其例。这种水井被称为"义井"。隋朝初年，僧人通幽开凿了四眼井，并且在井边设上打水用的辘具，供百姓使用。唐朝的时候，京城弘福寺的僧人慧

---

① 《唐会要》卷四八《译释教下》，第 987 – 988 页。
② 《入唐求法巡礼行记》卷二，第 103 页。
③ 张弓：《汉唐佛寺文化史（下）》，第 1017 – 1027 页。

斌为了报答父母的养育之恩，在汶水的边上开挖义井，著名僧人澄观也曾经在江宁的普慧寺以及北门凿井，以供民众使用。隋唐之际的僧人道渊因为不忍心看到渡锦江的百姓因为翻船而被淹死的悲惨情景，在江上架设飞桥，方便路人。僧人法纯"微行市里"，替人做工，给僧俗洗补衣服，清除市井的粪秽，为僧徒劈柴担水，填治道路等，无事不做。唐朝初年，僧人智聪住在栖霞山内，"以山林幽远，粮粒难供，乃合率扬州三百清信，以为米社。人别一石，年别送之，由是山粮供给，道俗乃至禽兽，通皆济给"①。总之，佛教寺院和僧人通过种植福田和提倡种植福田，劝导世人多做善事，多做公益事业，是值得肯定的。

以上论述，我们强调了佛教慈悲为怀、利益有群的道德伦理观念对社会公德和公益事业所具有的积极意义，实际上，直到现在，海内外的佛教界也仍然以慈悲众生、利益有群这样的宗旨为社会服务。但是，这绝不是无视中古佛教寺院中也有黑暗的一面，也不否定佛教伦理对于其信徒的某种消极影响。只是这方面的内容过去在把佛教作为宗教迷信和精神鸦片批判的时候论述已多，于此从略而已。我们这里要强调的是，佛教慈悲为怀的社会伦理价值观念，客观上符合了社会公众的利益，我们不能忽视它对于中华民族今日共同推崇的乐善好施、救助贫弱的社会伦理观念和民族心理习惯的最终形成，具有积极的意义。

---

① 《续高僧传》卷二〇《唐润州摄山栖霞寺释智聪传》，第 769 页。

房山石经所见世俗家庭的宗教生活

中古时代民众的宗教生活，一般是与家庭生活密切相关的。那个时代的世俗家庭成员之间一般不存在宗教信仰上的冲突。

从道理上来说，家庭是世俗生活的基本社会单元，宗教生活是指世俗生活之外的社会生活。家庭宗族以血缘关系为纽带，宗教组织以宗教信仰相联系。宗教生活与家庭生活是有分别的。但是，家庭的伦理关系从来就渗透在宗教生活之中。与西方的修道团体使用"教父"（father）、"兄弟"（brother）这样的称呼一样，中国的佛教僧侣也以"师父"和"徒弟"（弟子）等含有家庭关系的字眼相称谓。宗教的天国里打上了家庭关系的烙印。皈依佛门，号称"出家"，意思是走出家门，遁入"空门"。实际上，家庭作为社会生活的共同体，从来就不是与宗教生活绝缘的，在佛教风靡全社会的唐代，宗教生活是各阶层许多家庭生活的重要内容。有整个家庭的全体成员参与的佛事活动，有为家庭或家族成员祈福消灾而举行的佛事活动。家庭的宗教活动涉及一个家庭的经济生活、社会生活等许多方面。

房山石经题记《故上柱国庞府君金刚经颂》[①] 是一份反映其时家庭宗教生活的重要文献。先移录于此：

---

① 北京图书馆金石组、中国佛教图书文物馆石经组编《房山石经题记汇编》，书目文献出版社，1987，第4-5页。

公讳怀，字伯，其先南安郡人也。远祖因宦家于范阳焉。曾祖光，魏任雁门郡丞；祖安，齐任魏州昌乐县令；父谦，随任定州别驾。并价重连城，光融照乘，栖仁仗义，履顺居贞。公璧孕蓝田，珠生汉水。幼不好弄，长实多能。勋庸冠于朝伦，领袖标于士友。讵心门称武穴、室拟龙泉而已哉！岂其与善无徵，云亡奋洎。遽以光宅元年十一月遘疾，终于私第，春秋七十九也。

有子德相等扣地屠魂，号天袭血，想津梁之无据，思回向之有因，以为救助莫若于受持，施与不及于书写。今敬为亡父镌石造金刚般若经一部，即以垂拱元年四月八日，雕饰毕功，兼设四部众斋，送经于山寺之顶也。重岩万仞，上亘有天，幽谷百寻，下临无地。缯黄接影，□梵连声，同钦祇树之风，共浃恒河之润，而为颂曰（下略）

□□□上柱国庞德相□□。弟长上果毅上护军德立，弟柱国名立，弗（当作"弟"）左金吾翊卫元表，相妻杨，立妻张，名妻郑，表妻刘。相息谨忠、妻刘，谨泰、思（？克）谨，忠女二娘、十娘；立息谨信、克俭，女五娘；名息谨寂、克勤、谨约，女净心、八娘；表息郑宾、小宾，女蓁儿、博儿、妃儿。夫涿城府队正郭神行，亡妻庞，妻胡，息奉祖、奉义，女三娘。妹夫何方海，妻庞，息天僧、天广、天保、天仞、天助，女提希、新希。□□上柱国史四郎，妻庞，息上护军承问、承□、□□、□儿、九儿、当□、四儿。上骑都尉郭神恭，母胡，妻梁，息朗，朗妻马。庞怀闰，妻孔，庞怀素，息义重，庞怀道，息小睹。史君昂，妻□，息僧端。睹仁旧，安（？妻）高，息燕□；睹元兴，亡父仁庆，母庞。刘天托，妻王，息元哲、元威、元节。飞骑尉刘山刚，妻唐。刘阿表，妻庞。张善登，息思谨。上柱国刘□相德（下缺）

我们且来解析一下这条题记。

　　题记可以分为三段。第一段记载庞怀伯的家世源流，说他于光宅元年（684）十一月以 79 岁高龄于家中逝世。另一则房山石经题记《咸亨五年（674）庞怀伯等造象记》称，"大唐咸亨五年五月八日庞怀伯邑人等上为皇帝陛下、师僧父母及七世见存眷属等敬造阿弥陀佛像一躯"，其下署名的头衔是"都维那飞骑尉庞怀伯"。十年前庞怀伯是飞骑尉、都维那，很可能还是当地社邑的首领，所以题记中说他"勋庸冠于朝伦，领袖标于士友"。都维那是寺院的三纲之一。庞怀德似乎并不是僧人，他有妻室儿女，还有皇朝封的勋官，飞骑尉三转，上柱国十二转，已经是最高等级。以这样一个"俗人"为僧官都维那，似乎并不是太普遍的现象。

　　第二段记长子庞德相等为此镌石造金刚般若经一部，并于垂拱元年（685）四月八日"雕饰毕功，兼设四部众斋，送经于山寺之顶"。后面还有三首颂文。四月八日是佛诞日，在这一天做佛事是很普遍的事情。比如，房山石经题记《石浮屠铭并序》记造浮屠日期为"唐中兴七年岁次辛亥夏四月八日"，以下的几则造像题记分别为太极元年四月八日、开元九年四月八日、开元十年四月八日等①。

　　第三段是庞德相等亲属的题名。这是一个庞大的家族谱系图。亡者庞怀伯有子女庞德相等约七人。其中兄弟四人：大哥庞德相，弟弟德立、名立、元（当作"玄"）表。此据《咸亨五年庞怀伯等造象记》亦可证明。该《造象记》有"都维那飞骑尉庞怀伯，妻侯，息 上柱 国德相、德立、名立、玄表"的题记②。庞德相的姐姐嫁了郭神行，一个妹妹嫁给了何方海，另一位史四郎很可能也是一位妹婿。

　　其他人员也与庞家有关系。首先是郭神恭，从姓名与家眷情况看，当是庞家姐夫郭神行之弟。庞怀闻、怀素、怀道，当是庞德相的远房叔父。史君昂，可能是妹夫史四郎的兄弟。睹元兴的母亲姓庞，其亡父为睹仁庆，故其父兄睹仁旧（？）也参加了这次活动。以下有刘天

---

① 《房山石经题记汇编》，第 6－12 页。
② 《房山石经题记汇编》，第 3 页。

托、刘山刚、刘阿表，除刘阿表的妻子为庞氏外，还有一层关系是，庞玄表的妻子姓刘，诸刘可能是玄表岳父家的人。张善等可能是庞德立妻子张氏娘家人。最后残缺的一位上柱国刘某，情况不详，当也是姻亲之属。《房山石经题记》中的《金刚般若波罗蜜经》有："垂拱元年岁次乙酉四月丙子朔八日癸未，幽州范阳县庞德相兄弟等为亡考及见存母敬造此经，合家供养。"① 这与《庞府君金刚经颂》谈的是同一件事情，进一步坐实了前述题名者都是庞家亲属。

总之，参加这次礼佛活动的除了亡者的直系亲属外，还有姻亲、姻亲的兄弟和本家叔伯。姻亲中，姐夫郭神行之妻庞氏已亡，续弦胡氏。郭神行不仅率妻儿参加了这次活动，而且其兄弟神恭一家也列名其中。估计郭神行的几个孩子是他与庞氏所生的。但无论如何，姻亲的兄弟参加为亡者祈福的雕刻石经活动，说明了当时亲族之间的关系是很密切的。

《庞府君金刚经颂》反映出唐代世俗家庭礼佛生活的一般情形。正如文中所言，本着"救助莫若于受持，施与不及于书写"的信条，德相等在父亲出世后刻石经为亡考祈福，并且还举行盛大法会："雕饰毕功，兼设四部众斋，送经于山寺之顶也。重岩万仞，上亘有天，幽谷百寻，下临无地。缯黄接影，□梵连声，同钦祇树之风，共浃恒河之润"。所谓四部众，又称四部弟子，是指比丘、比丘尼、优婆塞、优婆夷，也就是出家和在家的佛门弟子。庞氏兄弟选择四月八日佛诞日举行往山上寺院送刻好的佛经仪式，同时"兼设四部众斋"，招待僧俗信徒。在这个法会上，"缯黄接影，□梵连声"，那种幡幢耀眼、佛声震耳的热闹场面跃然纸上。

庞怀伯死后，其子女及家族、姻亲一齐参加佛事活动，这对于一个大家族来说，固然是很普遍的情况，但也有相当多的佛事活动是通过建立佛事合作组织来进行。敦煌文书中有"唐光启三年（887）五月

---

① 《房山石经题记汇编》，第 203 页。

十日文坊巷社肆拾贰家并修私佛塔记"①。庞怀伯等"邑人"咸亨五年
五月八日造像记，看来也是以家庭为单位建立社邑的，因为像主题名
中都是男性户主和妻子并列。②

　　一个家庭如果有出家者，出家人与世俗家庭仍然有着十分密切的
关系。有许多出家僧尼为家人写经祈福，更有许多出家僧尼与在家的
父兄们共同举行礼佛活动。如《云居石经山顶石浮图铭并叙》③：

　　　　清信佛弟子刘玄望，弟定辽、弟文立，侄男志敏，并出家妹
　　法喜、法［澄］。
　　　　大唐开元玖年肆月捌日比丘尼法［喜］、法澄及昆季合家眷属
　　等共建。

　　这则题记体现的是出家的女子与世俗家庭的关系。刘玄望两个出
家为尼的妹妹，与本家兄弟侄儿共同举行佛事活动。

　　佛教在历史上被视为"无君无父"，即无视儒家的伦理价值。而家
庭却处于儒家伦理价值的中心位置。在"修齐治平"的儒家人生理想
之中，"齐家"处于关键地位。佛教追求的是解脱尘世的痛苦，认为四
大皆空。而家庭追求的是生活的幸福，家庭生活是俗世社会生活的最
基本形式。但在实际上，世俗家庭与佛教的宗教生活，却在中古时代
普通民众社会现实生活中表现出高度的统一性。

　　整个家庭或者以家庭为单位参加佛事活动在那个时代蔚然成风。
这就必然把家庭伦理关系也带入佛事活动中，或者说佛事活动成为一
种世俗化了的社会活动。例如，忠孝成为佛事活动的目的和宗旨。佛
弟子们写经、刻经、造像、建寺，上为君国下为父母发愿祈福。斋僧、
礼忏不是为了修行，而是为了表达对父母的孝道。儒家的思想意识浓

---

① 唐耕耦、陆宏基编《敦煌社会经济文献真迹释录》第一辑，书目文献出版社，1986，第384页。
② 关于北朝隋唐社邑与佛教的关系的研究，请参见郝春文：《隋唐五代宋初佛社与寺院的关系》，《敦煌
　　学辑刊》，1990年第1期；《隋唐五代宋初传统私社与寺院的关系》，《中国史研究》1991年第2期；
　　《东晋南北朝的佛教结社》，《历史研究》1992年第1期。
③ 《房山石经题记汇编》，第7页。

重地被带入佛教的法事中。

　　子弟出家无疑给家庭生活带来了浓重的佛教气氛。诸如写经、刻经、造像、建寺，举行法会、斋僧、礼忏，甚至"竭家建福"，人们把家庭生活的幸福建立在积极开展各项佛事活动上。若干个家庭或家庭的主要成员组成社邑，在婚丧嫁娶时举行佛事活动，并展开互助，以解决家庭生活中的许多实际问题。可以说，世俗生活与佛教生活已经难解难分了。

隋唐佛教的世俗化传播与民间佛教结社

印度佛教传入中国以后，经历了一个中国化的发展过程。佛教的中国化有两个方面的内容：一个方面是，佛教不断地同中国传统的思想文化——主要是儒家和道家文化相碰撞、相影响，逐渐在隋唐时代形成了具有中国特色的佛教宗派；另一方面是，它不断地深入到中国普通老百姓的日常生活当中，佛事活动成为中国民众社会生活的重要内容。

南北朝隋唐的一些高僧大德，精研印度佛法，创建宗派；一些学识渊博的士大夫，研习佛典，佛教的哲思被融入其文学创作和理论创新中。但是，广大的老百姓特别是下层民众对于佛教有着与士大夫完全不同的理解。民众的宗教生活比较贴近他们所面对的现实，民众的宗教意识反映了他们的现实关怀和愿望。

最能反映芸芸众生和村夫愚妇宗教信仰的活动存在于生老病死、婚丧嫁娶的日常生活之中。民众面对现实生活中的忧愁和困苦，求助于佛。他们不懂得佛理的奥妙，佛性的深浅，他们感兴趣的是人人可以成佛，今生受苦，来生可以幸福。如何才能达到成佛的彼岸呢？佛教告诉人们种种方法，人们为此而做出种种的努力，便构成了中古时代一般老百姓的佛事活动的主要内容。

一　佛教的世俗化与社会化

隋唐时期，佛教风靡整个社会，上起帝王将相，下到普通百姓，大多数人都对佛教有着几乎狂热的信仰，佛教生活成为当时各个阶层的人们日常生活中的一项非常重要的内容。

隋唐时期的历代帝王，除了毁佛的唐武宗以外，几乎无一例外地崇佛，其中佞佛的也不在少数。他们不但在政治生活中利用佛教来巩固自己的统治，就是在自己的日常生活中，也经常进行一些纯粹信仰性质的佛教活动。根据日本僧人圆仁所作《入唐求法巡礼行记》的记载，隋唐时期在宫内设有内道场，"安置佛像经教，抽两街诸寺解持念僧三七人番次差人，每日持念，日夜不绝"①。隋朝的两代皇帝隋文帝和隋炀帝都曾经受过佛教的菩萨戒，自称为"佛弟子"；唐朝的中宗、睿宗、玄宗、肃宗、代宗等也都曾经先后在内道场里请佛教僧人为他们受过菩萨戒或者是灌顶。另外，隋唐两朝的最高统治者们还经常进行念经、请佛教僧人讲经说法、为佛经作注撰序或者是给佛教寺院赏赐和施舍财物等佛事活动，其中唐代宗甚至"常于禁中饭僧百余人，有寇至则令僧讲仁王经以禳之"②。在帝王所从事的佛事活动中，最能体现其佞佛程度的就是迎奉法门寺的佛指舍利。扶风法门寺真身塔相传是天竺阿育王建造的，在这座塔中藏有释迦牟尼的佛指舍利，唐太宗贞观五年（631）的时候就曾经下旨开塔供养祭祀，此后，唐高宗、武则天、唐肃宗、唐德宗、唐宪宗、唐懿宗和唐僖宗又先后七次迎法门寺佛指舍利到长安和洛阳的皇宫中进行供奉、礼拜。唐懿宗咸通十四年（873）迎佛骨的时候，"群臣谏者甚众"，但是懿宗坚持"生得见之，死亦无恨"，后来佛骨到了长安，懿宗又"御安福门，降楼膜拜，流涕沾臆"③，可见其虔诚的程度。

---

① 《入唐求法巡礼行记》卷四，第 176 页。
② 《资治通鉴》卷二二四，大历二年七月，第 7198 页。
③ 《资治通鉴》卷二五二，咸通十四年三月，第 8165 页。

　　隋唐时期的帝王崇佛，势必要影响到和他们关系最为密切的王公贵族。这一时期，王公贵族中信仰佛教的人很多。由于这些人的财力雄厚，所以在他们中间，耗巨资立寺和修塔院或者是舍宅为寺成为一种非常时髦的佛事活动。除了帝王将相才做得起的功德以外，他们在日常生活中所从事的佛事活动还有斋僧和写经造像、持斋念佛等。唐代宗大历二年（767），宰相杜鸿渐为了庆祝出使平安归来，曾经"饭千僧"①；卢龙节度使刘总在杀了父兄以后，"数见父兄为祟，乃衣食浮屠数百人，昼夜祈禳"②；唐玄宗开元年间，庄州都督李敬"晚年焚香加跌，修菩提法，苦心自练，菜食而已"③。唐德宗时的左金吾卫大将军刘昇朝晚年"功成身退，持斋念佛，修未来因"④。唐代宗时的朔方节度使张齐丘"酷信佛氏，每旦更新衣，执经于像前念《金刚经》十五遍，积数十年不懈"⑤。

　　隋唐时期，佛教的影响不仅仅局限于上层社会，处于社会下层的平民百姓也主动或者被动地接受了佛教并求助于佛教，普通百姓对于佛教的信仰有时可以说达到了如痴如醉的疯狂境地。根据《续高僧传》的记载，唐太宗贞观十九年（645），玄奘从印度取经回国，到达京师西郊的时候，"道俗相趋，屯赴阗闹，数十万众，如值下生。将欲入都，人物宣拥，取进不前，遂停别馆。通夕禁卫，候备遮断，停驻道旁。从故城之西南，至京师朱雀街之都亭驿，二十余里，列众礼谒，动不得旋……致使京师五日，四民废业，七众归承"。他在朱雀街南陈列从西域带回来的经像、舍利等物的时候，又出现了"长安朱雀至弘福寺十余里，倾都士女夹道鳞次"的热闹场面，唐高宗麟德元年（664），玄奘死的时候，"道俗奔赴者日盈千万"，葬的时候"京畿五百里内送者百余万人"。当时人们对于玄奘的崇拜，似乎超过了对任何

---

① 《资治通鉴》卷二二四，大历二年八月，第 7193 页。
② 《新唐书》卷二一二《刘怦传附刘总传》，第 5975 页。
③ 《唐故庄州都督李府君墓志铭并序》，载《唐代墓志汇编》，开元 210，第 1303 页。
④ 《唐刘昇墓志铭并序》，载《唐代墓志汇编》，贞元 080，第 1894 页。
⑤ 《南部新书·庚》，第 106 页。关于帝王与王公贵族的佛教生活，参见李斌城等：《隋唐五代社会生活史》第六章，中国社会科学出版社，1998。

一个世俗人所能达到的程度。另外，唐宪宗元和十四年（819）迎佛骨的时候，"王公士庶，奔走舍施，唯恐在后。百姓有废业破产、烧顶灼臂而求供养者"①；唐懿宗咸通十四年（873），佛骨到达京师以后，"公私音乐，沸天烛地，绵亘数十里"②。

隋唐时期，人们崇信佛教、修行功德的一种常见形式是斋僧。通常情况下，官府会在求雨的时候举行斋僧法会，有时候，他们也会用斋僧的方式来为在各种战争中阵亡的将士超度荐福。在民间，因为病愈而斋僧，为了报恩而举行法会的事情也十分普遍。隋炀帝大业年间，昆明池北白村的村民为了感激僧人普安为他们治病的神效，就曾经自发地举行大斋，表示敬念。在当时，只要经济力量许可，一般的平民百姓都有供养佛教僧人，请他们替自己念经的习俗。唐代的时候，京师安邑坊的居民张频曾经供养了一个佛教僧人，"僧以念《法华经》为业，积十余年"③。靖泰坊的杨希古崇奉佛法，他经常在家里供养佛教僧人，陈列佛像，布置上幡盖，做成一个道场的样子。杨希古每天凌晨进入道场，以身俯地，让僧人蹲在自己身上念诵《金刚经》三遍④。桂林有一个姓薛的人也在家里供养了一位法名叫作道林的佛教僧人，道林"道德甚高"，薛氏一家对他"瞻敬尤切，如是供给，十有余年"⑤。

忏法本来是佛教僧人举行的一种悔除以前所犯罪过的修行活动。这种佛事活动从晋代著名僧人道安那里开始举行，经过南北朝的发展，到隋唐时期，在社会上已经非常流行了。这一时期的忏法已经从佛教僧人以"灭罪生慧"为目的的自我修持的个人行为，变成了世俗大众的一种日常的宗教生活。信奉佛教的人们给佛教寺院或者是僧人施舍一定数量的钱物，指定佛教寺院为他举行某种忏法，希望通过这种方式来为自己或者是家人增益福德，免除灾难。在唐代，社会上最为流

---

① 《旧唐书》卷一六〇《韩愈传》，第4198页。
② 《资治通鉴》卷二五二，咸通十四年四月，第8165页。
③ 段成式：《酉阳杂俎校笺》续集卷五《寺塔记上》，许逸民校笺，中华书局，2015，第1823页。
④ 佚名：《新辑玉泉子》，夏婧点校，中华书局，2014，第132页。
⑤ 《太平广记》卷九五《异僧九·道林》，第636页。

行的忏法是僧人知玄所作的慈悲水忏。

北朝时期，皇后被废往往出家为尼①。隋唐时期，在整个社会普遍崇佛风气的影响下，很多妇女往往在丈夫去世以后，就到佛教中去寻求精神寄托，常年吃斋念佛。唐太宗贞观十四年（640），右骁翊卫翟瓒的妻子刘氏，"良人捐背，以贞洁之操，逮孀孤之始。遂乃融精觉道，肃虑真源，照生灭于禅心……证空有于法性……宁俦专一"②。武则天的时候，朝议郎周绍业的妻子赵氏在丧夫之后，"屏绝人事，归依法门，受持金刚、般若、涅槃、法华、维摩等西部尊经，昼夜读诵不辍"，后"以府君顷逝年深，又持戒行"③。唐玄宗开元年间，有一妇人张氏在丈夫死后，"精心释门，使二子出家，家如梵宇"④。唐玄宗天宝年间，南海番禺县主簿的妻子田氏"中年晤道，雅契玄关，常读维摩、法华，诵金刚、般若，仙舟自超于法海，智刃久断于魔军"⑤。

如果说隋唐时期上层社会的崇佛活动还带有一定的政治目的的话，那么这一时期平民百姓对佛教的崇拜就纯粹是出于对自身利益的考虑了。在古代社会里，平民百姓的日常生活受各种各样自然和社会因素的影响比较大，很难有长期稳定的保障，而一旦遇到旱涝、战争等天灾人祸，他们的处境就更加艰难，甚至连自己和家人的生命也不能保全。这种比较低下的社会地位，使他们很容易受到佛教的影响。他们面对现实生活中的忧愁和困苦，求助于佛；他们对佛祖和佛教僧人的崇拜和礼敬的活动，也几乎都是在用自身的实际利益与佛进行交易。所以说，隋唐时期普通百姓对佛教崇信若狂的动力就来源于他们求福求利的目的，他们日常生活中的佛教活动都比较贴近于他们自身所面对的生活现实，他们的宗教意识中也大量反映了他们的现实关怀和愿望。这样一来，在以平民百姓为信仰主体的民间佛教中，大多数的佛事活动就蕴含了明显的功利和灵验的动机。一般来说，当时人们抄写

① 参见王仲荦：《魏晋南北朝史》下册，上海人民出版社，1980，第 871 页注 2。
② 《大唐右骁翊卫翟君墓志铭并序》，载《唐代墓志汇编》，上元 039，第 621 页。
③ 《唐故朝议郎周府君夫人南阳赵氏墓志铭并序》，载《唐代墓志汇编》，开元 252，第 1330 页。
④ 《唐故处士太原王府君墓志铭并序》，载《唐代墓志汇编》，开元 497，第 1498 页。
⑤ 《南海郡番禺县主簿樊府君夫人田氏墓志铭并序》，载《唐代墓志汇编》，天宝 017，第 1542 页。

经文的佛教活动主要有以下几种目的：为了全体生灵发愿求福；为了医治自己或者是家人的疾病而写经造福；为了家人团聚或者是祈祷家人早日还乡而写经造福；女子为求来生转为男身而写经；为各种亲人写经求福。塑造佛像的理由大致相同，其中有为自身或者是家人的疾病而造像以祈求痊愈的，有为妻子怀孕而造像以祈求孕娠安吉的，有为将士出征而造像以祈求他们平安返回的，有为家人的生日、长寿、噩梦、家内鬼神不安以及保佑今世的富贵安乐和仕宦顺遂造像的，也有为了祈求来世的幸福、国祚的久长和亡故的亲人造像的。唐代宗宝应（762—763）年间，"越州观察使皇甫政妻陆氏，有姿容而无子息"，他带着妻子到当地的宝林寺魔母堂去捻香祈求子息，后来果真生了一个男孩。为了表示感谢，皇甫政在宝林寺"大设斋，富商来集，政又择日，率军吏州民，大陈伎乐……百万之众，鼎沸惊闹"①。总的来看，大多数情况下，在平民百姓日常进行的佛教活动中表现出了浓重的实用主义特征，这些佛教活动本身也为此而充满了世俗家庭的气氛。

二 民间的佛教结社活动

中古民众在从事各种佛教法事，包括写经、刻经、诵经，以及开石窟、造佛像和修佛塔等活动的时候，既可以整个家庭的全体成员都来参与，也可以由家长或者是家庭中的主要成员出面，来为整个家庭或者是某个家庭成员祈福消灾。另外，平民百姓在进行一些比较大型的佛事活动的时候，甚至还会自发地组织起来，成立"社""邑义""邑会"等佛教团体，也就是佛社。

这些佛社的规模一般在十几人到数十人之间，有的达到一百多甚至是数百人，最多可以达到一千多人。他们的活动一般以从事一种佛事活动为主，同时也附带举行一些其他的佛教活动。唐代房山的造经社专门从事造经活动。敦煌的燃灯社、行像社等，每年在举行例行的

---

① 《太平广记》卷四一《神仙四一·黑叟》，第259页。

活动以外，还要参加设斋。"开元初，同州界有数百家，为东西普贤邑社，造普贤菩萨像，而每日设斋。"① 长安居民迎接法门寺佛指舍利，还自发成立了专门的佛社，举行各种佛事活动。由于修造佛像、塔寺和石窟的耗费巨大，除了财力雄厚的官僚贵族和富商地主以外，一般的平民百姓往往受到个人财力的限制，无法独立完成，在这种情况下，组织佛社也成为广大佛教信徒普遍采取的一种合作方式。由出资或者是出力营造佛像、塔寺和石窟乃至完成迎佛骨过程中的法事活动的信徒们联合起来组成的佛社，在有的情况下具有暂时性，它一般在佛事活动完成以后就会自动解散②。隋唐时期，除了有佛教信徒组成的专门从事佛教活动的佛社以外，还有一类以社众之间的经济和生活互助活动为主的私社。这类私社在佛教风行的社会环境下，不可避免地也要从事一些佛教活动，而且他们在从事佛教活动的过程中和佛教寺院保持了密切的联系，并发挥了重要的作用。

唐代佛教最后完成了中国化的过程，它在政治、经济和社会生活中的势力也日益强大，佛社和这些传统的私社就成为佛教寺院改造、利用和控制的对象。最晚到唐后期的时候，已经有相当一部分的佛社和传统私社被佛教寺院所控制，成为它们的外围组织，这种情况在敦煌表现得尤为突出。这一时期，敦煌的相当一部分佛社和传统私社里都有佛教僧人参加，虽然这些加入佛社和传统私社的佛教僧人大多数只是社里的普通一员，但是僧俗同在一社，时间长了，社人与社的活动就不能不受到佛教僧人的影响。当时，敦煌的佛教僧人虽然不都住寺③，他们入社的目的也不是为了传播佛教，但是他们作为佛门弟子，要在佛教寺院的组织下举行一定的法事活动，宣传佛教是他们的天职。所以在他们所参加的佛社和传统私社中，如果社人和社的活动有不符

---

① 《太平广记》卷——五《报应十四·普贤社》，第800页。
② 《太平广记》卷一〇一《释证三·云花寺观音》记大中末年，长安百姓屈岩"患疮且死"，云花寺观音菩萨显灵抚其背而治愈其疮，消息传出，"倾城百姓瞻礼，岩遂立社。建堂移之"（第681页）屈岩发起建立的这个佛社主要是为了筹资建立一个新的观音堂。建成之后，佛社是否还保留，或者为了维持观音堂的香火供养，佛社仍然继续存在，都不可知。但是，实际生活中，两种情况都可能存在，即有的佛社在完成某项佛事活动后解散，有的佛社则还继续存在，承担新的佛事任务。
③ 参见郝春文：《唐五代后期宋初敦煌僧尼的社会生活》，中国社会科学出版社，1998，第76页。

合佛教信仰的地方，他们必然会自觉地进行劝化。这些不自觉地渗透到佛社和传统私社当中的佛教僧人通过他们的自觉劝化，久而久之，就使社的活动逐渐披上了佛教的色彩。从敦煌遗书中的大量材料来看，到了唐后期，佛教寺院已经成了多数佛社和传统私社进行活动和聚会的场所，佛教寺院的一切活动中几乎都有他们的影子，他们帮助佛教寺院设斋，燃灯供佛，行像，印沙佛，建盂兰盆会，修造石窟、佛像、塔寺、佛堂，造经幢、素画，造寺钟，买土地，写经，刻石经等，在这些佛教活动当中，负责给佛教寺院提供各种必需的物品和劳动力。

隋唐时期，在佛社和传统私社所从事的众多佛事活动中，设斋活动越来越受到人们的重视，当时最受人们重视的是每年三长月（正月、五月、九月）的三长斋。从敦煌的社斋文当中，我们可以看到当时社邑举行斋会时候的热闹场面："坐前施主，捧炉虔跪，设斋"，"是日也，开月殿，启金函，转大乘，敷锦席。厨馔纯随之供，炉焚百合之香，幡花散满于庭中，梵呗啾流于此席"①。在这种斋会上，有的时候还会有佛教僧人给大家说法。这样的斋会在当时举行得非常频繁。据另一首邑文记载："坐前合邑诸公"，"乃共结良缘，同崇邑义，故能年三不缺，月六无亏；建树坛那，聿修法会"②，也就是说在每年的正月、五月、九月的三长月和每个月八、十四、十五、二十三、二十九、三十的六斋日，他们都要设斋集会。

由于佛社和传统私社都处于佛教寺院的控制之下，他们的活动也不可避免地要互相影响。这一时期，在以经济和生活互助为主要活动的传统私社的影响下，一些佛社在主要从事佛教活动的同时，也开始从事一些社会生活方面的互助活动。根据《隋开皇元年李阿昌造像碑》的记载："维开皇元年岁辛丑，四月庚辰朔，廿日壬寅，佛弟子李阿昌等廿家去岁岁秋合为仲契，每月设斋，吉凶相逮。"③ 也就是说在某一个佛社成员遇到丧葬或者是其他困难的时候，全佛社的其他成员都要

---

① 宁可、郝春文编《敦煌社邑文书辑校》，江苏古籍出版社，1997，第528页。
② 宁可、郝春文编《敦煌社邑文书辑校》，第383页。
③ 秦明智：《隋开皇元年李阿昌造像碑》，《文物》1983年第7期。

对他进行援助。到了这个时候，世俗的社会生活和佛教生活已经结合在一起，难解难分了①。

在《房山石经题记》中，社邑或称社，或称邑。这些社邑似乎是专门为了刻写石经才成立的，从《大般若波罗蜜多经》题记中可以看到：潞县石经邑（第117页）②、幽州石经邑（第118页）、归义县造石经邑（第119页）、固安县造石经邑（第119页）等字样。这些冠以州县名称的石经邑，其下有行会的区别。如涿州椒笋行石经邑（第118第）、"经主幽州丝绵行"（第120页）、"彩帛行邑"（第116页）、"涿州磨行邑"（第125页）、"涿州杂货行邑"。还有以某一经名称邑的，如"涿州磨行维摩邑"（第138、144页）、"涿州范阳县维摩邑"（第148页）；"范阳郡无量寿邑""范阳郡无量邑"（第94页）。

造石经邑也称为造石经社。如"幽州造石经社"（第121页）、"果子行社一十七人等造经一条"（第118页）、"幽州潞县造石经社"（第125页）。邑人有时就称社人。如贞元十七年四月八日，"幽州油行石经社社人李承福"（第149页），在贞元十年四月八日的造经题记中作，"幽州油行石经社邑人李永福"（第133页）。此处李承福与李永福当为一人，"永"与"承"系笔误致异。天宝六载四月八日造经题记中有"绢行社官游金应、郭令忠、李大师等造经一条"，又有"新绢行社官权思贞、王曜晖等造经一条"（第87页）。同年同月同日的造经题记，有绢行和新绢行的区别，社官也不一样，说明绢行成立了两个社邑。新绢行在另外一处天宝七载四月八日的题记中又作"绢行小社官权思贞合邑人造经一条"（第89页），而同年又有"绢行邑社官游金应合邑人等造经一条"（第88页）。此处都称绢行，但是有社官和小社官的区别，小社官就是小绢行的社官，天宝八载的题记中就是"范阳郡小绢行邑社官权思贞"（第90页），说明新绢行是较小的社邑，也许是

① 关于佛教社邑，参见郝春文：《隋唐五代宋初佛社与寺院的关系》，《敦煌学辑刊》1990年第1期；《隋唐五代宋初传统私社与寺院的关系》，《中国史研究》1991年第2期。
② 北京图书馆金石组、中国佛教图书文物馆石经组编《房山石经题记汇编》，书目文献出版社，1987，以下引此书者只用括号出注页码。

从原来的绢行中分化出来的。相反，天宝十一载游金应为社官的绢行就被称为"大绢行"："范阳郡大绢行邑社官游金应合社人等造经三条"（第95页）。

虽然造石经邑以州县为名，但是，不可能一个州、一个县组成一邑。具体来说，石经邑的组成单位还是乡村。所以有"涿州范阳县礼让乡石经邑"（第136页）、"范阳县礼让乡张沉村邑"（第146、151页）[①]、"涿州范阳县西郭村邑"（第141页）、"涿州范阳县先贤乡阳康村邑"（第142页）、"良乡县观音乡成村石经邑"（第136页）、"良乡县昌乐乡北陶村邑"（第147页）、"交道村石经邑"（第139页）[②]。也有以某寺为中心组成社邑的。

根据对房山石经社邑的统计，其中按照行业组成的社邑44个，刻经题记145则；按照地区组成的社邑72个，刻经题记为252则。两类社邑的刻经活动都集中于天宝年间贞元时代。有所不同的是，天宝时期的社邑多以行业和州郡命名，贞元年代的则多以乡村命名，反映出前一个时期以工商业者和城市居民为主，后一个时期以乡村农民为主的发展倾向[③]。

敦煌社邑的负责人称为"三官"，指社长、社官、社老。有的社邑三官不齐备，就有以主持社内日常事务的录事权力最大[④]。房山石经邑的负责人名目与此稍有不同，一般只设邑主、平正、录事。他们主持造经事务，有时被统称为邑官、社官，少数情况还有社长、斋头、经主等名目。"幽州石经社官卢庭晖、录事李闰"（第133页），是录事不算在社官之内。如归义县石经邑58人造石经一条，"邑主云居寺僧净超、平正染英宾、录事史子朝"（第135页）。又，良乡县观音乡成村，"石经邑主尼常精进、平正僧道丕、录事张彦贵、邑人黄庭晏、成静德

---

① 又作"幽州范阳县礼让乡琢村经邑"（见第149页），或作"范阳县礼让乡张汛村邑"（第150页），疑本为一村异名，或传写致误。又有作"张沈村邑"（第153页）者。

② 良乡县有交道村经邑，见第156页。

③ 参见唐耕耦：《房山石经题记中的唐代社邑》，《文献》1989年第1期。

④ 参见杨森：《谈敦煌社邑文书中"三官"及"录事""虞候"的若干问题》，《敦煌研究》1999年第3期。

等"（第 136 页）。

录事可以升迁则为平正。如团柳邑最早见于石刻题记的平正是阳八，录事是常哲（第 99 页）。大历十三年到建中年间常哲已经是平正，录事由张庭昭出任（第 110 ~ 113 页）。贞元七年，则由品子张庭昭出任平正，以甄景珪为录事（第 127 页）。

造石经者有普通村民，有寡妇孤儿，有在职及退休官吏，还有僧人和尼姑，许多村民的造石经活动也是在僧人或尼姑的主导下进行的。如昌平县石经邑主是真空寺僧实际，平正曹思亮（第 92 页）。文文（？安）郡邑主比丘僧惠远（第 93 页）。

房山石经题记所显示的各个社邑的人数，可以列成表 1：

表 1　房山石经题记中各社邑人数

年代	社邑	社官	人数	页码及备注
	小彩行社	社官冯大娘	20	83
	绢行社	社官游自勖	13	83
天宝六载	楼南长店邑	社官王思明	21	84
	石经邑	平正阳元峤	22	90
	公孙王厥造经邑	平正阳元峤	20	92
	文文（安）郡邑	邑主僧惠远	21	93
	石经邑	平正马元超	109	93
	石经邑	平正杨元峤	21	93
天宝十一载	蓟县石崖村邑	社官孟法净	32	94
天宝十一载	文安郡石经邑	社官孙倩	200	94（本页又一条）
	团柳北邑	平正阳八	65	99
	范阳郡石经邑	社官张崇宾	20	101

续上表

年代	社邑	社官	人数	页码及备注
	杂行社	张崇宾	21	101
	上谷郡遂城县邑		31	102
	遂城县邑	平正韩神刚	30	102（又一条）
	团柳邑		113	104
	遂城县邑		33	104
圣武二年	遂城县邑	平正史道明	32	105（又一条）
	团柳邑	平正常哲	119	108
大历十三年	团柳邑	平正常哲	105	110
大历十三年	涞水县		60	111
建中二年	团柳邑	平正常（崇）哲	70	111
建中三年	幽州石经邑	社官卢庭晖	47	114
建中四年	马村院邑	平正益孝庄	70	115
建中五年①	潞县石经邑	邑主染俊	39	116
建中四年	幽州邑	平正卢庭晖	54	116
贞元元年	幽州石经邑	卢［庭］晖	66	118
	归义县		44	121
贞元［五］年	幽州造石经社	社官卢庭晖	86	121
贞元五年	固安县造石经		32	122
贞元五年	石经邑		25	122
贞元六年	涿州固安县邑	固安县令贾政	30	124
贞元六年	幽州潞县造石经社	平正王琎	30	125
贞元七年	幽州造石经邑	平正??	90	126
贞元七年	团柳村邑	平正张庭昭	70	127

---

① 建中五年（784）正月癸酉朔，改元兴元，是无建中五年。此处仍作建中五年四月八日，当时因为其时河北藩镇朱滔兄弟闹事，百姓尚不知朝中改元。

续上表

年代	社邑	社官	人数	页码及备注
贞元八年	涿州石经邑	平正魏庭光	33	128
贞元八年	团柳石经邑	平正张庭昭	59	128
贞元八年	固安县	县令贾［政］	35	128
贞元九年	涿州磨行邑		17	130
贞元九年	幽州石经邑	平正卢庭晖	110	130
贞元九年	固安县邑	县令贾娘子张	40	131①
贞元九年		经主邑主僧广演	50	131
贞元十年	幽州石经社	社官卢庭晖	125	133
贞元十年	幽州油行石经社	邑人李永福	27	133
贞元十一年	幽州市诸行石经社	社官卢庭晖	117	135
	归义县石经邑	邑主云居寺僧	58	135②
贞元十二年	幽州石经邑		92	136
贞元十三年	涿州磨行维摩邑	录事谷英才	68	138
贞元十三年	幽州石经邑	社官李闰国	83	138
贞元十三年	团柳石经邑③	平正张庭昭	62	139
贞元十四年	广阳邑人		115	143
贞元十五年	俄碾庄合邑		44	146
贞元十五年	幽州油行	社官李承福	27	146
贞元十五年	涿州范阳县维摩邑	录事谷英才	30	148

这里有 54 条记载了社邑确切人数的资料，人数最多的 200 人，最少的 13 人。资料可以分若干组。社邑人数在 200 人及以上的 1 例，109～

---

① 这是贾政的妻子张氏主持造经事，同时有录事张坚固等。
② 邑主僧净超之外，还有平正染英宾、录事史子朝等。
③ 前面均作"团柳石经邑"，"户"字原写作左边为木字旁，右边为双写的户字，与"柳"字很相近。

125 人的 8 例，50～92 人的 16 例（其中 50～70 人有 12 例，71～92 人有 4 例），20～47 人的 27 例（其中 20～40 人之间的 24 例，40 多人的 3 例），少于 20 人的只有 2 例。换言之，人数在 20～70 人的有 39 例，占总数的 72%。20 人以上 50 人以下的人数段，有 28 个，占 50% 以上。因此，我们可以大体说，社邑人数大多在 20～70 人，最常见的在 50 人以下，少则十几个人，多则一百多人。此其一。

其二，各个社邑的人数并不是固定不变的。以团柳邑的人数变动最大。最早见于石刻题记的团柳邑 65 人（第 99 页），后至 113 人（第 104 页），大约在安禄山的圣武二年（757）① 为 119 人，大历十三年 105 人，建中二年只有 70 人，贞元年间的三次记载分别为 70 人（第 127 页）、59 人（第 128 页）和 62 人（第 139 页）。也就是说，安史之乱前后至大历年间人数最盛。

其三，社邑的造经活动每年举行，但是上经的仪式大多在四月八日佛诞节进行，少数情况也有在二月八日的。一些社邑连续几年进行造经，造经社的邑人数有时只差一两名，除了有题记录文的错误之外，可供我们推测的原因还有以下几点：一是有可能说明社邑的人数是不固定的，每年都有变化；二是有可能说明社邑成员参与造经活动，需要交纳或分摊相应的费用。因此，就有因为没有参加某次造经活动而暂时未被列入的社邑成员。

以上房山石经题记中所见的社邑佛事活动在其他地区也有存在。龙门石窟的北市香行社活动即可为一证。北市香行像窟（编号 1410）是武周时期开凿的一座中小型石窟，位于龙门西山南段的崖面上。石窟北壁东端上部题记谓："北市香行社，社官安僧达，录事孙香表……右件社人等一心供养。永昌元年三月八日起手"②。北市还有其他丝帛行会，其是否有类似的造像活动不得而知。但是从香行的造像题记看，

① 安庆绪改圣武二年为载初元年。
② 录文见张丽明：《龙门北市香行像窟考察》，载《敦煌学与中国史研究论集——纪念孙修身先生逝世一周年》，甘肃人民出版社，2001，第 71 页。但是，该文认为这是行会组织，而不是社邑，容有未谛。

与房山石经中诸行社邑的造经活动是很一致的。

三　因果轮回与佛教诸神崇拜

　　隋唐时期，佛教学说在民间影响最大的莫过于因果报应、轮回转世、修行成佛的一套说教。佛教的业缘观认为，人做任何事情都会造成一份"业"，这个"业"就种下了来世福与祸的因。世界被分为天、人、阿修罗、畜生、饿鬼、地狱六类，即所谓"六道"。众生因为各自的业缘因果而往复轮回于六道之中。自从汉代佛教传入中国以后，这套说教就和我国古代很早就有的灵魂不灭、因果报应等观念结合起来，对当时的民间大众造成了巨大的心理冲击，并逐渐形成了笃信灵魂不灭、崇信佛和菩萨、相信鬼神的存在等一系列的信仰民俗。在佛教的影响下，人们普遍认为，人死以后，灵魂可以根据生前的善恶，或者升天为菩萨，或者重新投生为人，或者转生为牛、羊、猪、狗，甚至成为饿鬼，堕入地狱。随着这种轮回观念的普及和强化，人们逐渐形成了对佛教的神灵佛和菩萨的崇奉膜拜以及对鬼神的敬仰和畏惧。各地石窟壁画中描写了西方净土极乐世界的美好，描写了十八层地狱的惨酷，也描写了各种佛教神灵的威严与灵验。佛教的因果报应观念提倡隐恶扬善、多做好事，要求遵守基本的社会伦理秩序（如不偷盗、不诳语）和基本戒律（如不杀生）。此外就是要笃信和崇拜佛教神灵，修持佛教经典（如《金刚经》《法华经》《观音经》等）。

　　这里主要介绍隋唐时代常被尊奉的几个佛教神祇。

　　（一）观世音崇拜

　　观世音菩萨在中国民间具有广泛的信仰基础，是大慈大悲、救苦救难的化身。在佛教中，观世音是西方极乐世界阿弥陀佛座下的上首菩萨，与大势至菩萨同样协侍与阿弥陀佛身边。佛教经典上讲，世界上的芸芸众生碰到各种灾难厄运，只要求助于观世音菩萨，就立即会化险为夷，得到解救。可以说大乘佛教独有的观世音崇拜集中体现了"他力救济"的思想。关于观世音的佛典很多，最流行的是《妙法莲华经·观世音菩萨普门品第二十五》，其单行本就被径称为《观世音经》。
经文一开始记佛回答无尽意菩萨"观世音菩萨以何因缘名观世音"的
问题时云："若有百千万亿众生，受诸苦恼，闻是观世音菩萨，一心称
名，观世音菩萨即时观其音声，皆得解脱。"具体到观世音的无边法力
更是神奇了：假如能念念不忘观世音菩萨的名号，即使是陷入大火烈
焰之中，也不能将你烧伤；即使被大水卷走，也会很快到达浅处；即
使千百万人大海寻宝而遇风暴，船被漂流到食人鬼国，只要众人中有
一人念观世音菩萨名号，也会把所有遭难之人从食人鬼国中救出；即
使面临被杀头的危险，只要念观世音菩萨名号，也能使屠夫手中的刀
杖碎坏；即使经商遇到强盗，念一声"南无观世音菩萨"就会逢凶化
吉。不仅如此，沉溺于淫欲者、容易恼怒者、陷于愚痴者，只要常常
念"恭敬观世音菩萨"也会得到解脱。更有甚者，假如有女人想生男
孩或者女孩，只要礼拜观世音菩萨，供养观世音菩萨，就会如愿以偿。

　　中国的观音信仰又是与净土信仰密切相关的。《无量寿经》《阿弥
陀经》和《观无量寿经》等所谓"净土三经"中观世音菩萨是作为西
方极乐世界的接引菩萨而出现。《观无量寿经》说到成佛十六观，其中
的第十观就是观想观世音菩萨。有人分析了北魏后期（495—535）和
唐高宗及武则天时期（650—704）的龙门佛教造像说："唐代的观世音
造像，虽承前代而继续兴盛，但其信仰的倾向已发生显著变化，即不
只是信仰《法华经》观世音，还信仰净土教的观世音，后者和地藏菩
萨一起是与死后往生净土信仰紧密结合的"[①]。高宗武后时期的459尊
造像中，第一位的是阿弥陀佛造像，有110尊；其次为观世音造像，
有34尊。这反映出净土信仰的普遍及其与观世音信仰的密切结合。

　　中唐以后瑜伽密教传入，具有密教形象的变形观音便盛行起来。
密教经典《大悲咒》（即《千手千眼观世音菩萨广大圆满无碍大悲心
陀罗尼经》）中的观音神通广大，辟邪驱鬼，悲悯济世。石窟佛教造像

---

① 塚本善隆：《支那佛教史研究　北魏篇》，第593页，清水茂文堂，转引自孙昌武《中国文学中的维摩
　与观音》，高等教育出版社，1996，第210页。

也反映了这种状况。如晚唐时期开凿的敦煌莫高窟第 14 窟有以密教经变题材为主的壁画，其主尊为十一面观音。[①] 又如四川资中重龙山摩崖造像中唐时期的 113 号龛为四十二臂观音龛，其造型为头戴花冠，坐善跏趺，赤足踏仰莲，须弥方坐，身上有 42 只手绕体外呈圆形，其肩上两手合托一座佛，胸前两手残，腰间两手置腹间作禅定印，稍下两手各执念珠一串，其余各手分持诸般法器如铃、瓶、轮、镜、杵、弓、盾等。外雕火焰纹，内刻手掌一二圈，掌心各一眼，以现观音千手眼相。观音座下左侧跪一饿鬼，手提口袋，在向一老者乞食；右侧一人，跪一菩萨前祈祷。龛上方左右角各镌五佛立云端；左右臂上佛雕六层小像，似为天龙八部及十神王之类。接近龛顶的第六层的浮雕作雷公击鼓，风伯鼓风，电婆悬镜，云母泻雨等[②]。四川安岳县著名的卧佛院 45 号窟的千首千眼观音的立像有三头六臂，数百只手呈扇状分布在后壁上，掌心均有眼。脚下有两名乞讨者，观音向他们一手施钱，一手施米[③]。

　　唐五代观世音信仰伴随着观世音形象的俗神化而更加深入到民间，出现了种种观音形象，有所谓"六观音""七观音"之说。如所谓马郎妇观音。传说唐朝元和年间长安有一位美丽的卖鱼女，每日提篮卖鱼，很多人来求婚。卖鱼女对求婚者说，谁能够在一夜之间背诵《观音普门品》，就嫁给谁。次日黎明，有二十多人能够背诵《普门品》。卖鱼女说，我一人怎能嫁给那么多人，谁能背诵《金刚经》则嫁给他。次日天明有十来人能背诵。卖鱼女又约定能够背诵《法华经》者则嫁之，这已是第三天，到时只有马姓青年能够背诵。卖鱼女遂嫁给他，人称马氏妇。成婚之日，卖鱼女却暴亡。后来有一老僧点化说，这是观世音菩萨化身来教化众生。于是马郎妇观音就成为关中地方的民间信仰。

　　又有所谓杨枝观音。唐代翻译的《千光眼观自在菩萨秘密法经》

① 参见彭金章：《莫高窟第 14 窟十一面观音经变》，《敦煌研究》1994 年第 2 期。

② 参见王熙祥、曾德仁：《四川资中重龙山摩崖造像》，《文物》1988 年第 8 期。

③ 彭家胜：《四川安岳卧佛院调查》，《文物》1988 年第 8 期。

的末尾提到杨枝观音的名号。不空翻译的《千手千眼观世音菩萨大悲心陀罗尼》讲到四十二手臂观音的一个手中的法器就是杨枝。唐代著名画家阎立本所画杨枝观音像，右手执杨枝，左手持净瓶，袒胸跣足，脚踏莲花。浙江普陀山的明代杨枝观音碑就是根据阎立本的画像雕刻的。

四川大足石窟佛教造像中还有白衣观音、水月观音、数珠观音、不空羂索观音，四川巴中市南龛 16 号石窟有如意轮观音。各种造型的观音在唐五代其他石窟中也有大量发现。如敦煌发现的一幅水月观音图像的背景是一轮圆月，观音座下的岩石置于一池碧水之中。观音右膝屈曲，左脚下垂，置于池中的莲花上，左手执宝珠，右手执杨柳枝。敦煌石窟中的千手千眼观音造像尤其众多，法国伯希和就剥离去数尊。敦煌 148 号窟主室南壁有如意轮观音龛，北壁是不空羂索观音龛，东壁是千手千眼观音像。

观音信仰与净土信仰以及密教的混合反映了唐代民间佛教信仰的实用性倾向和俗神化倾向。唐临《冥报记》记载信行的母亲久不得子，有沙门"劝念观世音菩萨。每日夜祈念，顿之有娠，生信行"①。戴孚《广异记》中的"李元平"条，则记载一个江州刺史的女儿与门夫的爱情因缘："（君）虽生于贫贱，而容止可悦，我以因缘之故，私与交通。君才百日，患霍乱没故。我不敢哭，哀倍常情。素持《千手千眼菩萨咒》（按即《大悲咒》），所愿后身各生贵家，重为婚姻。"② 在这里观音信仰和大悲咒都是为生育产子和婚姻爱情等世俗需要服务的，已经看不出其宗教信仰的属性特征。

（二）地藏菩萨信仰与地狱观念

地藏菩萨是中国佛教信奉的四大菩萨之一，与文殊、普贤、观音同列。根据《地藏十轮经》，此菩萨的得名取"安忍不动犹如大地，静虑深密犹如密藏"之意。地藏菩萨与中国人的地狱观念有密切的关系。

① 唐临：《冥报记》卷上，方诗铭辑校，中华书局，1992，第 3 页。
② 《广异记》，第 113 页。

因为根据《地藏菩萨本愿经》的说法，此菩萨受释迦佛的嘱托，自誓要在释迦即灭、弥勒未生以前是无佛之世留在世间，教化众生，使地狱中的所有沉沦者都得到解脱，所谓"地狱未空，誓不成佛"。相传唐高宗永徽四年（653）有新罗国僧人金乔觉年二十四岁，携白犬航海来到中原内地，在池州附近觅得九华山善地潜心修行，开元十六年（728）七月三十日夜成道。据说此僧即地藏菩萨的化身。僧人向山主闵公乞求一袈裟地，许之。袈裟竟然覆盖了九华山的九座山峰。闵公的儿子道明及闵公本人也先后出家。因此侍立地藏菩萨左右的就是此父子二人。九华山也就被当作地藏菩萨的道场，地藏菩萨信仰在唐代便流行起来。敦煌的壁画、绢画，四川大足石刻，甘肃麦积山石窟的壁画，有地藏菩萨形象的往往也有地狱题材的画像。

中国传统的幽冥之司从泰山（太山）府君到阎王殿有一个长的发展过程。这种变化无疑是佛教传入之后才发生的。早期汉译佛典中还称太山地狱，后来或以太山地狱互称，这大概是佛教入华之初的普遍情况，即从中国传统的概念里寻找与佛教对应的名词。地狱的形象在许多冥报故事里有描述，而石刻壁画中更有许多形象化的资料。

重庆大足宝顶山有比较典型的地狱画像。唐末静南军节度使韦君靖于唐昭宗景福元年（892）在大足北山建筑永昌寨御敌，同时开凿石窟造佛像。据刘长久等《大足石刻研究》，佛湾地区23号、37号、205号、227号、231号、242号、276号等佛龛是地藏及地藏变相。宝顶山20号佛龛是《地狱变相》（一说为《大方广华严十恶品经变》），杂有《佛说十王经》的内容。《佛说十王经》是晚唐五代成都大圣慈寺沙门藏川所撰。十王即阎魔王、五官王、宋帝王、初江王、秦广王、变成王、泰山王、平正王、都市王、转轮王。敦煌本《佛说十王经》所带的插图有关于地狱审判的生动画面，可以与石刻中的描写相印证①。

① 杜斗诚：《敦煌本佛说十王经校录研究》，甘肃教育出版社，1989，有《〈十王经〉与地狱变》，并附录大量图片，可以参看。

　　大足石刻的所谓《地狱变相》中，地藏菩萨占据中心的显著位置。全图分为四层。最上层为十方诸佛。上层是十大冥王。左侧从西往东分别是"阎罗天子""五官大王""宋帝大王""初江大王""秦广大王"五幅画像，第六像是"现报司官"，案前题记云："欲求安乐住人间，必莫侵陵三宝钱。一落冥间诸地狱，喧喧受罪不知年。"同层右侧从东往西的画像分别是"变成大王""泰山大王（王误为萨）""平正大王""都市大王""转轮圣王"，再往右端是速报司官，案前题记云："船桥不造此人痴，遭险牺惶恐始知，若悟百年弹指过，修斋听经莫教迟"。

　　中层全壁共有十组变相，描述地狱受苦的种种惨壮，按照从东到西的顺序分别是："刀山地狱""镬汤地狱""寒冰地狱""剑树地狱""拔舌地狱""毒蛇地狱""剉碓地狱""锯解地狱""铁床地狱""黑暗地狱"。在"寒冰地狱"的上方有吊一杆不带砣的秤，秤杆水平，旁书"业"字，表明是"业秤"。"铁床地狱"上有"业镜"。

　　下层的主像为赵智凤立像，高达 1.45 米，身着袈裟，左手挟梵夹，右手结手印，做说法状。背后的三层四方宝塔第二层上有文字云"大藏佛说《华严经》（略）"[①]，第三层文字云"假使热铁轮，于我顶上旋，终不以此苦，退失菩萨心"。主像左侧刻文云"天堂业广，地狱业阔，不信佛言，且奈心苦"，右侧刻文云"吾道苦中求乐，众生乐中求苦"。本层分布在两侧各有四组画像，自东到西左侧四组分别是"截膝地狱""铁围山阿鼻地狱""饿鬼地狱""刀船地狱"，右侧四组是"铁轮地狱""镬汤地狱""务戟地狱""粪秽地狱"，再往右是"父母为儿饭故事图"。

　　以上这些关于地狱的石刻画像演绎的都是关于地狱报应的故事。同样的故事也大量见于唐人冥报小说之中。《玄怪录》卷二《崔环》在记述元和五年（810）五月崔环病死于荥阳别业，阎罗王派小鬼前来勾魂时，为我们描述了一幅地狱世界："忽见黄衫吏二人，执帖来追，

[①] 《华严经》的"严"误作"鲜"。据此或认为此画像为"大方广华严十恶品经变"。

遂行数百步，入城。城中街两畔，官林相对，绝无人家，直北数里到门，题曰'判官院'。见二吏迤逦向北，亦有林木，裤靴袜头，执刀头，执弓矢者，散立者，各数百人。同到之人数千，或扭、或系、或缚、或囊盛耳头、或连其项、或衣服俨然、或簪裙济济，各有惧色，或泣或叹……环闷，试诣街西行，一署门题曰'入矿院'，门也甚净。环素有胆，且恃其父为判官，身又蒙放，遂入其中，过屏障，见一大石，周回数里，有一将军坐于石北厅上，据案而坐，铺人各绕石及石上，有数十大鬼，形貌不同，以大铁椎椎人为矿石。束有杻械枷锁者数千人，悲啼恐怯，不可名状。点名拽来，投来石上，遂椎之，既碎，唱其名。军将判之，一吏于案后读之云：'付某狱讫。'鬼亦棒云。其中有付砲狱者，付火狱者，付汤狱者。环直逼石看之，军将指之云：'曹司法严，不合妄入，彼是何人，敢来闲看。'敕一吏拽来段之。"《太平广记》卷三八五《崔绍》也记载了地狱的街市风貌。

（三）毗沙门天王信仰

毗沙门是梵文的音译，意为多闻、遍闻。毗沙门天王即多闻天王，他与持国天王、增长天王、广目天王并列为佛教四大护法天神。据《法华经义疏》的说法，毗沙门天王因为护卫如来道场而闻法，故名多闻天王。唐代把毗沙门天王当作战神来供养。卢弘正《兴唐寺毗沙门天王记》云："在开元，则玄宗图象于旗章；在元和，则宪皇交神梦寐。佑人济难，皆有阴功。自时厥后，虽百夫之长，必资以指挥。十室之邑，亦严其庙宇。戢其强暴，无烦狴牢。敏以为政者，必因而证树之。"① 根据唐僧不空翻译的《毗沙门仪轨》称，天宝元年（742）安西被西域康、石等五国围攻，前线告急。玄宗问计于僧一行，一行建言请不空三藏修毗沙门法门，请天兵御敌。诵真言不到二七遍，只见道场上已经有两三百天兵带甲侍立。玄宗供食发遣之。据说，四月份安西报捷的表章说："去城东北三十里，有云雾斗暗。雾中有人，身长一丈。三五百人，尽著金甲。至酉后，鼓角大鸣，声震三百里，地

① 《全唐文》卷七三〇《兴唐寺毗沙门天王记》，第7530页。

动三百里，地动山崩。停住三日，五国大惧，退军抽兵。诸营队中并是金鼠，咬弓弩弦，及器械损断，尽不可用。有老弱去不得者，臣所管兵欲损之。空中云，放去不须杀。寻声反顾城北门，楼上有大光明，毗沙门天王见身于楼上。"这段故事违背历史事实是毋庸考证的①，但是它却充分说明唐人关于毗沙门天王的战争守护神的形象②。

毗沙门天王信仰发端于西域于阗。玄奘《大唐西域记》卷十二曾经叙述于阗国王请金鼠咬断敌人的弓箭退敌的故事。与西域邻近的敦煌也流行着毗沙门天王的故事，敦煌壁画中不乏其造像。西北地区、中原内地和西南边陲都流行着毗沙门天王信仰。重庆大足北山佛湾的 3 号和 5 号大佛龛是毗沙门天王雕像。5 号龛的毗沙门天王像高达 2.50 米，头戴平顶高方冠，身着七宝铠甲，足踏莲花座。头外有圆形光环，两肩放出火焰。供养人中有身着盔甲的武士等。这是唐末五代的雕像，说明了其时这个地区毗沙门天王信仰的存在。据《宋高僧传·智广传》记载，唐懿宗咸通年间，南蛮来攻成都府，有毗沙门天王显灵，五丈高的身躯和两眼的流光使敌人吓破了胆，蛮兵惧而退兵。这件事在四川资中西岩摩崖石刻 34 号佛龛中的题记上有记录："咸通中南蛮救乱，围逼成都……天王茂昭圣力，遽显神威，楼上耀光明之彩。蛮酋瞻之而胆□，酋毫视之而心□，即时遁跃。"此题记作于后唐天成四年（929），《宋高僧传》中的故事当取材于此题记，但可能是类似的记载。这说明毗沙门天王显灵退敌故事在西南地区也广泛流行。敦煌写本有《龙兴寺毗沙天王灵验记》，所记大约是德宗贞元十七年（801）在龙兴寺官民设乐时毗沙天王显灵的故事，反映了敦煌地区唐五代时期毗沙天王信仰的流行情况③。

毗沙门天王不只是战争守护神形象，还具有其他俗神的功能。四川广元巴中南龛石窟 65 号龛是乾符四年（877）四月八日化城县令赵

---

① 天宝元年僧一行已故世，不空亦去唐。唐朝与石国的战争发生在天宝九年，唐方主将为安西节度使高仙芝，事见《资治通鉴》及两《唐书》本传。
② 关于毗沙门天王信仰可以参见徐梵澄：《关于毗沙门天王等事》，《世界宗教研究》1983 年第 3 期。
③ 参见郑阿财：《〈龙兴寺毗沙天王灵验记〉与敦煌地区的毗沙门信仰》，载《周绍良先生欣开九秩庆寿文集》，中华书局，1997，第 253-264 页。

某"为自身疾苦，发愿敬镌北方大圣毗沙门天王一驱"。资中重龙山49 龛、88 龛、106 龛都是毗沙门天王形象，其 49 号龛冯元庆唐懿宗咸通六年（865）的造像题记云："敬造北方天王一驱，弟子当州都虞候冯元庆愿合家大小平安"。北方天王虽然上着环形甲，下穿琐子甲，但保卫的是世俗生活的安宁，与战争无关。巴中南龛 93 号石窟中荥阳郑某会昌六年（846）造毗沙门天王像一驱，又造观世音菩萨一驱。可见驱邪与求福的神灵都是民众所需要的。

（四）维摩信仰

维摩诘是大乘佛教中在家修行的居士。根据《维摩诘经》的说法，维摩诘是古代印度的一名家财万贯、婢仆成群的大富豪。他生活富有，还经常出入市井酒肆，但是他能够处相而不住相，对境而不生境。他的富贵荣华的世俗生活只是为了教化众生的方便。维摩诘还精通大乘教义。据说佛在毗耶离城城中五百长者之子诣请说法，唯维摩诘称病不往，佛乃派文殊菩萨带舍利弗等弟子去探候病床。在维摩诘的丈室里，文殊与维摩诘反复讨论大乘奥义。维摩诘的善辩与深邃使舍利弗等小乘弟子目瞪口呆，连以睿智著称的文殊菩萨也十分赞叹。这次讨论的记录就是《维摩诘所说经》，简称《维摩经》。该经大约有七种不同的汉文译本，最早有东汉末年严佛调的译本，久佚。后来通行的是后秦鸠摩罗什的三卷本译本。由于此书"言虽简要，而义包群典"，因而被僧俗视为了解佛法的入门书。南北朝到隋唐五代，《维摩经》在中土知识界广泛流行。为这部经书做注疏的高僧主要有后秦僧肇，隋慧远、智顗、吉藏，唐湛然、窥基等。

《维摩经》宣扬的是居士佛教与菩萨住世思想。它打通了出世与入世的隔阂，居家与修行的隔阂。菩萨住世以普度众生而不是脱离现实世界，这就为在功名场上挣扎的中国士大夫打开了一条寻求精神慰藉的大门。

《维摩经》作为早期大乘佛教的产物，其中心思想是般若空宗。这与禅宗的"心性"理论是相通的。《维摩经》于是成为信仰禅宗的文人的必读经典。南宗禅对于《维摩经》的居士思想和菩萨住世观念不仅加以吸收，而且进一步加以发挥。日常生活即是禅，直心见性就是道。唐代文人对维摩的信仰也体现了这种精神。王维自号摩诘，以当世的维摩自居。白居易也时或以维摩自况，其有诗云："有室同摩诘，无儿比邓攸。"[1] 孟郊《听蓝溪僧为元居士说〈维摩经〉诗》有"手持《维摩》偈，心向居士归"之句。元稹《大云寺十二韵》记其听《维摩经》云："示化维摩疾，降魔力士勋。"[2] 李商隐妻室生病，作诗自比维摩诘："维摩一室虽多病，要舞天花作道场。"[3] 诗人郑谷有诗赠苗居士："岁晏乐园林，维摩契道心。"[4] 总之，唐代中后期的诗人文士喜欢把自己或者把朋友比作维摩诘，反映了维摩信仰在文人中的深入人心[5]。

此外，还有对文殊菩萨的崇拜、对普贤菩萨的崇拜，等等。各地还有许多无名庙宇与神灵也受到当地居民的崇拜[6]。此不具述。

总之，在中国民间宗教意识形成、发展过程中，上述种种佛教信仰起着举足轻重的作用。隋唐时期，随着佛教日益深入民间，它的世俗化进程也快速发展，菩萨的形象由原来的男性渐渐变成了面目丰润姣好、线条柔和的青年女性，也是受到民间信仰的影响的结果。在民间，对观音菩萨和地藏菩萨的信仰非常盛行，每到他们诞辰日的时候，都会有非常盛大的佛事活动。其中观音菩萨更是妇孺皆知，受到"善男信女"们的虔诚敬仰。从思想上对民间教派以极大影响的还有佛教的末世意识与救世思想，特别是弥勒救世的思想。弥勒信仰和观世音信仰的世俗化，促使佛教的某些异端思想在下层社会发生发展，从而引导出一系列以佛教的名义举旗造反的事件。隋炀帝大业六年（610），

---

[1] 《白居易诗集校注》卷十九《闲坐》，第 1579 页

[2] 《全唐诗》卷四〇八《大云寺十二韵》，第 4540 页。

[3] 李商隐：《李商隐诗歌集解》之《酬崔八早梅有赠兼见示之作》，刘学锴、余恕诚整理，中华书局，2004，第 1414 页。

[4] 《全唐诗》卷六七四《赠泗口苗居士》，第 7715 页。

[5] 此处关于维摩信仰问题的观点与资料多参考孙昌武：《中国文学中的维摩与观音》，高等教育出版社，1996。

[6] 仅举一例，《全唐文》卷七八八《请自出俸钱收赎善权寺事奏》提到：常州善权寺"颇有灵验"，每奉敕令祭莫，"凡有水旱祈祷，无不响应"，第 8241 页。

"有盗数十人，皆素冠练衣，焚香持花，自称弥勒佛。入建国门，监门者皆稽首，继而夺卫士杖，将为乱，齐王暕遇而斩之"①。唐高宗永隆二年（681），"万年县女子刘凝静，乘白马，著白衣，男子从者八九十人，入太史局，升令厅床坐，勘问比有何灾异"②。此外，还有人利用各种民间信仰组织结社，唐末的时候就曾经有过"青城县妖人作弥勒会"③。

　　隋唐时期，疆域辽阔，不管是在佛教传播风行的地方还是在佛教没有涉足的偏远地区，民间的一些信仰活动都普遍存在着。人们在很多地方设立"淫祠"，祭拜那些在朝廷看来生无功德可称、死无节气可奖的人。尤其是在江南一带，这种风气极为盛行。隋唐政府对于这种不合法存在的"淫祠"曾经多方加以限制。在这种情况下，一方面迫于政治的压力，另一方面也由于佛教寺院的开放性，许多的民间神祇就在这一时期被转移到佛教寺院当中，和佛教的神灵一起受到人们的拜祭。这样一来，许多的民间信仰就借助于佛教寺院而存留下来，而佛教也借此机会对这些民间的神灵进行了吸收和改造。在双方长期以来互浸互染的过程中，佛教中的某些神灵和民间信仰中的诸多神灵之间产生了种种复杂纷繁的交叉、重叠和转换的现象。有些原本是佛教中的神，被民间接受以后，逐渐与民间信仰中的神灵互相混杂融合，使某些神灵成为你中有我、我中有你的综合性偶像。④ 在民间信仰者当中，不少人对佛教的佛和道教的神仙区分不清，以至于常常把二者相混杂。其中，佛教中后来出现的托塔李天王的形象，就是由民间信仰中被神化了的唐代将军李靖和佛教中的毗沙门天王相结合而形成的。而佛教创始人乔达摩·悉达多的尊号如来佛，以及观世音菩萨、阎罗王、地藏王之类佛教神灵的名号，也都随着民间信仰一起深入到平民

① 《隋书》卷三《炀帝纪》，第74页。
② 《旧唐书》卷三六《天文志下》，第1320页。
③ 《太平广记》卷二八九《妖妄二·陈仆射》，第2302页。
④ 严耀中关于佛教树神及其在唐代以后的民间信仰情况的研究可以为一个例证，参见严耀中《〈新唐书·惠庄太子㧑传〉中的"西土神树"》，载《汉传密教》，学林出版社，2000，第288页。另外一个比较突出的例证是佛教本命年观念及其在汉民族信仰的形成与转化，参见贾二强：《神界鬼域：唐代民间信仰透视》，陕西人民教育出版社，2000，第214–222页。

百姓的心中，即使他们不是佛教信徒，往往也愿意虔诚地供奉这些神灵，同时，隋唐时期人们关于冥间世界和阴曹地府的想象，也都跟佛教因果轮回的宣传有关。后世民间广泛流传的目连戏所演绎的目连地狱救母的故事就是佛道儒交叉混合的产物①。以上这种种现象都说明了在这一时期，佛教对民间神灵信仰的渗透是颇见成效的。

四　佛教修行活动与宗教意识

佛教弟子的基本佛事活动是斋戒。北魏比丘昙靖曾经为居家的信男善女撰写《提谓波利经》二卷，实际上是抄撮佛典，又糅以中国一些传统的思想习俗而成。其主要内容是讲五戒、持斋修行和善恶因果报应。所谓五戒，是说在家居士至少要遵行不杀生、不偷盗、不邪淫、不妄语、不饮酒这五条佛教最基本的戒律。所谓持斋，是说在每月的六斋日，过了中午不得再进食。六斋日即每月的八、十四、十五、二十三、二十九、三十日共六天。传世的《提谓经五戒威仪》详细规定了在家佛教信徒守戒持斋的规定。守持戒斋的目的是积功德和善因，以便消灾除病，益寿延年。

斋戒只是佛弟子消极的一种修行方式，积极的修行方式还得有更多的付出。佛经谓"修福田莫若立塔写经"②。也就是说出钱修行效果会更加显著。因此写经、刻经和诵读佛典，以及开石窟、修佛塔成为民众礼佛的一种重要方式。前面的房山石经的造作，已经说明了一部分情况，以下我们将以敦煌文书和金石考古资料为中心具体考察一下中古时期（南北朝隋唐五代宋初）民间的宗教活动。

（一）佛经的抄写

北朝隋唐时代，信佛者普遍把抄写佛经作为消灾祈福的重要途径。

① 关于目连戏的传说参见侯杰：《目连戏与中国民众宗教意识》，载《中国社会历史评论》第二卷，天津古籍出版社，2000；侯杰、范丽珠：《世俗与神圣：中国民众宗教意识》，天津人民出版社，2001，第344页。
② 《佛说决罪福经建辉题记愿文》，载《敦煌愿文集》，黄征、吴伟编校，岳麓书社，1995，第836页。以下引用此书只于引文后写页码，不另出注。

从敦煌文书和石刻题记的发愿文看，一般要请专业抄经手抄写，称为经生。《太平广记》卷一〇九《昙韵禅师》记禅师欲写《法华经》，无人同志，"忽有书生来诣之，仍以写经为请。禅师大欢喜。清旦食讫，澡浴，著净衣，入净室，受八戒，口含旃檀，烧香悬幡，寂然抄写，至暮方出，明复如初，曾不告倦。及缮写毕，乃至装裱，一如正法"。这种写经的"正法"在写经题记上可以得到印证。日本书道博物馆藏凉安乐二年（620）的一份题记记载了当时的写经情况：

> 弟子等减割一米之余，奉为亡考亡妣、七世先灵，敬造《维摩经》一部、《华严十恶经》一卷。弟子烧香，远请经生朱令辩用心斋戒：香汤洗浴，身着净衣，在于静室，六时行道。写经成就，金章玉轴、琉璃七宝庄严具足。
>
> 安乐三年三月十四日写讫，弟子阎硕供养。
>
> 沙门玄叡受持。（第 882 页）

这条题记不仅写明了写经发愿的缘由，而且具体描写了经生写经的肃穆气氛和写经后的精美装帧。写完的佛经如何处置？最后一行有"沙门玄叡受持"的字样，由于其字迹有别于其前的题记，所以还不好判定是否该经写毕，就由沙门玄叡受持。从其他一些写经题记来看，发愿人写经的去向有三：一自家供养，如有人"写此《大般若涅槃经》一部，读诵受持，供养恭敬，尊重赞叹"（第 860 页）。二当地流通，如有人"敬造《佛名经》一部，流通在世"（第 853 页）。又如"大业十三年，佛弟子张佛果为刘士章善友知识敬造《宝车经》一卷，流通读诵、讲说修行"（第 879 页）。三置诸寺院，如龙朔二年七月尉迟琳等"敬于云际山寺洁净写一切经"，"此经即于云际上寺，常住供养"（第 890 页）。

阎硕的写经手续比较简单，一些达官贵人的写经，有严格的写经、校对和审定程序。如 S. 2838 高昌王女发愿写《维摩诘经》卷下之后有"经生令狐善欢写，曹法师、法慧校，法华斋主大僧平事沙门法焕定"。

然后才是发愿人的题记。长安的皇家写经更是宏大的场面，敦煌文书中的一份咸亨四年（673）弘文馆楷书令史任道抄写的《金刚般若波罗蜜经》，其下题名除三校之外，还有详阅三人，判官、使官各一人等一批法师和官员①。多的时候官方写经班子需要十一人②。

民间可能存在专门的经坊和写经人，并且以此为业。《太平广记》卷一〇九《尼法信》说尼法信出数倍的价格请"工书者一人"，辟出净室精写《法华经》。经卷的买卖也会出现。《太平广记》卷九十九《刘公信妻》提到："有一经生，将一部新写《法华经》未装潢者转向赵师子处质钱。"《太平广记》卷一〇九"李氏"条记李氏拟作《法华经》，"已付钱一千文与隐师"。隐师是当地的一位禅师客僧，他"雇诸经生，众手写经"，花了七天为李氏写经③。这些都可以见到用钱买所写经文的事例。寺院及僧侣靠为人写经收取报酬。《冥报拾遗》载某任五娘请其姊"为作功德救助"，因为经济困难，把任氏的衣服，"送净土寺宝献师处，凭写《金刚般若经》"④。敦煌文书 P. 2912 号背面《康秀华写经施入疏》记载：康某为"写《大般若经》，施银盘子叁枚共三十五两。麦一百硕，粟五十硕，粉四斤"，这些东西施给寺院"炫和尚手掌货卖，充写经直，纸笔墨自供足"⑤。同一文书上的《炫和尚货卖胡粉历》记录了出卖胡粉得麦（麦子相当于流通的货币用）的情况，其用途并不全在写经。说明寺院只要交付一部缮写的《大般若经》即可，不必把施主施人写经的钱物直接用于写经的开支⑥。此处所记虽然是吐蕃统治时期敦煌的情况，但亦可以与内地文献史料的记载相互补充发明。

---

① 见张国刚、荣新江：《德国巴伐利亚州立图书馆藏敦煌经卷小记》，载《祝贺胡如雷教授七十寿辰中国古史论丛》，河北教育出版社，1995。
② 参见高国藩：《敦煌古俗与民俗探微·中国民俗探微》，河海大学出版社，1989，第 425－427 页。
③ 事又见《冥报记》卷下《唐顿丘李氏》，中华书局，1992，第 94 页。
④ 《冥报拾遗》"唐任五娘"条，收入《冥报记》附录，第 126 页。
⑤ 参见郑炳林：《〈康秀华写经施入疏〉与〈炫和尚货卖胡粉历〉》，载《敦煌吐鲁番研究》第三卷，北京大学出版社，1997。
⑥ 郑炳林：《〈康秀华写经施入疏〉与〈炫和尚货卖胡粉历〉》，载《敦煌吐鲁番研究》第三卷，北京大学出版社，1997。

抄写经文的目的，根据唐临《冥报记》所收诸例，大多是因为生前作孽残害生灵或者诋毁佛法、不做佛事而被拘至阴司拷问，最后因为写经念佛而得免。这是属于写经消灾一类。更多的写经者是采取积极的态度，即写经是为了某种目的（所谓种福田），就像求医问药、烧香许愿一般。具体到各个信佛者来说，又各有各的因由，大体可以归纳为如下几种。

1. 普济主义——为了全体生灵发愿求福。

如张璪于北魏皇兴五年，"竭家建福，兴造素经《法华》一部、《金光明》一部、《维摩》一部、《无量寿》一部，欲流通本乡，道俗共瞻。愿使福钟皇家，祚隆万代；祐例亡父亡母，托生莲华，受悟众生；润及现存。普济一切群生之类，咸同斯愿。若有读诵者，常为流通"（第807页）。这里的发愿分为三个方面、两个层次：三个方面是皇家、已亡父母、现存者；两个层次是推己及人，"普济一切群生"。

2. 实用主义——为了医治疾病而写经造福。

如北魏永熙二年（533），瓜州刺史元太荣，"敬造《涅槃》《法华》《大云》《贤愚》《观佛三昧》《袒持》《金光明》《维摩》《药师》各一部，合一百卷仰为比沙门天王。愿弟子所患永除，四体休宁"（第823页）。元太荣就是元荣。看来他在瓜州期间，身体欠佳，所以屡有写经造像之举。

上则题记是他为自己早日康复而作，还有题记是其亲信部属为祝愿他身体安康而写经发愿。如北魏孝昌三年（527），假冠军将军乐城县开国伯尹波"扈从主人东阳王殿下，届临瓜土"，"辄发微愿，写《观世音经》四十卷，施诸寺诵读"：愿二圣慈明，永延福祚，九域早清，干戈早息，"八表宇宙，终成一轨"；愿东阳王殿下体质康休，年寿无穷，保境安蕃，更无虞寇，"皇途寻开，早还京国。敷畅神讥（机），位昇宰辅"（第812页）[①]。这条题记的政治意味很浓，当另文

[①] 《魏书》卷十《孝庄纪》载，永安二年（529）八月"丁卯，封瓜州刺史元太荣为东阳王。"（第263页）但是，据此则题记，则早在孝昌三年（527），元荣已经是东阳王。

具论，其中除了对国泰民安的祝福外，还有对于主人"体质康休，年寿无穷"的祝愿。

有父亲为患病的儿子写经发愿的。如辛未年（911）二月四日，皇太子暅，为男弘忽染痢疾，非常困重，遂发愿写此《金光明最胜王经》，"愿弘疾苦早得痊平，增益寿命"（第920页）。有为父亲患病写经求福的，如唐总章二年（669），令狐石住因父病发愿写金刚经二部。（第893页）当然更多的还是像元荣那样，为自身的病痛而写经祈福：如后晋天福六年（941），曹氏"敬写《般若心经》一卷、《续命经》一卷、《延寿命经》一卷、《摩利支天经》一卷"，原因是"己躬患难，今经数晨（辰），药饵频施，不蒙抽减"（第927页）。又如乙卯年（？895）索靖儿"为己身忽染热疾，非常困重，遂发愿写此《四分戒》一卷"（第915页）。

3. 实用主义——为了亲人团聚或早日还乡而写经造福。

如卢大娘者，其亲眷"陷在异番，敬写《金光明经》一卷。唯愿二国通和，丘（兵）甲休息，应没落之流，速达乡井。共卢二娘同沾此福"（第906页）。又如，北魏普泰二年（532）瓜州刺史元荣，派儿子叔和诣阙，自顾"年老病患"，担心叔和有失，"冀望叔和早得还回"，敬造《无量寿经》一百部、《摩诃衍》一百卷、《内律》五十卷、《贤愚》一部、《观佛三昧》一部、《大云》一部（第817页）。

有的是出使在外，祈望家人早日团聚。如西魏废帝元年（552）正月二十五日，辛兴升出使突贵，"儿女在东"，发愿减割身份之余，"敬写《法华经》一部、《无量寿》一部、《药师》一部、《护身命经》一部"，愿"儿女相见"，"儿女得还家"（第834页）。又如隋大业十二年（616）七月廿三日，信女刘圆净流落在敦煌，写经发愿，"愿刘早离边荒，速达京辇；罪障消除，福庆臻集"（第878页）。

唐代还有府兵官兵在府写经求平安还家的，武周"久视元年（700）六月三十日，宁远将军守右武威卫晋州安信府左果毅都尉上柱国邓守瑎，在府写《涅槃经》一部"。除了为父母及身、兄弟妻子等无诸灾障，请求诸佛护助外，还"愿守瑎父子平安到家，共娘及弟并妻、子等相见，报佛慈恩"（第 896 页）。

4. 实用主义——女子为求转男身而写经。

《药师经》是佛教徒日常生活中常用的经典之一。药师许给人们的十二愿中，第八愿是许修行者可以女变男身，来生成男，或者今世就变成男身。因此，颇有写经女士发此心愿。如西魏大统二年（536）四月八日，比丘尼建晖，为七世师长父母敬写《涅槃》一部、《法华》二部、《胜鬘》一部、《无量寿》一部、《方广》一部、《仁王》一部、《药师》一部"，她的心愿是，"因此微福，使得虽女身后成男子；法界众生，一时成佛"（第 824 页）。

又如北魏永平二年（509），尼建晖敬写《入楞伽》一部、《方广》一部、《药师》二部，发愿来世女身成男（第 809 页）。

5. 亲情主义——为各种亲人写经求福。

有为丈夫或妻子写经祈福的。隋开皇十八年（598）四月八日，信女氾仲妃"减身口之分"，为亡夫写经发愿。（第 858 页）郭法姬为亡夫杨群豪写经发愿。（第 862 页）令狐阿咒"减割资财，仰为亡夫敬写《大涅槃经》一部卅卷，《法华经》一部十卷，《大方广经》一部三卷，《药师经》一部一卷"（第 864 页）。

有长辈为晚辈写经祈福。如唐光化三年（900）张氏（疑是索勋夫人）"谨为亡男使君、端公、衙推，抄《金光明最胜王经》一部（第916 页）。唐天授二年（691），菩萨戒弟子令狐兰为早夭孙女发愿写经（第 894 页）。

有晚辈为长辈写经祈福的。如唐景龙二年（708），同谷县令薛崇徽与弟崇暕为亡考妣写经发愿（第 897 页）。如隋大业二年（606），"比丘释善藏，奉为亡妣张夫人敬造此经，流通供养"（第 871 页）。又如隋大业四年（608）四月十五日敦煌郡大黄府旅率王海，奉为亡妣敬造《涅槃》《法华》《方广经》各一部，愿"世世生生还为眷属"（第877 页）。上两种情况当因父亲尚健在，所以发愿只是说为亡妣求福。

有为兄弟姐妹写经祈福的。如李季广北魏永平五年（512），"有姊适王氏家，灾命早背。兄弟之情，悬心楚切，不任所感，为亡姊写

《涅槃经》一部"（第810页）。又如北魏正光三年（522），亡兄沙门维那慧超，倾资竭财，"图金容于灵刹，写冲典于竹素"，功未成而去世。"弟比丘法定，仰瞻遗迹，感慕遂甚。故莹饰图刹，广写众经，《华严》《涅槃》《法华》《维摩》《金刚般若》《金光明》《胜鬘》，冀钟福亡兄"（第811页）。

总之，从敦煌民众写经题记中，可以很清楚地看出，人们主要是为了解决现实问题而求助于宗教，民众的宗教生活表现出浓重的实用主义特征。

（二）建寺、造像、修窟所体现的宗教意识

中古时代大众佛教生活的一个重要内容是建寺庙、造佛像、修石窟。魏晋以来社会上佛教寺院塔庙的建造泛滥成灾。《洛阳伽蓝记·序》说，北魏时代，"王侯贵臣，弃象马如脱屣；庶士豪家，舍资财若遗迹。于是招提栉比，宝塔骈罗，争写天上之姿，竞模山中之影。金塔与灵台比高，广殿共阿房等壮"，说"京师表里凡有一千余寺"。隋唐时代修建寺塔的风气依然很盛。隋代有佛寺五千余所，唐代武宗灭佛时全国有大中寺院四千六百多所，乡间招提、兰若四万余所。建寺、修塔、造窟有官府出资与民间出资两种方式。从建造原因来说则有多种。《广弘明集》卷二八上《启福田篇》收录沈约《为人作造寺疏》说郢州某甲"于郢州某山为十方僧建立招提寺，萦负郊原，面带城稚，枕倚岩壑，吐纳烟云"[1]。这样私人独自出资修建的寺庙，纯粹是宗教的目的。同卷有隋文帝《于相州战场立寺诏》、唐太宗《于行阵所立七寺诏》可以说是国家行为。同卷《隋文帝为太祖武元皇帝行幸四处立寺建碑诏》和唐太宗《捨旧宅造兴圣寺诏》可以说是"私事公办"，也就是说它是以国家的名义建寺，为皇帝的家人祈福。此外，唐代高级官员捨庄宅为寺院的例子还很多。如王维捨庄为寺，其兄王缙捨居第为宝应寺，宦官鱼朝恩献通化门外的所赐庄宅为章敬寺，等等。

以上是就文献资料列举的例子。在敦煌、龙门、麦积山等石窟造

---

[1] 释道宣：《广弘明集》卷二八上，载《四部丛刊初编》，上海书店，1989，第433页。

像中还有很多石刻资料。

中古时代佛教造像，根据所用的材料不同，约可分为九种①，最常见的是雕像和塑像。雕像有石质、木质、玉质的不同。北朝隋唐保存下来的石雕造像不少，有一石一尊、一石多尊，有带龛形的，其佛座上刻有铭文。大型的石雕龛像叫作"造像碑"，其一面乃至四面都雕刻佛像。有时供养人题名或绘像于龛的下方。塑像是用泥塑而成的。敦煌石窟和炳灵寺石窟都保存着不少唐代的塑像。此外还有瓷像，唐代三彩瓷像是十分名贵的艺术品。

塑造佛像的因由很多，有人曾经通过对龙门石窟造像题记，归纳出施主们造像的缘由有如下几种：为疾病而造像祈求痊愈，为怀孕而造像祈求孕娠安吉，为北征而造像祈求平安返回，为生日而造像，为求长寿而造像，为有噩梦而造像，为家内鬼神不安而造像，为保今世的富贵安乐而造像，为仕宦顺遂而造像，当然，也有为了祈求来世的幸福、国祚的久长和亡故的亲人而造的②。龙门石窟造像发愿的内容在幽州地区也有印证。北京房山石经题记有许多类似的题记，如

> 天宝元年二月八日范阳县人李仙药为亡过父母　敬造石经一条，合家供养。
>
> 大历五年二月八日建　佛弟子李义礼为亡妻敬造石经一条，合家供养。
>
> 大历五年二月八日建　尹晟弟进玉为亡过父母敬造石经一条，合家供养。③

由于造像建寺修窟，耗费比较大，除了官僚富室外，一般民众负担不起。于是，建立佛事合作组织，便成为广大佛教信徒普遍采取的一种方式。《涑水纪闻》载，"唐神龙年中，襄阳将铸佛像，有一姥至

---

① 周叔迦：《法苑谈丛》，载《周叔迦佛学论著集》下集，中华书局，1991，第615页。
② 孙贯文：《龙门造像题记简介》，《考古与文物》，1983年第6期。
③ 《房山石经题记汇编》，第83、107、108页。

贫，营求助施，卒不能得。姥有一钱，则为女时母所赐也，宝之六十余年。及铸像时，姥持所有，因发重愿投之炉中。及破炉出像，姥所施钱，著佛胸臆"。这个故事是说敬佛要在心诚，不在施财多寡。同书又载，"开元初，同州界有数百家，为东西普贤邑社，造普贤菩萨像，而每日设斋"。《酉阳杂俎·续集》卷五《寺塔记上》：建中末年，百姓屈俨患疮，梦见云华寺观音显灵治其病，引来"倾城百姓瞻礼，俨遂立社，建堂移之"①。从这里可以清楚地看出，屈俨所倡导建立的佛社，乃是以建佛堂和礼佛为目的的。诚如宋赞宁《大宋僧史略》卷下"结社法集"所言："历代以来成就僧寺为法会社也。社之法，以众轻成一重。济事成功，莫近于社。今之结社，共作福因，条约严明，愈于公法，行人互相激励，勤于修证，则社有僧善之功大矣。"② 赞宁所说的众人集资结社而礼佛的情形，我们在前述房山石经题记中可以找到许多具体的事例。

(三) 斋会与礼忏

佛教在传入中国初期，曾经被认为是神仙方术家的一支。佛教本身也在传播中有意无意地披着道教的外衣。祭祀礼忏是佛教宣教的一种重要方式。因此，从一开始中国佛教就形成了不同形式的法会仪礼——一种集体礼佛活动。这些活动按照其内容分有斋僧、礼忏等等形式。

斋僧本来是给僧人供食，后来发展成俗人修行功德的一种形式。官府用斋僧的方式来为阵亡将士超度荐福，或者为求雨举行斋僧法会。民间因为病愈而斋僧、为报恩而举行法会的事也十分普遍。

水陆法会是超度死者罪孽最重大的礼忏法会，全称"法界圣凡水陆普度大斋圣会"。据《佛祖统纪》卷三三，唐高宗咸亨年间（670—674）长安法海寺禅师神英梦中得到异人指点，醒后从大觉寺得到梁武帝所撰水陆仪文，因常设此斋，遂流行天下③。但是，水陆仪轨中的文

① 《酉阳杂俎》续集卷五《寺塔记上》，第250页。
② 赞宁：《大宋僧史略校注》卷下《结社法集》，富世平校注，中华书局，2015，第185页。
③ 志磐：《佛祖统纪》卷四四《法运通塞志第十七之六》，释道法校注，第924页。

辞完全依据天台宗的理论撰述。其中所有密咒出自菩提流志于唐中宗神龙三年（707）译的《不空羂索神变真言经》。这么说，水陆法会在唐代应该已经流行，只是在宋代更加普遍化罢了。敦煌文书 S.0663《水陆无遮大会疏文》和 P.3542《无遮大会斋文》写作年代不详①，从文中有"我府主太保"等字样看，当在唐末五代时期。

北宋慈云寺遵式（964—1032）在《金园集》卷中《施食正名》载："今吴越诸寺多置别院，有题榜水陆者……有题斛食者……有题冥道者"。尽管这是文献中最早提到水陆法会（根据宗晓《四明尊者教行录》序，可知《金园集》的撰者慧观是遵式的五世法孙，书成于绍兴二十一年，其时距遵式圆寂 120 年），但是这并不能排除唐代就有水陆法会。日本最澄、圆仁先后到唐朝求法，最澄带回国的密宗典籍有《冥道无遮斋法》一卷，圆仁携回《冥道无遮斋文》一卷。现存《阿婆传抄》中有《冥道供》，其规模与水陆仪轨大致相仿，说明水陆法会是由唐代密宗的冥道无遮大斋与南朝梁武帝六道慈忏相结合而发展起来的。到了宋代杨锷又采取了密教仪轨而编写成《水陆仪》。总之，水陆法会虽然成熟于北宋，但是其渊源却在于唐，这是没有疑义的。

《金园集》一书的内容主要是集合遵式的遗文而成。其中包括北宋初年盛行的各种礼忏斋会上的仪式和文本，如修盂兰盆法九门、放生慈济法门、施食正名、施食法、施食文、施食观想、炽盛光道场念诵仪中诚劝檀越文、致祭修斋疏文、致祭修斋决疑颂、野庙志等。由于印刷术的广泛使用，使宋代的各种斋仪得以流传并且为后人所知，但是北宋初年流行的这些斋忏仪式不可能凭空产生，只能是继承于唐代或者是对中古斋仪的进一步发展。例如不空译的《炽盛光大威德消灾吉祥陀罗尼经》就是遵式的《炽盛光念诵仪》的基础，后者所记述的是炽盛光佛顶法的坛场念诵法。有些斋仪本来在唐代已经流行，反而是宋代以后失传或发生了变异。如瑜伽焰口施食仪原来是密教的一种行仪，其源出于唐不空译《救拔焰口陀罗尼经》（"焰口"是鬼王的名

---

① 录文见王书庆：《敦煌佛学·佛事篇》，甘肃民族出版社，1995，第 90–91 页。

称）。日本入唐巡礼求法的各家都取得有关施饿鬼的仪轨。唐末密教失传，施食仪轨也失传了。

中古民间广泛举行的佛教斋仪还包括一些纪念性的法会。

纪念法会是在节日期间举行的佛事活动。最早有唐玄宗的千秋节举行纪念性法会，请僧人讲经。宪宗、懿宗迎佛骨，都举行盛大的斋会，咸通十四年四月八日是佛诞节，佛骨到京城，"自开远门达安福门，彩棚夹道，念佛之音震地"①。这里的念佛之声实际上就是法会中的念佛声，所以《通鉴》记作："富室夹道为彩楼及无遮会，竞为侈靡。"

盂兰盆会也要举行盛大的佛事活动。盂兰盆会与目连救母的故事密切相关。传说目连的母亲在地狱受倒悬之苦，释迦牟尼教导给他的救母方法是供养十方僧人，于是盂兰盆会被演化成居士、施主们在农历七月向寺院供奉各种食品，并且举行节庆的活动。根据《法苑珠林》的记载，唐代的盂兰盆会场面热烈而壮观。该书卷七十七《献佛部》称，"国家大寺，如似长安西明、慈恩等寺"，"每年送盆献供种种杂物及舆盆音乐人等，并有送盆官人，来者非一"，"外有施主献盆献供种种杂事"。于是，供佛供僧成为世人宗教生活的一项活动内容。

忏法是忏除所犯罪过的修行活动。中国佛教的忏法起源于晋代，南北朝渐盛，至隋唐时代大为流行。

据《唐高僧传·兴福篇论》中所说，忏悔罪过的仪则最早起于南朝刘宋时代的药师行事。梁陈之际已经流行着各种忏法，《广弘明集》卷三十六载有 10 多种忏法。《唐高僧传·兴福篇论》又增加了普贤别行、佛名、般舟等忏。这些忏法的行仪都已经失传，周叔迦先生推测，其内容当是读诵忏名所标的经典，以诵经的功德来消除罪孽②。一直到近代还通行着《梁皇忏》《万佛名忏》和唐知玄所撰《水忏》。

佛教本来的教义主张"自力救济"，就是说各人通过自己的修行，

---

① 《旧唐书》卷十九《懿宗纪》，第 683 页。
② 《周叔迦佛学论著集》下集，第 635 页。

结成善因，以成正果。忏法原本是僧人自我修持的一种办法。随着佛教在中国的发展，"他力救济"的观念也日渐流行，于是忏法也变成僧人为施主增益福德的手段。施主出钱财，请僧人修何忏法，诵何经文，都跟施主祈福的愿望连在一起。举行礼忏斋会成为俗人的一种宗教生活。

敦煌社斋文反映出当时社邑举行法会的热闹场面："坐前施主，捧炉虔跪，设斋"，"是日也，开月殿，启金函，转大乘，敷锦席。厨馔纯陁之供，炉焚百合之香，幡花散满于庭中，梵呗啾流于此席"①。这样的斋会每年要举行多少次呢？另一首邑文写道："坐前合邑诸公"，"乃共结良缘，同崇邑义，故能年三不阙，月六无亏；建树坛那，聿修法会"②。也就是说每年的五月、九月、元月和每月的六天（前已具指）都要建坛修会，可见社邑活动中，佛事活动多么频繁，也可见民间宗教生活在人们的社会生活中占有多么重要的位置！

---

① 《敦煌社邑文书辑校》，第 534－535 页。
② 《敦煌社邑文书辑校》，第 552 页。

陈寅恪留德时期柏林的汉学与印度学

——关于陈寅恪先生治学道路的若干背景知识

陈寅恪先生的治学道路可以划分为三个阶段：1909 年以前即 20 岁以前，是他在国内求学时期（虽然曾短期赴日本），为陈寅恪学术发展的第一阶段，主要是奠定了他的中国传统国学根基；20 岁以后，他先后在瑞士、法国、美国、德国留学，其中以在德国柏林大学的时间最长，是陈寅恪先生学术道路上的第二个阶段，是学习西学的阶段，也是陈寅恪之所以成为陈寅恪的一个关键时期；1926 年以后，陈先生到清华国学研究院任导师，是陈寅恪学术发展道路上的第三个阶段，即融会中西学术于一体的创造阶段。陈寅恪研究中目前最不清楚的是他的留学生活。人们引据最多的无非是俞大维、毛子水的颇带感情色彩的回忆文章。

1969 年，陈寅恪先生遁归道山不久，法国著名汉学家戴密微（Paul Demiéville）就在《通报》（*T'oung Pao*）上发表悼念文章说："陈的去世，使我们失去了本世纪他那一代人中最博学的学者"[1]。台湾《历史语言研究所集刊》1969 年收录俞大维《怀念陈寅恪先生》一文并附陈寅恪著作简目[2]，德国汉堡大学中国语言文化系教授刘茂才发表对该论文的书评，赞叹陈先生治学范围之广博[3]。陈寅恪是如何获得

---

[1] *T'oung Pao*，Vol. 57，1971，pp. 136 – 143.

[2] 俞大维：《怀念陈寅恪先生》，《历史语言研究所集刊》第四十一本，1969，第 169 – 178 页。

[3] *Oriens Extremus*，Jg. 19，1972，S. 119 – 125.

如此广博的语言与学科知识的？刘茂才教授的书评中提到陈寅恪先生当年在柏林的一些老师。除了吕德斯（Lueders）外，还有海尼士（Erih Haenisch）、米勒（F. K. W. Mueller）、豪尔（Erih Hauer）、福兰阁（Otto Franke）等等。这些学者都是当时柏林大学印度学系、汉学系和柏林民俗博物馆的教授或者东方学家。本文拟根据笔者在柏林调查的一些材料，对陈寅恪求学德国期间柏林学术界的相关情况做一个简单介绍，以期为陈寅恪研究提供一些背景知识。

一　关于陈寅恪先生当年在德国留学的情况

陈寅恪先生留德的一些基本材料，刘桂生教授在《陈寅恪、傅斯年留德学籍材料之劫余残件》[①] 中已经有些介绍。笔者 1997 年 8 月在柏林访问时也查找了若干材料。除了刘桂生教授文章中介绍的材料以外，主要是陈寅恪先生每学年的学期登记表，比如其中记载陈先生 1921/1922 学年的冬季学期和 1922 年的夏季学期居住在康德大街 30 号（Kantstr. 30），从 1922/1923 年冬季学期到 1924 年夏季学期则搬迁到科那塞贝克大街 22 号（Knesebekstr. 22）。笔者很想找到陈寅恪先生当年修读课程的资料，发现有些学生的肄业证书上附记所读课程，如俞大维先生的肄业证书上记载他曾经选读一门物理学方面的课程。但是陈先生的离校证书存底上却没有任何修读课程的记录。据笔者询问洪堡大学档案馆的管理人员，得知 1924 年以后结业的学生档案有另外的管理办法，即学生修读的课程与结（肄）业证书的存档不在一起，而是记载在另外的材料上，而这些材料因毁于战火而无从查找，使我们无法了解陈寅恪先生当年选读课程的具体情况及学分。档案记载陈先生 1921 年 11 月 3 日入学，1925 年 12 月 17 日退学[②]。在办离校手续的材料中，只发现了一条陈先生被警察局召见的记录。档案馆的管理人员

---

① 刘桂生：《陈寅恪、傅斯年留德学籍材料之劫余残件》，载北京大学历史学系编《北大史学》第四辑，北京大学出版社，1997，第 308－316 页。
② 见柏林洪堡大学档案馆 Rektorat 112，编号 2019/112。

告诉我，对于外国留学生，常有户口登记或者其他问题，需要去警察局办理。

陈寅恪先生在柏林大学注册登记表上写的是哲学专业，但是在从1921年到1925年的每个学期登记表中（除刘桂生教授文中介绍的第112册外，后来每年都有）则是梵文。这是因为当时的印度学和汉学等学科都属于哲学学院，并不表明陈先生最初申请读哲学，后来改成了主修梵文，所以有的表格中便注明Sanstrik/（phil.），意即"梵文（哲学学院）"。

二　柏林大学课程开设情况

德国柏林大学正式创建于1810年。创建人、首任校长威廉·洪堡引进了一个新的注重科研的办学方针，近代意义上西方的大学体制实际上是从德国柏林大学开始的，或者说脱胎于中世纪教会学校的西方高等学校只是在威廉·洪堡建立柏林大学后才真正变成近代意义上的科研型大学。20世纪20年代柏林大学的课程设置格局至今仍然没有根本的变化。除了各系的专门课程外，大学里有一些跨专业的公共文化课程，其中与陈寅恪的兴趣相关的有"中国宗教""中国哲学""东方伦理学"等。此外，德国高校设置有数十种自由选修的语言课程，除了英、法、俄等欧洲现代语言外，还有各种东方现代语言与古代语言。这就为陈寅恪先生当年学习各种语言提供了便利的条件。

1988年在广州召开的纪念陈寅恪教授国际学术讨论会上，季羡林教授为我们解读了陈寅恪先生的64本笔记本的内容[①]。其中涉及藏文、蒙文、梵文、巴利文等多种文字，这些语言和文字，在当时的柏林大学都有课程开设。从笔记本的内容看，我认为它们主要是陈寅恪先生选学有关课程的笔记。德国柏林大学的语言课程可以分为两类：一是

---

① 季羡林：《从学习笔记本看陈寅恪先生的治学范围和途径》，载《纪念陈寅恪教授国际学术讨论会文集》，中山大学出版社，1989，第74–87页。

基础语言课（sprache kurs），二是阅读练习课（übung）。前者一般是学习语音、语法与词汇，后者一般是阅读理解方面的训练。

陈寅恪先生笔记本藏文 13 本中的第 8 本封面写着"藏文一"，里面是藏文字母表和藏文格的变化，第 12 本里面也是藏文语法。第 9 本的封面写着"藏文二"，里面抄的是藏文句子和单词。这就是陈寅恪先生学习藏文语言课的笔记本。练习课要求阅读原文，一般按照程度不同选学一些文献资料，通过翻译练习，培养阅读理解原文的能力。笔记本藏文第 10 本和第 11 本的内容是藏文文献，有的还用汉文、英文、德文作注，应该就是阅读练习课的课堂预习笔记。笔记本藏文第 2、3、4、5、6 本是藏文佛经或碑铭，有的还有英文译文，也当是阅读练习课的笔记本。

笔记本蒙文第 2 本是西蒙古语的字母表、元音表、复合元音表、辅音、数词、名词的格、前置词等，还有蒙德词汇等，当是基础语言课的笔记。第 5 本一页用老蒙古文抄写的蒙藏事务衙门申报内容，当是阅读练习课的笔记。我们知道，当时柏林大学有海尼士教授开设蒙语公文选读之类的课程。陈寅恪选修其他语言笔记本的情况可以类推。

由于这些课程是自由选读，即使读学位的人也不一定非修读不可，甚至也不记学分，是否参加考试也完全由本人自愿决定，甚至开课时间也可以预先约定，所以这十分对陈先生的口味。例如 1924/1925 年冬季学期荷尔曼博士（Dr. Albert Herrmann）开设"中国上古历史与地理""13 世纪以前中国的游记"两门课程，并没有给出具体上课时间、地点，而是根据选修者的情况，预先另行约定开课时间①。

在陈寅恪先生的笔记本中还发现了大量的书目。我推测这是柏林大学另外一类课程——讨论课（seminar）的学习笔记。讨论课一般由老师给出若干讨论题目，同时给出大量的书目，参加者阅读有关书籍与文献，写出口头和书面读书报告，并且进行讨论。当时没有复印设备，学生只有把老师给出的书目抄在自己的笔记本上。笔记本"蒙文"

---

① Friedrich-Wilhelms-Universitaet zu Berlin, Verzeichnis der Vorlesungen, 1924/25WS, S. 9.

第 1 本的各种书目甚至都编了号码就是证明。"藏文"第 1 本用德文写着"柏林甘珠尔""圣彼得堡甘珠尔",这可能是讨论课的内容,其中还夹着一张 1924 年 9 月 8 日的借书条(当时还是暑假),也许是陈寅恪先生准备下学期讨论课用的。20 世纪 30 年代,陈寅恪先生曾偶尔翻开过这些学习笔记,可能是想起了他当年在国外留学时的辛苦情形,发出了"恍若隔世"的沧桑感叹。

三 柏林大学的印度学系和吕德斯对陈寅恪的影响

陈寅恪先生是专门到柏林大学学习印度学尤其是梵语言文学的,那么柏林大学的印度学是个什么样子呢?

柏林大学的印度学专业是 1821 年建立的,著名语言学家和梵文学者、曾任普鲁士政府教育部长并兼任柏林大学校长的威廉·洪堡,聘请在巴黎执教的鲍勃(Franz Bopp)出任这个学科的首任教授(任职时间 1821—1856 年)。鲍勃以他五年前出版的《论梵文的连词体系:与希腊语、拉丁语、波斯语、日耳曼语连词体系的比较》知名于世,是比较历史语言学的重要奠基人之一。接替鲍勃的是魏伯(Albrecht Weber,任职时间 1856—1902 年)。魏伯的继承人是皮舍尔(Richard Pischel,1849—1908,任职时间 1902—1908 年)。此后几十年间,德国许多著名的印度学家如季羡林先生的吐火罗语老师西克(Emil Sieg)和哥尔纳(Karl. F. Geldner)等蜚声世界的梵文学者都出自于柏林(西克 1896 年完成其教授论文)。从这里走出一个个梵文学教授,担任哈勒大学、基尔大学和哥廷根大学等印度学重镇的教席。

20 世纪初叶,给柏林印度学研究赋予新的历史使命并开辟新的研究领域的学者是皮舍尔教授。19 世纪末斯文赫定对于中国新疆地区的考古调查,在西方学术界引起了巨大关注。1901 年斯坦因在汉堡东方学国际学术大会上报告了他受当时印度殖民政府的委托在中国西陲考察的巨大收获。1902 年皮舍尔就任柏林大学印度学教授职位,便积极推动中亚考古工作。他组织成立了"吐鲁番委员会"(Turfan-

Kommmitee）并担任负责人，于是就有了柏林民俗博物馆的印度部负责人格伦威德尔和勒·科克等领导的四次吐鲁番考察活动。此后，皮舍尔陆续发表了对吐鲁番梵文文书的研究论文①。

吐鲁番考察队带回来的手稿和印刷品有 17 种不同的语言和 24 种不同的文字。其中最丰富的是伊朗学和突厥学文献，特别令人惊异的是在佛教文献中发现了过去完全无人知晓的一种印度—日耳曼语言——吐火罗语，而柏林的两位印度学家西克和西克林（Wilhelm Siegling）就是这种语言的发现者和破译者。

皮舍尔不幸于 1908 年死于一次事故，他的接班人是吕德斯（Heinrich Lueders，1869—1943）——众所周知的陈寅恪的授业老师。吕德斯在哥廷根大学博士毕业，并跟著名的埃及学和语法学家基尔霍恩（F. Kielhorn）② 完成教授论文，曾在牛津大学短期进修。移帐柏林以前，他是罗斯托克大学和基尔大学的教授。柏林印度学界后来评论说：吕德斯在柏林大学 33 年非凡的业绩表明，当初请这位年仅 40 岁的学者来柏林执掌世界一流的印度学教座，是哲学学院多么英明的决策。

对于吕德斯的治学特点，他的及门弟子阿尔斯多夫（Ludwig Alsdorf）这样评论道：吕德斯也许是那个时代最后一位难以用"印度学家"来概括的学者，人们无法说出他的研究重点是什么，也无法说出他专攻什么领域。他是吠陀语文学（vedische philologie）最伟大的导师之一，他始终把吠陀研究作为印度学研究的中心内容；他也是最有成就的碑铭学家和古文字学家，而巴利文和梵文佛教文献又是他最致力和成就卓著的领域之一③。吕德斯还主编出版了德藏吐鲁番文书（未竟之业后来由其学生瓦尔德施米特——季羡林先生的博士导师等主持

---

① 关于德藏吐鲁番文书的情况，参见杨富学：《德藏西域梵文写本：整理与研究》，《敦煌研究》1994 年第 2 期，第 127 – 138 页；荣新江：《海外敦煌吐鲁番文献知见录》，江西人民出版社，1996，第 69 – 92 页。

② 陈寅恪先生的笔记本"天台梵本"里面就抄写了 F. Kielhorn 的考证文章，讲天台梵本的来源和内容。他就是这位基尔霍恩。

③ "Die Indologie in Berlin von 1821—1945," in *Studium Berolinense*, Berlin, 1960, S. 567 – 580.

继续完成）。他还留下了数不清的未出版的文稿。吕德斯为人正直，纳粹政权企图利用他的声望为法西斯政治服务，他毅然提前于 1935 年不事声张地悄然退休，直到 1943 年去世再也没有去柏林大学讲课。

吕德斯培养了许多著名的印度学家。其中为中国学者所知的一位就是季羡林先生的老师瓦尔德施米特（Ernst Waldschmidt，1897—1985）。瓦尔德施米特 1918—1919 年在基尔大学师从西克学习印度学。次年西克赴哥廷根大学任教，瓦尔德施米特到柏林大学继续学习印度学，兼汉学和藏学，他的老师分别是吕德斯、舒尔茨（Wilhelm Schulze）和福兰阁。1924 年瓦尔德施米特博士毕业，吕德斯建议他的学生去柏林民俗博物馆印度部做勒·科克的助手，研究中亚考古特别是吐鲁番文献。从此，瓦尔德施米特毕生从事西域宗教及吐鲁番文献的研究，主编出版了《吐鲁番发现梵文写本丛刊》①。瓦氏实际上与陈寅恪基本上是同龄人，两人基本上是同时在吕德斯那里受业的同学。吕德斯也有一些外国学生，除了陈寅恪外，还有来自印度的留学生。

笔者还想再回到陈寅恪先生那些笔记本上来说几句。笔记本“梵文、巴利文、耆那教”共 10 本，其中第 3 本封面题梵文大训（大疏），内容是印度古代大语法家 Patañjali 所著的 *Mahābhāsya*，里面是英文译文。而吕德斯正是这部经典的权威学者。第 5、6、7 本是石刻碑铭，这正是吕德斯科研的强项。第 4、8、9、10 本是巴利文词汇本，而巴利文正是吕德斯最重要的研究领域。笔记本“突厥回鹘文一类”第 14 本中有几位教授的名字，其中就有吕德斯的名字，说明陈先生确实听过他的课②。我们无法具体论证陈寅恪先生从他的老师那里学了些什么，但是，从以上所述吕德斯广博的治学领域和治学兴趣、以佛教文献为中心的治学特点和他在政治上刚直不阿的品格，也许可以对陈寅恪所受的影响做些推测。

---

① "Ernst Waldschmidt（1897—1985），" *ZDMG*, Vol. 132, 1987, S. 8 – 11.
② 季羡林：《从学习笔记本看陈寅恪先生的治学范围和途径》，载《纪念陈寅恪教授国际学术讨论会文集》，中山大学出版社，1989，第 79 页。

四 米勒及其他柏林学者

米勒（Friedrich Wilhelm Karl Mueller，1863—1931）是陈寅恪先生在柏林求学时的另一位老师。米勒1883年入读柏林大学神学系，那时候学习神学的无不兼攻东方学，但是像米勒那样同时也学习中文的则不多。他的中文老师是著名汉学先驱顾鲁伯（Wilhelm Grub）。后来他又求学于莱比锡大学，1889年博士毕业，嘎伯冷兹（Von Gablentz）是他的导师之一。

米勒攻读博士学位期间，就在柏林民俗博物馆（Museum fuer Volkeskunden）兼职，做顾鲁伯的助手，毕业后便继续在这里的东亚部任职。当时东亚部负责人是顾鲁伯，印度部负责人是格伦威德尔。后来米勒接替顾鲁伯出任馆长助理职务，负责东亚部。义和团运动期间他有机会到远东旅行考察，回国后不久便担任馆长。所以陈寅恪留学柏林期间，米勒的职务是柏林民俗博物馆的馆长。在德国，国立博物馆的馆长照例带教授职称。

米勒的治学领域十分广博，除了阿拉伯、波斯等东方语言外，尤其对印度支那语言如马来语、暹罗语都有精深的研究。他发表的论文还涉及吐鲁番佛教文献、开封的犹太教教堂以及回鹘、粟特等西域语言、文献、历史与宗教。魏勒和申德乐说："在德国甚至在整个东方学界，没有人有米勒那样广博的治学领域。"[①] 米勒在柏林大学开设课程，如1924/1925年冬季学期讲授"吐鲁番发现的佛教文献"。

陈寅恪留德期间，柏林大学的汉学家主要有福兰阁（Otto Franke，1923—1931年在任）、海尼士（Erich Haenisch，1921—1923年代理教授）。福兰阁的情况，笔者已有专文介绍[②]，此处不拟详论。海尼士1899年在柏林大学学习汉学、蒙古学和满洲学，兼修印度学等东方学

---

① "F. W. K. Mueller," *Asia Major*, No. 1, 1933, S. Ⅶ – XⅥ.
② 参见张国刚：《从外交译员到汉学教授——奥托·福兰阁传》，载李学勤主编《国际汉学漫步》下册，河北教育出版社，1997，第838－865页。

科，1903 年博士毕业，1913 年通过教授论文。他的论文充分使用了汉文、满文和蒙文资料。1920 年柏林大学汉学系新设了一个满洲学和蒙古学教授职位，由海尼士担任。1921 年汉学系主任教授高延去世，他代理教授职务，直至 1923 年福兰阁前来就任①。我们在 1922 年夏季学期的课表中发现有海尼士开的"满文语法"（每周五中午 12 点至 1 点）、"蒙文选读"（每周四上午 9 点至 11 点）。同一学期米勒在这里讲授中国佛教文献，施米特博士（Dr. Erich Schmidt）讲授中国宗教哲学等。

海尼士在学术界以蒙古史研究著称，他的同事豪尔（Erich Hauer，1878—1936 年）则以满洲学见长。豪尔 1921 年柏林大学博士毕业后，也在该校讲授满文语法及满文选读课程。他的主要著作有《满蒙文文法》和《满汉文文法》等。福兰阁、海尼士、豪尔曾经与藏学家富让克（A. H. Francke）合作，共同研究劳弗尔从北京弄来的汉蒙满藏四语碑。这种治学风气，无疑对陈寅恪的治学旨趣产生了相当的影响。陈寅恪先生后来所说的"预流"问题，并不是"预"当时中国学术界的潮流，而是欧洲东方学界包括柏林学术界的潮流。

五　从陈寅恪先生后来的治学实践看其所受柏林学术界的影响

那么陈先生本人是怎样"预流"的呢？

俞大维曾经以元史为例，说明陈寅恪先生为我国第三代治蒙古和元史学者的代表：第一代发现了《蒙古秘史》等，但不懂蒙古文；第二代利用了欧洲译文补正元代史实，但是不懂西域文字；第三代学者"开始研治西北及中亚文字，期可阅读蒙古史的直接资料"②。陈寅恪先生学习《蒙古秘史》以及蒙古文字、西域文字的老师就是以研究《蒙古秘史》及元史知名于世的海尼士教授。回国后陈先生发表了"蒙

---

① 参见张国刚：《德国的汉学研究》，中华书局，1994，第 73 页。
② 蒋天枢：《陈寅恪先生编年事辑（增订本）》，上海古籍出版社，1997，第 51 页。

古源流研究"等系列文章。

陈寅恪先生开始在清华任教所开设之课程是"西人之东方学之目录""梵文文法"等，指导学生研究论文的领域是"古代碑志与外族有关系者之比较研究""摩尼教经典与回纥文译本之比较研究""蒙古满洲之书籍及碑志与历史有关系者之研究"等。根据蒋天枢教授编著的《陈寅恪先生论著编年目录》，从1927年开始，陈寅恪先生陆续在《国学论丛》发表了《大乘稻芉经随听疏跋》《有相夫人生天因缘曲跋》，在《清华学报》发表了《童受喻鬘论梵文残本跋》，在《北平图书馆月刊》发表了《忏悔灭罪金光明经冥报传跋》等文章，在《历史语言研究所集刊》上发表了《几何原本满文译本跋》等文章。显而易见，陈寅恪先生的教学内容和科研的选题基本上不出佛学、梵学及蒙古学、满洲学等范围，也就是说与柏林汉学家和印度学家们的研究旨趣相同。

陈寅恪先生在清华园期间校读汉译佛典很勤，大约因此而同时精研六朝隋唐历史，1935年开设"晋至唐史"[①]课程。所以此后关于隋唐史的论著渐多，而关于梵学与西北史地的论文渐少。其重要原因当是此种学问在当时乃是欧洲东方学界的"潮流"，而不是中国学界的潮流，"预流"实属不易，故曲高和寡。国外新的研究成果在抗战期间很难见到，国内没有条件继续进行此类研究，所以使陈先生不得不放弃自己擅长的领域，改治中古历史[②]。由此可见，有人说陈寅恪先生是国学大师，并不是先生的初衷。先生的初衷是要致力于西学——西域史地（所谓不中不西）之学，而他的这种志向和根基正是在留学柏林期间养成的。

陈寅恪先生回国后之所以立即名满天下，主要是因为他在西域史地之学中的造诣以及他发表了那些无人敢于涉足的学术领域的论文。这样的学术领域正是国际东方学界的"潮流"。中国几乎只有陈寅恪才

---

① 蒋天枢：《陈寅恪先生编年事辑（增订本）》，第93页。
② 关于陈寅恪治学重点的转变，参见桑兵：《陈寅恪与清华国学研究院》，《历史研究》1997年第4期。

是有资格的预流者。敦煌吐鲁番文献的发现和运用，使中国学者在这些领域里有独特的发言权，但是只有那些同时具备西方学者所掌握的语言知识的人，才有能力与西方学者对话。在中国当时也几乎只有陈寅恪才是有资格的对话者。因此，在"西潮"汹涌的 20 世纪二三十年代，本来就有深厚国学功底和家学源流的陈寅恪，受到中国传统学术界的推崇乃至顶礼膜拜（比如由陈寅恪审查冯友兰的《中国哲学史》和邓广铭的《宋史职官志考证》；郑天挺说陈寅恪是"教授的教授"；传说中梁启超向清华研究院推荐陈寅恪的激赏之词等），便是情理之中的事情。陈寅恪的这种先驱者的昭示作用，在某种程度上也影响到后来者如季羡林、韩儒林、周一良等在国外的求学道路。

中国学术转型时期的制度建设
——纪念清华国学研究院成立八十周年

对于 20 世纪上半叶的中国学术转型，大家都比较看重思想史的考察。一百多年前，梁启超鼓吹新史学、王国维尝试用新的学术理念来探讨传统国学，五四时期的文学革命中梁启超又发表《历史研究法》，这些都为新学术之路做了很好的思想和理论铺垫。钱穆先生《国学概论》的最后一章讲"最近期之学术思想"，以近人论近事，也把重点放在思想的考察上。

然而研究者们却不经意间忽略了一点——新学术的诞生与发展诚然需要思想理论的呐喊，但更需要制度、机构层面的建设。

清华最初只是留美预备学校。1925 年决定停办中学教育，改设大学部和研究院。当年 3 月中旬清华学校刊登的招生广告称："本校今夏开办大学同时，更设研究院，以研究高深学术、造成专门人才为宗旨，注重个人指导及专题研究。本年先办国学一科，已聘王国维、梁启超、赵元任、陈寅恪诸先生为讲师。现定于七月六日起在北京、上海、武昌、广州四处同时考试，录取研究院学员三十名至五十名。"[1] 这个所谓清华研究院的"国学科"，后来被冠以"清华国学研究院"之名不胫而走，名震遐迩。

关于清华研究院设置之初旨，吴宓在《清华开办研究院之旨趣及经过》的演讲中把校方的办学宗旨说得很清楚，大约有三层意思：一

---

① 齐家莹编撰《清华人文学科年谱》，清华大学出版社，1999，第 10 页。

是"值兹新旧递嬗之际，国人对于西方文化，宜有精深之研究，然后可以采择适当，融化无碍"；二是"中国固有文化各方面（如政治、经济、管理学），须有通彻之了解，然后于今日国计民生，种种重要问题，方可迎刃而解，措置咸宜"；三是"为达到上述目的，必须有高深学术机关，为大学毕业及学问已有根基者进修之地，且不必远赴欧美，多耗资财，且所学与国情隔阂"①。总体来说，就是要培养对于中外文化有精深研究的高级人才。研究院的旨趣始终贯穿着学贯中西、洋为中用的追求。清华校长曹云祥在开学致辞中说："现在中国所谓新教育，大都抄袭欧美各国，欲谋自动，必须本中国文化精神，悉心研究。所以本校同时组织研究院，研究高深之经史哲学。其研究之法，可以利用科学方法，并参加中国考据之法。希望研究院中寻出中国之魂。"②

从制度层面看，清华国学研究院有若干值得注意之点。第一，行政主管的服务意识，王国维辞谢院长之聘而专任教授，吴宓以哈佛硕士之名头和研究院主任之尊位甘愿服务。第二，选拔人才不看资历和论文数量而重水平，陈寅恪并无任何学位或专著而获聘导师即为其证。第三，提倡师生密切接触的实践教学方法，"与学生以个人接触、亲近讲习之机会，期于短期内获益至多"。研究院的招生也不看其学历而重视其实际才学，这个做法颇会通于旧时的书院，所以，开学那天，梁启超最后做了题为《旧日书院之情形》的演讲。

但是，这又不同于旧式书院，这从研究院对于导师提出的三点要求可以看出：第一，通知中国学术文化之全体；第二，具正确精密之科学治学方法；第三，稔熟欧美日本学者研究东方语言及中国文化之成绩。显然，清华研究院融合中西、博通古今的学术范式，远远不是旧式书院所能涵盖的。学校期望通过研究院这种模式，在学习欧美日本的同时，摆脱照抄照搬的办学模式，以期建立具有中国特色的新学术。

清华研究院的制度创新，还在于它的学术定位"乃专为研究高深

---

① 吴宓：《清华开办研究院之旨趣及经过》，《清华周刊》第 350 期，1925 年 9 月 18 日，第 71－72 页。

② 曹云祥：《曹云祥开学词》，清华大学校史研究室编《清华大学史料选编》第一卷《清华学校时期（1911—1928）》，清华大学出版社，1991，第 263 页。

学术之机关"（《研究院缘起及章程》），同时强调"以研究高深学术、造成专门人才为宗旨，注重个人指导及专题研究"。这个定位用现在的观念看，应该是中国最早的研究生教育。但是，又不完全是教育，还有"研究"的功能。王国维、梁启超、赵元任、陈寅恪和李济这些新学术之路上的领跑者济济一堂，就足以构成一道耀眼的学术明星风景线。清华研究院的这种制度设计埋下了它后来停办的种子。钱端升力主废除研究院的主要理由之一就是认为研究院与西式大学本科教育不接轨，主张要用"毕业院"（大学院 graduate school）来取而代之。

清华研究院独立招生有四届。1929 年以后虽然不再招生，但这一年的《清华大学一览》还载有《研究院章程》，规定"于民国十八年起开办研究院"。但此研究院非彼研究院。这时的研究院乃"按照大学所设学系分别设立研究所，其主任由系主任兼任之"，稍后又于文科研究所下设历史学部、文学部和哲学部之类。也就是说，清华研究院的综合研究已经分散到各个系去了。这个改变就有照搬西方教育体制的嫌疑。中国的传统学问，本来是一种综合的研究，不应按照文史哲的分科去治理。陈寅恪后来一度兼任清华历史、中文和哲学三系的教授，就凸显了这种改制的尴尬。北伐以后，国民政府成立了中央研究院，又在傅斯年的主持下成立了历史语言研究所。1929 年历史语言研究所迁北平时，下设历史、语言和考古三个组，聘请陈寅恪、赵元任、李济分别担任历史组、语言组和考古组组长。昔日清华研究院的诸位大师（除王国维、梁启超相继作古归于道山外），转换成史语所各学科的掌门人。清华研究院与史语所之间的这种人脉关系，反映出当初清华研究院的制度设计在蔡元培和傅斯年那里得到了实现。

然而，从组织制度上说，清华研究院不设院长，而由吴宓任主任并实际担任服务和后勤角色。历史语言研究所所长傅斯年却是一个强势人物，尽管他把历史语言研究所经营得很有条理、很有成绩，但是给人的感觉是官方色彩很浓厚。回眸 20 世纪中国学术发展之曲折历程，清华研究院在创办之初，其制度建设上的许多经验，颇值得我们在探讨未来学术发展的道路乃至创办一流大学的时候加以研究和借鉴。

雷海宗：一个学术史的解读

历史上有那么多的巧合！1902 年——雷海宗出生那一年，梁启超提出"新史学"；2002 年，雷海宗冥诞一百年，也正是中国历史学界以明确的理念追求史学的近代化道路一个世纪。近代历史学的各种思想和主张，你方唱罢我登场，令人目不暇接，但就其总体特征而言，可以大而化之地归为两个面相。

（1）基于史料进行历史重建，或者说恢复历史的面貌。这种工作的基本思路是寻求证据，寻求确定性，因此搜集、整理、解说、连缀史料构成主要任务。它体现了历史学的科学性质，也可以说是非人化特征。

（2）以某种观念为依托，对历史进行阐释。这项工作在既有的材料范围下进行，不关心材料本身的问题，而关心历史研究对人类和社会各方面所（已经、正在或即将）遭遇问题的解答。这体现历史哲学的特质和历史的人文主义性质。

对于以雷海宗为代表的战国策学派的文化形态史观，就应该放在这个历史过程中去思考。

一　历史研究中的科学关怀和哲学人文关怀

历史学作为一门学科，需要规则化、系统化与可操作化，因此要运用科学的方法。但人文关怀是历史存在的根本。这两方面是健全的，历史学必须同时具备的。中国历史学从司马迁的"究天人之际，通古今之变，成一家之言"开始，侧重于人文关怀。从欧洲史学的传统来看，历史研究中的科学关怀和哲学人文关怀都是近代历史学发展中的基本时代特征。寻求证据和史实的确定性并非 19 世纪兰克史学和实证主义史学的首创，事实上应追溯到十七、十八世纪之交史学开始学科化的时代。历史的哲学关怀和解释功能自然受近代哲学之兴起嬗变的影响。而且这两个面相并非井水河水互不干犯，而恰恰是有所交错，互相启发与纠正。比如欧洲在十七、十八世纪之交开始重视证据批判，其背后有对绝对理性真理的信奉与追求为支撑，理性真理在启蒙时代被认为是解释一切现象和问题的法门。反过来，史料方面的突破可以影响某种历史解释理论的产生或存亡。一句话，历史学家可能因为缺乏证据而陷于片面，也可能因为个人的价值取向或兴趣而约束证据。如果将 17 世纪后期至 20 世纪作为一个时间整体来考虑，就会看到西方史学的总体进程中，科学关怀与哲学人文关怀并行不悖且处于守衡状态，尽管在某一短时段里，对两方面的侧重性互有消长。了解欧洲近代史学这一传统，再反观中国近代史学界，不难发现它恰恰难以在科学关怀与哲学人文关怀中保持平衡。

傅斯年主政的历史语言研究所代表的史料学派是中国史学科学性特征的集中体现，虽然史语所中有个别人有意识注意历史研究的理论性与观念性，但总体而言对此是相当忽视的。史料学派对中国新史学学术发展和学科建设的辉煌贡献，此处不论。需要指出的是，史料学派的功与过都在于对史学研究科学性的强调。一个学派以科学化道路为圭臬本是很正常的事，关键在于史料学派借"集团研究"的强力在当时的史学界具有压倒性优势，加之傅斯年提倡的史料研究方法与中国旧有的史料研究方法多有衔接相通之处，从学术渊源和学术心理上讲都更容易有号召力。然而以历史语言研究所的人力、物力、号召力的优势，却没有鼓励和正面提倡完整的历史学观念，致使原本就理论缺位、哲学缺位的中国学术界更加一边倒，不能不说是个遗憾。而历史语言研究所的基本态度又深受傅斯年个人认识的影响，他曾说："果然我们同人中也有些在别处发挥历史哲学或语言泛想，这些都仅可以当作私人的事，不是研究的工作。"[①] 在这个背景下看，无论唯物史观，还是文化形态史观，或者其他什么理论形态的史学，它们的出现与发展都具有重大学术史意义。这不仅仅是对史料学派重局部微观而忽视整体宏观、碎化历史的纠偏，还是驱使中国史学界向健康、完善的生态发展的动力。注意一个小小的细节，以文化形态史观为基本指导的战国策派，其五位核心人物中（林同济、雷海宗、陈铨、何永佶、贺麟），有三位拥有哲学博士学位（雷、陈、贺），这与傅斯年西游求学时广泛涉猎实验科学恰成对照。本来他们对学术发展具有互补性，可惜历史没有赋予战国策派足够的时间与机遇，也可以说历史对于让近代中国学术界充分接受思想启蒙的时间太过吝惜。

二　雷海宗形态史观要素的学术史意义

对于战国策派学者视野的思想史意义，本文不加讨论，而只想从雷海宗的治史观念中挑选一些内容说明其对中国近现代学术史发展的重要价值。

中国近现代学术史的一个重大课题就是引进西方学术的概念、范式、理论、规则来组织和定位中国文化的内容，揭示中国文化的问题。而混乱也就常常发生在西方概念的理解与搬用上，这一个问题解决不好，则结合西方学术成就和本土文化经验进行有价值的创新就无从谈起。雷海宗便敏锐地认识到这一问题并做出了独特的贡献，堪为后人的表率。

雷海宗认为，历史是多元的，是在不同的时间与不同的地域各个独立产生与自由发展的，具有各自的独立性和特殊性。认清各个文化的时间范围和空间范围，实际上就是断代；而认清文化的时间范围必

----

① 傅斯年：《历史语言研究所发刊之旨趣》，载《历史语言研究所集刊》第一本，1928，第8页。

须以划分文化的空间范围为前提，认清文化的空间范围就是划分各个
文化的区域。断代必须以每个独立的文化为对象，而不能把不同的个
体混为一谈，因为文化是个别的、多元性的。

他指出中国史学界无论研究西洋史还是中国史，各种名义都不严
正。基于他上述观念，基本的"正名"就是正时间之名和空间之名，
即确定历史研究的时间范围和地域范围。正是在这两点上，中国学界
多不求甚解，照搬西方概念。首先看断代问题。欧洲上古、中古、近
代的中统分期法原是文艺复兴时代的产物，上古指古希腊罗马即所谓
经典时代，经典时代与文艺复兴时代之间被认为是野蛮人入侵的黑暗
时代，称为中古。显然这种划分虽然也体现了欧洲文明的重大变局，
但感情因素强于理性因素，思想性质高过学术眼光。随着 19 世纪考古
发现揭示出希腊之前还有与欧洲文明密切相关的漫长历史（近东地区
的历史），这种分期法在欧洲学术界已经显出不足，尤其令治通史者进
退窘迫。但不管怎么说，就狭义的欧洲文明而论还能讲得通。然而
"西洋人这种不加深思的行动，到中国也就成了金科玉律，我们也就无
条件地认'西洋上古'为一个神怪小说中无所不包的乾坤如意袋。西
洋人自己既然如此看法，我们也随着附和，还有可说；但摹仿西洋，
把中国史也分为三段，就未免自扰了"①。"19 世纪西学东渐以后，国
人见西洋史分为三段，于是就把中国史也这样划分……参考西洋的先
例，以先秦时代为上古，秦汉至五代为中古，宋以下为近代。再完备
的就以宋为近古，元、明、清为近代，近百年为现代。此外大同小异
的分期法，更不知有多少……西洋史的三段分法，若把希腊以前除外，
还勉强可通；至于中国史的三段分法或五六段分法，却极难说得圆
满"②。这两段话已经说得很清楚了，欧洲的"上古、中古、近古"概
念有自身的文化和历史含义及限制，中国人不去深入了解这概念的来
源，不去思考支持历史断代的观念与标准，而只求在时段上与欧洲的
三段论法相匹配，可以说是强以中国文化就西方框架，对于中国学术

①② 雷海宗：《断代问题与中国史的分期》，载《伯伦史学集》，中华书局，2002，第 135 页。

独立与创新而言，有害无益。因此，当雷海宗提出中国文化的"两周""三周"，其意义就不只在于确立研究范围，而体现出深一层次的引进西学，体现出把握西方观念中具有普遍意义的要质后对中国历史进行宏观思考的努力。

再来看关于"西洋史"的概念辨析。"世界史""外国史"和"西洋史"是中国人常用的名词，但对这些概念的时间和空间范围，中国人大多不甚了了。而就在这几个概念的混淆与不求甚解中，包含着中国学术界概念意识的缺乏，可以说引进了名词，但没有引进概念。欧洲的"世界史"（world history）概念原是启蒙时代为标示与中世纪以来的"普遍史"（universal history）概念之不同而提出的，后来可以混同使用。"普遍史"是以基督教神学为指导的历史观念，它的普遍性只存在于《圣经》历史所能被覆的范围，事实上无论是从文化观念还是地理范围上讲都是很狭小的。"世界史"则是欧洲人发现并承认基督教文明以外的众多文明之后提出的概念，在这个概念下，欧洲、中国、近东、中东、美洲、非洲各区域的历史都以相对独立的形态统合在"世界史"之下，尽管欧洲人书写的"世界史"长期以欧洲历史为中心。然而"世界史"到了中国，却奇怪地等同于"外国史"，仿佛中国人主动自外于世界。这是概念传播中的变形失真问题，究其实还是学术引进过程中粗疏生硬弊病所致。雷海宗则凭借自己的西方史学造诣指出这种看似小节实则大过的问题。"世界史"等同于"外国史"，这在中国范围内约定俗成，也就不论了，因为对中国人不至于造成所指混乱。然而"西洋史"到底何指，这关系到"西洋史"的研究对象究竟是什么。欧美人用"西洋"一词（the West 或 the Occident），意义已经非常含混，雷海宗将其分为泛义、广义与狭义三种意义。狭义的西洋专指中古以下的欧西，即波兰以西的地方，近四百年来又包括新大陆，也就是说指以日耳曼民族为主所创造的文化，东欧不包括在此范围。广义的西洋是在欧西之外加上古希腊罗马，在谈论思想学术文艺发展的作品中多使用这层意义。泛义的西洋则是在广义的西洋之外再加上中东伊斯兰教地区和近东地区的古代文化（古埃及、巴比伦），这样的泛指比较少用①。中国人有关"西"的概念也是逐渐发展变化的，到 20 世纪上半叶，日常说"西洋"大半是指狭义的西洋（欧西 + 北美），倒也不会有误会。但对历史研究而言，若只是空泛地使用"西洋"一词，则与学术研究的严谨要求相去甚远，可以说是研究西方历史的门径都未把握。厘清"西洋"一词的不同含义，实则是了解欧西文化与埃及、巴比伦、希腊、罗马、阿拉伯文化间的关系。这六种文化各有独立形态，有亲疏不等的联系，不能混为一体。

要而言之，雷海宗强调"正名"的四种价值，直指中国近现代史学学科建设中的一个基本问题，这一问题在今天依然存在，雷海宗的论述至今仍有指导意义。

三　文化形态史观与学术研究的多元化要求

20 世纪 20 至 40 年代史料学派占据史坛的中心位置之外，还有马克思主义史学学派。马克思主义的唯物史观固然也是对史料学派的纠偏，而文化形态史观与之并不矛盾。如果以某种理论为唯一合理的解释而排斥其他史学指导理论的存在，则有违学术研究的多元化生态。事实证明，多元化不仅是自然界各物种发展和进步的原动力，也是人类社会繁荣发展的动力，学术研究也不能逃脱这一法则。无论是西方的文化形态史观还是林同济、雷海宗的文化形态史观，其理论缺陷我们姑且存而不论，重要的是它体现了一种历史解释和历史认识方式。就这种性质而言，它与唯物史观属于同类。而且这两种史观都是试图对整部文明史进行宏观解析从而找出历史的发展规律，两种理论都体现出强调本体论的哲学思路。所不同的是，马克思主义史学强调经济在社会发展中的基础性作用，以经济的变迁作为探讨历史变迁的主线索。文化形态史观则将这一基础性位置赋予"文化"这个要素，它以文明共时态的演变为历史研究的基本单位，力求通过比较各个共时态

---

① 雷海宗：《断代问题与中国史的分期》，载《伯伦史学集》，第 137 – 139 页。

的文明及其特点而找出文化发展也是人类历史发展的规律。从时间上看，中国的唯物史观历史学派比战国策派出现得早，因此战国策派的异军突起以及与唯物史观和史料学派一度的共存，正是当时开放性学术氛围的一个反映。总之，文化形态史观存在的合理性就在于它是一个多元化的学术环境下应该有的内容。此外，正如史料学派的产生与发展从一个侧面暗示出各门社会科学在中国有了一定基础，因为史料学派的宗旨之一就是最广泛地吸收运用各门科学提供的方法和工具，因此它的成熟在理论上应以自然科学和社会科学的充分发展为前提，但在中国的特殊情况下，史料学派、自然科学和社会科学几乎同时起步，因此史语所的研究对一些社会科学反而具有一定奠基意义。文化形态史观在中国出现与立足并有所成就，也是中国学者对西方哲学和思想的了解吸收达到一定程度的体现。如果说，陈寅恪的文化史观着重从历史个案研究中提炼出自己的理论，那么雷海宗的文化形态史观则主要是气势如虹地提出了历史发展的宏观架构，他们都应该属于中国近代史学学术史上里程碑式的人物，在中国史学近代化过程中具有开创性意义。

杨志玖先生和他那代史学家

　　时代的剧变对知识分子人生道路的影响往往是后之学人所难以想象的。不仅个人的政治命运会受到严峻的考验，而且学者的治学道路也会因此而改变。传统会在这时候发生断裂，而历史却在断裂中蜿蜒向前。从学人的角度看，学术史也可以看成是学者命运改变的历史。而这种改变有的时候明显可见，有的时候却是浑然不觉的。

　　图1　1980年，杨志玖（前排右一）在南开园与郑天挺（前排右二）、王德昭（前排左二）、王玉哲（前排左一）、杨翼骧（后排中）、魏宏运（后排左）、傅同钦（后排右）合影

20 世纪 50 年代，在我国高等院校进行院系结构和人事调整的时候，北京大学历史系主任郑天挺先生奉调到天津南开大学历史系主持系务。在郑天挺先生的率领下，南开大学中国古代史的教学工作分为四段：王玉哲先生讲授先秦史，杨翼骧先生讲授秦汉魏晋南北朝史，杨志玖先生讲授隋唐宋元史，郑天挺先生讲授明清史。《隋唐五代史纲要》就是杨志玖先生在南开大学历史系授课的讲义。

图 2 1988 年，杨志玖在南开寓所书房

《隋唐五代史纲要》是一本 15 万字的书。初版于 1955 年，新知识出版社印了 15 000 册。1957 年上海人民出版社又印刷了 12 000 册。笔者手头的这本是 1958 年上海人民出版社第 2 次印刷的 15 000 册中的一本。累计算起来已经印刷了 42 000 册。这在今天也绝对是一个很可观的印数，即使现在中国人口比 20 世纪 50 年代增加了一倍。杨志玖先生去世后，北京的一些朋友给我来信，悼念先生的去世，无不提到这本《隋唐五代史纲要》。人民大学的沙知教授信中说："五十年前读杨先生编著的《隋唐五代史纲要》，留有深刻印象，这本书篇幅不大，内容精练，堪称同类教材中之翘楚。"2002 年 6 月底笔者在台北开会，几位在台湾地区的高校里教授隋唐史的朋友，争相向笔者介绍自己收藏的《隋唐五代史纲要》，有的自诩是正版，而有的似乎只能承认是盗版

了。该书是否在台湾地区有盗版，我没有调查，没法判断。1983 年杨志玖先生访问日本，有日本学者拿出《隋唐五代史纲要》请作者签字。杨志玖先生事后对我说，在签字的时候，他感到有负于热心的读者，自己没能将那本书做进一步修订增补。

20 世纪 80 年代，我以后辈的身份参加各地唐史学术会议，许多我尊敬的前辈学者对我说，杨志玖先生的《隋唐五代史纲要》是他们学习隋唐史的入门教科书。我相信这些话都是由衷之言。因为这是新中国成立后第一部断代史著作。1955 年出版的断代史还有何兹全先生的《秦汉史略》（上海人民出版社），较早一年的有岑仲勉先生用浅近文言写成的《隋唐史》（二卷），是 1954 年由高等教育部教材编审处印行的，1957 年由高等教育出版社正式出版。

今天重读《隋唐五代史纲要》，会引发我们对新中国成立初期的中国历史学的很多联想。

杨志玖先生《隋唐五代史纲要》分为五章，除"文化"一章外，其余每章各分为三节。

第一章，"隋帝国的建立与南北方对峙的结束（公元 581—618 年）"。其三节是：第一节，"隋的建立与统一中国"，前两小节讲隋灭后梁、灭陈的史实，后两小节分析隋统一的原因与意义；第二节，"隋朝在经济与政治方面的措施"，先谈经济，再谈政治与外交；第三节，"隋末农民大起义"，所分五小节中的最后一小节是"农民起义军的作用和弱点"。

第二章，"唐帝国的建立与唐朝的强盛（公元 618—755 年）"。其三节是：第一节，"唐帝国的建立"；第二节，"唐帝国政治经济的发展"叙述太宗到开元盛世的政治、经济发展，其中有"对唐代工商业的几点认识"的专门讨论；第三节，"唐帝国的对外关系"有"对唐向外发展的总认识"一小节。

第三章，"唐帝国的衰亡（公元 755—907 年）"。其三节是：第一节，"天宝时期的衰象与安史之乱"，有两个重点，一是唐前期社会矛盾的积累，二是安禄山得势的由来、安史之乱原因和经过，及其性质的分析；第二节，"安史之乱后唐帝国的内争与外患"，重点讨论藩镇、宦官和朋党，以及边疆民族关系；第三节，"农民大起义与唐帝国的灭亡"，讨论晚唐社会矛盾与农民起义过程，有"对黄巢起义一些问题的认识"。

第四章，"唐代的文化"。

第五章，"五代十国与契丹（公元 907—960 年）"。其三节是：第一节，"混乱期中的政治局势与社会情况"；第二节，"契丹的兴起与燕云十六州的割让"；第三节，"周世宗对统一中国的贡献"。附录：隋唐五代年表。

向来学者评论这本断代史教材的特点是全书线索清晰，事实交代清楚，内容提纲挈领，文笔清新流畅。我自己第一次读这部书，也深有同感。

大学教材如何写？历来有不同的看法，有的强调学术性，有的强调简明扼要，有人甚至认为大学生不需要教材。

这里关键是要全面了解大学课程的特殊性。大学课程，有专业课，有公选课（素质课）；专业课有通论课（vorlessung），有讨论课（seminare），有练习课（uebung）。对于教材的要求当然也不同。杨志玖先生的这部《隋唐五代史纲要》是给大学专业本科生低年级的通史教材，简明扼要、纲目清晰，尤其是在相关的章节，都有要言不烦的分析。这是此类教材非常突出的优点。

此外，从史学史的角度看，这本中华人民共和国成立后的第一本断代史教材，还有一点特别值得注意，那就是：它位于开创中华人民共和国成立后通史及断代史体例的著作之列。

新史学对于著述体例的要求有其章节体的特点。它与清代以前的著作体式完全不同，是从西方引进的。但是，中国历史著作的章节体特点在新中国成立前并没有完全形成，它是在中华人民共和国成立后特别是 20 世纪 50 年代形成的。杨志玖先生的《隋唐五代史纲要》就是其中的典范之一。杨先生在"前言"中说："我在叙述历史事实时，曾企图加以分析，避免枯燥的罗列现象，但由于理论水平和业务水平的限制，分析也不免是肤浅的甚至错误的。"这里的所谓分析当然不都是指运用唯物史观进行的分析，但是，注意用马克思主义理论解释历史现象却是包含在其中的，如《隋唐五代史纲要》对于隋末农民起义和唐末农民起义都给予了较大的关注和较多的篇幅，对于经济史的叙述给以较显著的地位。

20 世纪初叶，史学界的大师们就在讨论中国通史的编纂体例。但是，大多只能在传统的纪传、编年等框架里打圈圈。比如，章太炎拟订的"中国通史略例"分 5 表、12 典、10 纪、25 别录、9 考纪，凡120 卷。当时有两种方案，梁启超为代表的一派主张以典志体（如《通典》）和纪事本末体为新史著的主要体裁；章太炎为代表的一派则主张以纪传体和典志体的结合为新的著述方式①。

20 世纪 30 年代邓之诚的《中华五千年史》、周谷城的《中国通史》，当然已经突破了 20 世纪初设想的那些通史体例。40 年代翦伯赞的《中国史纲》、范文澜的《中国通史简编》等马克思主义史学家的著作，已经从内容上引进了新的历史观和方法论，章节体的著述形式已经代替了旧的历史编纂体例。但是，即使是章节体，也各有不同。例如，与杨志玖先生的书或前或后出版的岑仲勉《隋唐史》、吕思勉《隋唐五代史》，其学术含量自然在杨著之上，著述体例也各有特点，但是，比较起来，杨志玖先生的"纲要体"更适合于低年级大学生修读通史的需要，也是不争的事实。

杨先生的所谓教科书模式，实际上也影响到后来的著作者。例如，比杨著晚 20 年出版的韩国磐先生《隋唐五代史纲》（人民出版社，1975 年），篇幅和内容都较杨志玖先生的"纲要"为胜，但是，其所分设的五编，一望便知与杨志玖先生的"纲要"一致。实际上，即使是今天讲隋唐五代史，无非也是五大版块：隋朝、唐朝前期、唐朝后期、晚唐五代、思想文化。由此可见，杨志玖先生的《隋唐五代史纲要》的教科书体例，于我国隋唐史学科建设的影响是十分深远的。

---

① 方光华：《中国思想学术论稿》，陕西人民出版社，2002，第 290 页。

　　《隋唐五代史纲要》还是旧社会过来的知识分子学习唯物史观研究历史的一个尝试和例证。为此，我们要从《隋唐五代史纲要》的作者这一代人的特点说起。

　　近百年来发生的时代剧变有三次：第一次是民国初年，第二次在中华人民共和国建立之际，第三次是在最近三四十年，即所谓新时期。经历了这样三次剧变的人都是民国初年出生，抗战时期求学，中华人民共和国成立后建功立业，"文化大革命"后焕发出学术的第二春，而在世纪之交都是年届耄耋的老人。他们在 20 世纪后半叶的中国史坛上发挥了巨大的影响，研究这个时期的史学，不能不关注他们。

　　晚清时期，特别是甲午战争以后，由于西方影响的逐渐扩大，中国社会结构发生了很大的变化，尤其是学术文化（即所谓"国学"）受到西方的冲击之大，可以用脱胎换骨来形容。传统的经、史、子、集的学术分类被新的学术体系所取代。民国初年出生的那一代知识分子，童蒙时代就已经不读四书五经，他们接受的是新式教育。这与第一代、第二代史学家已经不一样。他们在新中国成长起来的知识分子眼里，虽然被目为"老先生"，是做旧学问的，但是，他们自己看自己，却未必有他们前一辈那样的旧学功底。杨志玖先生对我说过，他读研究生时候的主要功力之一就是点读了一部百衲本《元史》，把《元史本纪考证》抄写在书眉的相应位置。但是，在陈寅恪那一代，则是可以在失明的情况下，熟练地使用《唐书》和《资治通鉴》。吕思勉也通读过几遍二十四史。其旧学根底显然与其学生辈有深浅的不同［1995 年在东北师范大学召开《中国历史》教材编写会议，谦逊的田余庆教授说，他的古文功底不及周一良先生，周先生当然也不及比他更年长的一辈（我想，比如陈寅恪、陈垣这辈）。周一良生于 1913 年，与杨志玖是同辈人］。他们基本上是近代西方史学引入中国以来培养出来的史学家，接受的是新式教育。他们有新的问题意识，有新的写作范式，陈寅恪总结王国维的那三句话是他们治学的圭臬："一曰取地下之实物与纸上之遗文互相释证"；"二曰取异族之故书与吾国之旧籍互相补正"；"三曰取外来之观念与固有之材料互相参证"。即在学术研究中要做到考古与文献资料互相释证，中文与外文资料互相补证，西方理论、概念与本国历史记载互相参证。1928 年创刊的《史语所集刊》上的论文是他们学习的楷模。

中华人民共和国的建立，20 世纪 50 年代以后一系列社会主义改造运动，生产资料私有制的被废除，新的意识形态的确立，对于从旧社会过来的知识分子来说，构成了前所未有的巨大冲击！马克思主义唯物史观，对于他们又是一个浴火重生式的教育，也是新的挑战。郭沫若在 1954 年 12 月 9 日的《人民日报》上发表《三点建议》就这样说："我感觉着我们许多上了年纪的人，脑子实在有问题。我们的大脑皮质就像一个世界旅行家的手提筐一样，全面都爬满了各个码头的旅馆商标。这样的人，那真可以说是一塌糊涂，很少有接受新鲜事物的余地了。所以尽管学习马克思列宁主义已经有五年的历史，但总是学不到家。好些老年人都爱这样说：'我自己的思想水平很低'。我想这倒不是一味的客气，确实是先入之见害人，旧的东西霸占着我们的脑子，不肯让位。"

郭沫若的这番言说，无疑反映了两点真实情况：第一，20 世纪 50 年代前期，有很多旧社会过来的知识分子在接受马克思主义过程中，有思想障碍，"总是学不到家"！但是，他们都愿意努力接受。第二，既然大脑皮质有旧东西霸占着，就要清洗各种旅馆商标。这种认识不能不说，就是后来提出在灵魂深处闹革命的一个原因。郭沫若的意见在其时的历史学家中是引起了高度重视的。1955 年，唐长孺先生在《魏晋南北朝史论丛》的"跋语"中就引用了郭沫若的上述文字，并且说："在研究过程中，我深刻体会到企图解决历史上的根本问题，必须要掌握马克思列宁主义的理论。在这一方面我特别感到惭愧，从解放到现在经过了五年的学习，然而一接触到问题的本质，面对着一大堆资料就常常会束手无策，不能做深入的追寻。"他又说："像我这样四十多岁的人，还够不上称为上了年纪的老人，然而由于过去受到资产阶级唯心思想的毒害并不轻，因而'学不到家'是一样的。"① 我相信唐先生在这里的表白完全是真诚的。

这里所谓"上了年纪的老人"就是第一、二代学者，如陈寅恪、岑仲勉、吕思勉等，这些人基本上拒绝在形式上接受新的意识形态。岑仲勉《隋唐史》的"编撰简言"也引用了郭沫若的话，云："郭沫若先生曾言，写语体比写文言字数要增三分之一。现在讲义油印，字体已缩至小无可小，加以纸张、页数之限制，为适应本校经济状况，自不得不采用文言。"岑仲勉引郭沫若是为了给自己用文言写讲义找根据，与唐长孺引用郭沫若完全不同。"上了年纪的老人"，还有吕思勉，他写的《隋唐五代史》等断代史也是文言文。陈寅恪的学术风格虽然与他们很不同，但是，从论文格式和文字风格来说，也是很"文言"的那种。

相反，在唐长孺先生那本充满真知灼见、以实证研究功力见长的论文集里，是比较注意引用经典作家的作品的。例如，《魏晋杂胡考》就引用了斯大林的《民族主义与列宁主义》《论马克思主义在语言学中的问题》两篇文献。目的是清洗旧的商标，而事实上这一段话在文章中倒显得是在贴一个新的商标。

杨志玖先生（1915—2002）与唐长孺先生（1911—1992）基本上是同辈人，也应该有同样的感受和处境。《隋唐五代史纲要》学习引据经典作家的文献作为分析历史问题的工具，共有三处。

第一处，即《隋唐五代史纲要》第50页在分析唐代工商业繁荣的时候，引用马克思的话："工艺这件东西，可以启示人类对于自然之能动关系，启示人类生活之直接的生产过程。"第二处，即在第115页论及黄巢起义的失败及黄巢是否投降时引用斯大林的话"他们都是皇权主义者"，并且指出恩格斯在《德国农民战争》中提到农民在革命中时常与敌人妥协。还有一处，即《隋唐五代史纲要》第150—151页谈到阿保机的家庭出身时引用恩格斯《家庭、私有制与国家的起源》说，

---

① 唐长孺：《魏晋南北朝史论丛》，第451–452页。

阿保机的家庭也就是恩格斯所说的"显贵家庭"。第一处的引用，旨在说明唐代手工业行会领域废除了奴隶制生产方式，所以生产获得进步。第二处为了解释农民起义失败的原因和投降的原因是有皇权主义思想。这些都留下了20世纪50年代旧社会过来的知识分子在历史研究中学习接受唯物史观的真实痕迹。

用今天的眼光重新看待这些引用和分析，我们可以发现两个问题。

首先，在当时的思想认识范围内，这些引用都是贴"新标签"的需要。用废除奴隶制来解释唐代工商业的进步，是学习斯大林时期"联共（布）党史"铸造的"五个社会形态"理论的必然结论。用皇权主义来解释农民革命的归宿，是那个时代"左"倾思想的经典解释。第三处引用恩格斯的《家庭、私有制与国家的起源》来说明阿保机是显贵家庭，牵强附会的意思更明显。可是，这些在那个时代不仅很必要，而且很时髦。

其次，中国的历史学，最缺乏的是对于历史现象的理论化分析和解释，马克思主义唯物史观，提供了这方面的一个解释工具、解释框架，满足了学术发展的求新求变的要求，这也是必须看到的。1906年，王国维曾就大学教育问题，提出"学无中西说"："何以言学无中西也？世界学问，不出科学、史学、文学。故中国之学，西国类皆有之；西国之学，我国亦类皆有之。所异者，广狭疏密耳。""异日发扬光大我国学术者，必在兼通世界学术之人，而不在一孔陋儒，固可决也。"[①]唯物史观也是西方传来的学问啊。用唯物史观解释历史，在新中国也属于"预流"之举。

从梁启超、王国维算起，新史学发展到唐长孺、杨志玖这一代已经是第三代了。梁启超大声疾呼"新史学"，王国维垂范作则践行"新史学"，可以说是20世纪中国新史学家的开山祖师，属于第一代人（陈寅恪虽然比他们年纪小一轮，但是并没有师承关系，以在清华研究

---

① 王国维：《奏定经学科大学、文学科大学章程书后》，载《王国维遗书》第三册，上海书店，2011，第647页。

院的同事经历来讲，也属于同辈人）。杨志玖的老师汤用彤、向达、姚从吾属于第二代，他们直接或者间接受教于清华大学、北京大学。郭沫若、范文澜属于另外一个意义上的第一代史学家，即第一代马克思主义史学家。像杨志玖先生这样一代人实际上受到两个方面的挑战和夹击。一方面，他们要与"三百千千"（三字经、百家姓、千字文、千家诗）的蒙学教育体系告别，与"经史子集"的国学学术体系告别；另一方面，他们要学习接受马克思主义理论。在接受新的意识形态方面，他们比那些"上了年纪"的第一、二代学者（比如陈寅恪）要容易接受些。所以，其中许多人参与了中华人民共和国成立后"五朵金花"的讨论。但是，比起他们的学生辈（如漆侠、胡如雷等）又逊色很多。在旧史功底上，一般而言则是逊于老者而高于少者。他们是"中间派"。可是，不管如何德高望重，中华人民共和国成立后，中国史学界的主体力量不是陈寅恪、吕思勉，而是我们这里所说的在 20 世纪 50 年代还不老不少的"中间派"。他们虽然不像郭、范、翦那么显赫，却在民间尤其是粉碎"四人帮"以后更有号召力。因为他们是"老先生"，有旧学功底，可以矫正教条主义和影射史学横行时的弊端。所以"文化大革命"后，这些已真正成为老先生的一代人，担负起了复兴中国学术的任务。他们重新操持的不是"文化大革命"前 20 世纪 50—60 年代的旧业，而是中华人民共和国成立前的旧业。比如杨志玖先生研究元史和马可波罗，周一良先生研究魏晋南北朝史等。可以这样说，周一良、杨志玖先生这些人的学术路径的转变也是中国近百年来学术史的缩影。

21 世纪开始，这一代学者或遁归道山，或颐养封笔。如今在撰写历史论著或者教材的时候，想方设法寻章摘句贴标签的人恐怕已经很少了。中国学者接触西学（包括西方传来的马哲）所引发的种种情状，已经定格为历史的往事。它不应该只是我们今日凭吊的对象，还当是我们深思的课题。在 21 世纪，包括历史学在内的中国社会科学研究，应该如何走向深入？如何既借鉴西方又不至于食洋不化？尽管在操作路径上还见仁见智，但是，用"他山之石，可以攻玉"的正确态度，学习和借鉴外来的理论和思想，应该是没有争议的。在这里，除了创新之外，别无出路。创新在两个领域最为紧要。

第一，对于中国历史本身的深切研究。200 年前，中国历史虽然也受到外来文化和文明的影响，但是基本不失华夏文明之本位。数千年来，中国在国家治理结构、民众经济生活、社会制约体系等方面，都构成了自己的特色。对于这些特色的描述，对于古人来说，没有参照系。近 200 年以来，西方文化（包括欧美与苏联）的强势，加上五四以来国人对中国传统的自我否定到了自虐自弃的境地，使得西方理论不是中国历史研究的参照系（他山之石），而成了判断中国历史问题的坐标系（立论标准）。现在是回归本位的时候了。

第二，对于研究中国历史的方法论和理论工具的创新。历史本来只记录既往的现实，是逝去的社会、政治、经济、文化、生活的总和。分析和研究历史的概念工具和理论范式也必须与之契合。这类理论创新有待于社会科学各个学科的中国话语体系的构建。对此，何时能有重大突破，我基本持任重道远的谨慎态度。因为，这已经超出了历史学之畛域。这需要研究现实中国的学者有更深厚的历史感，也需要研究历史的学者有更多的现实观照。

谨以此文献给恩师！

图3　杨志玖与西南联大师友合影。右二为王玉哲，右五为杨志玖

图4　1980年，杨志玖与中国历史大辞典主编、分册主编等合影。前排左六为谭其骧，右七为郑天挺，右五为翁独健，右三为杨志玖

图5　1988年，在广州纪念陈寅恪100周年诞辰国际讨论会聚餐时留
影。左一为邓广铭，左二为杨志玖，右三为季羡林，右二为朱雷，右
一为周一良

图6　1988年，杨志玖（左二）在广州与邓广铭（右二）等合影

从唐长孺士族研究看史学方法的演进
——与陈寅恪士族研究的比较分析

一 唐长孺关于士族的研究

唐长孺先生被誉为"中国大陆六朝士族研究的奠基人"①。一般认为，士族作为一个综合性概念，主要具有三方面历史内涵：政治上的累世显贵，经济上的劳动占有，文化上的家学世传②。唐长孺先生自20世纪40年代中期以来致力于魏晋南北朝隋唐史研究，其治史的指导思想主要是唯物史观。唐长孺先生对于士族问题的研究，因之也着力于士族的经济基础。

首先，在士族的形成过程中，唐长孺先生强调士族赖以生存的根本因素在于其宗族乡里基础，指出"门阀制度源于两汉以来的地方大姓势力，这种地方势力是在宗族乡里基础上发育滋长起来的，因而具有古老的农村结构根源"③，构成门阀的特殊条件，"其中主要的一点是世禄之家，按照门阀形成不久之后所颁布的土地制度西晋占田制的内容是依据官品高低决定土地、佃客的占有额"④，故大姓、高门的维

---

① ② 参见陈爽:《近20年中国大陆地区六朝士族研究概观》，日本中国史学会《中国史学》第十一卷，京都朋友书店，2001。
③ 唐长孺:《魏晋南北朝隋唐史三论》，武汉大学出版社，1992，第42页。
④ 唐长孺:《魏晋南北朝史论丛续编》，中华书局，2011，第573页。

持与发展，与其生存的地方宗族土壤密切相关。对比北朝士族，南朝士族的衰落，"不仅关系到统治阶级内部阶层间的变化，而且也牵涉到宗族组织以及封建土地所有制的问题"①，"宗族组织一开始就包含着一对矛盾，这就是成员间血缘关系的平等和财富分配的不平等。宗族内部贫富区分的激化必然导致宗族组织的解体"②。较之具有强大宗族乡里基础而保持长久生命力的北朝士族，江南士族因丧失宗族乡里的根基而力量脆弱，经受不住打击，入隋之后便基本消失。这一现象，具体而深刻地反映了经济基础对于士族的重要影响。

　　其次，强调士族概念中的经济特权，主要为免役、免税特权。在对士族的历史考察中，唐长孺先生敏锐地观察到作为统治阶级的士族享有政治经济特权，对当时社会发展产生了重大影响。自士族形成以来，如何划定士族阶级所包含的范围即成为士族社会中的重要问题。在中国古代以小农经济为主的封建社会中，士族的重要特权是免役、免税、荫客，而划定士族范围过程，实质上也便是国家与士族、寒门地主争夺土地与劳动力的过程，落实到具体层面，则是户籍的篡改与检校：寒门地主利用贿赂修改户籍以使自己符合进入士族阶层的标准，统治阶级力图通过检籍夺回由伪士族侵占的劳动力资源。然而检籍往往因为造假过众、矛盾激化、农民起义等原因收效甚微。在中古史上我们看到类似事件不断发生，最终的结果是两阶层的妥协。寒门地主千方百计挤入士族的根本动力，也正在于分享经济特权以保护自己积累的财富。同时，士族与士族阶级并不等同，二者的重要区别在于是否与经济政治特权相联系。表面上，士族是贯穿整个中古时期历史发展的重要阶层，实际上这一概念的内涵在数百年间发生了巨大变化。至唐代，士族虽然仍然是影响社会发展的重要力量，但他们与魏晋南北朝时期的士族已根本不同：唐代士族并不直接地享受特权，士族所享有的政治经济特权被进士科所取代，这是中古时期发生的重大转折。

　　再次，唐长孺先生的士族研究深刻剖析了中古政治演化、制度变

———————————

①②　唐长孺：《南朝士族的衰弱》，《历史教学》1957 年第 2 期。

迁与士族兴衰发展之关系。如对于产生于魏晋时期的九品中正制的讨论，先生指出"九品官人法是为士族服务的门阀制度的主要环节，但它又是中央控制选举的主要环节，也就是把东汉时期逐渐削弱的中央选任官吏的权力重新收回"①。统治者制定九品中正制度以选拔人才，本意在于将选举权收归中央，其中又包含有对东汉以降历史惯性的妥协，结果却是进一步加大了地方势力的权威，巩固了门阀统治。而随着历史发展，九品中正制逐渐成为"例行公事"，不再具有突出意义，这也是门阀制度最终确立、士庶之别业已定型的结果。西晋的重用宗室因与曹魏时期的压抑诸王形成鲜明对比而早已引起历代学人的关注，王夫之即发出"魏诛宗室而权臣篡、晋封同姓而骨肉残"的感慨。唐长孺先生指出，自晋至唐初始终不同程度地存在着重用宗室的传统，此点与秦汉和宋元明清皆构成鲜明对比。这是因为，在这一时期的"贵族政治"之下，皇室作为第一家族凌驾于其他家族之上，"其家族成员有资格也有必要取得更大权势以保持其优越地位"②。唐先生还对门阀政治与中央集权的关系进行了分析，并认为封建中央集权始终是中国封建政治的主流。

又如，对于北朝政权中的重大政治变革，先生从门阀制度的角度提出了深刻见解。北魏孝文帝改革，学者研究重点多在民族融合、汉化层面。先生在考察"定姓族"问题之后，指出定姓族的结果，是"鲜卑贵族门阀化"，"以当代官爵为标准等第高卑"，"形成了适应现实形势的统一的新门阀体制"③。而其后宇文泰"赐姓"、实行所谓"六官制"，"看似是毫无意义的复古，却也包含着打破门阀制度下清浊分途的意义"，"宇文泰要打破孝文帝时品定的'四海士族'和鲜卑贵族合流的门阀体制，其目的在于另建以新兴北镇武川系贵族（他们在原体制下应该都是庶族寒门）为主体的统治体制"④。这些现象所反映

---

① 唐长孺：《魏晋南北朝隋唐史三论》，第 478 页。
② 唐长孺：《魏晋南北朝隋唐史三论》，第 52 页。
③ 唐长孺：《魏晋南北朝隋唐史三论》，第 171 页。
④ 唐长孺：《魏晋南北朝隋唐史三论》，第 176 – 177 页。

的，是门阀体制趋于消灭的历史趋向。待到唐代，虽然也三次进行姓氏录的编订，但其并不与选举制度相挂钩，科举制度进士出身成为入仕主要途径，门阀体制走到尽头。

关于门阀制度的衰亡。唐先生《门阀的衰弱和科举制的兴起》指出，门阀制度趋于消灭是南北朝后期的共同历史倾向，但门阀现象作为一种社会存在还不会马上退出历史舞台。南北朝后期的旧门阀在隋朝唐初政治舞台上的荣枯兴衰，全视与武川系军事贵族的亲疏而定，具有传统的崇高社会地位的山东士族由于遭到关中统治集团的着意压抑，显得默默无闻，南朝部分旧门阀则主要依仗文化优势跻身隋唐统治核心。唐代三次官修姓氏书，和选举已无必然联系，唐初门荫仍是子弟出身大道，但出身高下差别全凭父祖官爵之高下，与姓氏书上的门户等级未必符合。唐代民间流行的姓氏书，是仅列姓氏郡望的简谱，体例上也从郡望等第序列发展成为依声韵、字旁排序，唐代士庶界线已不在于族望等第。随着科举制度逐步成为唐代入仕的主要途径，唐中叶以后，进士科逐渐代替过去的士族享受不限官品而只论出身的种种特权，世袭性的门阀地主阶级专政转为以科举制为杠杆的更广泛的非世袭性地主阶级专政，以适应封建社会后期土地转移加速、商品经济发展的形势。而山东士族凭借悠远的文化传统，在科举时代仍然能猎取世所企羡的进士科，借以维持门户，重新获得了业已丧失的政治经济特权①。

总之，唐长孺先生士族研究的特点是，以士族为切入点观察中古社会发展过程，将士族研究纳入宏大的中古史研究中，其"唯物史观学术化"的研究成果，对于后辈史家具有重要影响。但是，与一些同时代的史家如侯外庐等不同，唐先生极少脱离史料对马、恩原著进行纯思辨性的发挥；与老一辈学者特别是陈寅恪不同，唐长孺先生不会在大量排比史料的基础上以"笺注体"的形式发覆钩沉。唐长孺先生以对唯物史观成竹在胸的器局，以叙述式的口吻为主辅以分析，对史

---

① 唐长孺：《魏晋南北朝隋唐史三论》，第 370 - 404 页。

料的引用不求竭泽而渔，但求画龙点睛，于平和中见深刻，于娓娓道来中展现出雄辩。对于唐长孺先生而言，"士族"始终是一个内涵清晰的研究对象。"士族"从词源的角度固然来自于中国传统史籍，但其内涵从根本上来说却是"地主阶级"的一部分。因此，唐长孺先生也不免会有这样的论断："这些贵族或士族并不一定都拥有大量的土地，有的甚至并不富裕，但最大的封建土地所有者毕竟是他们。"① 唐先生始终是在一个整体的高度上把握士族，关注的是"士族"作为整体在经济、政治领域的角色；至于文化，固然是这一群体的重要属性，却不是"士族"之所以为"士族"的根本原因，更不是某一政治事件中具体人物政治立场的出发点。这一点，构成了唐长孺士族研究与陈寅恪士族研究的重大差别。在陈先生那里，士族更为重要的是一个道德与文化载体。

二　陈寅恪关于士族的研究

陈寅恪的士族研究虽然不见有专著专文，相关文字分散在诸多著作中，但如果将这些论述结合起来，则可看出陈寅恪就整个中古时期士族兴衰变迁有着连续而完整的观点，而且，各个时代士族与非士族的斗争是陈寅恪先生用来分析中古政治演进的重要分析框架，具有方法论的含义。

陈寅恪所论士族，起自东汉，终于唐亡，前后约九百年。我们据其所强调的几个关键点，将这一过程分为四阶段简述如下。

（一）东汉、曹魏、西晋阶段

1. 东汉时期，士族出现。

（1）士族由外廷士大夫发展而来。东汉统治阶级除皇室外戚外，主要分成内廷阉宦和外廷士大夫两类。阉宦群体"出身大抵为非儒家之寒族"；与此相对，士大夫出身"大抵为地方豪族，或间以小族，然

---

① 唐长孺：《魏晋南北朝隋唐史三论》，第 51 页。

绝大多数则为儒家之信徒"①。士族正由此外廷士大夫群体发展而来。

（2）东汉中晚期，官学失坠，士族产生。东汉前期，学术文化由首都太学掌控，"士人大抵先从师受经传，游学全国文化中心首都洛阳之太学，然后应命征辟，历任中央地方郎吏牧守，以致卿相之高位"。至东汉中晚期，中央权力削弱，地方大族发展，随之发生两层变化。其一，"此类仕宦通显之士人逐渐归并于少数门族"②；其二，"学校制度废弛，博士传授之风气止息"③，"首都洛阳之太学，失其为全国文化学术中心之地位"。以故，此后学术文化重心"不在政治中心之首都，而分散于各地之名都大邑。是以地方之大族盛门乃为学术文化之所寄托"④。（3）故而，"东汉末年之高门必具备儒生与大族之二条件"⑤。

2. 官渡一战，阉宦势力战胜士族，士族在曹魏一朝受到暂时抑制。

3. 司马氏篡魏，士族复兴。

（二）南北朝阶段

前期：东晋政权与江东大族结合，士族在江左得到新的发展。南迁之北方士族与当地江东大族合作，取得孙吴旧统治阶级的支持。宽纵大族，求婚吴人，达成"合作之默契"，"两方协定既成，南人与北人戮力同心，共御外侮，而赤县神州免于全部陆沉，东晋南朝三百年之世局因是决定"⑥。

南迁士族按路线分长江下游、长江上游两个区域，按社会阶级均可分为上层、中层、下层三种阶级。陈寅恪认为，"北人南来之路线及其居住地域问题，实为江左三百年政治社会经济史之关键所在"。

中期：北魏迁都洛阳，推行汉化。适逢王肃北奔，带来东晋及南朝前期江左礼乐。加以河陇文化，共同形成北魏新局面，并为北齐继

---

① 陈寅恪：《书世说新语文学类钟会撰四本论始毕条后》，第48页。
②⑤ 陈寅恪：《崔浩与寇谦之》，载《金明馆丛稿初编》，第142页。
③ 陈寅恪：《隋唐制度渊源略论稿》，生活·读书·新知三联书店，2001，第20页。
④ 陈寅恪：《崔浩与寇谦之》，载《金明馆丛稿初编》，第147页。
⑥ 陈寅恪：《述东晋王导之功业》，载《金明馆丛稿初编》，第59页。

承。（1）在王肃北奔之前，北魏汉化改革中即有士族的重要作用。表现如下。其一，北魏取凉州，"河西文化遂输入于魏，其后北魏孝文、宣武两代所制定之典章制度遂深受其影响"①。其二，以崔浩为代表，一部分北方士族并未在五胡乱华中南迁，而是留居北方。他们虽然生活在胡人统治下，但却据有经济、文化优势，"欲藉统治之胡人以实现其家世传统之政治理想"②。倡导复五等爵等，与汉、晋以来儒家理想一脉相承③。其三，文成帝略取青齐，获崔光等南朝士人，从其转述中"可以略窥自典午南迁以后江左文物制度"。然而，这种间接转述"依稀恍惚，皆从间接得来，仍无居直接中心及知南朝最近发展之人物与资料可以依据"④。（2）王肃北奔，传入东晋南朝前期礼制成果，成为北魏汉化改革的重要依据。此制后经北齐全盘接受，得以保存下来，并成为隋唐制度三源中最为重要的一支。

后期：宇文泰实行"关中本位政策"。特点如下：（1）成员包括六镇鲜卑及胡化汉人，以及关陇当地部分士族。（2）用关陇地区所保存的"旧时汉族文化"，来适应鲜卑六镇之野俗，依托《周官》，创设府兵，以求异于山东及江左旧制，用以整合集团内部。（3）"非驴非马，取给一时"，很快为后王捐弃⑤，对隋唐制度影响甚微。但在它基础上发展起来的关陇集团，却逐渐成为新贵，与山东士族对抗，对隋及唐前期社会结构、政治斗争产生深远影响。

南朝后期梁、陈的新发展，指王肃北奔以后，梁、陈二朝礼乐的新发展。具体讲来实际是"梁代继承创作、陈氏因袭无改之制度"，为"王肃等输入之所不及，故魏孝文帝及其子孙未能采用"。它在隋统一中国后为其吸收，进而传于李唐⑥。

---

① 陈寅恪：《隋唐制度渊源略论稿》，第4页。
② 陈寅恪：《崔浩与寇谦之》，载《金明馆丛稿初编》，第141-142页。
③ 陈寅恪：《崔浩与寇谦之》，载《金明馆丛稿初编》，第149页。
④ 陈寅恪：《隋唐制度渊源略论稿》，第15页。
⑤ 陈寅恪：《隋唐制度渊源略论稿》，第20页。
⑥ 陈寅恪：《隋唐制度渊源略论稿》，第4页。

（三）隋及唐前期阶段

1. 唐前期关陇集团与山东士族的对峙。隋承魏齐、梁陈、魏周三源，综合发展，唐朝因之。这一观点众所周知，且与士族无关，此不详及。但隋末到唐前期，士族发展中最大的变化就是从宇文泰制定的"关中本位政策"中发展出了庞大的"关陇集团"，与山东士族形成两相对峙的局面，持续近百年。这一时期唐朝统治阶级"除宇文泰所创建之胡汉关陇集团胡汉诸族外，则为北朝传统之山东士族，凡外廷之士大夫大抵为此类之人"[①]。唐前期关陇集团的源流及发展如下：

> 盖宇文泰当日融冶关陇胡汉民族之有武力才智者，以创霸业；而隋唐继其遗业，又扩充之。其皇室及佐命功臣大都西魏以来此关陇集团中人物，所谓八大柱国家即其代表也。当李唐初期此集团之力量犹未衰损，皇室与其将相大臣几全出于同一之系统及阶级，故李氏据帝位，主其轴心，其他诸族入则为相，出则为将，自无文武分途之事，而将相大臣与皇室亦为同类之人，其间更不容别一统治阶级之存在也。[②]

江南士族在唐朝政治社会中力量较弱，不成气候。而真正存在下来的旧族著姓，只有山东士族，且在唐初仍保有广泛的社会影响力。以唐太宗为代表的关陇统治集团对此现状极为不满，故着意发展李武韦杨四大家族，依靠皇权巩固这一集团，以期与山东士族对抗。这两大集团的对峙，为唐前期一大特点。

2. 武则天对关陇集团的改造与破坏。武则天出自山东寒门，她跻身关陇集团后，对其进行改造，加入诸多山东寒门。此举动摇了关陇集团的结构。最为重要的是她开始了兴进士、废府兵等一系列改革措施，从而从根本上摧毁了关陇集团赖以存在的基础。而进士一科的兴

---

① 陈寅恪：《唐代政治史述论稿》，第 259 页。
② 陈寅恪：《唐代政治史述论稿》，第 234–235 页。

起，尤关唐代士族转变。

> 进士之科虽创于隋代，然当日人民致身通显之途径并不必由此。及武后柄政，大崇文章之选，破格用人，于是进士之科为全国干进者竞趋之鹄的。当时山东、江左人民之中，有虽工于为文，但以不预关中团体之故，致遭屏抑者，亦因此政治变革之际会，得以上升朝列，而西魏、北周、杨隋及唐初将相旧家之政权尊位遂不得不为此新兴阶级所攘夺替代。故武周之代李唐，不仅为政治之变迁，实亦社会之革命。①

上述举措开始于武则天，完成于唐玄宗，而关陇集团从动摇到瓦解的过程，亦正同此。"此集团既破坏，皇室始与外朝之将相大臣即士大夫及将帅属于不同之阶级"，而阉寺遂得以"拥蔽皇室，而与外朝之将相大臣相对抗"②，深刻改变了唐后期的政治社会结构及历史走向。由于这一过程真正完成于玄宗之世，所以我们把玄宗朝的结束作为士族发展在唐前、后两阶段的分界点。

（四）唐后期阶段

1. 新兴进士阶级出现并发展，形成新的士大夫群体；山东士族持续衰落，关陇集团完全消解；新兴进士阶级与山东旧族的对立，加以科举同门关系，共同导致牛李党争，所有士大夫均被卷入。（1）进士阶级之所以能成一新兴士大夫阶级并日渐占据优势，原因如下：其一，"唐代自进士科新兴阶级成立后，其政治社会之地位逐渐扩大"；其二，以进士词科为代表的科举重视"座主门生及同门等关系"，易结成党派；其三，宰相多出翰林学士，而翰林学士则必经进士科考，以故进士成为致身高位的必经之途。（2）山东士族衰落，表现为：其一，进士科"致身通显，转成世家名族"，"而拔引孤寒之美德高名翻让与山

---

① 陈寅恪：《唐代政治史述论稿》，第 202 页。
② 陈寅恪：《唐代政治史述论稿》，第 235 页。

东旧族"；① 其二，山东士人多有衰落者，欲求通显，亦须通过进士考试。（3）关陇集团完全消解，远支者完全同于一般士族。上述因素综合导致牛李党争，凡士大夫阶级无能置身其外者。

2. 引狼入室同诛阉宦，却最终导致唐王朝与士族的双双覆亡。晚唐外廷有士大夫之党，内廷则有阉寺之党。陈寅恪将外廷士大夫党派称为内廷阉寺党派的"应声虫"或"附属品"，外廷士大夫党派动向与内廷阉寺的动向密切相关，如影随形。晚唐几十年中，内廷阉党彼此争斗，外廷士大夫随声相应，党争不断，牛、李两派各有千秋。然当宣宗以后，内廷阉寺"起族类之自觉"，内部争斗渐缓，转而一致对外，而其也因此"与外朝诸臣无分别连结之必要"。士大夫党派内助既失，则党争终归消歇②。阉寺强势，与士大夫矛盾激化。"士大夫阶级暂时联合，与阉寺全体敌抗"，铤而走险，引狼入室，假黄巢余党朱全忠之武力以锄阉寺。"但士大夫阶级本身旋罹摧残之酷，唐之皇室亦随以覆亡"③。

从横向而言，陈寅恪士族研究强调家学、礼法、婚姻、仕宦四个维度：

家学。士族产生于东汉中晚期官学失坠的背景下。地方大族掌握学术文化，是其最初特点，也是其贯穿八九百年发展历程而始终不变的特点。故家学是士族最根本和最核心的特征。这个观点也是陈寅恪文化史观的起点。综观陈氏论述，可知这种家学主要是指儒家学说，具体载体正是经学。在此基础上产生礼法，形成门风，互相结婚，并依儒家教义将个人修养扩至治国平天下，树立一以贯之的政治理想。在论述东汉士族时，陈寅恪讲道：

> 东汉外廷之主要士大夫，既多出身于儒家大族，如汝南袁氏及弘农杨氏之类，则其修身治家之道德方法亦将以之适用于治国

---

① 陈寅恪：《唐代政治史述论稿》，第 268—269 页。
② 陈寅恪：《唐代政治史述论稿》，第 313 页。
③ 陈寅恪：《唐代政治史述论稿》，第 303 页。

平天下，而此等道德方法皆出自儒家之教义，所谓'禹贡治水'，'春秋决狱'，以及'通经致用'，'国身通一'，'求忠臣于孝子之门'者，莫不指是而言。凡士大夫一身之出处穷达，其所言所行均无敢出此范围，或违反此标准者也。此范围即家族乡里，此标准即仁孝廉让。以此等范围标准为本为体。推广至于治民治军，为末为用。总而言之，本末必兼备，体用必合一也。①

虽然东晋南朝的天师道、唐中期以后的进士科等曾使士族家学混入宗教、文词等其他成分，但儒学或说经学始终是士族身份的重要标识。陈寅恪明言，"东汉末年之高门必具备儒生与大族之二条件"②。其实此后士族亦基本不离这两大条件。山东士族最为陈寅恪赞赏，他曾在讨论唐后期进士科对山东士族的影响时，对士族与家学的关系进行了明确阐述，认为："夫士族之特点既在其门风之优美，不同于凡庶，而优美之门风实基于学业之因袭。故士族家世相传之学业乃与当时政治社会有极重要之影响……但东汉学术之重心在京师之太学，学术与政治之关锁则为经学，盖以通经义、励名行为仕宦之途径，而致身通显也。自东汉末年中原丧乱以后，学术重心自京师之太学移转于地方之豪族，学术本身虽亦有变迁，然其与政治之关锁仍循其东汉以来通经义、励名行以致从政之一贯轨辙。此点在河北即所谓山东地域尤为显著，实与唐高宗、武则天后之专尚进士科，以文词为清流仕进之唯一途径者大有不同也。"③ 士族最重要的特点，正在家学。

礼法。礼法与家学紧密联系，共同构成士族门风，而优美之门风正是士族所矜异、寒庶所企羡者。"仁孝道德所谓性也，治国用兵之术所谓才也。"④ 士族之礼法尚德行、贵仁孝，其对立面往往表现为：重智术，如曹操之用人；喜放荡，如贾充等寒族对西晋士族的负面影响；

---

① 陈寅恪：《书世说新语文学类钟会撰四本论始毕条后》，载《金明馆丛稿初编》，第51页。
② 陈寅恪：《崔浩与寇谦之》，载《金明馆丛稿初编》，第142页。
③ 陈寅恪：《唐代政治史述论稿》，第260-261页。
④ 陈寅恪：《书世说新语文学类钟会撰四本论始毕条后》，载《金明馆丛稿初编》，第52页。

尚文词，如武则天以后进士科的兴起。礼法关系道德，道德影响风习，从中可观个体之命运，察社会之变迁。陈寅恪认为：

> 纵览史乘，凡士大夫阶级之转移升降，往往与道德标准及社会风习之变迁有关。当其新旧蜕嬗之间际，常呈一纷纭综错之情态，即新道德标准与旧道德标准，新社会风习与旧社会风习并存杂用。各是其是，而互非其非也。斯诚亦事实之无可如何者。虽然，值此道德标准社会风习纷乱变易之时，此转移升降之士大夫阶级之人，有贤不肖拙巧之分别，而其贤者拙者，常感受苦痛，终于消灭而后已。其不肖者巧者，则多享受欢乐，往往富贵荣显，身泰名遂。其故何也？由于善利用或不善利用此两种以上不同之标准及习俗，以应付此环境而已。譬如市肆之中，新旧不同之度量衡并存杂用，则其巧诈不肖之徒，以长大重之度量衡购入，而以短小轻之度量衡售出。其贤而拙者所为适与之相反。于是两者之得失成败，即决定于是矣。①

与家学一样，礼法亦贯穿士族发展始终。直至唐德宗之世，"山东旧族之势力尚在，士大夫社会礼法之观念仍存"②。放荡之风盖过礼法，已至懿僖之时，而此时整个士族阶级也行将步入覆亡。

婚姻。陈寅恪曾在论及元稹身际时认为："人生时间约可分为两节，一为中岁以前，一为中岁以后。人生本体之施受于外物者，亦可别为情感及事功之二部。若古代之士大夫阶级，关于社会政治者言之，则中岁以前，情感之部为婚姻。中岁以后，事功之部为仕宦……夫婚仕之际，岂独微之一人之所至感，实亦与魏晋南北朝以来士大夫阶级之一生得失成败至有关系。"③ 他明确提出士大夫人生两大主题：婚姻与仕宦。对于士族来说，婚姻尤其重要。就个人言，它与中岁以后的

---

① 陈寅恪：《元白诗笺证稿》，生活·读书·新知三联书店，2001，第85页。
② 陈寅恪：《元白诗笺证稿》，第92页。
③ 陈寅恪：《元白诗笺证稿》，第85－86页。

仕宦密切相关，人生感情实寄于此；就家族言，则更关系到集团之间的共同利益及道德评判。所谓"士大夫阶级一生得失成败"者，正是就这两方面综合言之。婚姻关系到士族兴衰演进。陈寅恪曾引柳芳评论士族之语云："山东之人质，故尚婚娅。江左之人文，故尚人物。关中之人雄，故尚冠冕。代北之人武，故尚贵戚。"① 这是就各自特点来讲。但事实上此四大地域无不重视婚姻，江左王导为求安定，结婚吴姓；关陇新贵亦以婚姻形成强大统治集团。至于文、宣之时屡现之皇室夺婚士族之事，更说明这种婚姻纽带力量的强大。

仕宦。仕宦为士大夫人生中婚姻之外另一主题。它不仅关系个人际遇，更是士族固有政治理想的实现途径。前引陈氏论东汉士族家学时，有"其修身治家之道德方法亦将以之适用于治国平天下"语，是其仕宦理念的集中反映。与拔起寒门的阉宦、进士等相比，士族阶级仕进的不同之处在于其有一以贯之的信念，他们"往往怀抱一种政治理想，以救时弊，虽一时不必期诸实行，而终望其理想得以达到"②。从司马氏到崔浩复五等爵的不懈尝试即是一例。

综观陈氏所论近九百年的历史，士族并非始终为统治阶级，甚至一定时期连要津重职也难以据得，如唐后期山东士族的境遇。但其以仁孝廉让为本为体、以治民治军为末为用的儒家理想并未改变。所谓"本末必兼备，体用必合一"，是士族有别于寒门之处，也是陈寅恪所称道、期许的事功原则。而以上所述及的士族四个维度，都无不体现着陈氏基于其身世的独特的历史观和价值取向。他的士族观在后人的研究中，或被尊奉，或得拓展，或遭非议。然而无论是褒是贬，后来的讨论却都很难绕开他所开出的基本观点。他基于文化史观的士族研究精到地解释了许多重要历史问题，使中古史研究大大深入。

---

① 陈寅恪：《记唐代之李武韦杨婚姻集团》，载《金明馆丛稿初编》，第 267 页。
② 陈寅恪：《崔浩与寇谦之》，载《金明馆丛稿初编》，第 143 页。

三　比较与余论

从以上的论述中，我们可以看出，陈寅恪的士族研究更多是在中国历史语境之中讨论问题，重点是解释历史现象，唐长孺的士族研究则充分吸收了用经济史观分析历史的现代史学方法，重点是分析历史现象背后的深层次原因，尤其体现了唯物史观学术化的努力。在21世纪的今天，我们怎么来看陈寅恪与唐长孺的士族研究呢？窃以为，就传统学术语境而论，陈寅恪从家学、礼法、婚姻、仕宦四个维度透视士族的方法已经使该问题的研究臻于化境，很难再有理论意义上的突破，唐长孺则重点从士族的经济地位与政治地位出发，虽然不免有学习那个时代理论思潮的痕迹[①]，但实际上别开生面、推陈出新。所以，陈寅恪先生才表现出对于唐长孺先生的文章"独为心折"。可是，如何将唐长孺先生注重经济和政治层面的士族研究与陈寅恪先生的注重社会和文化层面的士族研究结合起来，这才是留给我们思索的课题。

---

① 参见张国刚：《关于50年代中国史学的几点评价——重读杨志玖先生〈隋唐五代史纲要〉》，载《史学理论与史学史学刊》，社会科学文献出版社，2003。

陈寅恪、唐长孺、胡如雷与 20 世纪中国学术史

从宏观上看 20 世纪以来的中国学术发展史，可以观察到一个从否定传统到呼唤回归本土化的历史变化过程。首先是西方学术的冲击，中国学人做出过激的反应，用学术的现代化或西方化来否定本民族学术传统。然后在民族的危机感和自信心的双重作用下，又出现呼吁学术的本土化的趋向。但是，本土化并不是要简单地否定西学、恢复旧学。达到这样一种比较理性的认识，其实经历了几代学者的长期探索，其中就包括陈寅恪（1890—1969）、唐长孺（1911—1994）和胡如雷（1926—1998）。

陈、唐、胡都是 20 世纪研究唐史的大家。他们生前死后的声名与毁誉很不同，治学风格与个人性格也差异很大，但放在 20 世纪中国学术史上去审视，仍然可以从他们所从事的学术研究中看到某种共同的东西，那就是对于中国学术独特品格的不懈追求。20 世纪中国学术史所面临的最大挑战就是如何处理传统旧学与现代西学的关系，只是不同的时期这个问题会以不同的方式被提出来而已。陈寅恪、唐长孺和胡如雷都以他们各自的方式回答了这个问题，从而留下了自己在学术史上的地位。

先说陈寅恪。

在 20 世纪前期，陈寅恪所面临的是如何处理民族学术传统与外来学术思潮的关系问题。中日甲午战争以后，西学汹涌而入，"新史学"、

白话运动、文学革命，都在批判传统中开辟了自己的道路，五四时期对传统文化的否定更达到了一个高潮。但是，有人否定传统，就有人捍卫传统。20 年代前后就有一些人从反传统到回归传统，梁启超的《欧游心影录》、杜亚泉的论战以及"学衡派"的出现都是其表现。此时步入史学殿堂的陈寅恪，自然也要回答这一时代的中心问题。

陈寅恪三十多岁就任清华国学研究院导师，与名满天下的梁启超、王国维和哈佛博士赵元任比肩而立。但我们无须人为地拔高或神化陈寅恪，似乎陈寅恪十四岁留学东洋、二十来岁游学欧美就已经抱着如何宏大的理想和志愿，这未必入情入理。出国留学当时是读书人向往的时代潮流，陈寅恪只是"预流"者之一。至于陈寅恪为何选择梵文和佛典翻译文学、西北史地为自己的主攻方向，因缘际会的可能性最大。也许为晚清以来兴起的边疆史地研究风气所激励，也许受到海外东方学研究的影响，等等。当然，也可能陈寅恪觉得自己在这个领域能够博取中西新旧学术之长而补彼此之短。但是，陈寅恪在国外学的这身绝技，回国并没有"用武之地"，盖资料不足也，清华国学研究院内响应者寥寥！陈寅恪转而治中古史实有多方面原因。

陈寅恪唐史研究的名著当推《隋唐制度渊源略论稿》《唐代政治史述论稿》《元白诗笺证稿》以及《金明馆丛稿初编》《金明馆丛稿二编》。陈寅恪如今已经成为学术经典或标签。他睿智的片言只语不仅足以成为后来学者支持自己观点的根据："你看，陈寅恪都如此说"，而且也为做翻案文章的人提供靶子，以显示自己文章的"创新价值"："你看，陈寅恪都讲错了"。但是，陈寅恪真正的学术意义绝不仅仅是对某一具体问题做出的研究结论，而在于开创了中国中古史研究的新时代。更进一步说，陈寅恪通过他的中古史研究实践，表明了自己处理民族学术传统与外来学术理论关系的态度和方法。大家发现，陈寅恪论著的形式很传统，提出的问题却很现代，而处理问题的手法则中西合璧，是传统与现代的结合。陈寅恪试图创造一个扎根于中国历史实际的学术范式和方法，那就是他总结王国维所说的"二重证据法"："一曰取地下之实物与纸上之遗文互相释证"；"二曰取异族之故书与吾

国之旧籍互相补正";"三曰取外来之观念与固有之材料互相参证"。即
在学术研究中要做到考古与文献资料的互相释证;中文与外文资料的
互相补证;西方理论、概念与本国历史记载的互相参证。这样的总结
本身就是中西合璧的方法论结晶。如果说前两点主要表现为史料范围
的扩大,是对自古以来特别是乾嘉以来传统考据学的总结、升华和超
越;那么关键的第三点"取外来之观念与固有之材料互相参证",就表
现为史学观念的根本变革和更新,是一种旷古未有的全新的方法论
(格义佛学与此不类)。因为,域外文献利用与现代考古学方法的引进
和地下资料的发现,固然与西方学术的影响难解难分,但是,只有外
来观念即理论、范式、概念的引进并用之于解释传统史料,才导致了
近代史学区别于传统史学的根本特征。陈寅恪运用文化史观解释中国
中古历史,试图构建中古史学的新框架。所谓关陇集团,所谓胡汉分
野看文化不看血统,都是引进外来观念参证中古历史的尝试。陈寅恪
说:"其真能于思想史上自成系统,有所创获者,必须一方面吸收输入
外来之学说,一方面不忘本来民族之地位。"[1] 这样一种处理传统学术
与外来理论关系的正确态度和方法,使他成为时代的翘楚!

再看唐长孺。

唐长孺比陈寅恪年轻二十多岁。他的研究范围也是魏晋南北朝隋
唐史,与陈寅恪先生类似。在唐长孺精力最充沛的 20 世纪 40—60 年
代,中国社会的政治面貌和文化生态发生了翻天覆地的变化。无论是
家庭教养还是师承受业,唐长孺所受的都是旧式教育,但在他盛年从
事研究工作时却不能不面对新社会的意识形态环境。因此,对于他这
一代知识分子而言,如何处理好旧史料与新思想的关系是个严峻的挑
战。如果说,陈寅恪那里"吸收输入外来之学说"还是一个广泛的概
念的话,那么,在唐长孺这里就特定地被教条化了的唯物史观,或者
说被苏联过滤了的"马克思主义"所指代。如何处理这个特定的外来
理论与民族之本位的关系,是唐长孺那一代学者所必须面对的课题。

---

[1] 陈寅恪:《冯友兰〈中国哲学史(下册)〉审查报告》,载《金明馆丛稿二编》,第 284–285 页。

　　唐长孺确实在努力学习唯物史观，他在 1954 年出版的《魏晋南北朝史论丛·跋语》里说："在研究过程中，我深刻体会到企图解决历史上的根本问题，必须掌握马克思列宁主义的理论。在这一方面我特别惭愧，从解放到现在经过了五年的学习，然而一接触到问题的本质，面对着一大堆资料就常常会束手无策，不能作深入的追寻。"唐长孺这里流露的思想是很真实的。一方面真诚地希望掌握马克思主义理论，并用之于学术研究；另外一方面又深切地觉得"学不到家"。因为唯物史观用之于具体学术研究，只能得其意而不能随便贴标签。唐长孺不会也不愿意削足适履，生搬硬套，所以，有时会感到茫然不知所措。这充分体现了唐长孺襟怀坦荡，虽然不甘落后于时代的潮流，但仍忠于自己的学术良知。这种实事求是的态度受到陈寅恪的赞赏，陈寅恪收到赠书后回信对唐长孺说："今日奉到来示与大著。寅恪于时贤论史之文多不敢苟同，独颂尊著，辄为心折。"① 唐长孺虽然是"魏晋封建说"的支持者之一，但是在这方面的理论探讨并不多。他晚年的作品《魏晋南北朝隋唐史三论》试图总结他关于中古历史的一些理论思考，提出了所谓"中国是一个亚洲型的国家，奴隶社会带有亚洲的特征，封建社会也带有亚洲型特征"②，也基本上只有结论而缺少论证。倒是他对魏晋隋唐史的具体探索，仍然娴熟地运用了实证研究方法，很少"以论带史"（"文化大革命"期间一些"评法批儒"文章除外）。他的重要代表作如《魏晋南北朝史论丛》《魏晋南北朝史论丛续编》《唐书兵志笺正》《魏晋南北朝史论拾遗》《山居丛稿》《魏晋南北朝隋唐史三论》以及其他散见的论文等，都体现了微观入手、宏观着眼的学术境界。他在这些学术论著中显示的问题意识、研究思路、论证方法，都是对陈寅恪同时代学者所提倡的引西学入中学的研究理路的进一步发展。所以，陈寅恪用"心折"来表达对唐长孺学术贡献的赞赏。熔新旧学问于一炉的实证研究，正是唐长孺获得中外学术界尊敬的一个

---

① 张弓：《探索中国古代社会的"亚洲型"特征——读唐长孺师论著笔记》，载张国刚主编《中国中古史论集》，天津古籍出版社，2003，第 23 页。
② 唐长孺：《魏晋南北朝隋唐史三论》，第 18 页。

重要原因。

于是，我们发现在唐长孺所处的时代，整个学术界都被教条化的马克思主义所笼罩，王国维、陈寅恪等倡导的学术传统被彻底边缘化了。于是，物极必反，这个时代最需要的乃是唐长孺所做的传统学问。这样的实证研究更具有"兴灭继绝"的价值。尽管唐长孺也在学习马列著作，探索所谓"亚洲型社会的特征"，但是，他的学术成就和受人尊敬的原因却不在这个方面。

最后谈胡如雷。

胡如雷的命运就不同了。胡如雷从年纪上看比唐长孺小十几岁，所受到的教育却完全不同。像胡如雷这样在北伐战争时出生至新中国成立时的二十来岁的历史学者，他们大都在学习马克思主义经典著作上下过很深的功夫，也确实被马克思主义的理论力量所震撼。在全国上下学习苏联老大哥的年代里，他们接受了苏联式的马克思主义和唯物史观，由于年富力强，所受影响也最大。

胡如雷的代表作是《中国封建社会形态研究》，此外，唐史方面的著作有《李世民传》《唐末农民战争》以及晚年由散篇论文结集而成的《隋唐五代社会经济史论稿》《隋唐五代政治史论稿》等。胡如雷的论文选题反映了 20 世纪 50 年代以来中国史学界的热点问题，他积极参与了"五朵金花"中土地问题、农民战争问题的讨论。胡如雷超出他的同辈人的是，别人也许只是撰写了若干理论型论文，只有他花十余年时间独立撰写了一部功力深厚的《中国封建社会形态研究》专著。毋庸讳言，这部著作受到《资本论》等著作的影响和启发，作者尝试运用马克思主义的基本原理来分析中国封建社会的土地关系、地租形态和地主经济等。我们可以说这是接着陈寅恪在继续做"一方面吸收输入外来之学说，一方面不忘本来民族之地位"的尝试之一，也可以说它就是唐长孺引据郭沫若的话所说的那种能够把马克思主义"学到家"的理论著作，或者说是唐长孺"亚洲型社会"的理论化论证。难怪唐长孺等自叹学马列学不到家的老一辈学者对胡如雷等这一代新人的理论水平始终抱着激赏的态度。当然，胡如雷等对于唐长孺一辈学者的功底也是常怀羡慕之心。20 世纪 50—80 年代的中国史学主要是这样两代人占据史坛的主角位置，他们彼此互补，彼此推赏！

今天，我们站在 21 世纪初叶，重新回顾 20 世纪的历史学发展，就很容易看出陈寅恪、唐长孺、胡如雷这三代史学家的学术演变轨迹。陈寅恪著作中的一些具体结论在今天也许已经难以服众，但是，他圆融无碍地引西学入中学，以文化史观解读中古历史奥秘的探索精神和方法却具有垂范意义。真所谓"先生之著作容或可商"，而先生之精神却"共三光而永光"（陈寅恪悼王国维语）。唐长孺自诩为陈寅恪的私淑弟子，用实证的研究业绩把陈寅恪等开创的以西学治中学的做法不漏痕迹地加以发扬光大，从而避免了陷于 50 年代风行的教条主义的泥淖。

至于胡如雷的贡献则要换一个角度来思考。尽管如今很少有人评价或者引用胡如雷的《中国封建社会形态研究》，因为人们对于如何定义中国历史时期的社会形态有了分歧的看法。但是，胡如雷关于中国封建社会形态的理论，并不是单纯地在追求经典作家理论的普适性，他在书中的处理方式实际上是在探索一个能够解释和说明中国历史发展独特道路的理论框架。不管这个框架是否合适，其中的许多理论探索（比如关于地主经济的一些分析）仍然闪烁着智慧的光芒。尤其在今天，当我们呼吁寻求中国学术本土化道路的时候，我们不能不重视前辈学者所做的探索，其中，不仅包括陈寅恪和唐长孺，而且也包括胡如雷，因为胡如雷的研究其实也构成了中国史学本土化探索道路上的一个重要组成部分。这就是我们今天评价陈寅恪、唐长孺、胡如雷等先贤学术论著及其贡献的意义所在。

张国刚学术著述年谱（1980—2020）

1980

论文：

《武则天废监军制辨误》，《南开学报》1980 年第 6 期。

1981

论文：

1. 《唐代监军制度考论》，《中国史研究》1981 年第 2 期。

2. 《唐节度使始置年代考订》，《中国历史大辞典通讯》1981 年第 1 期。

1982

论文：

1. 《藩镇割据与唐代的封建大土地所有制》，《学术月刊》1982 年第 6 期。

2. 《肃代之际的政治军事形势与藩镇割据局面形成的关系》，《南开学报》1982 年第 6 期。

1983

论文：

1. 《唐代藩镇类型及其动乱特点》，《历史研究》1983 年第 4 期。

2. 《唐玄宗的道路》，《文史知识》1983 年第 8 期。

3. 《唐代进奏院考略》，载《文史》第十八辑，中华书局，1983年7月。

1984

论文：

1. 《唐代藩镇使府辟署制度》，《社会科学战线》1984年第1期。

2. 《中兴贤相裴度》，《文史知识》1984年第8期。

3. 《一九八三年的隋唐五代史研究》（杨志玖、张国刚），载《中国历史学年鉴（1984）》，人民出版社，1984年6月。

4. 《试论唐代藩镇的类型划分与动乱特点——兼论河朔长期割据的原因》，载《研究生论文选（中国历史分册）》，江苏古籍出版社，1984年4月。

5. 《关于唐代地主阶级的几个问题》（张国刚、叶振华），载《中国古代地主阶级研究论集》，南开大学出版社，1984年9月。

1985

论文：

1. 《〈隋书〉、两〈唐书〉"百（职）官志"校读拾零》，《南开学报》1985年第2期。

2. 《中国历代官制讲座（隋唐五代）》（合作连载），《文史知识》1985年第6—9，11—12期。

3. 《〈新唐书〉"百官志"关于禁卫军的几点错误记载》，载《古籍整理出版情况简报》第145期，中华书局，1985年9月。

1986

论文：

1. 《两份敦煌"进奏院状"文书的研究》，《学术月刊》1986年第7期。

2. 《"邸报"并非古代报纸》，《人民日报·海外版》1986年4月21日。

3. 《唐代藩镇的历史真相》，《文史知识》1986 年第 9 期。

4. 《随风潜入夜，润物细无声——史学的社会功能及其实现条件》，《光明日报》1986 年 3 月 19 日。

5. 《历史研究中的价值认识》（刘泽华、张国刚），《世界历史》1986 年第 12 期。

6. 《历史认识论纲》（刘泽华、张国刚），《文史哲》1986 年第 5 期；载《历史研究方法论集》，河南人民出版社，1987 年 10 月。

1987

专著：

1. 《唐代官制》，三秦出版社，1987 年 4 月。

2. 《唐代藩镇研究》，湖南教育出版社，1987 年 12 月。

论文：

1. 《〈唐书〉校读偶拾》，《古籍整理与研究学刊》1987 年第 2 期。

2. 《略论史学方法的继承与创新》（张国刚、李治安），《历史教学》1987 年第 2 期。

3. 《关于传统文化的几点思考》，《天津日报》1987 年 2 月 3 日。

4. 《唐代藩镇进奉试析》，载《文史》第二十八辑，中华书局，1987 年 3 月。

1988

专著：

《中国社会史研究概述》（编写魏晋南北朝隋唐五代部分），天津教育出版社，1988 年 1 月。

论文：

1. 《关于唐代兵募制度的几个问题》，《南开学报》1988 年第 1 期。

2. 《评张泽咸著〈唐五代赋役史草〉》（合作），《书品》1988 年第 2 期。

1989

论文：

1. 《唐代阶官与职事官的阶官化》，《中华文史论丛》1989 年第 3 期。

2. 《唐代藩镇军将职级考略》，《学术月刊》1989 年第 5 期。

3. 《唐代府兵渊源与番役》，《历史研究》1989 年第 6 期。

4. 《试论唐代蕃兵的组织和作用》（杨志玖、张国刚），载《纪念陈寅恪教授国际学术讨论会论文集》，中山大学出版社，1989 年 6 月。

1990

论文：

1. 《唐代的健儿制》，《中国史研究》1990 年第 4 期。

2. 《唐代藩镇的军事体制》，《晋阳学刊》1990 年第 4 期。

1991

论文：

《唐代防丁考述》，台北《大陆杂志》1991 年第 83 卷第 2 期。

1992

专著：

《中国通史简明教程（上）》（编写隋唐五代部分），高等教育出版社，1992 年 10 月。

词条：

《府兵制》，收入《中国大百科全书（中国历史卷Ⅰ）》，中国大百科全书出版社，1992 年 4 月。

论文：

《德国的汉学研究》（连载），《文史知识》1992 年第 11—12 期，1993 年第 1—12 期。

1993

论文：

1.《当前德国大学的汉学研究》，《书品》1993 年第 4 期。

2.《中国传统文化对现代世界的启示》（译文，原文为德文），《传统文化与现代化》1993 年第 5 期；载季羡林主编《东方文化议论集》，经济日报出版社，1997 年。

1994

专著：

1.《唐代政治制度研究论集》，台北文津出版社，1994 年 5 月。

2.《唐代藩镇行营制度考》，载《中国史论集》，天津古籍出版社，1994 年 7 月。

3.《德国的汉学研究》，中华书局，1994 年 7 月。

译文：

1.《儒家传统的历史命运和后现代意义》（译文，原文为德文），《传统文化与现代化》1994 年第 5 期；载季羡林主编《东西方文化议论集》，经济日报出版社，1997 年 3 月。

2.《陶渊明与酒》（译文，原文为德文），载《葡萄酒与中国》（*Wein und China*），特里尔大学出版社，1994 年；收入《与中国作跨文化的对话》，中华书局，2000 年 10 月。

1995

词条：

《中国历史大辞典·隋唐五代卷》（作为编委并撰写 10 万字词条），上海辞书出版社，1995 年。

论文：

1.《评吴宗国〈唐代科举制度研究〉》（合作），《历史教学》1995 年第 2 期。

2.《剑桥大学中国学的历史与现状》，《中国史研究动态》1995 年第 3 期；《传统文化与现代化》1995 年第 3 期。

3. 《评黄时鉴〈中西关系史年表〉》（合作），《历史教学》1995 年第 5 期。

4. 《唐代的神策军》，载《春史卞麟锡教授还历纪念唐史论丛》，（韩）庆北大丘图书，1995 年 5 月。

5. 《德国巴伐利亚州立图书馆藏敦煌经卷小记》（张国刚、荣新江），载《祝贺胡如雷教授七十寿辰中国古史论丛》，河北教育出版社，1995 年 12 月。

6. 《评孙继民著〈唐代行军制度研究〉》，载《唐研究》第一卷，北京大学出版社，1995 年 12 月。

1996

专著：

1. 《隋唐五代史研究概述》，天津教育出版社，1996 年。

2. 《中西文明的碰撞》，华夏出版社、广东人民出版社，1996 年。

论文：

1. 《关于剑桥大学中国学研究的若干说明》，《中国史研究动态》1996 年第 3 期。

2. 《唐代团结兵问题辨析》，《历史研究》1996 年第 4 期。

3. 《不问收获，但问耕耘——我在隋唐史园地》，载《唐研究纵横谈》，中国社会科学出版社，1996 年 6 月。

1997

论文：

1. 《从外交译员到汉学教授——德国汉学家福兰阁传》，载李学勤主编《国际汉学漫步》下，河北教育出版社，1997 年 8 月。

2. "Michael Quirin, Liu Zhiji und das Chunqiu," 载《唐研究》第二卷，北京大学出版社，1997 年 12 月。

1998

论文：

1. 《佛教与中古民众的宗教生活》，载《中国历史上的生活方式与观念》，台北馨园文教基金会，1998 年 10 月。

2. 《试论牛郎织女传说的文化意蕴及其衍生背景》（张国刚、王利华），载《中国古代社会研究》，厦门大学出版社，1998 年 12 月。

3. 《新发现锡乐巴档案中的华德铁路公司合同》，载《南开大学历史系建系七十五周年纪念论文集》，南开大学出版社，1998 年 1 月。

4. 《研究西方汉学史的意义》，载《博导晚谈录》，天津人民出版社，1998 年 2 月。

5. "Thomas Thilo, Chang'an：Metropole Ostasiens und Weltstadt des Mittelalters 583 – 904. TeilI：Die Standtanlage," 载《唐研究》第四卷，北京大学出版社，1998 年 12 月。

1999

主编：

《中国社会历史评论》第一卷，天津古籍出版社，1999 年 8 月。

论文：

1. 《唐代世俗家庭的宗教生活》，《中华文史论丛》1999 年第 3 期。

2. 《唐代禁卫军考略》，《南开学报》，1999 年第 6 期。

3. 《中国人编写的最早一部葡汉词典》，《中华读书报》1999 年 11 月 3 日。

4. 《50 年来天津市历史学科发展概括与前瞻》，《理论与现代化》1999 年第 12 期。

5. 《明清易代故事在西方的流传与影响》，载《南开大学历史研究所建所二十周年纪念文集》，南开大学出版社，1999 年 6 月。

6. 《北魏东阳王元太荣事迹疏证》，载《南开大学古籍与文化研究所建所十五周年纪念文集》，南开大学出版社，1999 年 8 月。

7. 《墓志所见唐代妇女生活探微》，载《中国社会历史评论》第一卷，天津古籍出版社，1999 年 8 月。

8．"Musterkolonie Kiaotschou：Die Expansion des Deutschen Reiches in China，"载《中国社会历史评论》第一卷，天津古籍出版社，1999 年 8 月。

9.《〈全唐文〉职官丛考》，载《唐研究》第五卷，北京大学出版社，1999 年 12 月。

2000

主编：

1.《中国社会历史评论》第二卷，天津古籍出版社，2000 年 4 月。

2.《中国历史大事典》（主编并主撰隋唐五代部分），山东大学出版社，2000 年 7 月。

译作：

1.《与中国作跨文化的对话》（原文为德文，刘慧儒、张国刚等译），中华书局，2000 年初版，2003 年再版。

2.《变文之后的中国图画讲唱艺术及其外来影响》（原文为英文，张国刚、陈海涛译），载《国际汉学》第六辑，大象出版社，2000 年 12 月。

论文：

1.《本土化：重建中国社会形态理论的根本》，《历史研究》2000 年第 2 期。

2.《敦煌文献与中古社会研究》，《光明日报》2000 年 6 月 23 日。

3.《清末民初外国侨民在华生活的实录》，载《中国社会历史评论》第二卷，天津古籍出版社，2000 年 4 月。

4．"Geschichte der Chinesischen Studenten in Deuschland：1876—1945，"载《中国社会历史评论》第二卷，天津古籍出版社，2000 年 4 月。

5.《晚清的宝星制与锡乐巴档案中的宝星执照》，载《郑天挺先生诞辰百年纪念文集》，中华书局，2000 年 6 月。

6.《陈寅恪留德时期柏林的汉学与印度学——关于陈寅恪治学道

路的若干背景知识》，载《陈寅恪与 20 世纪的中国学术》，浙江人民出版社，2000 年 7 月。

7.《柏林国立图书馆"汉学书库"说略》，载《汉学研究》第五集，中华书局，2000 年 9 月。

8.《评气贺泽保规的〈府兵制の研究〉》，载《唐研究》第六卷，2000 年 12 月。

2001

主编：

1.《明清传教士与欧洲汉学》，中国社会科学出版社，2001 年 5 月。

2.《中国社会历史评论》第三卷，中华书局，2001 年 6 月。

论文：

1.《试论社会史研究的学科结构》，《天津社会科学》2001 年第 1 期。

2.《德国大学历史专业与课程设置》，《历史教学》2001 年第 2 期。

3.《二十世纪隋唐五代史研究的回顾与展望》，《历史研究》2001 年第 2 期。

4.《评〈中国学在德国的历史、发展与展望〉》，载《中国社会历史评论》第三卷，中华书局，2001 年 6 月。

5.《唐代家庭与家族关系的一个考察》，《中国社会历史评论》第三卷，中华书局，2001 年 6 月。

6.《唐代藩镇军事制度的几个问题》，载《敦煌学与中国史研究论文集》，甘肃教育出版社，2001 年 8 月。

7.《唐末藩镇的兼并》（张国刚、何灿浩），载《庆祝何兹全教授九十诞辰纪念论文集》，北京师范大学出版社，2001 年 9 月。

2002

专著：

《佛学与隋唐社会》，河北人民出版社，2002 年 8 月。

主编：

1. 《中国历史·隋唐宋卷》，台湾五南图书出版公司，2002 年 7 月。

2. 《中国学术史》（张国刚、乔治忠主编），东方出版中心（上海），2002 年 7 月初版，2006 年 1 月再版。

3. 《中国社会历史评论》第四卷，商务印书馆，2002 年 10 月。

论文：

1. 《西方理论与中国研究——从〈白银资本〉谈西方中国研究的几点看法》（张国刚、吴莉苇），《史学月刊》2002 年第 1 期。

2. 《从历史学 20 世纪的遗产谈 21 世纪的任务》，《南开学报》2002 年 6 期。

3. 《怀念赵守俨先生》，《光明日报》2002 年 4 月 16 日；收入《我与中华书局》，中华书局，2002 年 6 月。

4. 《博古通今，涉笔成趣——读杨志玖先生的学术随笔》，《中华读书报》2002 年 8 月 16 日。

5. 杨志玖《陋室文存》跋，《中国唐史学会通讯》2002 年 10 月第 22 期。

6. 《关于唐代府兵制的几个问题》，载《文史》第六十辑，2002 年 8 月。

7. 《中国传统文化在十七世纪的欧洲》，《中华文史论丛》2002 年第七十辑。

8. 《2001 年唐代研究概述》（张国刚、夏炎），载《周秦汉唐文化研究》第一辑，三秦出版社，2002 年 7 月。

9. 《〈太平广记〉所见中古民众的佛教信仰》，载《来新夏教授学术研讨会纪念集》，新疆大学出版社，2002 年 8 月。

10. 《隋唐佛教通俗文献与民间信仰》，载《中国社会历史评论》第四卷，商务印书馆，2002 年 10 月。

11. "Deutschland und China：1949—1995," 载《中国社会历史评论》第四卷，商务印书馆，2002 年 10 月。

12. 《评黄永年〈唐代史事考释〉等著作四种》，载《唐研究》第八卷，北京大学出版社，2002 年 12 月。

2003

专著：

《从中西初识到礼仪之争——明清传教士与中西文化交流》，人民出版社，2003 年 12 月。

主编：

《中国中古史论集》，天津古籍出版社，2003 年 9 月。

论文：

1. 《从〈福田经变〉看唐代佛教的社会救助事业》，《史学集刊》2003 年第 2 期。

2. 《略论唐代学术史的时代特征》，《史学月刊》2003 年第 6 期。

3. 《唐代的中央军事决策及其特点》，《光明日报》2003 年 8 月 5 日。

4. 《佛教的世俗化与民间的佛教结社》，载《中国中古史论集》，天津古籍出版社，2003 年。

5. 《蒙元时代西方在华宗教修会》，《海交史研究》2003 年第 1 期。

6. 《礼仪之争与中国经籍的西传》（张国刚、吴莉苇），《中国社会科学》2003 第 4 期。

7. 《明清之际中欧贸易格局的演变》，《天津社会科学》2003 年第 6 期。

8. 《雷海宗：一个学术史的解读》，《博览群书》2003 年第 7 期。

9. 《史风流转——"中国古代史断代系列"书后》，《博览群书》2003 年 10 期。

10. 《明清传教士与中西文化交流——〈从中西初识到礼仪之争〉著者寄言》，《博览群书》2003 年第 12 期。

11. 《纪念周一良先生》，载周启瑞编《载物集——周一良先生的学术与人生》，清华大学出版社，2003 年 1 月。

12. 《关于 50 年代中国史学的几点评价——重读杨志玖先生〈隋唐五代史纲要〉》，载《史学史与史学理论学刊》2002 年卷，社会科学文献出版社，2003 年 11 月。

2004

主编：

1.《家庭史研究的新视野》，生活·读书·新知三联书店，2004年4月。

2.《中国社会历史评论》第五卷，商务印书馆，2004年5月。

论文：

1.《唐代中央军事决策与军队领导体制论略》，《南开学报》2004年第1期。

2.《明清传教士的当代中国史》，《社会科学战线》2004年第2期。

3.《明清士大夫与耶稣会士的交往及其心态》，《中华文史论丛》2004年第七十七辑。

4.《历史学与社会科学关系略说》，《历史研究》2004年第4期。

5.《中古佛教戒律与家庭伦理》，载《家庭史研究的新视野》，生活·读书·新知三联书店，2004年4月。

2005

论文：

1.《汉唐"家法"观念的演变》，《史学月刊》2005年第5期。

2.《唐代家庭形态的复合型特征》，《历史研究》2005年第4期。

3.《陈寅恪、唐长孺、胡如雷与20世纪中国学术史》，《河北学刊》2005年第5期。

4.《关于唐朝的老人问题》，《光明日报》2005年10月18日。

5.《历史学视野中的政治文化》（与邓小南、田浩、阎步克、陈苏镇、葛兆光、李华瑞、黄宽重等笔谈），《读书》2005年第10期。

6.《18世纪晚期欧洲对于中国的认识——欧洲进步观念的确立与中国形象的逆转》，《天津社会科学》2005年第3期。

7.《耶稣会传教士与欧洲文明的东传——略述明清时期中国人的欧洲观》，《世界汉学》2005年第3期。

8.《中西文化关系与中西历史比较——〈启蒙时代欧洲中国观〉

引言》，《多元视野中的中外关系史研究——中国中外关系史学会第六届会员代表大会论文集》2005 年 8 月 1 日。

9. 《启蒙时代欧洲的中国趣味与罗可可风格》，《清华大学学报（哲学社会科学版）》2005 年第 4 期。

10. 《不只是异域风情》，《读书》2005 年第 11 期。

2006

专著：

1. 《启蒙时代欧洲的中国观：一个历史的巡礼与反思》（合著），上海古籍出版社，2006 年 7 月。

2. 《中西文化关系史》（合著），高等教育出版社，2006 年 7 月。

论文：

1. 《"唐宋变革"与历史分期》，《史学集刊》2006 年第 1 期。

2. 《欧洲的中国观：一个历史的巡礼与反思》，《文史哲》2006 年第 1 期。

3. 《论"唐宋变革"的时代特征》，《江汉论坛》2006 年第 3 期。

4. 《我在〈学术月刊〉的发稿经历》，《学术月刊》2006 年第 4 期。

5. 《唐代兵制的演变与中古社会的变迁》，《中国社会科学》2006 年第 4 期。

6. 《"两头蛇"的行藏——读黄一农著〈两头蛇：明末清初第一代天主教徒〉》，《博览群书》2006 年第 7 期。

7. 《历史学视野下的中古法制史研究》，《博览群书》2006 年第 9 期。

8. 《明清传教士关于中国政治的理想化描述》，阎纯德主编《汉学研究》第 9 辑，中华书局，2006 年 3 月。

9. 《关于建设敦煌学知识库的若干建议》，载郝春文主编《敦煌学知识库国际学术研讨会论文集》，上海古籍出版社，2006 年 6 月。

10. 《王力平〈中古城南杜氏家族研究〉序》，商务印书馆，2006 年 7 月。

11. 《阎国栋〈俄国汉学史〉序》，人民出版社，2006 年 12 月。

2007

专著：

《中国家庭史（五卷本）》（丛书主编且第二卷独著），广东人民出版社，2007 年 4 月。

论文：

1. 《秦至清社会形态再认识笔谈》（与冯天瑜、陈启云、郑大华等笔谈），《湖北社会科学》2007 年第 1 期。后以《"封建"概念再认识笔谈》为题，收入《人文论丛》2008 年 5 月。

2. 《多样性与统一性：中国历史分期的多元视角》，《学术月刊》2007 年第 2 期。

3. 《是什么成就了唐太宗》，《光明日报》2007 年 2 月 26 日。

4. 《唐代寡居妇女的生活世界》，《安徽师范大学学报（人文社会科学版）》2007 年第 3 期。

5. 《历史既可研读，亦可讲说》，《中华读书报》2007 年 5 月 23 日。

6. 《唐玄宗之路》，《光明日报》2007 年 5 月 24 日；《新华文摘》2007 年第 15 期。

7. 《论唐代家庭中父母的角色及其与子女的关系》，《中华文史论丛》2007 年第 3 期。

2008

论文：

1. 《"立家之道，闺室为重"——论唐代家庭生活中的夫妻关系》，《清华大学学报》2008 年第 1 期。

2. 《试论唐代的开放风气》，《河北学刊》2008 年第 5 期；《新华文摘》2008 年第 21 期。

3. 《跨文化交流，如何跨——从文化误读谈起》，《"21 世纪中华文化世界论坛"第五次国际学术研讨会论文集》2008 年 11 月。

4. 《从颜氏家训谈中古之士大夫风操》，载《庞朴教授八十寿辰纪念文集》，中华书局，2008 年 12 月。

2009

论文：

1.《改革开放以来唐史研究若干热点问题述评》，《史学月刊》2009 年第 1 期。

2.《唐代乡村基层组织及其演变》，《北京大学学报（哲学社会科学版）》2009 年第 5 期；又载台湾黄宽重主编《中国史新论》，联经出版事业公司，2009 年 4 月。

3. "Family building in inner quarters: Conjugal relationship in Tang families," in *Frontiers of History in China*, 2009, 4 (1).

2010

专著：

《唐代藩镇研究（增订本）》，中国人民大学出版社，2010 年 1 月。

主编：

1.《家庭与社会》（清华史学译丛)，清华大学出版社，2010 年 1 月。

2.《新近海外中国社会史论文选译》（张国刚、余新忠编），天津古籍出版社，2010 年 7 月。

论文：

1.《唐代农村家庭生计探略》，《中华文史论丛》2010 年第 2 期。

2.《丝绸之路与中西文化交流》，《西域研究》2010 年第 1 期。

3.《中国人中的中国人》，《南都周刊》2010 年第 9 期。

2011

论文：

1.《从礼容到礼教——中国中古士族家法的社会变迁》，《河北学刊》2011 年第 3 期。

2.《论中古士大夫风操》，《清华历史讲堂》三编 2011 年 7 月。

3.《清末天津物价与外侨在华日常生活——联邦档案所藏德国驻

津领事馆档案数据札记之一》，《中华文史论丛》2011 年第 4 期。

4.《宏观视野下的中西关系》，载《人文经典与创意开发》，台北里仁书局，2011 年 6 月。

5.《如何重建国人的文化自信与自豪》，《人民政协报》2011 年 11 月 10 日。

2012

专著：

1.《中西交流史话》，社科文献出版社，2012 年 5 月。

2.《家庭史话》，社科文献出版社，2012 年 3 月。

3. *Concise History of Chinese Families*，KF Publishing Company Group，USA，2012.

论文：

1.《从〈资治通鉴〉看中国智慧和中国道路》，《中华读书报》2012 年 4 月 4 日。

2.《逝去的童话：18 世纪欧洲关于"资治通鉴"的一段讨论》，《光明日报》2012 年 11 月 26 日。

3.《陈寅恪留德时期柏林的汉学与印度学——关于陈寅恪先生治学道路的若干背景知识》，《国际汉学》2012 年第 2 期。

2013

专著：

1.《文明的对话：中西关系史论稿》（当代历史学家文库），北京师范大学出版社，2013 年 1 月。

2.《中西文化关系史（修订版）》（北京市教委精品教材修订项目），高等教育出版社，2013 年 8 月。

论文：

1.《从唐长孺士族研究看史学方法的演进——与陈寅恪士族研究的比较分析》，《魏晋南北朝隋唐史资料》2013 年第二十七辑。

2.《早期德国汉学家巴耶尔的中国猜想》,《中国文化》2013 年春季号第 37 期。

2014

论文：

1.《学术文化与大族盛门》,《光明日报》2014 年 2 月 25 日。

2.《唐代的光署钱问题探略》（张国刚、管俊玮）,《魏晋南北朝隋唐史资料》2014 年第三十辑。

3.《灿烂的世界帝国：隋唐时代》推荐序, 广西师大出版社, 2014 年 1 月。

4.《中古士族文化的下移——唐宋社会变革的一个侧面视角》, 载《近世中国的变与不变》, 台北联经出版公司, 2014 年 1 月。

2015

论文：

1.《中国古代治国实践中的"儒法并用"》,《国家治理》2015 年第 3 期。

2.《杨志玖先生和他那代史学家》,《文汇报》2015 年 4 月 10 日。

3.《宏观视野下的丝绸之路》,《文史知识》2015 年第 8 期。

4.《"丝绸之路"上的政治经济学》,《天津日报》2015 年 11 月 23 日。

5.《肃代之际宫廷内争与藩镇割据局面形成的关系》（张国刚、王炳文）,《唐研究》第二十卷, 北京大学出版社, 2015 年 1 月。

2016

专著：

《〈资治通鉴〉与家国兴衰》, 中华书局, 2016 年 8 月。

论文：

1.《比较文明视野下的中国文明特色》,《人民日报》2016 年 4 月 27 日。

2. 《比较文明视野下的中国历史特色与中国道路》，香港《东方文化》2016 年第 3 期。

3. 《海上丝路的一抹晚霞：明清时期的外销瓷》，《文汇报》2016年 8 月 5 日。

2017

专著：

1. 《胜者为王：资治通鉴大讲堂》，台北联经出版集团，2017 年 7 月。

2. 《大唐气象：制度、家庭与社会》，香港三联书店，2017 年 11 月。

论文：

1. 《"丝绸之路"上的政治经济学》，《海洋史研究》2017 年第 1 期。

2. 《〈资治通鉴〉为何无可替代》，《博览群书》2017 年 11 期；《新华文摘》2018 年第 3 期。

2018

论文：

1. 《司马迁感慨什么——读〈史记·伯夷列传〉》，《中国文化》2018 年 5 月春之卷。

2. 《丝绸之路与中国式"全球化"》，《读书》2018 年 12 期。

3. 《汉武帝为什么"独尊儒术"》，《中国青年报》2018 年 1 月 12 日。

2019

专著：

1. 《资治通鉴与家国兴衰》（韩文版），首尔春林出版公司，2019 年 1 月。

2. 《胡天汉月映西洋：丝路沧桑三千年》，生活·读书·新知三联书店，2019 年 2 月。

3. 《资治通鉴启示录》（上下册），中华书局，2019 年 8 月。

4. 《中西文化关系通史》（上下卷），北京大学出版社，2019 年 10 月。

论文：

1．《研究西方汉学的意义》，《国际汉学研究》2019 年第 2 期。

2．《论宇文氏政权》，《南开史学》2019 年第 1 卷。

3．《古代史研究在传承与借鉴中走向繁荣》，《中国社会科学报》2019 年 9 月 27 日。

4．《历史的中国与西方》，《中华读书报》2019 年 10 月 25 日。

5．《司马光及其不朽名著〈资治通鉴〉——为纪念司马光诞辰一千周年而作》，《中华读书报》2019 年 11 月 13 日。

2020

专著：

1．《治术：周秦汉唐经世之道》，中华书局，2020 年 8 月。

2．《大唐气象：制度、家庭与社会》，复旦大学出版社，2020 年 8 月。

论文：

1．《人类的童年与文明的边疆》，《读书》2020 年第 5 期。

2．《中古时代的胡化与汉化》，《中国文化》2020 年春季号。

3．《魏晋风度的底色：从何晏到王衍》，《文史知识》2020 年第 6 期。

4．《中国文化对启蒙时代欧洲的影响》，《光明日报》2020 年 6 月 13 日。

5．《秦赵之争：军事与外交的比拼》，《中华读书报》2020 年 7 月 9 日。

6．《读〈资治通鉴〉的三篇序言》，《中华读书报》2020 年 8 月 27 日。

7．《序：如何解释殖民地的社会"进步"？》，载辛加拉维路《万国天津：全球化历史的另类视角》，郭可译，商务印书馆，2020 年 10 月。

后　记

　　距今整整 40 年前，我的第一篇学术论文在 1980 年第六期《南开学报》上发表。那篇短文是当年我为"南开大学校庆科学讨论会历史分会"提交的论文《唐代监军制度考论》的副产品。后来，《唐代监军制度考论》在 1981 年《中国史研究》第 2 期发表，中国社会科学院历史研究所同年创刊的《史学情报》还做了摘登介绍。此后，我就在各类报刊上陆续发表了许多论文。

　　前些年，陈平原教授约我为他主编的一套人文丛书编一个选集，我以《大唐气象：制度、家庭与社会》为题交稿，在香港三联书店出版。现在这部选集算是续编，名之为《大唐气象：制度、家庭与社会新论》。专题论文之外，又收录了几篇学术史性质的短论。

　　感谢我的同事、多年老友仲伟民教授的热情联络和约稿；感谢靳辉编辑仔细审读书稿，并提出很多宝贵意见，纠正了各种讹误；我早年的学生郑州大学历史学院副教授李晓敏博士，帮助我校对引文，添加注释，整理文稿；在校诸生为我整理了论著目录并做了部分文字工作，对于他们的辛勤付出，谨此表示衷心的感谢。

　　书中仍有错误或不当之处，作者愿负责，请各位专家和读者予以批评指正。

张国刚

2020 年 2 月 2 日

学术中国文丛

策 划：黄红丽　　主 编：张 江

文学卷

陈思和：《走在复旦的支路上》

曹顺庆：《中国比较文学话语建构》

吴承学：《近古文章与文体学研究》

王一川：《修辞论美学述略》

张福贵：《走向历史的深处》

陈晓明：《纯文学的困境与拓路》

孙　郁：《新旧文学的话语维度》

王　尧：《如何现实，怎样思想》

袁毓林：《认知科学背景上的汉语语法研究》

程章灿：《走进古典的过程》

历史学卷

桑　兵：《历史研究的碎与通》

阎步克：《爵秩品阶：权势金字塔的结构原理》

朱　英：《近代中国商人与商会》

张国刚：《大唐气象：制度、家庭与社会新论》

李剑鸣：《美国社会和政治史管窥》

霍　巍：《吐蕃与高原丝绸之路》

荣新江：《丝绸之路与中古中国》

韩东育：《学理日本》

黄　洋：《古希腊史散论》

包伟民：《两宋社会与读史心路》

哲学卷

俞吾金：《思想史视域中的马克思哲学》

吴晓明：《马克思哲学与当代中国》

杨　耕：《多维视野中的马克思》

倪梁康：《意识现象学的理会与践行》

杨国荣：《史与思：面向具体的存在》

万俊人：《他山问石：西方伦理学摄义》

孙周兴：《哲思的迷局：从现代哲学到当代艺术》

朱　菁：《认知、意志与行动》

王中江：《道之然和道之真》

韩水法：《未来之思》